国家社会科学基金重点项目"我国'新成长阶段'生活方式的
社会建构功能研究"（17ASH008）

哈尔滨工程大学
社会学丛书

新时代
社会生活方式
——理论构建与现实发展

Social Lifestyle in the New Era:
Theoretical Construction
and Realistic Development

王雅林 等／著

社会科学文献出版社
SOCIAL SCIENCES ACADEMIC PRESS (CHINA)

目 录
CONTENTS

下篇 走进现实的生活世界

序　言

　　面对世界百年未有之大变局，我国的最伟大文明成就是，中国共产党带领全国各族人民探索出一条实现民族复兴的中国式现代化发展之路，这也是开辟和创造人类文明新形态之路。中国式现代化的伟大实践，需要原创性的自主知识体系创新，从学理化层面丰富中国特色社会主义理论体系。这一历史任务就赋予了当代人文社会科学工作者以使命感和责任感。

　　构建中国自主知识体系的一条重要途径是，总结改革开放以来我国思想界生成了哪些具有潜质的原则性的重大理论问题。本研究提出，生活方式理论和概念的提出就属于这一范畴。改革开放初期，生活方式研究倡导者从中国特色社会主义的发展要求出发，吸取国际经验，把对"中国社会如何发展"和"中国人如何更好地生活"的思考统一起来，从发展战略和社会主义基本制度性质层面定位了生活方式研究的理论价值，成为生活方式研究史上的一项重要理论突破和创新。

　　当前我国社会的主要矛盾已转变为人民日益增长的美好生活需要和不平衡不充分的发展之间的矛盾，创造人民美好生活是全党为之奋斗的目标。但应该充分认识到，现阶段创造人民美好生活的历史使命，包含着许多我们至今没经历也不熟悉的事物。简单地说，实现美好生活目标的历史进程将面临非常复杂的国内外环境因素，除了需要打牢经济基础，通过社会供给满足人们日益增长的生活需要外，还要深入个体层面，观照一个个具有个性的生活主体的自我建构的因素，特别是"意义"的建构，其对于实现美好生活具有革命性意义，美好生活只能在主客体互动生成关系中实现。如何建构以人为本具有文明新形态属性的主客体互动生成关系，正是生活方式研究的重要课题，这就凸显了生活方式研究在新发展阶段战略层面的意义和其何以成为回应时代之问的重大课题。

本研究目标的设定，自然重在对生活方式学术理论自身建设方面问题的思考。作为一个新兴和原创的研究领域，40多年来我国的生活方式研究在学术理论体系建设、普及生活方式理论知识以及在为政府决策服务等方面，都做了有益工作并取得了不小成绩。但为了适应新时代从发展战略层面对生活方式研究的理论需求，我们需要以反思的态度审视我国生活方式研究走过的历程。当今，我们观察到的现象是，同40多年前相比，无论是在普通老百姓的日常话语中还是在媒体报道和政府文件中，生活方式都成为出现频率越来越高的词语，这反映了生活方式已真切地进入人民的现实生活和国家政策话语层面，二者都需生活方式研究发挥理论服务功能。反观生活方式研究现状，作为新兴研究领域虽然在相对短的时间内取得了不小成绩，但自身的理论建设还存不足，在回答时代之问、实践之问上身手还不够强，"器"还不够"利"。形成这种状况的一个重要原因是，在目前的社会学及多学科体系中，生活方式仍处于边缘地位，这同生活方式应有的理论地位是不相符的。

从学术关注度来看，自1978年党的十一届三中全会确定党的工作重心转移到经济建设上来以后，学界就提出了生活方式研究议题；1984年党的十二届三中全会通过的《中共中央关于经济体制改革的决定》明确提出，"在创立充满生机和活力的社会主义经济体制的同时，要努力在全社会形成适应现代生产力发展和社会进步要求的、文明的、健康的、科学的生活方式"。这是从发展全局出发对生活方式做出的理论定位。这一表述极大地推动了以社会学为主的多学科生活方式研究热潮，这一时期的研究成果为我国的生活方式研究打下了重要的理论基础。但从社会因素上看，20 世纪 90 年代初市场经济大潮涌起之后，社会的价值观发生了急剧变化，GDP主义和物质主义、功利主义思潮兴起，社会思潮和心态的变化自然使生活方式所内含的价值体系和特有功能受到冷落。应当说学界在这一时期对人们的生活问题仍然有很高的关注度，但主要是在移植来的生活水平、生活质量概念框架下进行的，这是两个重要概念，但代替不了生活方式概念特有的理论与现实建构功能。在西方社会学中，生活方式往往是描述微观日常生活、行为样式的概念，是以解释别的概念的从属性概念的身份出现的，甚至属于前科学范畴，因而在西方的学术辞典中很难找到生活方式的条目，这种现象同西方社会学中结构功能主义研究范式占主导地位以及"主客体二分"的本质主义思维方式传统有关，基于此类研究范式或思维方式的西方社会学也被埃德加·莫兰称为"遗忘生活"社会学。

我特别要说的是，生活方式的理论地位如何，同社会形态属性有密切关联。在资本主义社会形态中，资本逻辑处于支配地位，"物的依赖关系"占统治地位，人们的生活方式屈从于这种支配关系，往往是作为获利的手段而存在的。而社会主义把人的自由全面发展作为自己的根本目标，"生活的逻辑"居支配地位。因而无论是美好新人的生成，还是美好生活的生成，都离不开生活方式的建构功能和解释力。在我国新时代生活方式概念具有核心范畴的地位，正是由社会主义的本质属性决定的。我们这样看待生活方式研究的理论地位，既符合马克思历史唯物主义"生活的生产与再生产"的核心要义，又是对我国重视生命价值的人文主义优秀文化传统的合理继承和升扬。我在本书中提出一个命题——"人类历史将'终结'于永不终结的生活方式"，而现在我国在客观上正处在这个大历史进程之中。

基于此，本项研究提出的理论目标和任务是，从新时代中国特色社会主义现代化和实现中华民族伟大复兴历史使命的实践要求出发，以马克思理论为谱系，同时吸收中外优秀文化思想，并鉴于生活方式概念的复杂性和不可穷尽性，把研究重点放在建构性更强的宏观理论上，突出学理性，这样就需要在社会理论层面进行研究并借助哲学思维，建立同中国式现代化历史性进程相匹配的生活方式理论体系。"不畏浮云遮望眼，只缘身在最高层。"要站在学理的高层，为具体的研究提供相应价值遵循。这是一项面临许多难题的探索性研究工作，因此，实现本项研究设定的目标和任务必须采取创新的学术态度，也只有通过创新才能完成该学术任务，尽管可能包括不可避免的"试错"。

"历史总是伴随着人们追求美好生活的脚步向前发展的。"[1] 在历史上人民群众创造客观的社会财富与改变自身生存状态的实践活动，往往是一个自在的推动历史进步的过程，但把这个自在的过程上升为历史自觉，形成概念和理性化的表述，在很大程度上是每个时代知识人所做的事情。比如，我国上古时期表述生命观的概念"生""生生"的提出，春秋战国时期诸子学"民本"思想的形成，等等。今天这一任务自然落到当代知识人肩上。我个人在改革开放后，重返学界，被历史的脉动所吸引，矢志不移地把回答在现代化发展中"中国人应当怎样生活"的生活方式问题作为自己的学术志向，并把"生活美"和"发展美"结合起来，风雨兼程，就是出于一种学术信念和担当意识。

下面，我简略交代一下本书的结构。本书分为上、下两篇。

上篇为理论的探求与构建，主要做的是学理研究，其中突出了对重大理论范畴的创新性诠释。对于生活方式的研究我们将其纳入了马克思的理论谱系。在第一章中所做的理论探求工作包括：消除对马克思历史唯物主义基本原理认识上的误区，提出对马克思历史唯物主义实质的理解要纳入文化范畴和"生活本体论"视域；依据深入挖掘的马克思生活方式"一元本体观"思想，对生产方式和生活方式这两大人类活动方式之间的复杂关系进行辨析，

---

[1] 《习近平谈"一带一路"》，中央文献出版社，2018，第 200 页。

提出"生产方式决定生活方式"是个有限的命题，从生存论的视域看，生产方式又属于"广义生活"方式的组成部分和生活世界的事物；结合我国新时代发展目标、发展任务、发展战略、发展道路，阐释马克思"人的自由全面发展"的社会理想。第二章则以文明史观为视域，从中提炼出体现人的生命活动系统整体变迁的三个标识性概念"生命—生活—生活方式"的生成演化脉络，揭示中华民族共同体昨天、今天和明天走过和将走的创生之路；在对古今中外学术资源检视的基础上，提出中华民族在创造自身生活世界上形成的独特生命观、人文观将为培育新型生活方式提供宝贵文化基因的观点，但针对传统文化又需提出"历史的落后性"概念，只有站在今天的实践高度，对传统文化采取辨析的态度，才有助于创造新型文明形态。第三章在以往研究的基础上，对生活方式概念范畴体系进行了新的表述，强调作为改革开放以来形成的原创性生活方式概念，构成我国自主知识体系创造的有机组成部分；在研究范式创新上，提出生活方式建构的主客体关系不是"决定论"式的，"客体"实际上是"人化客体"，主客体关系呈现的是"他在主体"和"自在主体"的生成性关系；提出生活方式理论的新构建将为社会学理论的自主创新提供学理资源。第四章聚焦生活方式在实现新时代美好生活奋斗目标中所具有的重要社会建构功能，文中对新时代美好生活概念的特定含义进行了阐释，提出把"意义"置于美好生活概念具有革命性意义，并基于实践提炼出新时代培育中华民族富有魅力生活方式的八大问题，论述了生活方式的社会治理问题。2012 年笔者提出了"生活型社会"概念及其发展模式，[①] 本书第五章从人类文明新形态的高度进一步论述了这一发展模式在新时代现代化发展中的重要理论地位，特别是从实践导向性和政策可操作性上阐释

---

① 王雅林：《"生活型社会"的构建——中国为什么不能选择西方"消费社会"的发展模式》，《哈尔滨工业大学学报》（社会科学版）2012 年第 1 期。

了以"生活型社会"为发展路径的几个重大理论实践问题。需要指出，上面提出的一些学理问题，是从我国新时代发展全局层面提出的问题，而不直接对应日常生活，具有"宏大叙事"的性质。但"宏大"不是"庞大"，而是眼界开阔并以"宏大事实"为根据，为经验研究提供深层理论导向，本部分还单辟"马克思理论视域下生活方式研究方法的反思与新构"一章，以便同下篇更好地衔接。

本书下篇为面向现实的生活世界所做的经验研究。研究者运用多种研究方法对新时代快速变革的生活方式做了广泛深入的社会调查，显示了生活方式研究鲜活的一面。可喜的是一些研究成果把学理层面的宏观理论通过中观和微观层面的概念构建较好地运用到经验研究上，增强了问题域的解释力，并在研究方法上有不少创新。

应当说，在我国，生活方式研究在一定程度上是从无到有的学术事业，虽然已有 40 余年的研究史，但相对于一个原创的学术体系来说，走向成熟还有很多路程要走，本项研究可算是其中的一小步吧。在课题研究进行期间正值三年疫情，学术交流受到一定限制，但我更从这种境遇中，从我对生活方式研究意义的执念同现行的学术氛围反差中，品味到"一瓢浊酒尽余欢"的孤独感。杜甫有一首忆李白的诗云："何时一樽酒，重与细论文。"但愿有那么一天，学界朋友相聚，或饮酒，或以茶代酒，"重与细论文"是我的渴望。

王雅林

于园丁寓惜时斋

2023 年 9 月 10 日教师节

上篇

理论的探求与构建

第一章 生活方式研究的历史唯物主义理论基础再解读

第一节 实践在高处：马克思理论的时代化阐释

我国的生活方式研究作为伴随改革开放和社会主义现代化建设而兴起的新兴研究领域，已经走过了 40 多个年头，其展现的最突出的特点是，紧紧围绕现代化发展进程中"中国人如何更好地生活"这一中心议题提供理论支持和实践导向，并伴随这个为现实服务的实践过程，不断摸索加强自身的学术理论建设。今天，中国特色社会主义进入了新时代，进入了创造中华民族共同体现代文明新形态的历史进程。文明，说到底是一个民族共同体以何种样貌生存的问题，即生活方式问题。把生活方式问题的定位提高到创造中华民族共同体现代文明新形态的高度加以理解，则需要在人类历史和社会发展的整体层面做出学理解释。如果我们对人类历史的、社会的活动不能做出合理的解释，我们又如何能在创造人类现代文明新形态的层面定位生活方式研究的时代价值呢？能做出这样合理解释的指导理论，就是马克思创立的历史唯物主义。

马克思的历史唯物主义是揭示人类历史活动"密码"的理论科学，为我们从事人文社会科学研究奠定了真正科学的历史观和方法论基础，也为我们如何在新时代从事历史创造活动提供了理论指导原则。问题是，马克思主义在世界的传播过程以及对我国的影响存在复杂情况。从学术研究层面看，直到今天还存在不同的解释和没有真正理解马克思历史唯物主义理论精髓的情况，在认识上还没有达到恩格斯晚年对历史唯物主义核心学说所做的经典概括的理论高度。因此，站在中国特色社会主义新时代的实践高度，如何以科学的态度深刻把握马克思历史唯物主义的核心观念，厘清对其理论的误读和曲解就成为需要解决的学术理论问题。

"把马克思主义基本原理同中国具体实际相结合、同中华优秀传统文化相结合"的"两个结合"重要思想，是我们在探索中国特色社会主义道路中得出的规律性认识，是指引我们事业取得成功的法宝。为了更好地把这一重要思想运用到实践中去，理论工作的一项重要任务是，要从原理层面阐释清楚马克思历史唯物主义的核心观念，从而更好地发挥"两个结合"的实践指导效应。为此，为了能更好地对马克思历史唯物主义核心观念做出阐释，需要研究和解决以下问题。

第一，认真总结马克思主义传播史的经验，消除其传播过程中受到的不良影响。马克思主义在传播过程中受到的不良影响主要有两个方面。一是西方自由主义的理论家们的影响，他们认为马克思的著作属于社会思想的"史前阶段"，已经过时和失去价值，而真正开创社会理论历史的是涂尔干和韦伯那代人。二是马克思主义在中国的传播受到苏联很大影响。苏联时期，在马克思和恩格斯文本收集、保存和全集、选集、单行本的出版方面做了大量工作，但"对马克思主义经典作家文本所做的诠释，总体上没有超出其意识形态所框定的陈词滥调和刻板公式"，"把马克思理论视为是唯一正确的，其内在的各组成部分也都不存在任何错误的、通晓社会生活全部问题的意识形态"。但实际上，"他们对马克思的解释，既与马克思主义，也与社会主义毫无关系"。① 把马克思理论教条化的情况在马克

---

① B. M. 梅茹耶夫：《我理解的马克思》，林艳梅、张静译，人民出版社，2013，第 7~9 页。

思生前也存在，当有些自称马克思主义者的人把马克思看成无所不知的预言家，仿佛握有打开整个人类历史的可能钥匙时，马克思说："有一点可以肯定，我不是马克思主义者。"① 另外，在我国一个时期中影响很大的斯大林所撰的《论辩证唯物主义和历史唯物主义》及《联共（布）党史简明教程》中用自然物质和历史物质等同化的"物质本体论"解释人类历史的观点以及历史单线进化论观点在今天仍有进一步消除其路径依赖影响的必要。

第二，对极为丰富的马克思理论遗产的研究，要结合文本的具体的写作背景进行考察，在丰富的思想表达中把握历史唯物主义的核心观念。马克思曾感慨地说道，在科学的入口处，正像在地狱的入口处一样。② 受具体写作条件的限制，当时研究某一项问题时可以占有的学术资料相当有限，比如关于原始社会的资料在撰写《共产党宣言》时并不掌握，马克思只是后来看到有关资料后才对《共产党宣言》当时写作时的观点做了修正。有些文章在写作中又可能受到当时欧洲现实学术氛围的影响。还有一点是，在马克思的浩繁著作中，他生前发表的只占少数，大量的著作直到20世纪上半叶才陆续整理出版，不少是草稿、提纲、读书笔记等，这些都留下他思想探索的足迹，但并没有经过他严密加工和推敲。另外，针对他们几十年的学术探索成果，马克思恩格斯生前经常指出以往研究成果的某些不足和"过错"，比如恩格斯晚年就以自我批评的口吻写道："青年们有时过分看重经济方面，这有一部分是马克思和我应当负责的。我们在反驳我们的论敌时，常常不得不强调被他们否认的主要原则，并且不是始终都有时间、地点和机会来给其他参与相互作用的因素以应有的重视。但是，只要问题一关系到描述某个历史时期，即关系到实际的应用，那情况就不同了，这里就不容许有任何错误了。"③ 实际上，马克思

① 《马克思恩格斯全集》（第35卷），人民出版社，1971，第385页。
② 《马克思恩格斯全集》（第31卷），人民出版社，1998，第415页。
③ 《马克思恩格斯选集》（第4卷），人民出版社，1995，第698页。

恩格斯后期的研究实践已注意到对唯物史观做更深广的全面表述了。因此我们对马克思历史唯物主义的研究不能拘泥于个别篇章和词句，要充分考虑不同时期所强调的不同重点，把其中贯穿始终的核心思想梳理出来。特别要注意的是，不能用马克思恩格斯晚年的著作否定他们早期研究成果的"成熟性"，关于这一点我们在后面还将加以论述。

第三，重要的一点是，今天我们要站在推进中国式现代化和创造人类文明新形态的历史性实践高度，去审视和继承马克思的宝贵理论遗产，完整准确地把握马克思历史唯物主义精髓，并勇于"接着说"，再创造。今天我们生活的时代同马克思生活的时代已相隔一个半多世纪，历史场景、文明类型、科技水平和实践水平已发生了质的变化。相比之下，我们站在历史时空的高处。但是我们也必须认识到，虽然我们已站在历史时空的高处，我们的理论认识在不少方面还没达到马克思的水平，他的很多思想还没有被我们充分理解，因此我们还要虚心向他请教，用他的思想指导今天的理论创新和实践发展。这就意味着，不是采取教条僵化的态度和思想懒汉的做法，只是记住个别词句，不是采取实用主义的态度，不是只在经验层面做些肤浅表述，而是站在变化了的时代高度重新挖掘马克思历史唯物主义的核心观念，从精神实质上把握马克思主义的基本原理。

我们强调，只要在今天的现实世界还存在资本主义文明秩序，那么我们就仍然生活在马克思主义所指明的历史时代，其思想理论原理就仍然有巨大的指导意义。但我们也要强调，马克思生活在西欧资本主义早期发展阶段，他的理论关注点是通过解剖资本主义预见未来的新社会形态，而今天社会主义在中国已成为成功的伟大实践，我们的关注点是已进入全面建设社会主义现代化国家、向第二个百年奋斗目标进军的新发展阶段遇到的问题；马克思的研究主要是以西欧文化为背景，我国作为东方大国，有不同于欧洲文明的五千多年不间断文明的灿烂的中华优秀传统文化，我们只能在自己的文化根基上发展；同时，社会历史条件也大不相同，我国是在小农经济占主导地位的经济基础上，更主要的是在中国共产党的坚强领导下，走上社会主义道路的，当前我们党正在伟大事业中创造中国化、时代化的 21 世纪的马克思主义。

　　归结起来，对马克思历史唯物主义基本原理的探求，具体需要做到两点。第一点，坚持"实践第一"的观点，从中国特色社会主义新时代生机勃勃的发展实际出发，以高度自觉的主体意识去审视马克思的理论遗产。一切社会存在都具有实践性、历史性和变动性，因此，要对不断变动的事物采取审视的态度，不可教条式地阐释马克思的观点，而是在审视中"重新发现"对今天更有用的理论思想，并"接着说"。第二点，习近平总书记提出的"两个结合"思想讲的是运用马克思主义基本原理需做到"两个结合"，因此，当我们强调站在新时代实践高处去创造中国化马克思主义之时，既不是把"实践"等同于实证主义的事实描述，也不是单纯在经验知识和在较低水平上做理论描述，而是对历史性实践进行理论升华和规律性把握。

　　马克思多次表示，他是研究人类历史的历史学家，他把自己的学说称为唯物主义历史观。而所谓历史，就是我们现在所发生的一切，就是从现在去看待过去和创造将来，就是研究人类历史性的活动过程。他强调："历史什么事情也没有做，它'并不拥有任何无穷尽的丰富性'，它并'没有在任何战斗中作战'！创造这一切、拥有这一切并为这一切而斗争的，不是'历史'，而正是人，现实的、活生生的人。'历史'并不是把人当做达到自己目的的工具来利用的某种特殊的人格。历史不过是追求着自己目的的人的活动而已。"① 英国国际知名马克思主义学者戴维·麦克莱伦做了这样的概括：通观马克思著作的思想，"唯物主义观的核心理念就是，社会变化的钥匙应该在人生产自己的共同生

---

① 《马克思恩格斯全集》（第 2 卷），人民出版社，1957，第 118~119 页。

活中去寻找"。① 也就是说，历史唯物主义研究的是人们如何"生产"自身生活和作为社会有机体的人本身的过程。这样的描述大体有其内在的合理性，较为符合马克思的本意，对此我们可做进一步的阐发。

需要指出，作为科学的社会观和历史观的马克思历史唯物主义原理，对于今天规划我国创造人民美好生活的发展蓝图来说，其理论和实践意义是怎么说都不过分的。我还想特别指出一点，只有建立在正确的唯物史观基础上，才能理解当今我国的生活方式研究在新时代发展战略层面的意义。

基于这样的理论认识，本章将从几个侧面尝试对马克思历史唯物主义思想进行新的诠释，并为生活方式研究提供历史唯物主义理论基础。

第二节　马克思历史唯物主义的"生活本体论"基础及理论结构"三层次说"

上面我们围绕在中国式现代化伟大实践中如何更好地坚持和贯彻"两个结合"思想，就消除对历史唯物主义基本原理认识上的误区，勇于创新，在努力推进中国式现代化的伟大实践中，创造21世纪的历史唯物主义理论应坚持的指导原则和方法论进行了简要论述，下面就这一议题做些具体的理论考察。

一　历史唯物主义的核心观点是"现实生活的生产和再生产"

对于马克思历史唯物主义理论的基本观点，人们一般是根据其1859年发表的《〈政治经济学批判〉序言》（以下简称《序

---

① 戴维·麦克莱伦：《马克思思想导论》（第3版），郑一明、陈喜贵译，中国人民大学出版社，2016，第130~131页。

言》）中的经典话语加以阐发的。《序言》具有标志性地位，是人们理解和接受历史唯物主义理论的重要来源。在马克思的著作中很少有像《序言》这样对自己的观点做如此高度概括的表述。在马克思逝世后的一百多年中，经后世阐述概括的耳熟能详的观点包括：生产力与生产关系、经济基础和上层建筑的矛盾运动及物质生产力的决定性作用；物质生活的生产方式制约着整个社会生活、政治生活和精神生活的过程；社会存在决定社会意识；以及人类社会经济形态的演化进程观点；等等。应该看到《序言》对后世的理论影响主要是，后世的阐释带有"物质本体论"和"经济决定论"倾向，历史唯物主义的"物"被解释成外在于人的实践活动的自然之"物"，并把马克思的"社会存在和社会意识"范畴错误地解释成了"物质和精神"范畴，甚至认为只要掌握了经济规律就掌握了社会发展的规律。"物质本体论""经济决定论"在我国也有较大和长期的现实影响。基于此，本项研究将结合马克思写作的具体背景，重点从本体论层面做出理论重释。

马克思的《序言》包含着丰富的理论思想，但其中有一个重要的社会理论表述，即在经典话语中以理论预设前提出现的"人们在自己生活的社会生产中"的表述，多为学者们所忽略。下面我们把这段话完整地引述出来。

> 人们在自己生活的社会生产中发生一定的、必然的、不以他们的意志为转移的关系，即同他们的物质生产力的一定发展阶段相适合的生产关系。这些生产关系的总和构成社会的经济结构，即有法律的和政治的上层建筑竖立其上并有一定的社会意识形式与之相适应的现实基础。物质生活的生产方式制约着整个社会生活、政治生活和精神生活的过程。不是人们的意识决定人们的存在，相反，是人们的社会存在决定人们的意识。社会的物质生产力发展到一定阶段，便同它们一直在其中运动的现存生产关系或财产关系（这只是生产

关系的法律用语）发生矛盾。于是这些关系便由生产力的发展形式变成生产力的桎梏。那时社会革命的时代就到来了。随着经济基础的变更，全部庞大的上层建筑也或慢或快地发生变革。①

迄今为止，人们对马克思这段经典话语的解读，主要是围绕生产力与生产关系、经济基础与上层建筑的矛盾运动、结构关系及其引起的变化而进行的，这样，马克思历史唯物主义理论就成了单纯描述社会客观进程的理论了。但这样解读马克思的历史唯物主义理论是不全面的，因为马克思对人类社会历史的研究始终着眼于人本身如何生活的社会存在，着眼于人的历史性的生活过程。② 我们说马克思的历史唯物主义体现为实践的观点，而实践的观点就是讲人如何在具体的社会历史环境中生活的，马克思并不把社会视为纯客体的运动，而是基于主体和客体、现实的人的活动和他们的活动条件相统一的观点来揭示具体的社会历史过程。因此马克思在阐述"四要素"的结构关系之前加了一个理论前提，即"人们在自己生活的社会生产中"。

这一表述对于理解马克思的理论十分重要。因为恰恰是这一理论前提包含着马克思恩格斯反复强调的非常重要的思想。马克思恩格斯多次把自己的历史观、社会观表述为"生活的生产"、"人的生活的直接生产过程"③ 及"生命资本的再生产"④ 等。马克思恩格斯在《德意志意识形态》中更是明确地把自己所建立的唯物主义历史观表述为，"这种历史观就在于：从直接生活的物质生产出发来考察现实的生产过程"。⑤ 生产方式是马克思社会理论

---

① 《马克思恩格斯选集》（第 2 卷），人民出版社，1995，第 32~33 页。

② 《马克思恩格斯全集》（第 3 卷），人民出版社，1965，第 24、42、85、145、379、507 页。

③ 《列宁选集》（第 2 卷），人民出版社，2012，第 423 页。

④ 《马克思恩格斯全集》（第 3 卷），人民出版社，2002，第 346 页。

⑤ 《马克思恩格斯全集》（第 3 卷），人民出版社，1960，第 42 页。

的重要范畴，但马克思把生产方式表述为人们"保证自己生活的方式"或"生活的生产"等。恩格斯晚年对马克思的历史唯物主义核心要义进行了总结性的论定："根据唯物史观，历史过程中的决定性因素归根到底是现实生活的生产和再生产。无论马克思或我都从来没有肯定过比这更多的东西。如果有人在这里加以歪曲，说经济因素是唯一决定性的因素，那末他就是把这个命题变成毫无内容的、抽象的、荒诞无稽的空话。"① 在这里，恩格斯把历史唯物主义的核心要义表述得再清楚、再确定不过了，这也是我们在本章中要反复论证的思想。必须指出，恩格斯的这一论断同《序言》的表述具有内在的一致性。《序言》中马克思介绍了他在《莱茵报》工作期间洞察到"物质利益"和经济关系的重要性，因而转向了用政治经济学对物质关系总和的市民社会的解剖，并提出了以生产力为决定因素的四个矛盾运动，可见他重点考察的经济形态问题。此外，他还在上述结论之前加上了"人们在自己生活的社会生产中"这一总括性前提，这个前提虽然在《序言》中不是论述的重点，但却体现了马克思重要的历史观。

现有的关于"四要素"矛盾运动的解读方式是在忽略了"生活的生产"理论预设的情况下，对马克思历史唯物主义理论体系所做的概括，单从文本解读方式上看也是不完整的。马克思十分强调物质生产在社会生活中的基础性地位，但这种论述始终是从人的社会存在和实践出发的。马克思的社会理论继承了黑格尔关于满足人们的物质需要是社会生活基础的思想，强调社会是由生活需要和满足这些需要所必需的劳动活动两部分共同构成的体系。在这一社会体系中，生活需要、生命存在的需要本身和满足生存需要的手段即生产活动，是两个既相联系又相区分的过程。在《1844 年经济学哲学手稿》中，马克思把这两个相区分的过程概括为客体的"实体生产"和"感性的人"的"自我生产两

① 《马克思恩格斯全集》（第 37 卷），人民出版社，1971，第 460 页。

个过程"。① 也正是这两个相联系的过程，构成人类实践活动的概念，即人们的实践活动不仅包括生活资料的生产活动，也包括运用生活资料满足自身需要实现人自身生产的活动。所以，马克思的一以贯之的全部理论十分强调生产的基础性地位，但这是以生活的本源、本体为前提的。因此，《序言》经典话语中作为"萌芽"的和未经充分阐述的"生活的生产"，实际上构成了生活和生产的关系范畴的一个重要理论命题，成为马克思历史唯物主义理论体系基本架构的重要方面和有机组成部分。马克思正是在这样一个理论预设前提下，去谈论人们是如何进行社会生产的以及"生活的生产"这一理论命题的规约，离开了以生活为本源、本体的生活与生产的关系，我们就不能完整地把握马克思历史唯物主义的社会理论思想。

为了进一步揭示"生活的生产"理论命题的内涵和生活与生产这对关系范畴的理论地位，笔者接下来对马克思创立历史唯物主义的重要著作《德意志意识形态》中另一个为人们所熟知的经典话语做出解析。马克思说：

> 我们首先应当确定一切人类生存的第一个前提，也就是一切历史的第一个前提，这个前提是：人们为了能够"创造历史"，必须能够生活。但是为了生活，首先就需要吃喝住穿以及其他一些东西。因此第一个历史活动就是生产满足这些需要的资料，即生产物质生活本身，而且这是这样的历史活动，一切历史的一种基本条件，人们单是为了能够生活就必须每日每时去完成它，现在和几千年前都是这样……因此任何历史观的第一件事情就是必须注意上述基本事实的全部意

---

① P. 罗德里格：《马克思与现象学》，载苏国勋、刘小枫主编《社会理论的开端和终结》，上海三联书店，2005，第 51~52 页。

义和全部范围，并给予应有的重视。①

对这段话语，以往同样也有误读，主要倾向是离开文本原义做了基于"物质本体论""经济决定论"解读。但如果我们仔细阅读，就可以看到马克思的这段话提出了三个"第一"。

（1）"一切历史的第一个前提"："能够生活"。

（2）"一切历史的一种基本条件"和"第一个历史活动"："社会生产"。

（3）"任何历史观的第一件事情"：由生活和生产活动所构成的"基本事实的全部意义和全部范围"。

迄今为止，对历史唯物主义这段经典话语的解读只讲了"第一个历史活动"这个"第一"，而没有讲另外两个"第一"。这三个"第一"综合起来可以作为我们进一步探讨的理论出发点。

首先，马克思提出的第三个"第一"中表述了一个重要的方法论问题，即生活和生产活动相互关联所构成的"基本事实"，因此任何以科学的发展观、历史观为指导的研究，必须解释两者相互关联所构成的"基本事实的全部意义和全部范围"。

其次，马克思强调"能够生活"是"一切历史的第一个前提"是因为生活是人的生命存在的特有形式，具有本源性、本体性，是构成人类一切活动和全部历史的第一出发点，人们从事生产等各种活动归根结底是"为了生活"。

最后，人类"能够生活"是以生产为"基本条件"和必然前提的，因而生产构成生活的基础。之所以说"社会生产"是人类的"第一个历史活动"，是因为只有生产活动才构成人的生命的特有形态和本质。

总之，在这段话语中，马克思事实上是把生活和生产的关系范畴作为"历史观的第一件事情"加以确认的。解释这段话时不

① 《马克思恩格斯选集》（第1卷），人民出版社，1995，第78~79页。

能只讲生产不讲生活，不能脱离开生活的本源、本体讲生活和生产的关系，所以马克思在这里所阐述的三个"第一"，在本质上同"生活的生产"思想是一致的。整个人类的历史活动就是现实生活的持续生产与再生产过程。这里所说的"生产"是以生活为归宿的生产，是人类从"能够生活"到"为了生活"的生产，只是这种生产形式说起来比较复杂罢了。原始社会只用木棒和石器，发生简单的群的关系，而现代社会则形成了生产力与生产关系、经济基础与上层建筑等复杂的"生产手段"关系，因而"生产"只是以生成的方式成为"生活"的内在组成部分，构成社会的"生活本体论"基础。

当然，马克思当时在对历史唯心主义观点进行批判时，突出强调的是物质生活的生产，而时代发展到今天，人们已经认识到，现代化发展是一个以人为本的社会系统工程，我们应在强调物质生活的生产基础性地位的同时，也强调精神生活、政治生活、社会交往生活、生态文明生活等更加全面的生活的社会生产。

还需指出一点，马克思赋予社会的生活本体意涵，同欧洲文化有一定渊源。在欧洲早期"社会"（society）一词有"同伴""友谊"之义，到18世纪转向了普遍和抽象的"生命共同体"的意涵，如果说"人是社会的动物，这就是说，单独的个人或家庭如果脱离了社会，是不能独自生存或无法生活得很好的"，① 马克思把这一意涵上升至哲学层面，做了原理性的表述。

二　马克思历史唯物主义理论结构的"三层次说"

在创新性阐释了马克思历史唯物主义"生活本体论"基础之后，我们可以进一步揭示马克思历史唯物主义所内蕴的基本理论结构与内涵。

---

① 参见雷蒙·威廉斯《关键词：文化与社会的词汇》，刘建基译，生活·读书·新知三联书店，2016，第492~498页。

　　站在今天的实践水平和认识能力的高度，我们在阐述马克思历史唯物主义理论体系的基本结构与内涵时应该看到，在马克思基于对现代社会经济形态的分析所阐释的"四要素"矛盾运动的客观结构关系之上，还耸立着一个从人及其生活出发的理论结构，这就是"生活的生产"。前面所说的"四要素"的理论结构关系是回答"生产何以可能"和"生产的社会形式如何"的问题；而在这之上预设的"生活的生产"理论结构实际讲的是生产和生活的关系，回答的是"生产为什么"和包括生产在内的人类一切活动都要从生活的逻辑出发的理论原则问题。

　　为此，根据对《序言》经典话语中预设理论前提的挖掘，我们可以在原有的表述马克思历史唯物主义理论体系结构层次的基础上，再加上一个结构层次，即"第一层次"为生活与生产的结构关系层次，体现的是社会的主体性原则，表明马克思从来没有把社会当成脱离人类生存及生活的纯客观结构；"第二层次"为生产方式的"四要素"社会结构关系层次，体现的是社会运行的客体性原则。这两个层次间是生成性关系，共同构成生活本体论的内涵。

　　由于有了"生活的生产"这一理论层次和理论前提，"四要素"矛盾运动的客观过程才建立起了与主体人及生活的联系。所以，这两个层次加在一起，体现的是社会运行的主体和客体、人的现实生活活动和活动条件（社会结构关系）的统一。这是我们对《序言》经典话语所做的再解读。

　　但是，包括"生活的生产"及对"生产为什么"追问的理论结构层次在内的两个"理论结构层次"，仍然不能全面概括马克思历史唯物主义理论的结构。需要指出，在《德意志意识形态》中关于"为了能够生活"就必须每日每时都要从事生产活动的理论逻辑的表述，讲的不过是人类社会生存活动的"一般逻辑"和经济的必然性制约，还不完全是马克思所探索的未来共产主义社会的特定逻辑，如果只停留在人类生存活动的一般逻辑上，则同庸俗唯物主义就没有区别了。马克思的历史唯物主义是关于人类解放的学说，其理论的有机组成部分应内在地包括科学社会主义学说。

因此，综观马克思的学说，他的历史唯物主义社会理论在"生产为什么"（"生活的生产"）和"生产何以可能"（"四要素"矛盾运动）两个理论层次的基础上，还应包括第三个理论层次，这就是"好生活"的社会形式（"自由人联合体"）。马克思历史唯物主义理论结构的"三层次说"可用图 1-1 表示。

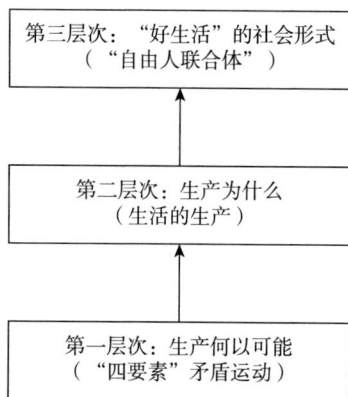

图 1-1 马克思历史唯物主义理论结构的"三层次说"

```
┌─────────────────────────────┐
│ 第三层次："好生活"的社会形式  │
│      （"自由人联合体"）       │
└─────────────────────────────┘
              ↑
┌─────────────────────────────┐
│    第二层次：生产为什么       │
│       （生活的生产）          │
└─────────────────────────────┘
              ↑
┌─────────────────────────────┐
│    第一层次：生产何以可能     │
│     （"四要素"矛盾运动）      │
└─────────────────────────────┘
```

图 1-1　马克思历史唯物主义理论结构的"三层次说"

这就是说，马克思一生的学术探索并没有停留在对资本主义社会内在结构及人类社会发展"一般规律"的认识上，他在对资本主义社会人的异化和社会关系物化批判的基础上，探究了人类获得"好生活"的社会形式，这就是"自由人的联合体"。"自由人的联合体"在文化形态上类似费孝通所表述的"各美其美，美人之美，美美与共，天下大同"的境界。可以说，马克思终其一生对人类解放道路的探索，实质上可以概括为对普遍的自由的美好生活何以可能、如何创造人类崭新家园的问题的回答，而社会主义社会、共产主义社会就是这种人在新的历史中获得"美好生活"的社会形式和新的生活家园，它体现为科学性和价值性的内在统一、社会客体建构和主体生活意义建构的内在统一，体现为社会的新建构和人的生命生活活动的精神制高点。因此，站在中国特色社会主义新时代的历史时代向度，我们对于马克思历史唯物主义理论仍旧需要深入研读，并结合中国的伟大实践和优秀文化传统，形成中国化的和面向 21 世纪的马克思主义。

　　以上我们提出了马克思历史唯物主义理论结构的"三层次说"，即包括生产为什么、生产何以可能和"好生活"的社会形式三个部分。这种归纳就是站在新的时代需要和新的社会主义现实运动需要的高度对马克思的理论的"再结构"、再创造。重要的理论出发点是，对马克思历史唯物主义理论的表述不能没有科学社会主义的高度。这三个理论结构层次具有内在逻辑的一致性，但目标体系指向的是共产主义的社会理想和社会主义的现实运动。依据以上阐述的马克思的这一思想体系，我们在对待人类社会未来发展趋势的问题上，并不赞成"目的论"的解说，但却应从现实出发探索人类"所应该是"的社会前景。

三　对历史唯物主义的理解应纳入文化范畴

　　如前所述，马克思历史唯物主义理论的基本脉络，始终是围绕"现实的人"和他们的"历史性生活过程"展开的，其理论有明确的价值指向和未来社会理想的科学指向，即由"自由人联合体"构成的"好生活"的社会形式。基于上述文本分析和诠释，今天如果我们讲马克思的社会生产理论，就不能简单地指"物质生产"，而是指向在主客体统一关系中"现实生活的生产和再生产"，即人自身的生产和再生产。它的本体论基础不是"物质本体论""经济决定论"。这一点在我国学术界已取得不少学者的共识，学者们把它表述为"实践本体论""社会存在本体论""生存本体论"等。但人的实践、生命、社会活动的共同形式就是"生活"，因而，可以概括为"生活本体论"，这就是恩格斯在晚年所说的，"根据唯物史观，历史过程中的决定性因素归根到底是现实生活的生产和再生产。无论马克思或我都从来没有肯定过比这更多的东西"。[①]

---

　　① 《马克思恩格斯全集》（第 37 卷），人民出版社，1971，第 460 页。

按照马克思的说法，他把自己的学说称为"历史科学"，而这种科学既不是研究宗教史、国家史，也不属于经济史，而是研究"现实的人"的历史性活动过程，因而我们提出一个重要论点，历史唯物主义不是外在于人和生活的单纯物质的、经济的范畴，而是属于文化范畴领域。文化是个极为复杂的概念，但从核心理念层面可以定义为人如何实现自我的生产与再生产的活动。需要强调的是，这里讲的文化是广义文化，包括人的生产活动。"为了生活"和"能够生活"，必须从上一代人那里继承生产力并创造新的生产力。但从人的主体性上看，这种生产力已不是外在的"自然之物"，而是属于人的活动和"为了人"的"再造之物"，因而属于广义文化范畴的事物。正是生产力构成人的"历史性的生活过程"和自我生产的根本性基础和纽带。

广义文化还包含着复杂的人与人、人与社会的关系，因为人"为了生活"和"能够生活"，必须在自身的生产和再生产中结成一定的社会关系、人际网络，并不断扩大交往范围，因而人与人、人与社会的关系也属于人的自我生产的重要要素，自然也应被纳入文化范畴，更不要说精神、伦理、宗教等方面的问题了。

生产力、生产关系和社会关系以及精神要素等方面的发展史就构成了人自身丰富纷杂和动荡不定的历史过程。"这个历史随着人们的生产力以及人们的社会关系的愈益发展而愈益成为人类的历史"，①这个"人类的历史"就是一部广义的文化史。而按照马克思的思想，文化"培养社会的人的一切属性，并且把他作为具有尽可能丰富的属性和联系的人，因而具有尽可能广泛需要的人生产出来——把他作为尽可能完整的和全面的社会产品生产出来"。② 如上所述，马克思为人类寻找的能把人作为完整的和全面的社会产品生产出来的新的生活家园，就是作为"自由人联合体"的共产主义社会。

---

① 《马克思恩格斯文集》（第10卷），人民出版社，2009，第43页。
② 《马克思恩格斯文集》（第8卷），人民出版社，2009，第90页。

第三节　马克思"生活本体论"的中国化探索

我们创新阐释的马克思的"生活本体论"思想，可以为社会学、社会理论研究提供根基性的指导原则和研究规范，并跨越时空同中华优秀传统文化和现代化发展实践相结合，在我国成为新的理论生长点，这集中体现在对"社会"这一基础概念的创新阐释上。

一　费孝通对社会概念的中国化阐释

从事社会学、社会理论研究，对于"社会是什么"问题的回答，无疑至关重要。在我国，早在两千多年前就形成了以"群学"为存在方式的"四群"（合群、融群、善群、乐群）社会学学科知识体系，构成对人、生活、社会进行阐发的生生不息的本土化学术之源，在这方面景天魁教授有大量缜密的论述。但现代意义上我国的社会学理论和社会概念主要是通过译介、消化、吸收的方式，在西方社会学基础上发展起来的，这个"西风东渐"经历了本土化至"西化"的过程。1895 年严复用"群""群学"分别对译西学"社会"（society）和社会学概念，借用本土化"群"的文化内涵研究社会的还有康有为、梁启超、谭嗣同等人，颜永京把社会学译为"民景学""为民学"，1903 年上海明权社发行的专业辞书《新尔雅》把"社会"释义为"协同生活体"，突出了生活本位意涵。但其后在西方社会学的强势影响下，在理论研究和学科建设上渐失明确的文化自觉和主体意识，出现了对西方社会学话语体系和解释框架的路径依赖，在对"社会"概念的解释上也缺少了体现文化传承的阐释和富有深度的学理追问，似乎已有的西方社会学的概念解释是不言而喻的概念前提。西方社会学是在欧洲文化传统背景下，在阐释西方现代化的过程中发展起来的，其发展始终伴随现象与本质、主体与客体、行动与结构的"二元"

迷思，被法国著名社会学家埃德加·莫兰称为"遗忘生活"的社会学。由于我国社会学在构建中缺少主体意识和对"社会"这一概念透彻的学理的、本体论的追问，在实际的研究工作中学者们会自觉或不自觉地陷入某种盲目性，并导致对重大社会问题的研究缺少真确性的理据，甚或产生误导性，从而在知识建构的深层理路上陷入困境。据此，我们的社会学研究工作首先要将对在社会学学术体系具有原则性地位的"社会"这一概念范畴的创新性阐释作为出发点。

面对西方从古典社会学到后现代社会学所陷入的社会迷思和由此导致的社会概念迷思，今天我国的社会学人无疑面临着破解迷思的任务。但要破解社会概念迷思，就必须突破西方社会学所遵从的思维方式和研究范式的阈限，创造新的研究范式和解释框架，而马克思"生活本体论"的唯物史观，恰恰提供了解释原则和理论出发点。在这方面，我国著名的社会学家、人类学家费孝通教授担当了历史重任。他以学贯中西的厚重学养、丰富的社会阅历和历史视野及敏锐的判断力，在传承中国传统学术文脉的基础上，突破了西方社会学的主体与客体、现象与本质二分和"遗忘生活"的思维方式，在社会结构内部发现了"隐性在场"的生活这一核心结构，建立了从生活出发，以生活为核心的内外结构要素、显性与隐性结构互动生成的社会概念体系框架，我们可以把这种研究范式概括为"生活本体论"的社会概念研究范式。所以，我们对社会概念的重释，重点放在评析费孝通的理论贡献上。

费孝通的这一理论贯穿于中国社会学重建以来的整个学术研究历程中，集中体现在《个人·群体·社会——一生学术历程的自我思考》《重建社会学与人类学的回顾和体会》《试谈扩转社会学传统界限》等文章中。费孝通特别看重《个人·群体·社会——一生学术历程的自我思考》一文中阐述的思想，他在去世的前一年多次谈到此文。他说："1993 年那次'自我思考'相当于自己学术研究思想的阶段性总结和理论上所作的反思。"① 可见这篇文章对于表述他的学术思想的重要地位。在该文以及其他文章中，费孝通表述了以下观点。

第一，生活是社会的本源和内在的核心结构，社会因人的生活而生。费孝通对社会概念实质内涵的揭示是以人的生活所特有生命形态作为研究的逻辑起点的。人的生命是生物性、社会性的统一体，而人类的社会就起源于人的这种特有的生命活动。他说，"人原是动物的一类，衣食男女、七情六欲等生活需要，来源于自然界的演化"，但演化到了人这个阶段后，则形成了超出其他动物的能力，"一个个人为了生活的需要而聚在一起形成群体，通过分工合作来经营共同生活，满足个人的生活需要"。这就是说，人自揖别动物界之后就有了同动物性生存相区别的生活，人就是"生活性动物"，生活的基本单元是"一个个人"的，但满足生活需要的方式是群体共同经营的，即用社会方式实现的，这就逐渐形成了社会性的生活共同体。② 费孝通说，他的这一表述思路，是从他所师从的马林诺夫斯基的人类学那里受到启发的，所以早在1948年费孝通就明确表述，"假使一种生活不全靠个体的单纯经营，而需要许多个体用分工合作的方式生活，这是社会"，所以"社会是群体生活本身"。③ 但是，到了20世纪90年代，费孝通特别强调，社会又是"比生物群体高一层次的实体"，即"一个个人所生活于其中的群体逐渐创制了行为规范，他逐渐成为有组织的群体里的社会成员，成为了社会人"。"社会是经过人加工的群体"，"各个社会都为其成员的生活方式规定着一个谱法"。社会"在自然的演化中是继生物世界而出现的一个新的但同样是实在的世界"。④

① 费孝通：《文化与文化自觉》，群言出版社，2010，第442页。
② 费孝通：《文化与文化自觉》，群言出版社，2010，第34、111～113、129、442页。
③ 费孝通：《文化与文化自觉》，群言出版社，2010，第34、111～113页。
④ 费孝通：《文化与文化自觉》，群言出版社，2010，第34、129页。

上述着重阐述的重要思想是：作为人的特有生命实现形式的生活是社会的本源和本体，并构成社会中内在固有的核心结构，社会就是满足"一个个人"生活需要的群体协同结构方式。这同马克思关于社会就是"生活的生产与再生产"的结构形式观点是一致的。正是由于作为人的生命形式的生活及实现生活需要的协同结构方式的存在，社会才会成为一个人与人交互作用的"实在的世界"。

我们特别强调，社会核心结构中"生活"这一点，是西方社会学各学派所没有看到的，而费孝通正好抓住了这一密码的核心要素，实现了对西方社会学的超越。

第二，"生活需要"是社会得以运行的基本逻辑和内在动因。在揭示生活是社会的本源和在"社会"结构内部发现了生活这一核心要素之后，还必须回答：生活在社会整体结构的内部同其他结构要素具有怎样的逻辑关系，它仅仅是受动的"坐享其成"的因素，还是参与了社会的建构，若参与其中又是如何参与的呢？这是以"生活本体论"范式诠释社会概念时必须回答的问题。

在这方面，费孝通反复强调"生活需要"在社会运行逻辑中的重要功能。他指出，人的生存是一种"文化性生存"，人是有能动性的，人的能动性集中表现在生活需要满足和选择的行动之中。费孝通揭示的具体逻辑关系是：人的特有生命存在产生了生活需要；生活需要的满足过程是在群体中发生的，并借助于"分工合作体系"推动社会结构关系（组织、制度等）的形成，"社会所规定的一切成规和制度都是人造出来、满足人的生活需要的手段，如果不能满足就得改造，手段应服从人的主观要求……如果社会制度不是人类的手段，那就好像谈不上人为的改革了"。[①] 这就是说，组织结构和社会的成规、制度都是为满足人自身的生活需要而为人所"造出来"的"手段"，在满足人的需要过程中，社会结

———

① 费孝通：《文化与文化自觉》，群言出版社，2010，第442页。

构关系通过各种规章制度、组织等要素得以形成和发展。只有这些社会形式、手段满足人的生活需要时，人才能获得积极性；如果长期不能适应人的生活需要，那么迟早会发生社会改革或社会变革。这一理论表述在我国现代化的新发展阶段具有重大的现实指导意义。今天的中国所发生的各种改革和变革，从本质上说正是民生问题和人民的生活诉求所推动的结果。党中央提出的新时代的社会主要矛盾是人民日益增长的美好生活需要和不平衡不充分的发展的矛盾，正是基于这一社会定律。所以，归根结底，满足人民生活需要的行动和坚持以人民为中心的发展，是社会得以运行的根本内在动因和目标。

第三，社会是由人的生活需要满足行动连接起来的隐性结构（生活）和外显结构（分工合作体系）互动生成的体系。费孝通还有一个重要观点：人不但是满足自身生活需要的能动行为主体，也是体现社会结构关系"力量"的客体。他说，人的需要满足行动"不能没有共同遵守的行为规则。有了规则就得有个力量来维持这些规则"，群体即"类"的生活需要满足，呈现的规则的力量就是群体"分工合作体系的力量"，这种力量又是"依靠个人的行动而发生效用的"。[①] 这就是说，每个人满足自身生活需要的"行动"是个性化的，但要想实现个人生活需要的满足又必须"通过遵守共同的行为规则"，而体现这种"共同的行为规则"的社会结构关系一旦形成，又成为超越个体并规制个人行为的力量，这就是社会概念整体结构中的外在于人的客体结构方面。这种外在的"分工合作体系"的手段性功能的实现过程，可能通过个人身体在场的直接满足方式（日常生活实践），也可能通过国家政策、法规制度等公共性行动，但所有满足方式的集合指向是"使个人能够得到生活"。这样，社会体系中的隐性结构（生活）和外显结构（分工合作体系）就发生了互动生成关系，两者互动的连

---

① 费孝通：《文化与文化自觉》，群言出版社，2010，第 113 页。

接点就是"生活需要"，即人的需求行动和满足需求的行动（社会供给行动）之间的互动生成关系。这样，费孝通就建立了由主体人的生活需要及其满足方式所连接的内外结构、隐性与显性结构互动生成的社会整体结构关系体系，这构成了社会概念的基本结构和内涵。

第四，社会和生活是连为一体、密不可分的。按费孝通的社会就是"许多个体用分工合作方式生活"及"社会就是群体生活"的观点，社会和生活是包容一体的，即一个人只有在群体中通过社会的方式才能"得到"自身生活。人满足生活需要的行动是能动的变量，但只有镶嵌在社会结构之中这种变量才能发挥作用，并为社会结构关系的变动带来能动的影响；同时社会结构关系的运行又负载着人们的生活。这样，社会结构就不是纯客观的结构，而是包含人的生活行动的活生生的主客体相统一的结构，具有人文意涵。在社会结构之中永远镶嵌着人的生活活动，构成"协同生活共同体"，不存在游离于人的生活的纯客观结构，只有在理论研究上才能从浑然一体中把它抽象出来。因此在这个意义上又可以说，"生活和世界是一回事"，"生活之外无他物"。① 社会就是一本打开了的生活的书，研究社会必须立足于人怎样生活和如何实现好生活，即要有生活方式概念的介入，这是以下章节重点研究的研究课题。

综上所述，费孝通从生活出发对社会概念进行的新的阐释和界定，我们概括起来就是，"生活本体论"的社会研究范式。这一观点同马克思把人类历史看作"历史性的生活过程"的"生活本体论"历史唯物主义观点是完全一致的。因此，看起来费孝通是阐述一个简单的道理，但实则是返璞归真地把握住了社会的实质内涵和成因，实现了对马克思"生活本体论"唯物史观的本体化

---

① 唐·库比特：《生活　生活——一种正在来临的生活宗教》，王志成、朱彩虹译，宗教文化出版社，2004。

承接和概念创新，从而为解释生活与社会、社会与人、个人与社会、行动与结构、实在与价值、理性与情感等一系列社会学研究的基本关系提供了原则规范。

二　基于"生活本体论"的社会范畴的理论效能

以上我们论述了马克思"生活本体论"的历史唯物主义基本思想，以及费孝通教授对中国化的"生活本体论"的社会范畴解释框架的创新性表述。在这里，我们需要强调的一点是，无论是马克思还是费孝通的理论建构都不是止于纯知识形态，而完全是为了人类的解放和改善"人的生活"，具有极强的实践性和致用性。

习近平总书记在"一带一路"国际合作高峰论坛圆桌峰会上的闭幕辞提出一个重要理论命题——"历史总是伴随着人们追求美好生活的脚步向前发展的"。[①] 但在人类漫长的文明发展史中，这个过程常常是不自觉的，是以生活和生命本质相分离、与社会相对立的形态出现的。比如，在一些资本主义高度发达的国家中，从总体上说已基本解决了绝对贫困问题，个人的权利得到法律保障，但资本逻辑在社会中的支配地位又使个人自由同个性发展处于相对分离状态。而我国新时代的中国特色社会主义现代化建设，从基本制度上把"中国社会如何发展"和"中国人如何更好地生活"高度契合在一起，既要不断满足人民日益增长的美好生活向往，同时又把人民追求美好生活的"脚步"转化为现代化发展的强大内生动力，在这方面，"生活本体论"的社会概念就将溢出巨大的理论效益。

我们可以把费孝通的社会概念解释框架形象地比喻成"鸟巢"理论。费孝通把"生活"纳入社会概念解释框架，指出社会不过

---

① 《习近平在"一带一路"国际合作高峰论坛圆桌峰会上的闭幕辞（全文）》，https://www.gov.cn/xinwen/2017-05/15/content_5194170.htm。

是人为了自身的生活创造出的"实在的世界"，这就讲了一个"大道至简"的道理。古往今来，不管社会形式发生多么大的变化、社会结构复杂到什么程度，这一基本逻辑都并没有变。正像鸟巢一样，不管"巢"编织得多么复杂，多么巧夺天工，它都是不同的"鸟"为了自己不同的"生活"而编织的，并且随着外在条件的变化而不断使编织完善化。因此，考察"鸟巢"是不能离开"鸟"的"生活"而孤立地考察鸟巢的外部结构的，因为鸟巢是"鸟"和"巢"共同生成的统一体，当然，人类社会的"鸟"和"巢"的关系要复杂得多。

鸟巢的比喻说明一个道理，即研究社会不能游离于"生活"这个支点和原点，生活不但是社会建构的产物，同时也是社会发展进步的一切伟力之源，伴随着人们追求美好生活的脚步不断向前发展。从学理脉动上看，社会在冥冥中是存在"钟摆效应"的，社会的外显结构无论它摆动的幅度有多大，最终都会回到生活的原点上，由生活来校正摆动的幅度和走向，生活永远是"定心锤"。

以中国改革开放前后的历史过程为例来说明，"文化大革命"中奉行"以阶级斗争为纲"的思想政治路线，其结果是社会生产力遭到破坏，人民生活十分困苦，最终靠历史的力量得以匡正。党的十一届三中全会体现历史的力量和人民的意志，党的路线回到发展生产力、改善人民生活的社会主义现代化建设路线上来。改革开放以后人民生活水平大幅度提高，但又受到 GDP 主义、拜物主义的困扰，出现了新的社会问题和生存困境，"钟摆"又走到了另一面。党的十八大提出"创造人民美好生活"为核心的"中国梦"，社会的"钟摆"又重新回到了正确轨道。所谓社会治理现代化，核心就是回到以生活为原点的路径上来，建立生活和社会躯体良性互动的生成性关系。这些理论思考恰恰构成我们研究生活方式的内在动因。

第四节　马克思生活方式范畴的"一元本体观"：对一个未被充分关注文本论点的诠释

在马克思恩格斯浩繁的著作中，曾多向度、多层面、多领域地使用了生活方式这一分析概念，[①] 为我们今天阐释生活方式这一极为复杂的概念提供了丰富的理论渊源。其中，对于今天我国的现实发展实践来说，最具框架性理论和方法论意义的内容，存在于 1845~1846 年他和恩格斯共同完成的《德意志意识形态》这部历史唯物主义奠基之作中。在这部著作中，生活方式获得了历史唯物主义基本范畴的地位，成为马克思恩格斯表述自己世界观、历史观和社会观的重要概念。但这一极其重要的理论思想至今没有得到充分的阐释，大部分研究或把生活方式概念排除在历史唯物主义理论体系之外，或仅仅将其作为阐释生产方式的辅助性概念，曲解了马克思恩格斯关于生产方式和生活方式关系论述的原意，从而对原著中马克思阐释的历史唯物主义产生了误读，并使生活方式研究缺少马克思恩格斯所开拓的宏观理论和社会历史视野。现在，我们有必要回到文本之中，正本清源，深入挖掘《德意志意识形态》所阐释的关于生活方式的理论思想及其源头，并从现实需要的理论问题意识出发，对相关的基本理论和概念进行新的阐释，从而把马克思所确立的生活方式观的重大理论和现实意义彰显和揭示出来，并为建构 21 世纪的马克思主义提供守正创新的理论资源，为中国式现代化提供中国化的马克思主义研究范式。

---

① 在马克思恩格斯对人类社会历史进行的实证研究中，较多使用了生活方式这一分析概念。其中包括对无产阶级、封建贵族、资产阶级生活方式的分析；对从古代到资本主义时代各种社会形态中生活方式特征的分析；对多种民族、社会群体、城市与乡村生活方式的形成因素，特别是从小农社会向工业社会生活方式变革的分析以及对日常生活行为特征和生活风格的分析；等等。

一 生活方式范畴"一元本体"理论的构建

"一元本体"是笔者对马克思在《德意志意识形态》中所阐释的生活方式范畴理论地位的表述。这部对于马克思主义形成史产生深刻影响的著作，是 20 世纪 30 年代以后才陆续出版的，但直到今天，它仍然是学界研究的热点。各种解释纷繁多样，但总的趋势是：逐渐摆脱苏联时期僵化教条的解释，由"物质本体论"转向"实践本体论"、"社会存在本体论"和"生存本体论"等解释框架。但我们还可以把这种解释继续向前推进，即无论是人的实践活动、社会存在或是人的生存实态，其特有的生命存在形态和生存活动形式就是"生活"。复旦大学孙云龙博士对《德意志意识形态》德文文本进行了缜密的考察，发现马克思在阐释历史唯物主义原理的主要篇章"费尔巴哈——唯物主义观点和唯心主义观点的对立"中，使用的最核心关键词就是"生活"或相关词组，一切论述都围绕生活这一概念展开的，其他关键词均为对生活概念的修饰语。马克思为了使他所使用的实践概念或生产概念与其他哲学人的立场相区分，经常使用以生活为词根的形容词来加以限定和强调，用于说明他所讲的实践或生产概念是完全有别于观念的或其他类型的活动，而是严格限定为以现实生活为目的的实践活动。[①]

正如前文我们分析指出的，马克思的历史唯物主义并不是关于物质和精神发展史的学说，而是以人的社会存在作为研究对象的学说，马克思一直把人类历史视为现实的人的现实生活过程和历史性的生活过程，也就是人如何生产自身的生活实践活动过程。因此"实践本体论"、"社会存在本体论"和"生存本体论"等表述的实质就是存在论范畴的"生活本体论"。[②] 如上所述，在《德

---

① 孙云龙：《"生活"的发现与历史唯物主义的形成——〈德意志意识形态〉研究》，复旦大学出版社，2011。

② 王雅林：《回家的路：重回生活的社会》，社会科学文献出版社，2017。

意志意识形态》中，比如"现实生活""生活生产""生命的生产""直接生活的物质生产"等和生活相关的词，就成了马克思对人类社会历史进行实证研究的核心概念，这些概念的使用贯穿马克思在这之后的一系列重要理论著作之中。恩格斯晚年在回答约瑟夫·布洛赫关于唯物历史观是否认为经济关系是唯一决定因素等问题时，对唯物史观的核心要义进行了如下总结性经典表述："根据唯物史观，历史过程中的决定性因素归根到底是现实生活的生产和再生产。无论马克思或我都从来没有肯定过比这更多的东西。如果有人在这里加以歪曲，说经济因素是唯一决定性的因素，那末他就是把这个命题变成毫无内容的、抽象的、荒诞无稽的空话。"① 在这段话中，恩格斯不但提出了唯物史观的生产、生活两大核心概念，而且明确表述了两者的内在关系，也即马克思反复强调的人类历史就是"人的生活的直接生产过程"，而生产方式则是"保证自己生活的方式"的手段，正是"生产"和"生活"这不可分割的两大活动，共同构成人的整体的生命活动。

顺着这样的思路，马克思在《德意志意识形态》中，还相应地从总体论上提出了生产方式和生活方式两大核心概念，并分析了两者的内在联系，建立起自己的"生活方式观"。这集中体现在下面这段马克思进行的经典论述之中：

> 人们用以生产自己必需的生活资料的方式，首先取决于他们得到的现成的和需要再生产的生活资料本身的特性。这种生产方式不仅应当从它是个人肉体存在的再生产这方面来加以考察。它在更大程度上是这些个人的一定的活动方式、表现他们生活的一定形式、他们的一定的生活方式。个人怎样表现自己的生活，他们自己也就怎样。因此，他们是什么样的，这同他们的生产是一致的——既和他们生产什么一致，

---

① 《马克思恩格斯全集》（第37卷），人民出版社，1971，第460页。

又和他们怎样生产一致。因而，个人是什么样的，这取决于他们进行生产的物质条件。①

下面我们对这段论述进行阐述。

以往人们往往用单向度的"经济决定论"的观点解释"人们用以生产自己必需的生活资料的方式，首先取决于他们得到的现成的和需要再生产的生活资料本身的特性"这段话，但这并不能准确表述马克思的原意。马克思从事社会历史研究始终秉持科学和价值相统一、生产和生活相关联的方法论。毫无疑问，贯穿《德意志意识形态》的是马克思对用抽象的意识和精神解释人类历史的唯心主义观点的批判。但反过来，对马克思唯物史观的解释又不能走到另一个极端，即回到上文恩格斯在给约瑟夫·布洛赫的信中所批判的荒诞无稽的"经济决定论"的观点上来。马克思在《德意志意识形态》中强调物质生产是"一切历史的一种基本条件""第一个历史活动""一切人类历史的第一个前提"，把生产方式视为历史唯物主义的基本范畴概念，但上面这段论述他特别强调的角度是：人们是如何进行生产的，即社会生产要从人的"得到的现成的和需要再生产的生活资料本身的特性"出发。强调从生活特性出发，就体现了生活的归宿性。这就把生产纳入满足个人（individuals）作为类存在的普遍需要的有目的的活动之中了，生产也就成了"为了生活"的现实性标志，即纳入了生活体系之中。所以，这段话怎么也得不出"经济决定论"的认识。

下面这段话是我们阐释的重点：

这种生产方式不应当只从它是个人肉体存在的再生产这方面加以考察。它在更大程度上是这些个人的一定的活动方

---

① 《马克思恩格斯全集》（第 3 卷），人民出版社，1960，第 24 页。

式，是他们表现自己生活的一定方式、他们的一定的生活方式。①

在这段话中，马克思同时提出了生产方式和生活方式两大基本范畴，那么两者是什么关系呢？生活方式在历史唯物主义体系中和人类社会历史中具有怎样的地位呢？

马克思首先确立了生产方式在"个人肉体存在的再生产"上的功能。这是人类生理学意义上生命持续存在的前提，也是马克思所说的"人们为了能够创造历史"，"首先就需要吃喝住穿以及其他一些东西"。② 这就提出了物质生活本身生产的基础性地位问题。我国的改革开放也是首先从消除贫穷，解决"生存""温饱"这些基本问题入手的。但是，一个常识是，单纯肉体存在的再生产也是人类同其他动物共有的生理学基础，马克思的历史唯物主义表述远不是到此为止，仅凭这一点也不能彰显马克思唯物史观同庸俗唯物主义的区别。因为生命离不开肉体存在，但肉体生产不是人的生活的全面展开，"吃、喝、性行为等等，固然也是真正的人的机能。但是，如果使这些机能脱离了人的其他活动，并使它们成为最后的和唯一的终极目的，那么，在这种抽象中，它们就是动物的机能"。③ 马克思强调人的生命的独特形式不是"存活"，而是"生活"。生活活动的特点是从事有意识、有目的的主体性活动，而生产活动则是生产作为社会有机体的人本身的实践活动，即"生活的生产"活动。而且从深层学理上说，这些生产活动本身就构成人们的"生活的一定形式"。在这个意义上，马克思认为生产方式也是一定的人的生活活动方式。这一表述不但提出了生活方式概念的命题，而且阐释了生产方式和生活方式的关

① 《马克思恩格斯选集》（第1卷），人民出版社，1995，第67页。
② 《马克思恩格斯选集》（第1卷），人民出版社，1995，第79页。
③ 《马克思恩格斯全集》（第42卷），人民出版社，1995，第94页。

系，并把生产方式纳入生活方式这一范畴体系。也就是说，马克思显然强调生活方式更加具有一元的本源、本体的属性，我们可以把这种包融了生产方式的生活方式概念称为"广义生活方式"，即学理概念。而这种呈现生产方式和生活方式整体关联复杂矛盾关系过程的"广义生活方式"理论，就是关于现实的人的生活活动形式的理论。为了强化这一表述，马克思在原文中对生活方式一词特别用加重号标出。

对"广义生活方式"概念的阐释和确立，体现了马克思把人类历史视为"历史性的生活过程""生活的生产"的历史唯物主义观点，我们把这一生活方式概念称为"一元本体观"的历史唯物主义表述，以区别于在我国影响很大的普列汉诺夫建立的在经济关系基础上的"一元历史观"的表述，这就为阐释历史唯物主义提供了新认识、新角度。需要特别指出，如果以"广义生活方式"学理概念视角阐释马克思历史唯物主义，那么就应把对马克思历史唯物主义的理解纳入文化范畴，或称之为"广义文化"范畴。这里所说的"文化"，可以定义为"人如何生产自己"的全部实践活动体系，这个实践活动体系包括生产力、生产关系、社会关系和精神文化等综合因素。

需要强调的是，马克思这一重要理论命题的提出，并不是基于哲学的思辨，而是基于历史和逻辑相统一的分析，具有充分的实证和现实批判研究的基础。例如，在1847年发表的《哲学的贫困》中，当马克思在批判主张用王室法令来摆脱竞争的"毫无意义的事"时，就展开了如下表述："各民族在制定这样一些法令之前，至少必须彻底改变他们在工业上和政治上的生存条件，也就是要彻底改变他们的整个生活方式。"① 这里使用的"生活方式"，显然就是"广义生活方式"的用法。

---

① 《马克思恩格斯选集》（第1卷），人民出版社，1995，第171~172页。

二　"生产方式决定生活方式"命题辨析

迄今，人们在表述生产方式和生活方式的关系时，都把"生产方式决定生活方式"作为一个不言而喻的历史唯物主义理论命题。但依据上面我们阐释的马克思广义生活方式"一元本体观"，还需要考察生产方式和生活方式两者之间呈现的复杂形态和关系，对"生产方式决定生活方式"的理论命题进行新的解释和辨析。

人怎样生活，离不开一定社会的物质生产方式。对此马克思在《〈政治经济学批判〉序言》中，做了明确的表述，"物质生活的生产方式制约着整个社会生活、政治生活和精神生活的过程"。[①]这种思想早在《德意志意识形态》中就有所体现，"但这里所说的人们是现实的，从事活动的人们，他们受着自己的生产力的一定发展以及与这种发展相适应的交往（直到它的最遥远的形式）的制约"。[②]

在马克思恩格斯的著作中，不但有物质生产方式制约人们生活方式的理论论述，而且这种制约还体现在对从原始氏族社会到资本主义工业社会的大量实证研究之中。例如，在《德意志意识形态》中探讨了欧洲18世纪工场手工业者闭锁的生活方式是如何被自由竞争和海上贸易打破的；在《英国工人阶级状况》中对产业革命是如何使新的产业工人摆脱小农传统生活方式的分析；在《奥地利末日的开端》中对工业机器如何敲开奥地利大门，使封建贵族生活方式转变为资产者的生活方式，雇佣关系又是如何使小生产者摆脱依附关系而成为工人阶级的研究；在《家庭、私有制和国家的起源》中对雅典国家"日益发达的货币经济，就像腐蚀性的酸类一样，渗入了农村公社的以自然经济为基础的传统的生活方式"[③]的分析等，不一而足。

---

① 《马克思恩格斯选集》（第2卷），人民出版社，1995，第32页。
② 《马克思恩格斯全集》（第3卷），人民出版社，1960，第29页。
③ 《马克思恩格斯选集》（第4卷），人民出版社，1995，第109页。

特别是马克思在为撰写《资本论》准备的经济学手稿中，当他看到了一份关于"珍妮"纺纱机在给生活方式带来革命性变革的材料上写道，"近年来，任何一种机械发明都不象'珍妮'纺纱机和精梳纺纱机的创造，在生产方式上，并且归根到底，在工人的生活方式上，引起那样大的改变"时，马克思高度肯定作者的观点，并做了如下近于模型化的论断，"这里，正确地表达了实际的联系。'机械发明'。它引起'生产方式上的改变'，并且由此引起生产关系上的改变，因而引起社会关系上的改变，'并且归根到底'引起'工人的生活方式上'的改变"。[①]

在这段话中，马克思对生产方式和生活方式两个词做了加重标注。马克思在这里高度肯定了18、19 世纪大工业机械发明引起的整个生产方式和社会结构以及生活方式的巨大变革。同理，在今天，我们不是也正在经历互联网、人工智能、数字技术给整个社会的生产方式和生活方式带来的巨大的甚至颠覆性变革吗？所以，一定时代以科技革命为先导的生产方式"决定""制约"该时代人们的生活方式。没有社会生产，何谈怎样生活？从这个意义上说，"生产方式决定生活方式"是一个合理的命题。

但是，我们需对"生产方式决定生活方式"理论命题的合理性设定一个前提。这个前提就是，一个社会形成怎样的生活方式，离不开生产方式的基础性条件和人们选择生活方式的可能性。很明显，一个社会以生产方式为核心构成的社会经济结构，规定着该社会生活方式形成的社会历史的和现实的条件。但如果离开这一社会历史和现实条件的"制约性"的前提设定，用"物质本体论"和"经济决定论"解释"生产方式决定生活方式"理论命题，就把这一命题泛化了。

第一，按着马克思"广义生活方式"的表述，生产方式属于"广义生活方式"范畴的组成部分，从生产方式是生活方式形成的

---

① 《马克思恩格斯全集》（第 47 卷），人民出版社，1979，第 501 页。

社会历史和现实条件上看，生产方式"决定"生活方式，但生产方式永远不能高于和外在于生活方式。这正如唐·库比特所言：在社会世界，"生活之外无他物"。① 生产方式作为表现"自己生活的一定方式"，是永远属于生活世界范畴的事物。

另外，"生产方式决定生活方式"的命题主要是从一个社会的特定发展阶段生活方式文明性质的意义上讲的，而以"个人"为主体的生活方式的形成因素要复杂得多，既包括物质的、经济的因素，也包括精神文化和社会心理等复杂因素；既包括宏观的，也包括个人日常的、微观的因素；既包括客体的，也包括主体的复杂因素；等等。"广义生活方式"范畴从哲理层面表述了马克思的"生活本体"社会历史观"骨架"，而不直接涉及具体的、感性的、日常的、个性的和现象学的"血肉"方面。马克思终生探索的是人类如何实现从片面、分裂的生活向整体的"你的""我的""他的"个人的现实生活复归，特别是如何通过消除物化和异化，由资本主义开启的个人解放的道路，向自由生活解放的整体性社会条件发展。

第二，在"广义生活方式"框架下，生产方式和生活方式不可分割地构成人的社会整体存在形式和社会历史发展的现实基础。马克思在"广义生活方式"概念体系内，把生产方式和生活方式作为一个有机整体来考察人类社会历史。在《德意志意识形态》中就有这样的重要表述，当马克思在批驳施蒂纳用"精神统治世界的无稽之谈"来解释对于社会犯罪的法与法律的唯心主义观点时，他写到，"不是国家由于统治意志而存在，相反地，是从个人的物质生活方式中所产生的国家同时具有统治意志的形式"。② 在马克思的著作中，批驳唯心主义观点本身我们不会感到奇怪，但马克思在讲到国家和统治意志产生的唯物主义观点时，并没有使

① 唐·库比特：《人生大问题》，王志成、王蓉译，四川人民出版社，2008，第63页。

② 《马克思恩格斯全集》（第3卷），人民出版社，1960，第379页。

用"物质生产方式"一词，而是用了"个人的物质生活方式"这一表述，这就成了我们的理论关注点。对于"个人的物质生活方式"提法的内涵，马克思用了"物质存在"和"个人的生活"两部分内容加以规定，这实质上就做了生产方式和生活方式一体化及人的社会存在形式和历史发展的整体现实基础的表述。马克思从来不抽象地谈论"人"，总是表述为一个个具体的"个人"（individuals），因此用来表述生产方式和生活方式一体化的"个人的物质生活方式"的概念时，把"个人的"置于限定的位置，就把论域纳入了"广义生活方式"的概念框架之内，这就同生产方式也是一定的生活方式的论断一致起来了。

生产方式和生活方式在严格意义上的"分离"，是资本主义社会的典型特征。在人类社会的早期，生产方式同生活方式是混沌地"合一"的并以人的生存为生产目的，因而马克思在批判资本主义的物化、异化时就说过，"古代的观点和现代世界相比，就显得崇高得多，根据古代的观点，人，不管是处在怎样狭隘的民族的、宗教的、政治的规定上，毕竟始终表现为生产的目的"。① 而到了未来的共产主义社会，当生产力成为人的本质力量的确证，人的自由而全面发展成为社会的主要动力，劳动成为"乐生"手段之时，生产方式将在真正意义上回归到生活方式之中，两者交融为一个有机的生活世界整体。

第三，在"广义生活方式"体系内，生产方式和生活方式具有不同的功能定位。生产方式和生活方式之间并不是单向度关系。生产方式对于生活方式既有基础性和制约性作用，同时又有工具性和手段性作用；而生活方式则具有本体性和目的性，人"懂得处处都把内在的尺度运用于对象"，并按照美的规律来构造。② 因此，生产方式和生活方式是相互作用的，为此笔者曾提出"生产/生活

---

① 《马克思恩格斯全集》（第 46 卷）上册，人民出版社，1979，第 486 页。
② 《马克思恩格斯选集》（第 1 卷），人民出版社，1995，第 47 页。

互构论"的理论建构。

第四，在"广义生活方式"体系内，生产方式和生活方式的互动构成社会发展的动力系统，"活动"是各种社会结构的基本构成要素，因此，社会不仅是各种结构关系的总和，也是创造和改造这种结构关系的各种活动的总和。具体地说，在一定程度上可以把生产方式看成生活资源的"供给能力系统"，而生活方式则是生活资源的"需求能力系统"。在新时代，需要通过生产力的发展和生产关系与社会关系变革不断解决美好生活需要和供给的不平衡、不充分问题，但依据"需要上升规律"，人的美好生活需要永远走在社会供给的前面，形成新的社会供给不平衡不充分的矛盾，从而促进社会生产的新发展和社会生产关系的新变革。

另外，产生新的需要的人作为自己本质力量的确证形成的"生活力"，又将成为生产力和社会变革最活跃的因素而推动社会生产方式的发展和变革。笔者在 2007 年发表的一篇文章[①]中，用图 1-2 表示生产方式和生活方式互动生成的动力系统。

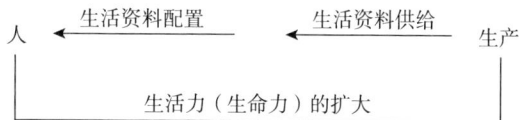

图 1-2　生产方式和生活方式互动生成的动力系统

对于图 1-2 可做如下解释：社会生产通过生活资料的供给构成人的生存、生活的基础和前提；生活活动则通过对生活资源的有效配置来满足人的需要，使人得以生存、享受和发展；生活资料的供给是通过"生产力"实现的，而人的需要满足过程实际是人的"生产力"，即"生活力"的保持和增长过程。

"生活力"的核心体现为人的自身本质能力的保持和扩大，同时也体现为产生新的更高需要的能力，而人的能力的扩大必然成

①　王雅林：《社会发展理论的重要研究范式——基于马克思社会理论的"生活/生产互构论"》，《社会科学研究》2007 年第 1 期，第 104~112 页。

为新的生产过程的推动力量，并最终使整个社会充满"互利和繁荣"。这就是说，生产与生活的互动生成和互构过程构成现实的社会发展的动力学系统。人类的生活史、社会发展史就是生产和生活活动相互汇聚、相互建构的互动生成过程。因而只从生产行动中去寻找社会的动力，只把生活看成由生产决定的因变量的观点是十分片面的。[①]

当前，我国仍处于社会主义初级阶段，离实现共产主义的目标还有很长的路要走，但我党确立的不断满足人民日益增长的美好生活需要的奋斗目标，在实质上正是马克思在《德意志意识形态》中所确立的实现共产主义目标在我国新时代的阶段性体现。在实现我们所确立的理想和奋斗目标征程中必须大力发展生产力，创造"物质生产条件和与之相适应的交往关系"，否则"一切炸毁的尝试都是唐·吉诃德的荒唐行为"。[②] 但是我国的发展必须时刻保持发展的崇高性，把握精神制高点。在今天，资本主义生产方式和交往方式的弊端已为人们所认识，但资本主义的生活方式和拜物主义仍然有强大影响，这必然会在我国现实生活中有所反映。值得注意的是，我国现实社会生活状况是，同快速的经济发展相比，主体层面人的生活方式和精神价值呈现出明显的差距，主体性建设、提高人们的自由自主活动可行能力，已成为社会治理和建设的重要任务，因为"真正的财富就是所有个人的发达的生产力"。[③] 因此，在今天要拨正对马克思关于共产主义社会理想的认识，还原马克思的"初心"，建立起当代实现理想信念和改变世界历史的精神结构和制高点，必须培育起更具魅力的生活方式，彰显我国现代化发展的"软实力"。实现这一点是十分重要和艰难的理论和实践任务。

[①] 王雅林：《社会发展理论的重要研究范式——基于马克思社会理论的"生活/生产互构论"》，《社会科学研究》2007年第1期，第104~112页。

[②] 《马克思恩格斯全集》（第46卷）上册，人民出版社，1979，第106页。

[③] 《马克思恩格斯全集》（第46卷）下册，人民出版社，1980，第222页。

需要指出，马克思已预见到从资本主义向共产主义过渡的长期性和复杂性，指出即便已经确立了共产主义制度，也仍需要消除旧社会的胎痕。我国同西欧的发展道路不同。笔者曾做过这样的论述"中国是一个封建主义影响深重的国家，未经过资本主义的充分发展而选择了社会主义发展道路，在现实生活中事实上存在着封建主义、资本主义、社会主义制度因素共时空的复杂交汇状态，具有社会主义初级阶段的社会特征，各种非社会主义因素还在纠缠着现实"。① 因此我国以共产主义目标为指引的社会主义现代化，必然具有"社会双重转型"的性质，既要吸收资本主义文明的巨大成就，又要减少其在我国发展过程中带来的"社会痛苦"，同时又要努力消除小农的和封建主义的社会影响，走综合创新发展之路。这将是由我国国情决定的一个繁难的历史任务。

三　正确理解青年马克思提出的生活方式"一元本体"理论命题的重大价值

在马克思恩格斯浩繁的著作中，虽然多次用生活方式概念具体地分析从古代到资本主义时代的社会变迁、阶级分层以及民族特性等问题，但仅有《德意志意识形态》把生活方式提升到历史唯物主义的核心范畴，并以此从学理上表达自己的"一元本体观"。那么，就可以提出以下疑问：马克思恩格斯早期的这一论点是不是他们思想理论还不成熟的表现，到后期思想"成熟"以后就不用了？是不是其偶然表述的思想或并不是马克思思想中的主要方面，因而对今天已没有更大的理论价值了呢？答案是否定的。本章前文的分析已表明这一没引起充分注意甚至被误读的论点的理论地位和价值。在这里，我们对其理论价值可能产生的疑问再简要做以下回答。

第一，马克思恩格斯的著作是非常丰富的思想宝库，由于多

---

① 王雅林：《中国社会转型研究的理论维度》，《社会学研究》2003 年第 1 期。

种复杂原因，这些著作中还有很多待开发的思想，同时在马克思主义的传播史中，在不同的时期人们从现实理论需要出发对马克思思想会产生不同的理论关注点，从而某一方面的理论研究就会得到重视。比如，在革命年代我们自然更关注马克思关于阶级斗争、社会主义革命及发展道路等的理论思想，而今天我国已进入以创造人民美好生活为核心奋斗目标的中国特色社会主义新时代，自然就想在这方面向马克思求教，并需要把马克思尚未展开的论述"接着说"，再创造，仔细搜索其理论宝库，这样我们就发现了《德意志意识形态》未被充分认识的关于生活和生活方式的理论。这个"发现"过程说明，实践选择理论和创造理论。

第二，从文本学上看，在马克思恩格斯的全部著作中虽然对生活方式范畴作"一元本体"的表述仅出现一次，但却构成马克思"生活本体论"的一脉相承的有机组成部分。我们在前面的章节中已论述了《德意志意识形态》在马克思历史唯物主义发展史中的重要地位，马克思后来曾写道，这部著作的写作目的是把"从前的哲学信仰清算一下"，① 陈述他们对唯物主义历史观的总体观点，由此生活概念在历史唯物主义理论中的逻辑枢纽地位得以确立，"生活本体论"理论体系得以构建。这一理论在之前的《关于费尔巴哈的提纲》中就有表述，"从前的一切唯物主义（包括费尔巴哈的唯物主义）的主要缺点是：对事物、现实、感性，只是从客体的或者直观的形式去理解，而不是把它们当作感性的人的活动，当作实践去理解，不是从主观方面去理解"，② 在《德意志意识形态》中马克思明确指出，人类历史存在的前提是"现实的个人，是他们的活动和他们的物质生活条件"，强调"人们的存在就是他们的现实生活过程"，"不是意识决定生活，而是生活决定意识"，一切意识现象都是"从人们生活的历史过程中产生的"，因而"在思

---

① 《马克思恩格斯选集》（第 4 卷），人民出版社，1995，第 211 页。
② 《马克思恩格斯全集》（第 3 卷），人民出版社，1960，第 6 页。

辨终止的地方，在现实生活面前，正是描述人们实践活动和实际发展过程的真正的实证科学开始的地方"。① 马克思的这些所有论述，不但从存在论上确立了生活的本体地位，而且突出了人的"活动""实践活动"概念在历史演进中的地位，而按着那段关于生活方式"一元本体"的理论表述，人类的"一元"活动，即包括生产方式在内的一切社会活动方式的总概括性概念就是生活方式。

这就是说，我们对包括《德意志意识形态》在内的马克思早期著作要用历史的、全面的眼光来看。早期著作固然有"不成熟"的方面，但这是充满创造活力的青年时代的"不成熟"，其理论创造也包含后来没有论及的"闪光的金子"的论点，晚年没有具体涉及但不等于放弃。在这方面我同意日本马克思主义理论著作研究学者渡边宪正的观点。他对青年马克思的理论创见做了深入解析，指出马克思在《德意志意识形态》之后并没有发生根本性理论转变，青年马克思构筑了后期理论的基础。基于这种研究，他特别指出了一个如何认识马克思前后期理论的方法论，"我们不能以马克思晚年的理论水准来裁决马克思青年时期理论的不完备，而要从其晚年研究的理论基础方面来解读青年马克思的理论创见"。② 为了完整理解作者这一具有启示性的观点，我们把作者归纳的观点在下面列出。

> 《形态》阶段马克思的理论同样是未完成状态，尚有很多不完备之处，请容笔者另作他稿探讨。马克思在写完《形态》后，继续完善和雕琢自身理论。马克思的确在不断地完善自身理论，由此，学界甚至出现了"不停的理论转变"的声音。虽说在不懈地完善自己的理论，但马克思并没有放弃其青年时期的理论成果。"不停的理论转变"阐释的缺陷在于，这一

---

① 《马克思恩格斯选集》（第 1 卷），人民出版社，1995，第 67、72、73 页。
② 渡边宪正：《青年马克思的理论创见》，盛福刚译，《中国社会科学评价》2022 年第 3 期，第 132 页。

阐释往往受困于展开的现象，不问"转变"的根据。如果要讲理论转变，关键要讲清楚理论的根据和结构原理。如果要主张马克思在1845年以后不断发生根本性的理论转变，就必须要讲清楚转变的根据。但是，在笔者看来，马克思在《形态》之后没有发生过理论转变。青年马克思提出了继续完善和雕琢自身理论的"总的结果"，可以说构筑了其后期理论的基础。需要注意的是，我们不能以马克思晚年的理论水准来裁决马克思青年时期理论的不完备，而要从其晚年研究的理论基础方面来解读青年马克思的理论创见。①

第三，最后我们强调，理解马克思生活方式"一元本体观"的科学价值，还要借助我们已引证过的恩格斯晚年的两个重要表述。一是"根据唯物史观，历史过程中的决定性因素归根到底是现实生活的生产和再生产。无论马克思或我都从来没有肯定过比这更多的东西"。如前所述，这是恩格斯对马克思唯物史观所作的经典表述，按着这个表述，生活具有本源、本体地位，作为人的基本活动方式的生活方式自然具有涵摄一切活动的一元本体地位，这是我们上面已论述过的问题。

二是我们已说过的恩格斯晚年的另一段话，"青年们有时过分看重经济方面，这有一部分是马克思和我应当负责的。我们在反驳我们的论敌时，常常不得不强调被他们否认的主要原则，并且不是始终都有时间、地点和机会来给其他参与相互作用的因素以应有的重视。但是，只要问题一关系到描述某个历史时期，即关系到实际的应用，那情况就不同了，这里就不容许有任何错误了"。这里恩格斯以自责的口吻强调的是不能把马克思和他的唯物史观理解为经济决定论，他们的论著主要"看重经济方面"是具

---

① 渡边宪正：《青年马克思的理论创见》，盛福刚译，《中国社会科学评价》2022年第3期，第132页。

有其特殊背景的，在前面引证的恩格斯的那段话中，恩格斯紧接着就强调，"如果有人在这里加以歪曲，说经济因素是唯一决定性的因素，那么他就是把这个命题变成毫无内容的、抽象的、荒诞无稽的空话"。我们中的一些人如果把马克思"生活本体论"和生活方式"一元本体论"视为早期理论不成熟的表现，可能就是受了恩格斯已反复更正说明但却被后世误读的观念。今天已到了彻底纠正的时候了。

把生活，生活方式赋予本体性的、目的性的地位，有重大的现实意义。党的十九大提出中国特色社会主义进入新时代的主要矛盾是人民日益增长的美好生活需要和不平衡不充分的发展之间的矛盾，并明确宣示"把人民对美好生活的向往作为奋斗目标"。这一主要矛盾和奋斗目标的表述，就把"生活"作为整个社会经济发展的出发点和归宿了。生活具有本体论的地位，这完全符合马克思恩格斯一再表述的"现实生活的生产和再生产"的历史唯物主义思想，并成为这种思想的当代实践版和现实运动。而在主要矛盾的两个方面中，"美好生活需要"无疑是矛盾的主要方面，而解决"需要"的"社会供给"不平衡不充分问题，正涉及对"需要"的建构与生产和生活方式的内在关系，即构建"广义生活方式"学理范畴问题。按着"广义生活方式"的理念，从根本意义上说，中华民族伟大复兴，其本质和评价标准，就是在"广义生活方式"框架下，创造能给人们带来幸福的生活方式和社会条件，从而实现人的全面发展和社会的全面进步。本研究就是以马克思的这一思想作为"元理论"出发点的。

第五节　马克思"人的自由全面发展"社会　　　　　理想与中国式现代化的实践

在我国进入中国特色社会主义新时代的历史时刻，对马克思历史唯物主义的研究还有一个必须坚持的重要理论与方法论原则是：要有科学社会主义的精神高度和社会主义的理想信念及明确的发展方向。

在马克思的思想宝库中，有一个熠熠生辉的极为重要的理论思想是，他为未来的社会主义、共产主义新型社会所确立的"人的自由全面发展"的社会发展价值目标。这一理论思想不但为我们在新时代正确引领中国式现代化航程，推进创造人民美好生活和实现中华民族伟大复兴的历史进程，提供了重要的理论依据和指导原则，也为我们所进行的社会生活方式研究提供了根本指针。为此，我们需要结合我国新时代的发展目标、发展任务、发展战略和发展道路，对马克思这一极为重要的思想加以阐释。

一 "人的自由全面发展"：人类解放的宣言

1894 年即恩格斯逝世前一年，意大利社会党人主办的《新纪元》杂志请恩格斯题词，以此表明他对即将到来的"新世纪"主要特征的看法，恩格斯就题写了《共产党宣言》中"每个人的自由发展是一切人的自由发展的条件"这句话，并解释说，"除了从《共产党宣言》（意大利刊物《社会评论》第 35 页）中摘出下列一段话外，我再也找不出合适的了"。① 恩格斯用这句话，就把马克思和他终其一生历尽千辛万苦为人类留下的最宝贵精神遗产表述清楚了。实现"每个人的自由全面发展"是马克思的最高社会理想，也是整个人类社会发展和文明进步的最高宪章，为人类的彻底解放指明了现实道路。

（一）马克思"人的自由全面发展"思想的形成和理论表述

关于"人的自由全面发展"的思想，马克思在创立共产主义学说的初期就提出来了，并成为他一生的价值追求，此后通过科学论证不断加以完善。在《1844 年经济学哲学手稿》中，马克思提出，人的自由全面发展的实现，就是扬弃了异化和私有财产后

---

① 《马克思恩格斯全集》（第 39 卷），人民出版社，1974，第 189 页。

真正人的本质的实现，就是"人以一种全面的方式，也就是说，作为一个完整的人，占有自己的全面的本质"，① 强调人要"按照美的规律来构造"。② 马克思和恩格斯共同完成的《德意志意识形态》，系统地阐述了共产主义学说，提出了一个著名的论断——共产主义是"消灭现存状况的现实的运动"，即指明"共产主义对我们来说不是应当确立的状况，不是现实应当与之相适应的理想。我们所称为共产主义的是那种消灭现存状况的现实的运动。这个运动的条件是由现有的前提产生的"。③ 对于新型社会形态的早期探索，《德意志意识形态》并不是对每个具体观点和发展时间点的判断和表述都准确无误，但马克思恩格斯通过真正实证的和历史的分析，对人的自由全面发展这一共产主义核心要义的表述却是严肃科学的。《德意志意识形态》提出的重要观点还有，"私有制只有在个人得到全面发展的条件下才能消灭，因为现存的交往形式和生产力是全面的，所以只有全面发展的个人才可能占有它们，即才可能使它们变成自己的自由的生活活动"，④ 并指出，"在共产主义社会中，即在个人的独创的和自由的发展不再是一句空话的唯一的社会中，这种发展正是取决于个人间的联系，而这种个人间的联系则表现在下列三个方面，即经济前提，一切人的自由发展的必要的团结一致以及在现有生产力基础上的个人的共同活动方式"。⑤ 以上这些论述指明了只有在个人得到全面发展的条件下私有制才能消灭，并把共产主义社会定义为"个人的独创的和自由的发展不再是一句空话的唯一的社会"，这成为新社会的核心要义。

1847 年恩格斯发表了《共产主义原理》，论证了现代化生产同

① 《马克思恩格斯全集》（第 42 卷），人民出版社，1979，第 123 页。
② 《马克思恩格斯选集》（第 1 卷），人民出版社，1995，第 47 页。
③ 《马克思恩格斯选集》（第 1 卷），人民出版社，2012，第 166 页。
④ 《马克思恩格斯全集》（第 3 卷），人民出版社，1960，第 516 页。
⑤ 《马克思恩格斯全集》（第 3 卷），人民出版社，1960，第 516 页。

人的发展关系，指出资本主义大工业的发展改变了人们的"整个生活方式"，而成为"完全不同的人"，在此基础上未来的共产主义社会，将是"由整个社会共同地和有计划地来经营的工业，更加需要才能得到全面发展、能够通晓整个生产系统的人。……这样一来，根据共产主义原则组织起来的社会，将使自己的成员能够全面发挥他们的得到全面发展的才能"。① 当然，马克思恩格斯提出的人的自由全面发展的社会目标还是基于现代工业社会的发展前景，在他们生活的时代还不可能具体预见到信息化和人工智能社会的出现。

上面这些马克思主义形成初期的探索，为 1848 年马克思恩格斯发表《共产党宣言》提供了坚实的理论准备，在这部全世界共产党人的宣言书中，提出了在 170 多年后的今天仍响彻全球的著名论断："代替那存在着阶级和阶级对立的资产阶级旧社会的，将是这样一个联合体，在那里，每个人的自由发展是一切人的自由发展的条件。"② 这也就是恩格斯在晚年特别强调的社会主义、共产主义的终极目标，成为全世界共产党人和全体进步人士的核心观念和价值追求。《共产党宣言》中的这段话，马克思恩格斯强调了在新的联合体中，每个人的自由发展的基础性地位，即在"自由人联合体"中，"一切人的自由发展"是以"每个人的自由发展"为前提的。同时又指明"只有在共同体中，个人才能获得全面发展其才能的手段，也就是说，只有在共同体中才可能有个人自由"。③

在 1857~1858 年马克思为《资本论》写作做准备的《政治经济学批判（1857—1858 年手稿)》这部极为重要的著作中，马克思提出了著名的社会发展"三形态说"，指出未来"第三阶段"的社会是"建立在个人全面发展和他们共同的社会生产能力成为他们的社会财富这一基础上的自由个性"，而"要使这种个性成为可

---

① 《马克思恩格斯选集》（第 1 卷），人民出版社，1995，第 242~243 页。
② 《马克思恩格斯选集》（第 2 卷），人民出版社，1995，第 294 页。
③ 《马克思恩格斯选集》（第 1 卷），人民出版社，1995，第 119 页。

能，能力的发展就要达到一定的程度和全面性"。① 这是马克思对人类历史进行"真正的实证科学"考察得出的结论，关于这一点我们将在下面详细论述。

特别需要提出的是，马克思用他的毕生精力完成了《资本论》这部被称为马克思主义百科全书的著作，它既是一部政治经济学著作，也是哲学、科学社会主义和社会学著作，或按马克思对自己理论工作的表述，是对人类社会历史考察的历史科学学说。这部巨著是针对资本主义的解剖学。恩格斯提到马克思在《资本论》中，"根据以无可怀疑的知识所作的绝对认真的研究，得出了这个结论：整个资本主义生产方式必定要被消灭"。② 马克思对资本主义的批判不是目的本身，而是从中发现新型社会。在 1867 年出版的《资本论》第 1 卷中马克思指出，资本家狂热地追求价值的增值，而发展社会生产力却为未来社会准备了"物质条件"，"而只有这样的条件，才能为一个更高级的、以每个人的全面而自由的发展为基本原则的社会形式创造现实基础"，③ 而这样新的社会形式就是"自由人联合体"，这就是整个人类发展的现实前景和最高宪章。

（二）马克思对"人的自由全面发展"的科学论证

马克思的历史唯物主义以人的历史实践为基础，以社会存在为研究对象，是对人类社会发展过程进行科学考察的学说，人类社会演化的过程性、过渡性和历史存在的边界性，构成马克思对人类历史认识的科学方法，提出了"人们的社会历史始终只是他们的个体发展的历史，而不管他们是否意识到这一点"的认识路线，④"历史不过是追求着自己目的的人的活动而已"。⑤ 因此，在马克思看来，人类历史从本质上说是在特定的历史条件下人本身

---

① 《马克思恩格斯全集》（第 46 卷）上册，人民出版社，1979，第 104、108 页。
② 《马克思恩格斯全集》（第 16 卷），人民出版社，1964，第 237 页。
③ 《马克思恩格斯全集》（第 23 卷），人民出版社，1972，第 649 页。
④ 《马克思恩格斯选集》（第 4 卷），人民出版社，1995，第 532 页。
⑤ 《马克思恩格斯全集》（第 2 卷），人民出版社，1957，第 118～119 页。

的发展史，人作为在场的主体性活动的发展史，人的自由不断扩大的发展史。关于这一点，在前面提到的马克思撰写的《政治经济学批判（1857—1858 年手稿）》中做了完整的经典话语性表述："人的依赖关系（起初完全是自然发生的），是最初的社会形态，在这种形态下，人的生产能力只是在狭窄的范围内和孤立的地点上发展着。以物的依赖性为基础的人的独立性，是第二大形态，在这种形态下，才形成普遍的社会物质变换，全面的关系，多方面的需求以及全面的能力的体系。建立在个人全面发展和他们共同的社会生产能力成为他们的社会财富这一基础上的自由个性，是第三个阶段。第二个阶段为第三个阶段创造条件。因此，家长制的，古代的（以及封建的）状态随着商业、奢侈、货币、交换价值的发展而没落下去，现代社会则随着这些东西一道发展起来。"[1]

马克思这一经典表述被称为人类社会发展"三形态说"。"三形态说"同我们一般说的"五形态说"的不同点在于，"五形态说"表述的是以生产方式变革引起的政治结构变化，属于政治革命。需要指出的一点是"五形态说"并不完全符合马克思的原意，而是斯大林的概括，且人类历史也并不是都按着"五形态"单线直进的。而"三形态说"则依据马克思的历史观，把人的社会存在置于具体的历史过程加以分析，揭示其历史脉络，表明人的本质不是在人类出现之初就定型的，而是在自身的生产过程中不断实现的。在马克思看来，以"人的依赖关系"为主要特征的第一大社会形态，由于社会生产力水平低下，社会生活处于浑然一体状态，个人还没有从宗族和血亲共同体中分离出来，人的自我意识处于蒙昧状态。第二大社会形态为资本主义商品市场经济发展阶段，从第一个阶段向第二个阶段演进是由生产力发展要求和经济必然性所决定的运动，使人从原始和奴役制度的"共同体"中

---

① 《马克思恩格斯全集》（第 46 卷）上册，人民出版社，1979，第 104 页。

解放出来，是人类社会伟大的文明进步，意味着历史性地扩大了
人类自由的界限。

但马克思在肯定"资本主义的伟大文明作用"的同时，也深
刻揭示了资本主义经济和文化的内在矛盾性，指出资本主义的历
史功绩是使人获得独立性和个人权利与自由，但资本逻辑的支配
作用又用与人的个性相违背的枷锁将人们束缚起来，出现了自由
个性与资本主义社会中个人生活脱节的"物化""异化"情况。这
些情况也为当代西方知识人所认识。资本主义的价值宣言是自由、
平等、博爱，但资本主义的内在矛盾性致使其并不能真正实现人
的自由发展。关于这一点，我们在下面将详细分析。

人类社会发展的"第三大形态"将是社会主义、共产主义阶
段。这一阶段以"建立在个人全面发展和他们共同的社会生产能
力成为他们的社会财富这一基础上的自由个性"[1] 为主要特征。马
克思提出的这一未来社会的特征，不是对未来社会的预言，不是
开出的"未来饮食店的良方"，而是揭示了由第二大形态向第三大
形态转变的必然结果。因为"第二个阶段为第三个阶段创造条
件"，共产主义是站在资本主义肩膀上而建立的，资本主义的"物
化"为未来社会提供了生产力的基础，即"现存的交往形式和生
产力是全面的，所以只有全面发展的个人才可能占有它们，即才
可能使它们变成自己的自由的生活活动"。[2] 所以人的自由全面发
展是马克思深刻揭示人类历史活动的必然结果。

"人的自由全面发展"概念在《资本论》中的经典表述为"每
个人的全面而自由的发展"。从现实的人的发展最高境界的表述上
涉及"全面""自由""每个人"三个关键词所构成的内涵统一一
体，我们加以分析阐释。

关于人的"全面"发展。马克思认为，人的全面发展是指人

---

①　《马克思恩格斯全集》（第 46 卷）上册，人民出版社，1979，第 104 页。
②　《马克思恩格斯全集》（第 3 卷），人民出版社，1960，第 516 页。

的本质力量的充分展现。生活需要的丰富性和精神结构的提升，是人对自身本质的全面占有，即"人以一种全面的方式，也就是说，作为一个完整的人，占有自己的全面的本质"。① 马克思的这一学理表达，是从对资本主义现代工业生产的观察中得出的，同时也认为这是消灭私有制的必要条件，即"私有制只有在个人得到全面发展的条件下才能消灭"。② 马克思的历史唯物论认为，人类的发展史就是人在创造客观世界的同时也进行"自我生产"的历史，"在再生产的行为本身中，不但客观条件改变着，……而且生产者也改变着，炼出新的品质，通过生产而发展和改造着自身，造成新的力量和新的观念，造成新的交往方式，新的需要和新的语言"。③ 共产主义社会将"培养社会的人的一切属性，并且把他作为具有尽可能丰富的属性和联系的人，因而具有尽可能广泛需要的人生产出来——把他作为尽可能完整的和全面的社会产品生产出来……"④ 值得注意的是，在共产主义目标上，马克思在《哥达纲领批判》中严肃批判了拉萨尔的观点。拉萨尔把工人阶级争取公有制斗争的目标限定在经济利益上，为了获得更多的收入和进行更公平的分配。马克思批判了这种只限定经济目标的观点，指出由科学的或者一般劳动的性质所决定的发展目标"是为了成为一个全新的人"，共产主义的奋斗目标就从这里开始。

归结起来，人的全面发展是使人真正成为主客观全面财富的主人，包括摆脱专业分工的束缚，劳动生产形式的丰富，社会交往关系的丰富和发展，人的能力的提升，生活品味的丰富化、高尚化、审美化，等等。

关于人的自由发展。对自由的探究、追问与关切，是近代以来从洛克、卢梭、黑格尔、马克思、康德到海德格尔所讨论的最

① 《马克思恩格斯全集》（第 42 卷），人民出版社，1979，第 123 页。
② 《马克思恩格斯全集》（第 3 卷），人民出版社，1960，第 516 页。
③ 《马克思恩格斯全集》（第 46 卷）上册，人民出版社，1979，第 494 页。
④ 《马克思恩格斯全集》（第 30 卷），人民出版社，1995，第 389 页。

为重要的思想和最为核心的哲学问题。康德把自由视为自己的理论体系的核心，黑格尔提出历史是"向自由方向发展的进步"的命题。但这些论述都没有超出启蒙主义的理论结构。我国学者对自由问题的研究相对较少。清华大学黄裕生教授从哲学层面提出了对自由存在论的观点解读，强调"如果说人有什么共同或一样的本质，那么这就是自由"，"人类在知识与观念系统里越来越明确地确立起一种存在者，这就是拥有自由意志而能够真正独立、自立的行动主体，从而确立了人类个体位格的本位地位"。① 马克思把人的自由个性纳入人的解放事业，强调建立在个人全面发展这一基础上的自由个性是未来理想社会的主要特征和人的彻底解放的集中表现。

需要指出，在思想史上，马克思主义和自由主义都把自由作为最高价值目标，但马克思所讲的"自由个性"不同于自由主义者所讲的"个人自由"，资本主义在发展中确立了一套以自由为核心的启蒙价值观，体现了人类的文明进步和人的本质力量的提升，但自由主义学派所讲的这种个人的自由还只是私有制和劳动分工产出的片面、有局限的"产品"。此类观点的代表是新自由主义理论家米尔顿·费里德曼提出的一个命题，"资本主义的实质——私有制，是人类自由的源泉"。② 这也是福山"历史终结论"的理论根据。自由主义者们所表述的观点十分清晰，自由等于私有制和市场，但在私有制的市场体系中，人们看起来好像都是自由的主体，实际上却是异化的不自由不平等。马克思讲的"自由个性"是通过社会主义的现实运动，在新的历史条件下具有不可复制个性的人对人的本质的全面占有和其力量的全面发挥，从而将自身作为全面发展的人"生产"出来。具体地说，个性体现的是每个人特有的生理素质、心理素质、文化素质、思维方式、生活方式

---

① 黄裕生：《论自由、差异与人的社会性存在》，《中国社会科学》2022 年第 2 期。
② 转引自 B. M. 梅茹耶夫《我理解的马克思》，林艳梅、张静译，人民出版社，2013，第 93 页。

以及特有的兴趣爱好、性格气质等，它的高级形式就是具有自由个性的人的生成。需要指出，马克思关于人的自由全面发展的思想无疑吸收了西方启蒙运动以来形成的个人尊严、个人自由平等文化思想，这也是我们今天应该学习和借鉴的，但我国有更厚重的群己文化传统可以消弭西方文化的不足并有助于推进马克思理论的中国化，这将是下面章节要展开的论题。还需指出，"自由个性"只能以社会的方式在历史发展中逐步形成，这一点我们在下面的篇幅中也将论及。

需要强调一点，马克思用"自由"和"全面"两个词表述未来人的存在状态是不可分割的，这是因为全面发展的人是由具有独立自主的自由主体建构出来的，因此全面发展的人必然是体现自由本质的人。另外，在我国的现实生活和理论表达中，也不可把"个人自由"和"自由个性"混同起来，前者是后者的起始条件，后者是前者的发展、升华和完善。

关于"每个人"的发展。"每个人"是指一个个具体的生命独享个人。在马克思看来，在人类发展史上，以往的社会最根本的缺陷在于，人类的整体发展是以牺牲个人的发展为代价的，并始终存在个体和类之间的斗争，"一些人靠另一些人来满足自己的需要，因而一些人（少数）得到了发展的垄断权；而另一些人（多数）经常地为满足最迫切的需要而进行斗争，因而暂时（即在新的革命的生产力产生以前）失去了任何发展的可能性"。[①] 共产主义社会最大的特点就在于，它将从根本上结束个体与类之间的对立，使人类整体的发展不再以个体的牺牲为代价。相反，人类整体的发展与个体的发展互为基础、前提和条件。

新时代，我国确立了以人民为中心的发展思想，这里使用的"人民"应是"个人的共同体""复数的个人"。社会发展的成果要落实到每个人身上，实现人民对美好生活的向往，"一个也不能

---

① 《马克思恩格斯全集》（第3卷），人民出版社，1960，第507页。

少"。"一个也不能少"成为指导新时代发展的关键词，正是践行了马克思"每个人的自由而全面发展"思想。

二 社会主义是从"必然王国"向"自由王国"过渡的社会形态

上面我们在论述马克思的社会发展"三形态说"时指出，马克思是在对人类历史进行真正科学的考察中得出的结论，即未来的共产主义社会将是"建立在个人全面发展和他们共同的社会生产能力成为他们的社会财富这一基础上的自由个性"的社会，从而揭示了人类社会的现实发展方向和目标。但需要指出的一点是：马克思当时提出的人类社会从"第二个阶段"（资本主义商品社会）向"第三个阶段"（共产主义社会形态）的转变，主要是在对西欧的历史进程，特别是在对具有典型过渡形态的英国的考察中提出的，而对于大多数国家特别是后发展中国家来说，这两个阶段即两大社会形态的转换将呈现复杂多形态的过程，中间还有曲折的过渡社会形态即社会主义发展阶段，这已成为今天的发展现实。社会主义属于共产主义体系的组成部分，即共产主义社会的"第一个阶段"。关于从资本主义向共产主义转变还必经历过渡阶段的思想，马克思在后来发表的《资本论》第 3 卷中有如下理论表述：

> 事实上，自由王国只是在由必需和外在目的规定要做的劳动终止的地方才开始；因而按照事物的本性来说，它存在于真正物质生产领域的彼岸。象野蛮人为了满足自己的需要，为了维持和再生产自己的生命，必须与自然进行斗争一样，文明人也必须这样做；而且在一切社会形态中，在一切可能的生产方式中，他都必须这样做。这个自然必然性的王国会随着人的发展而扩大，因为需要会扩大；但是，满足这种需要的生产力同时也会扩大。这个领域内的自由只能是：社会

化的人，联合起来的生产者，将合理地调节他们和自然之间的物质变换，把它置于他们的共同控制之下，而不让它作为盲目的力量来统治自己；靠消耗最小的力量，在最无愧于和最适合于他们的人类本性的条件下来进行这种物质变换。但是不管怎样，这个领域始终是一个必然王国。在这个必然王国的彼岸，作为目的本身的人类能力的发展，真正的自由王国，就开始了。但是，这个自由王国只有建立在必然王国的基础上，才能繁荣起来。①

在这里，马克思提出了一对重要概念作为分析框架，即"必然王国"和"自由王国"，指出共产主义作为"真正的自由王国"只能是在"必然王国"的彼岸，中间有一个由"必然王国"向"自由王国"的转变阶段。物化的资本主义社会经济形态属于为"经济必转性"所制约的"必然王国"，而社会主义在社会形态属性上属于共产主义范畴，但从所达到的经济与社会发展程度去看，仍没摆脱经济必然性的制约，因而从性质上来说仍属于"必然王国"，但确立了向共产主义过渡的发展方向。

上面所引马克思这段话的后半部分——"把它（生产力的发展）置于他们的共同控制之下"以及"在最无愧于和最适合于他们的人类本性的条件下来进行这种物质变换"，指的是社会主义要坚持的发展原则，这就同资本主义"物的依赖"社会形态区别开来。需要指出，有的学者把这段指导原则的论述归结为共产主义"必然王国"的规定性，这是错误的，不符合马克思的原意。马克思明确强调：对于社会主义来说，"不管怎样，这个领域始终是一个必然王国"。② 可做的解释是：社会主义发展阶段必须坚持共产主义体系的思想路线和发展方向，从经济、社会、文化的成熟程

① 《马克思恩格斯全集》（第 25 卷），人民出版社，1974，第 926~927 页。
② 《马克思恩格斯全集》（第 25 卷），人民出版社，1974，第 927 页。

度上看，虽然仍属"必然王国"，但却开启了向"自由王国"发展的历史进程，即把人的自由全面发展纳入了自己的发展进程。归结起来，共产主义的"自由王国"建立在资本主义、社会主义"必然王国"的基础上，经过社会主义过渡阶段，才能繁荣起来，才能最终实现每个人的自由全面发展。

我国是在中国共产党的领导下，经过百折不挠的浴血奋战，在半殖民地半封建社会的基础上推翻"三座大山"，经过新民主主义革命而进入社会主义革命和建设阶段的。同马克思讲的"三形态说"不同的是，我国并没有经过资本主义大工业和市场经济的充分发展而走上社会主义发展道路，是在小农社会和"一穷二白"基础上进行社会主义建设的。改革开放以来，我国的社会生产力快速发展，人民生活大幅改善，各项工业快速发展，但我国仍是发展中的社会主义大国，仍将长期处于社会主义初级阶段。我们必须在这个基点上把理想和现实结合起来，不忘初心，艰苦奋斗，以切实的步骤去实现中国共产党和全体人民的奋斗目标。习近平总书记对此有明确的论述："党在社会主义初级阶段的基本路线是党和国家的生命线。我们在实践中要始终坚持'一个中心、两个基本点'不动摇，既不偏离'一个中心'，也不偏废'两个基本点'，把践行中国特色社会主义共同理想和坚定共产主义远大理想统一起来，坚决抵制抛弃社会主义的各种错误主张，自觉纠正超越阶段的错误观念和政策措施。只有这样，才能真正做到既不妄自菲薄、也不妄自尊大，扎扎实实夺取中国特色社会主义新胜利。"① 习近平总书记还特别向全党提醒："共产主义决不是'土豆烧牛肉'那么简单，不可能唾手可得、一蹴而就，……革命理想高于天。实现共产主义是我们共产党人的最高理想，而这个最高理想是需要一代又一代人接力奋斗的。……我们现在坚持和发展中国特色社会

---

① 《十八大以来重要文献选编》（上），中央文献出版社，2014，第76~77页。

主义，就是向着最高理想所进行的实实在在努力。"①

三　新时代中国特色社会主义的伟大实践

党的十九届六中全会通过的《中共中央关于党的百年奋斗重大成就和历史经验的决议》中指出："中国共产党自一九二一年成立以来，始终把为中国人民谋幸福、为中华民族谋复兴作为自己的初心使命，始终坚持共产主义理想和社会主义信念，团结带领全国各族人民为争取民族独立、人民解放和实现国家富强、人民幸福而不懈奋斗，已经走过一百年光辉历程。"在百年奋斗中，中国共产党始终是马克思关于人的彻底解放社会理想的伟大探索者、捍卫者和践行者。2021 年，无论是在中国共产党的历史上，还是在中华民族历史上，都是具有里程碑意义的一年。

在《在庆祝中国共产党成立 100 周年大会上的讲话》以及《中共中央关于党的百年奋斗重大成就和历史经验的决议》等一系列重要文献中，都郑重申明党在新时代的战略目标和任务是："在推动人的全面发展上取得更为明显的实质性进展"；"推动社会的全面进步和人的全面发展"；"促进人的自由全面发展"；"在实现高质量发展中推动人的全面发展、全体人民共同富裕不断取得实质性进展"；等等。如果说马克思在资本主义发展初期提出人的自由全面发展目标的思想尚属理论形态的话，那么在今天的中华大地上这一理论形态已成为全国各族人民在中国共产党的领导下的伟大创造性实践活动。哲学社会科学研究的一项重要理论任务就是，站在人类文明新形态和中国式现代化发展目标的高度，深刻阐释新时代中国特色社会主义的伟大实践同实现马克思"人的自由全面发展"社会理想的关联性。

"新时代中国特色社会主义"的完整表述包括三个关键词——"社会主义"、"中国特色"和"新时代"，下面我们将分别从"三

---

① 《十八大以来重要文献选编》（中），中央文献出版社，2016，第 321 页。

个自信"上对其加以阐释。

（一）"社会主义"是实现人的自由全面发展目标征程中道路自信的根本体现

"社会主义"是我们要阐释的第一个关键词。我们在前面篇章对马克思社会发展"三形态说"的解析中提出，人的自由全面发展社会前景是马克思从对人类历史演进必然结果的分析中得出的科学认识，特别是从对他所生活的时代资本主义进行现实批判和解剖中得出的结论。国内外社会学界常常把马克思的社会学说归结为"社会批判理论"，或者"冲突理论"，这是不全面、不准确的，实际上马克思的"批判"不是目的本身，"批判旧世界发现新世界"，① 建设新的社会文明形式才是真正目的。"冲突"是为了消除人的异化建设新的和谐社会，这就是以人的自由全面发展为旨归的社会联合体。马克思对资本主义的解剖对象主要是以英国为代表的欧洲国家，"早发"的资本主义是在欧洲文明的基础上发展起来的，特别是继承了自文艺复兴以来追求个性自由的人道主义传统。但资本主义是以资本逻辑为主宰的社会，在马克思看来，物的依赖关系无非是与外表上独立的个人相对立的社会关系，"个人现在受抽象统治，而他们以前是互相依赖的"，② 资本创造了人的个性发展所需要的对象财富，却把人置于"物化""异化"状态，这种发展了的矛盾关系并不是按着符合人的本性的社会图景发展的。所以，当一些资本主义思想家宣称人类社会将"终结"在资本主义天然合理的"自然的自由体制"之时，马克思说这不过是"神学家的臆想罢了"，指出资本主义不过是人类的"史前史"，共产主义将开启"人的真正历史"；资本主义社会中的人不过是以物的关系为基础的"市民社会"，而共产主义将开启人的"真正历史"和形成"人的社会"。因此，作为共产主义体系中的

① 《马克思恩格斯文集》（第10卷），人民出版社，2009，第7页。
② 《马克思恩格斯文集》（第8卷），人民出版社，2009，第59页。

社会主义发展阶段，在人类历史上开创了建构新型社会文明形式的道路。

我国的发展所体现的人类文明新形态，从根本上说是在国际风云变幻中，"乱云飞渡仍从容"，坚持社会主义的道路自信的结果。当苏联社会主义失败、国际社会主义运动受挫的时候，中国却坚定地顶住了国际上"颜色革命"的压力，坚定走中国特色社会主义的道路。党的十八大以来，以习近平同志为核心的党中央带领全国各族人民在推进中华民族伟大复兴的历史进程中创造了一个又一个奇迹，在中华大地上消除了绝对贫困，实现了第一个百年奋斗目标，使人的整体生存状态发生质的变化，成为实现人的自由全面发展的全新起点。在这基础上向"第二个一百年"进发，开启以人民为中心，以创造人民美好生活为目标的全面建设社会主义现代化国家的新征程。我国现代化发展的新阶段将把人的美好生活新样态同人自身发展的新样态即人的全面发展高度吻合起来。从中国特色社会主义的发展历程来看，社会经济每走一步都是在向实现人的自由个性发展迈出一步，都体现了人的自由全面发展在社会主义社会形态中的阶段性飞跃。所以，如果说中国式现代化开创了人类文明新形态的话，那么核心内涵就是坚持了社会主义社会形态的道路自信。

（二）"中国特色"是实现人的自由全面发展目标文化自信的根本体现

"中国特色"是我们要解析的第二个关键词。"中国特色"是"中国特色社会主义"整体概念中的有机组成部分，指的是社会主义现代化发展道路"中国式"实现形式。任何一个国家实现现代化总是要基于自身在历史上长期形成的文化特点、文明形式和国情实际。文化是个极复杂的概念，在这里可以定义为在不同的民族共同体中，是如何进行人自身的社会生产和再生产的；而文明则是这种生产与再生产的相对稳定的样态。因此我们在考察"中国特色"之时，就需要把中国式现代化道路的文明属性和文化特征以及为什么要坚持"中国特色"的发展问题搞清楚。

"走自己的路",坚定"文化自信"是党和人民历经千辛万苦,付出巨大代价获得的认识。"走自己的路",就必须站在文化和文明的高度来观察、思考走中国化发展道路的必然性和规定性。习近平总书记多次强调和充分论证了"文化自信"这一理论范畴,认为它是道路、理论、制度自信的基础,"是一个国家、一个民族发展中最基本、最深沉、最持久的力量"。[①] 在党的二十大报告中习近平总书记深刻指出,"中华优秀传统文化源远流长、博大精深,是中华文明的智慧结晶,其中蕴含的天下为公、民为邦本、为政以德、革故鼎新、任人唯贤、天人合一、自强不息、厚德载物、讲信修睦、亲仁善邻等,是中国人民在长期生产生活中积累的宇宙观、天下观、社会观、道德观的重要体现,同科学社会主义价值观主张具有高度契合性。我们必须坚定历史自信、文化自信,坚持古为今用、推陈出新,把马克思主义思想精髓同中华优秀传统文化精华贯通起来、同人民群众日用而不觉的共同价值观念融通起来,不断赋予科学理论鲜明的中国特色,不断夯实马克思主义中国化时代化的历史基础和群众基础,让马克思主义在中国牢牢扎根"。

中华民族之所以有着作为世界上唯一不间断的经久不衰的文明,从根本上说是因为有着共同的文化理想和人文信仰。这种文化理想和人文信仰早在上古典籍《周易》中就有清晰而明确的表述,构成中华民族文化观、文明观的重要源头和组成部分。[②] 《周易·乾卦·文言》云:"见龙在田,天下文明。"孔颖达《正义》释为:"阳气在田,始生万物,故天下有文章而光明也。"在"天下有文章而光明"的思想中,"文"表达的是人经过修养之后从内心养成的文德。《周易·贲卦·象传》云:"刚柔交错,天文也。

---

① 《习近平谈治国理政》(第4卷),外文出版社,2022,第103页。
② 冯时:《文明以止——上古的天文、思想与制度》,中国社会科学出版社,2018,第2~7页。

文明以止，人文也。观乎天文，以察时变。观乎人文，以化成天下。"这是先民文化观、文明观的经典表述。"文明以止，人文也"，讲的是以人文为根本的思想和制度的相对稳定，具有的永恒价值。"观乎人文，以化成天下"被凝练成"人文化成"，已融入中华民族文化血脉之中，强调通过教化和礼仪制度从而使人成为更完整的人。所以在我国的人文传统之中，"文"是手段和过程，"人"的成长是根本。由此可知，上古先贤的文化观和文明观，强调的不仅是物质的丰盈和技术的进步，更强调的是通过教化以达到"成人"的本旨，把"化人"和"人化"过程统一起来，这种人文传统是源远流长的。中华民族文化不是讲由神来主宰人的生命，而强调人自己是根本，强调生命的自强不息、自我超越。楼宇烈先生把这种人文传统概括为："上薄拜神教，下防拜物教。"厚重的文化底蕴构成中华民族繁荣盛大之基因，完全可以跨时空同马克思的人的自由全面发展思想相会通，构成生生不息的文化力量。中华传统文化还有一个突出的特点是，知识性、学理性同实践性、致用性的高度统一，把知识性命题通过礼乐教化和规范制度转化为经世致用的实态效益。这一传统在数千年中得到绵延不断的传承，特别是在中国特色社会主义新时代，把以人民为中心的执政理念和美好生活目标的实现同物质文明、政治文明、精神文明、社会文明和生态文明统一起来，从而在扎实推进人的全面发展目标中取得进展。

另外，很重要的是，在发扬中华优秀传统文化的同时，也要充分借鉴和吸收人类的一切优秀文化文明成果。应当认识到，我国在五千多年的文明史中创造了灿烂的文化，同时这些文化又没有经过资本主义文明的充分发展，主要是在封建小农社会中形成的，资本主义文明相对封建主义文明在人自身的发展上取得了巨大文明进步，而我国的传统文化又有"历史的落后性"的方面，所以对传统文化要推动其实现创造性转化、创新性发展；对外来的文化和文明成果需要采取开放的态度，扬弃其物化、异化方面，而对其历史性进步方面则采取开放的态度，勇于借鉴和吸收，这也是实现人的自由全面发展的必要前提。

（三）"新时代"是实现人的自由全面发展目标历史自信的根本体现

《中共中央关于党的百年奋斗重大成就和历史经验的决议》明确宣示，"党的十八大以来，中国特色社会主义进入新时代。党面临的主要任务是，实现第一个百年奋斗目标，开启实现第二个百年奋斗目标新征程，朝着实现中华民族伟大复兴的宏伟目标继续前进"。党的二十大报告明确指出，"从现在起，中国共产党的中心任务就是团结带领全国各族人民全面建成社会主义现代化强国、实现第二个百年奋斗目标，以中国式现代化全面推进中华民族伟大复兴"。这些论述就为我国在全面建成小康社会之后的社会变迁提出新的发展任务、发展途径和演化方向，即在更高的社会发展基准上伴随中华民族伟大复兴的历史脚步，实现人的生命状态的新的升扬，开启新的历史实践。

在新发展阶段社会主客体互动生成的演化过程中，如何实现人自身生存状态的变革，将是 21 世纪的马克思主义、当代中国马克思主义的核心理论与实践议题。这个核心议题可归结为中国社会发展三个层面的任务：在社会总体发展层面，在全面建成小康社会之后的新发展阶段，全面的社会主义现代化建设如何展开；在人民生活层面，依据社会主要矛盾的历史性转变，中国人如何获得更高质量的生活；在新的社会图景中，作为主体的中国人将成长为怎样的人。由此生成了三个层面推进相统一的新时代发展任务：全面推进中国式现代化建设，全面推进满足人民日益增长的美好生活需要目标的实现，全面推进人的自由全面发展方面取得新的历史性进步。

（1）全面推进中国式现代化建设。根据"五位一体"总体布局，在物质文明建设上，市场经济同社会主义制度相结合，构成人类历史上迄今为止最好的最能促进生产力发展的体制，将为人的全面发展和社会的全面进步夯实物质根基；在政治文明上，真正地发展和深化全过程人民民主，将为"自由个性"和人民对美好生活的更高诉求提供政治保证；在精神文明上，以社会主义核心价值观为指导，将为中华民族伟大复兴筑牢文化根基；在社会文明上，创造和谐稳定的社会秩序，将为人们的优质生活创造良好的环境；在生态文明上，实现人与自然和谐相处，将为人们的生活创造绿水青山的优美环境。

（2）全面推进满足人民日益增长的美好生活需要目标的实现。根据新时代我国社会的主要矛盾是人民日益增长的美好生活需要和不平衡不充分的发展之间的矛盾的表述，我国现代化建设所做的一切工作，都是以人民过上好日子为目标导向的。在"全面小康"人民生活状态整体改善的基础上，向"保证每个人的一切合理的需要在越来越大的程度上得到满足"① 迈出更大一步。

在新发展阶段，最为基础的是提供实现共同富裕的物质生活保障。同时，人们在精神文化生活、社会参与和民主生活、和谐的公共生活秩序、优美的环境，以及在自由自主和自我实现等方面，将有着越来越广泛和更高层次的需要，这就使社会供给在解决"不平衡不充分"问题上将呈现动态上升的态势，从而在供给和需求的矛盾运动中既推动社会经济发展，又为推动生活质量迈上新台阶创造条件。

（3）全面推进人的自由全面发展取得新的历史性进步。在全面的社会主义现代化建设中，实现人民美好生活奋斗目标和实现人的自由全面发展的目标两者之间，是高度相关的。正如马克思恩格斯所说："个人怎样表现自己的生活，他们自己也就怎样。"② 因此，人的生活状态和人本身的样态是同一过程的两个方面。人的发展的全面性是在生活的全面性中生成的，同时，社会的全面

① 《马克思恩格斯文集》（第3卷），人民出版社，2009，第460页。
② 《马克思恩格斯全集》（第3卷），人民出版社，1960，第24页。

进步和美好生活目标实现程度也必须由主体的人自身的发展水平来界定。从现代化建设和人的自由全面发展关系来看，全面的社会主义现代化建设既是为了人，同时又依托于人的发展，在信息化、人工智能和数字社会发展的条件下更是如此。"自由个性"是发展数字生产力的创造活力的来源，同时从事智力劳动、创造性劳动也是人的自由全面发展的实践性条件。

以上我们从三个全面推进相统一的论述中，阐述了新时代作为我国现代化重要历史节点的发展任务。全面推进中国式社会主义现代化是全面满足人民日益增长的美好生活需求和逐步实现人的自由全面发展目标的根基，人民美好生活和人的自由全面发展的实质性进展又构成现代化发展的目标和社会新图景，而全面的高层次的美好生活和人的自由全面发展又是互相促进和相互界定的一个过程的两个方面，三个全面推进相统一的过程，将筑建起新时代中华民族的共有生活方式，推动实现生命质量的升扬。

第二章 文明演进中的中华民族 共同体创生之路

第一章我们从几个特定方面对马克思历史唯物主义进行了创新性阐释和理论拓展，以此为生活方式研究提供中国化的马克思主义理论基础。本章将从中华文明发展史历史纵深视域的特定视角，揭示中华民族共同体昨天、今天、明天生存状态的历史性生成演化和生命创造之路，揭示其特定的生命展开历程蕴含的历史性普遍意义，并深化对中华优秀传统文化特性的认识，为对中华传统文化进行创造性转化、创新性发展提供实证案例。

从全球的视野看，当今世界所面临的大变局和人类迫切需要回答的自身生存问题，足可以同公元前 8 世纪至公元前 2 世纪"轴心时代"相比，因而或可以冠称当今时代为人类文明的第二个"轴心时代"，该时代需创造和发展新的文化范式，但其所要迫切回答的问题，同第一个"轴心时代"相比有着相同的主题，即"人何以为人""人如何生存""人怎样生活才是好的"之问题。对于如何解决这些人类永恒之问，我国上古文献《周易·贲卦·象传》中有经典表述："文明以止，人文也。观乎天文，以察时变。观乎人文，以化成天下。"在这里，上古先人讲的是，在大化流行中无论是望眼"天文"还是"人文"，始终不变的主题是在天然世界和人文世界的统一关系中，如何通过人自身生命主体能力的发挥解决好自己的生存问题，即文明的创造和人的创生问题。

中国共产党是人类文明进步思想和中华优秀传统文化的继承者和创新者。在党的二十大报告中一个重要的理论表述是，把中国式现代化发展纳入创造人类文明新形态的历史进程。在新时代，党和国家各项事业发展的整体布局中突出强调，"明确我国社会主要矛盾是人民日益增长的美好生活需要和不平衡不充分的发展之间的矛盾，并紧紧围绕这个社会主要矛盾推进各项工作，不断丰富和发展人类文明新形态"。这就把丰富和发展人类文明新形态同围绕新时代社会主要矛盾全面推进各项工作，实现人民对美好生活向往的奋斗目标，进而在实现人的自由全面发展上取得新进展有机结合起来，这正是抓住了人类文明进步的核心要义和永恒的历史性价值，因为文明问题同人自身的成长和人的生存状态优化具有同构性、同一性。

理论研究要回答时代之问、人民之问、人类之问、实践之问。本项研究运用的基本理路是，在观照人类文明宏观进程大背景的基础上，站在当今历史的高度，以中华民族文明史和文化发展史为视野，从史前文明起，在大化流行中考察中华民族生存状态的历史生成演化逻辑，昭示中华民族累代的文化、文明创造和自身生命活动的创造历程。

任何一个伟大民族的生存方式、生活方式都是根植于自己文化与文明的土壤之中的。中华民族有着源远流长持续了五千年以上的文明史，一万多年的文化史，并且在人类文明史上是唯一没有中断而延续至今的古老文明，具有早熟文明的特征。我们民族的先人在创造灿烂文化的同时，也不断塑造着作为生命主体的自我。正是在这种"人化"和"化人"的双向互动中，形成了关于生命观念、生活观念的独特意识形式和不同于世界上其他民族的特有生活方式，成为中国人安身立命之根基，构成我们今天需要深入梳理的重要研究课题。中华民族在走向中国式现代化的新时代的今天，需要在回望历史中重新认识自我，从而超越自我。本章采取的特定研究视角是，从概念层面梳理中华先人关于生命、生活活动理念的思考，从而为今天全民族新型生活方式的建构提供本土化的优良思想文化资源，为中华民族伟大复兴和创造人类文明新形态提供历史智慧。

第一节　从文明视域考察的特定视角选择 与求解方法

自有文明史以来，人类就不断探索自然世界和人类世界的奥秘，特别是从进入工业化、现代化的历史进程以来，人类在探索外部自然世界上取得了难以想象的科学技术进步，极大地改变和丰富了我们的生活，但直到今天应当说人类对于外在自然世界的认识，对于宇宙奥秘的探索仍然是十分有限的，"人类一思考，上帝就发笑"。还需要指出，自工业革命以来，人类的认识一直为科学主义、实证主义和功利主义所主导，相比于人类对自然世界的认识，人类对自身生命、生活的认识更为滞后，其中，相比于对自身的生产方式和生活方式两大基本活动方式的认识，人类对于自身生活方式、"何以为人"的理性把握更加不足，产生了当今世界"科技昌明，人文滞后"的时代性重大社会问题。现代科技增加了我们的生活资源，使我们的生活更加舒服，但付出的代价是人失去了方向，也失去了归属感。为此，我们仍需要回到"轴心时代"的"人何以为人""人如何生存""人怎样生活才是好的"的永恒主题上来，在人类文明新发展阶段和人类已取得新智慧的基点上继续求索这一问题。

提出一个科学问题是获取"答案"的基础和前提。但相对于获得"答案"，方法具有先在性，在求解问题前需要找到求解问题的适宜方法。我这里所说的"方法"，主要不是在技术层面，而更主要是在方法论原则层面所说的。基于此种认识，我们提出以下求解方法。

一　把"活动"作为考察文明和人的自我生成关系的 重要理论出发点

文明和文化一样，都是人的活动的产物和表征。赵汀阳教授做了这样的表述，"创造者为自己创造了文明，而文明反过来又再造了文明的创造者，这证明人是一种自相关的存在"，"人把文明创造成什么样，人自己就被创造成什么样"。[①] 这就讲了文明和人的生成的互构相融的关系。但人的存在方式是活动，是在活动中展现和生成的，从这个意义上说，人就是人的活动，人是怎样活动和怎样生活的，文明便是怎样的，从而人自身也便是怎样的。从本研究的视角出发，又可以说中华民族作为共同体是怎样"活动"的，中华文明便是怎样的，新的文明是由中华民族"活动"的体现者所创造的。把对文明和人（民族共同体）的生成关系的考察纳入"活动"，仍借用赵汀阳教授的观点，便纳入了存在即行动（活动）的"动词存在论"视域。[②] "活动"，是本研究的重要理论出发点。

还需要强调一点，梁启超有言："文明者，有形质焉，有精神焉。求形质之文明易，求精神之文明难。"[③] 这提示我们对文明的考察，器物、制度和价值层面不可偏废，特别是不能忽视对更"难"的精神价值层面的考察。"文明以止，人文也。"在当今时代，从我国所处的历史方位出发实现文明的超越在于，在持续肃清宗法专制社会残余影响的基础上，[④] 又走出资本主义"物化"时代而迈向以人本身发展为目标的社会主义新时代，由此文化和文

---

① 赵汀阳：《动词存在论与创造者视域》，《中国社会科学》2022 年第 8 期，第 90 页。

② 赵汀阳：《动词存在论与创造者视域》，《中国社会科学》2022 年第 8 期，第 90 页。

③ 梁启超：《国民十大元气论》，载《梁启超全集》（第 1 册），北京出版社，1999。

④ 在学者论著和日常社会生活中，我们有一个习惯性提法是，"我国经历了长期的封建社会"。这一表述把秦至清代的 2132 年称为"封建时代"，则是明显的"名实错位"。封建社会的"封建"是指封土建国、封爵建藩，由于受到历史单线论的影响，从近代起一些人特把以君主集权和地主自耕农经济为特征秦汉至明清的社会也纳入了封建时代，需要正本清源，以反映中国前近代社会的本质面貌，并为中国式现代化提供较准确的前史表述。参见冯天瑜《封建》，江苏人民出版社，2023。

明的视野显得更为重要。

二　选择具有标识性的概念生成史考察中华文明的演化脉络

人类文明发展具有历史阶段性，这同以活动为存在形式的人的主体发育水平和生命存在水平历史阶段性的呈现是同一个过程，但这一过程充满偶然性和纷繁复杂的不确定性。为此，我们要厘清中华文明的发展脉络和中华民族生存状态的历史生成演化逻辑，就要找到可切入、可观察的视角。本研究提出，衡量不同历史文明阶段成熟水平的一个重要观察点是，当时的人们对自身生存状态所达到的理性认识水平和形象思维能力水平，其中突出的一点是借助文字语言的创造话语概念的能力水平。

文字话语的发明是人类存在方式的系统性或整体性改变的"革命性"存在论事件。① 清华大学黄裕生教授提出，"文字语言是人类创造出来的一种空间痕迹，通过一道道空间痕迹来显示各种可能的万事万物，而把世界保存在一个痕迹空间里，文字语言使人类得以从纵深的历史视野与不断更新的知识去理解、审视现在与未来"，"有文字世界才有凝视与反思（进）而（才）能够有思想"，通过文字语言打开历史痕迹空间就是一种创造。② 而概念又是每个历史时期中隐含着深度思想和思维水平的文字语言痕迹空间，同时又展示着人们实践活动的历史水平。

毛泽东同志在《实践论》中有一句名言，"感觉到了的东西，我们不能立刻理解它，只有理解了的东西才更深刻地感觉它"。③对于"日用而不自知"的生活、生活方式，我们如何才能"更深刻地感觉它"呢？这就需要通过概念。毛泽东同志又说："概念这种东西已经不是事物的现象，不是事物的各个片面，不是它们的

---

① 赵汀阳：《存在论事件：一种历史观》，《中国社会科学报》2022 年 8 月 31 日。
② 黄裕生：《论自由、差异与人的社会性存在》，《中国社会科学》2022 年第 2 期。
③ 《毛泽东选集》（第 1 卷），人民出版社，1991，第 286 页。

外部联系，而是抓着了事物的本质，事物的全体，事物的内部联系了。"① 20 世纪西班牙著名哲学家、思想家何塞·奥尔特加·伊·加塞特也说过类似的话，他说："概念超越印象之上，给予我们福利：每种概念都切实地作为获取事物的器官而存在。只有通过概念的观看才是全面的观看。"② 既然概念抓住了事物的本质、事物的全体、事物的内部联系，又是我们认识事物的"器官"或工具，因此为了深刻揭示在中华文明历史演化中中国人的真实生存状态，我们可以借助特定概念进行考察。

本研究设定的研究路线是，以中华文明发展史为视域，并纳入人类文明的历史进程，采用概念生成史考察法，并借助多学科知识，揭示中华文明在不同的发展阶段所历史性地呈现出的人的主体活动自由度的不同性状。为此我们从中提取出体现人的生命活动系统整体变迁中三个具有标识性的巨能量级概念，"生命—生活—生活方式"，按其内在逻辑关系进行考察，从而汲取历史智慧。基于对这三个巨能量级概念的考察，探索中华民族共同体生存状态由过去、现在和未来所贯通的历史之流，从而为今天的中华民族伟大复兴和创造人类文明新形态提供理论启迪。其中一个重要的求索方向是，揭示生活方式理论命题在我国推进中国式现代化伟大进程中的重要理论地位和实践功能。

三 采用概念作为考察工具所遵循的方法论原则

第一，把生命、生活、生活方式三个标识性概念连续体作为考察文明和人的主体生存状态生成演化脉络的概念工具，所具有的内在合理性问题。从广义上说，自地球上出现了人类的生命体就有了人类的生活、生活方式。在人类进入文明时代以后的漫长文化历程中，形成了关于人自身"怎样生活"的丰富思想，在我

---

① 《毛泽东选集》（第 1 卷），人民出版社，1991，第 285 页。

② 何塞·奥尔特加·伊·加塞特：《堂吉诃德沉思录》，王军、蔡潇洁译，商务印书馆，2021，第 68 页。

国的典籍中尤为丰富，为今天我们对生活、生活方式的研究提供了重要的思想文化资源，但这并不等于已经形成了对于今天人类生活、生活方式科学形态的概念性认识。另外，在人们的日常用语中，往往早于生活、生活方式概念的形成就已经出现了相关日常话语，但相关日常话语的出现并不等于此概念具有了科学范畴形态，即使在典籍中出现了同今天相同的文字词语，自然其也并不具有现代相关概念的意义。按照实践论的观点，作为因认识过程突变（即飞跃）产生的概念，背后更深层的动因是社会实践历史性水平不断提升的结果，也就是说概念的生成总是同人类一定的实践水平、文明水平相联系。比如，当人的生产生活主体性活动实践水平不高时，是不会生成生活、生活方式概念的，对生活的概念表达大体是在人类进入工业文明之后才有了可能性，而作为人们科学认识工具的生活方式概念的形成，无疑是在人们作为主体的生活实践活动达到一定的现代水平，并满足一个重要条件，即知识人进行理性思维、创造和升华之后才出现的结果。因此生命、生活和生活方式概念可作为考察人类文明不同演化阶段的标识性概念工具，而这些概念工具不是在日常话语、经验知识、语言学以及人类学、考古学等学科作为描述性概念使用的，而是在哲思性、学理性和历史实践性相统一的基础上，作为存在论和社会理论概念加以使用的。

第二，作为考察工具，概念内涵的确立要具有当今时代的历史高度。我们对过往文明史和人自身的生成史的考察，是站在今天创造的人类文明新形态的实践高度和新的认识水平高度去加以审视的，以今天为基点，通达过去，展望明天。因此，作为考察工具，应是符合今天的时代需要和达到今天的认知水平的概念体系，而"今天的时代需要"又是一个开放的体系，是"定在"和"变在"的动态统一，"今天"的需要包括"明天"的发展，具有明确的未来指向性，而不是基于"昨天"古人的认知水平和话语水平去再看历史，形塑今天。这是构建生命、生活、生活方式概念工具的重要原则，因为人类生命是活动体，"人是永远具有未来性的概念，人类在创世中创造自己，人是历史性的存在和概念，往事无法定义人，永远下一步才是人的真面目"。① 否则，我们对历史就缺少了审视的立场，也就不再有对历史智慧的正确汲取和新的创造的产生。

第三，概念的建立要坚持中外文明互鉴的原则。在数千年的文化发展史中，中华本土文化是在不断同外来文化在互融互渗中发展的。冯天瑜教授对此做了如下表述："中国文化不仅在内部各种文化的相互融合、相互渗透中得到发展，而且在与境外世界的接触中，先后受容中亚游牧文化、波斯文化、印度佛教文化、阿拉伯文化、欧洲文化、日本文化。中国文化系统或以外来文化作补充，或以外来文化作复壮剂，使机体保持旺盛的生命力……吸取外来成分从而获得新的生机，也是整个文化生成史的通例。"② 同西方人文主义的思想脉系不同，中国的思想文化传统的人文主义特征是，"要求在每一个人的生命中间找到它的根据，要求在每一个人的生命中得到它的证明，并要求每一个人用它自己的力量，来加以实践，加以实现"，③ 从不同于西方文明的中国人的生命观视角去看待社会连续性，这同建立生活方式研究范式最为脉系相通。

但也要指出，这些传统思想文化大多形成于前工业社会，不具有现代理论的形态。而在进入现代工业社会后形成的西方哲学社会科学中，对新的文明形态下出现的人的生命生活活动现象做了不少研究，如康德哲学中关于主体性观念的形而上学研究，柏格森的生命哲学，存在主义中的"生存"反思，以及西方学者对生活世界、日常生活、身体社会学的研究等。这些研究在今天

---

①　赵汀阳：《动词存在论与创造者视域》，《中国社会科学》2022 年第 8 期，第 90 页。

②　冯天瑜：《中国文化生成史》（上册），武汉大学出版社，2013，第 100 页。

③　徐武军、徐元纯编《士当何为：徐复观先生谈思录》，四川人民出版社，2019，第 102 页。

看来都有各自的不足，但却可成为我们研究攀登的阶梯。对西方理论的借鉴，将在本土化学术理论思想现代转型中起到不可或缺的文明互学互鉴作用。

本项研究在学理概念的考察中，将体现这种中外学术思想相互观照的研究方法。同时，我们特别强调，马克思"生活本体论"的历史唯物主义观点同中国传统思想文化有更大的相融性与亲和性，我们的研究将把它置于指导性理论的地位，关于此我们在上一章已多有论述。

四 多学科综合研究法的介入

很明显，当我们从人类文明史、文化史的整体发展过程考察"生命—生活—生活方式"概念的生成演化史，无疑采取的是宏阔的历史视角，需要借助社会理论和哲学思维的宏大视角进行研究，学术研究不能否定"宏大叙事"，"宏大"不等于"庞大"，而是指学术研究要有开阔的理论视野，否则陷入细枝末节的研究势必将游离事物的根本。同时，本项研究又涉及历史学科的考察，如果追溯其形成源头，还要借助考古学、训诂学等知识。特别是我国近年来的考古新发现，大大延长了中国文明史的轴线，充实了我们对中国文明史的新认识。而生命、生活、生活方式现象本身又是极为复杂的社会、心理、文化现象，自然要涉及多种学科知识背景，如社会学和文化学等，以上这些多学科内容在本项研究中均有所涉及。在这里我们特别强调一点，鉴于生命、生活、生活方式现象的复杂性，只有建立在多学科综合研究的基础上才能真正打开其学术和实践探索之门。未来需要建立一门新兴的综合学科。

第二节 从"生命"出发的永恒旅程

一 基于农作生产实践的上古宇宙与生命的统一观

关于生命观和生命理念，我国早在史前的新石器时期就基本形成了。理解我国史前先民对生命观的把握及生命概念的形成，必须从我国先民的独具特色的宇宙观、天人合一观和注重形上思维的特点出发。从学理上看，概念的形成同日常意识的初级形式不同，属于理性思维，是人类认知能力更高层面的表征。人类的这种思维能力的形成，始于有了初步劳动分工的时代。马克思说，"分工只是从物质劳动和精神劳动分离的时候起才真正成为分工"，"从这时候起，意识才能摆脱世界而去构造'纯粹'的理论、神学、哲学、道德等等"。① 在我国史前期，当先民们摆脱了原始采集狩猎经济，开始人工栽培农作物，将其作为食物来源之时，便开始需要掌握天文知识。因为在农业生产中，掌握农时对农作物的丰歉至为关键，而掌握农时的唯一方法是了解星象运行周期，观象授时。为满足农业生产的需要，这种观象活动必须做到精准测量。我国是农业文明早熟的国家，在世界文明史上较早形成了以天文学为核心的知识体系。天文学既是上古原始科学的来源，服务于先民的生产和生活需要，同时也是构成原始文明的来源，形成了以形上观念为特征的传统宇宙观、天道观，以及在这种宇宙观、天道观基础上形成的生命观、"人道观"。

参与上古观象授时天文活动和进行形上哲思的人，无疑都是当时从事精神生产活动的精英群体。他们的精神生产活动形成了今天我们以文字语言能看到的最早典籍，如《周易》《尚书》等文献。

把握先民通过观象授时获得天文知识作为原始的科学活动这一点，对于理解中华文明的起源和天人关系思想的形成至关重要。如前文所述，《周易·乾卦·文言》云："见龙在田，天下文明。"孔颖达《正义》中的解释是："阳气在田，始生万物，故天下有文章而光明也。"据冯时先生考证，"龙"是上古时代观象授时的重

---

① 《马克思恩格斯选集》（第 1 卷），人民出版社，1995，第 82 页。

要星象，黄昏日没后，苍龙之角宿从东方地平线上升起，这一天象便被称为"见龙在田"。古人又以东方属阳，传统观念认为阳气主"生"，所以先民们便根据龙星东升的天象观测安排农事活动。"始生万物"即有了作物收成，滋养了人类的生命。"天下有文章而光明"，就把天文和人文的人类文明起源关系表述得十分清晰了。正因为龙星对原始先民的生产和生命活动十分重要，关乎人之生养，"龙"逐渐衍生为用想象中的动物表征的一种艺术形象，成为中华民族的象征，[①] 至今中华民族的成员不管走到哪里都认同自己是"龙的传人"。

二　上古生命概念的生成及中华人文精神之源

先民们在从事为生产和生活所需要的观象授时的实践活动中，获得了只要顺天时，种下各种农作物便能生长和结出果实的生活经验，并进一步推论出"天生万物"，发出了"天地之大德曰生"的感叹，认为上天给予万物以生命，从而建立起了以天文与人文关系为思考对象的特定宇宙观和生命观，生命是天地宇宙最伟大的创造，是伟大的德行表现。在宇宙观和生命观相统一的认识基础上，中华民族先人开始以"生""生生"来表述生命概念。

从训诂学的角度看，"生"字在汉语文献中，早在商周甲骨文和钟鼎彝器款识中就已出现。从字构成上属象形会意字。《说文》云："生，进也。象草木生出土上。"段氏注："下象土，上象出。"《广雅》曰："生，出也。"《广韵》曰："生，生长也。"《玉篇》曰："生，产也。"在这几种解释中，生都具有"生长"之意，为动词。但据傅斯年先生的考证，"生"字，在金文中有平去两个读音，读平音时为动词，读去声时则为名词，相当于后来的"性"，

---

① 冯时：《文明以止——上古的天文、思想与制度》，中国社会科学出版社，2018，第294页。

而在金文中"生"和"性"是同字。① 傅斯年先生还明确提出作为与"生"同字的"性"的表述，"材质也"，也就是生命体本身。② 表述生命概念的另一个词就是"生生"，这也在上古文献中多有出现。③ 但最具形上学理概念的是在《周易·系辞上》中的下面一句话：

> 显诸仁，藏诸用，鼓万物而不与圣人同忧，盛德大业，至矣哉！富有之谓大业，日新之谓盛德。生生之谓易，成象之谓乾，效法之谓坤，极数知来之谓占，通变之谓事，阴阳不测之谓神。

这段语里的"生生之谓易"，成为哲学、国学研究的重要课题，它在整段话里所传达的含义是非常丰富的。我们先对"生生"的词义做出解释。从古至今各种解释繁多，从语法上看，属于叠

---

① "生"之本义为表示出生之动词，而所生之本，所赋之质亦谓之生，（后来以"生"字书前者，以"性"字书后者）。物各有所生，故人有生，犬有生，牛有生，其生则一，其所以为生者则异。古初以为万物之生皆由于天，凡人与物生来之所赋，皆天生之也。故后人所谓"性"之一词在昔仅表示一种具体动作所产之结果，孟、荀、吕子之言性，皆不脱生之本义。必确认此点，然后可论晚周之性说矣。（参见傅斯年《性命古训辩证》，上海古籍出版社，2012，第92~93页。）

② 傅斯年：《性命古训辩证》，上海古籍出版社，2012，第89页。

③ "生生"在《尚书》中出现四次《尚书·盘庚中》出现两次"汝万民乃不生生"。"往哉生生"。《尚书·盘庚下》出现两次："敢恭生生"。"生生自庸"。四处孔安国皆解为"进进"。《庄子·大宗师》："杀生者不死，生生者不生。"郭象注引崔云"常营其生为生生"。《庄子·至乐》："假之而生生者，尘垢也。"郭象无注。《列子·天瑞》："不生者能生生，不化者能化化。""故有生者，有生生者。""生之所生者死矣，而生生者未尝终。"《墨子·尚贤下》："若饥则得食，寒则得衣，乱则得治，此安生生。"《文子·九守》："夫人所以不能终其天年者，以其生生之厚。"《文子·守真》："生生者不生"出现两次。《吕氏春秋·侈乐》："人莫不以其生生，而不知其所以生。"这些地方的"生生"要么二字都是动词，如《尚书》中的"生生"；要么第一个为动词，第二个为名词，如《庄子》《列子》中的"生生"。（参见吴飞《论"生生"——兼与丁耘先生商榷》，《哲学研究》2018年第1期，第32~40页。）

字句式，这是上古常用的句式，如亲亲、父父、子子、老吾老、幼吾幼等。对"生生"这一叠字句式上有不同的解读，如认为前一个"生"是动词，后一个"生"是名词；或认为两者都是动词，以及前一个"生"是名词，后一个"生"是动词；等等。但无论做怎样的句式解释，都离不开"生命体"存在论的观点。两字相叠是对"生"以单字表述生命概念的强化，强化了生命的生生不已的特性，这就更加使日常话语上升为学理概念。

由于上古处于文字语言初创时期，两字词、多字词尚很少出现，但却已经赋予单字"生"及叠字"生生"以生命的丰富内涵，"生命自生""生生不已"，体现了汉语的表意能力。张未民先生对上古就已出现了表述生命的"生"一词做了这样的评述："关于汉语（汉代以前其实称华夏古语更妥）书面语的创造，有仓颉造字的传说。它暗示我们，汉语书面语的创生与一批知识精英即观象占卜的巫史密不可分，是他们为华夏族群呈现了最初的语言文词图景中的世界，'近取诸身，远取诸物'，选择性地提供了对天地万物的符号观察与体悟，并带有精英文化的方式和形而上的思想趋向。它极大地提高了中国上古文化和思想的形而上学水准，标志着中国文明的成熟和精致。像'生'这样的语词概念能以象形会意字的形态表达动词性的'生长（谋生）'和'活'等较为抽象的意义，已足见上古华夏语言的思维水平。"[1]

《周易》把整个宇宙世界看成一个生命的大化流行、生生不息的变易过程，"有天地，然后万物生焉"（《周易·序卦传》），并由天地自然万物的化生到人的生命的化生，即"天地氤氲，万物化醇；男女构精，万物化生"（《周易·系辞下》），在这 16 个字中，前 8 个字讲天地之化生，后 8 个字讲人间的生育。天地化生和人间化生是大化流行的统一过程，"参天地以行人事"，即"有天地然后有万物，有万物然后有男女，有男女然后有夫妇，有夫妇

---

① 张未民：《"生活"概念的历史解说》，《社会科学战线》2015 年第 10 期。

然后有父子，有父子然后有君臣，有君臣然后有上下，有上下然后礼义有所错"。

据考古新发现，生命及生命有机体的大化流行早在六千多年以前就成为我国上古文化和信仰的核心，形成了天道与人道、天文与人文相统一的形象思维和"天人合一"宇宙观、生命观、宗教观和本体论思想。这种宇宙观、生命观影响到了春秋战国时期子学的形成。现代国学代表人物方东美先生做了这样的概括："根据中国哲学，整个宇宙乃由一以贯之的生命之激流所旁通流贯……所有生命都在大化流行中变迁发展，生生不息，运转不已。它是一种途径，一种道路，足以循序渐进，止于至善：这创进不息的历程就是'道'……正是大道生生不息的创进历程，蔚成宇宙的太和秩序。"①

需要特别提出的是，上古先民将对天道观的信仰具象化为观象授时，即对星辰的信仰。比如上面所说对龙星的信仰形成了中华民族图腾"龙"这种人工形成的形象，而之所以信仰是因为所从事的是农业活动。另外一个特别有趣的现象是，上古先人以猪作为北斗星的象征。在原始宗教观中，北斗星被视为天帝乘的车，天帝乘北斗巡行四方逐渐作为北斗星的象征，而后逐渐演化成以猪象征天帝。在这方面已为大量考古新发现所证明。

对此，考古学家冯时教授做了解释：古人用猪而不是用其他动物象征北斗和天帝，反映了先民的祈生观念的追求和对万物生养基础的认识。猪是生育能力最强的动物，适合体现先人祈生的追求，而以猪象征北斗和天帝，体现了天帝作为宗祖神、至上神所具有的主生的权能。②

图 2-1 为殷代、春秋器物上的龙纹。图 2-2 为新石器时期双

---

① 方东美：《中国人的智慧》，载刘梦溪主编《中国现代学术经典：方东美卷》，河北教育出版社，1996，第 78、357~358 页。

② 冯时：《文明以止——上古的天文、思想与制度》，中国社会科学出版社，2018，第 543 页。

猪及同体双首猪。图 2-3 为西汉太一与伏羲、女娲画像砖（河南洛阳出土）。

图 2-1　殷代、春秋器物上的龙纹

注：1. 殷代蟠龙纹铜盘（小屯 M18：14）；2. 殷代龙纹石流形器（小屯 M331）；3. 殷代龙纹铜盘；4. 春秋蟠龙纹盘（上海博物馆藏）。

资料来源：冯时《文明以止——上古的天文、思想与制度》，中国社会科学出版社，2018，第 294 页。

由上面的分析可知，中国上古先贤的"天人合一"的宇宙观和生命观，均来自基于农作生产生活的实际需要而形成的观天授时的原始天文学科学活动，并把天文观和人文观上升至"道"的层面。其中重要的一点就是用阴阳学说解释万物生养不息的原因，把人世间的一切现象都用自然运行规律和人间的生命活动加以解释，特别是随着农业生产实践经验的丰富，先人们更加直观感受到了自身生命的力量。在甲骨文中，以"花蒂"的"蒂"作为生命之始，也作为"天蒂（帝）"的"蒂"，也就是"天帝"就是生命本身。老子更强调"道在帝先"，有道才有天帝。这样就在"天

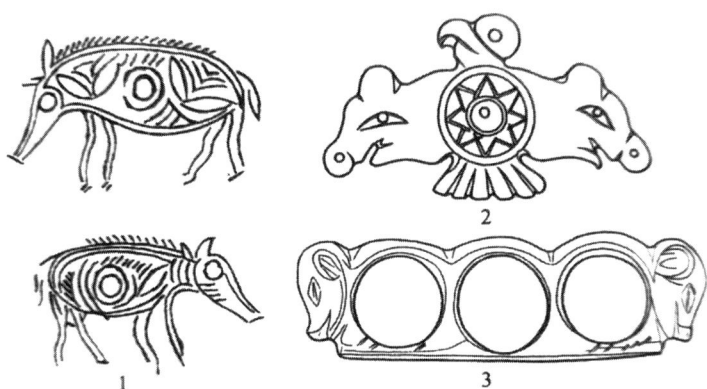

图 2-2 新石器时期双猪及同体双首猪

注：1. 河姆渡文化刻于陶斗双面的猪图像（T234④：71）；2. 安徽含山凌家滩出土首猪玉鹰（M29：6）；3. 红山文化双首猪三孔玉器（辽宁凌源三官甸子 M1：4）。

资料来源：冯时《文明以止——上古的天文、思想与制度》，中国社会科学出版社，2018，第 542 页。

图 2-3 西汉太一与伏羲、女娲画像砖（河南洛阳出土）

资料来源：冯时《文明以止——上古的天文、思想与制度》，中国社会科学出版社，2018，第 543 页。

道"与"人道"相统一的观念中逐渐由外向内敛，到了春秋战国时期形成了比较成熟的以"生"的价值为核心的中国特有的人文主义文化传统，这种成熟的人文主义要比欧洲人文主义的形成早近两千年。我国的人文主义文化传统同西方人文主义的重要区别是，在西方，体现人文信仰的"一切宗教，都以为人生价值不仅不在生命的自身，甚且认为生命的自身，乃实现最高价值的一种束缚、一种障碍。这样一来，生命自身即是罪孽，有此生命，即有此无可奈何的罪孽感"。"各种宗教，必以各种苦行来克制这种欲望，亦即是克制这种罪孽。""儒家思想，则视生命为人生价值的基础。完成人生的价值，首在合理地保持自己的生命。对生命的自身，不认为是罪孽，于是原罪的观念，自不能成立。由生命而来的欲望，中国文化只主张节制，而不主张断绝。"[①]

不仅如此，自先秦儒家起，中国的人文主义传统凸显的核心人文精神便是，自己的命运不是掌握在神的手里，靠他力救赎，而是要在每一个人的生命里找到根据，得到证明，并用自己的力量去实践和实现。韦政通先生对此做了如下概括：

> 先秦儒家从孔子到荀子的人文运动中，最显著的一个特点，就是人文伦理性格的确定，它把人从天神的统治中完全解救出来，使人了解人自身的价值和对社会政治的责任，永远断灭天启之路，让人自己去面对他的一切命运，亲身体验所遭遇的忧患，并认定所有社会和文化的危机，都源自于人，解救危机唯一的力量也是在人。在这里，人的尊严和人在世界的地位，获得充分的显现。[②]

这也影响了中国古代神话女娲补天、愚公移山等的形成，这些神话表明当人的生活遇到困难时，是凭借自身生命的力量进行抗争和创造，这种同天道宇宙观相联系的生命观信仰，形塑了中

---

① 徐武军、徐元纯编《士当何为：徐复观先生谈思录》，四川人民出版社，2019，第150页。
② 韦政通：《人文主义的力量》，中华书局，2011，第165页。

华民族的性格，成为中华民族生生不息的力量源泉，"天行健，君子以自强不息"，这构成了我们民族共同体的脊梁，是在今天需要大力弘扬和发展的宝贵精神遗产。

三　上古先民源于生命的社会观

上古文明在天道宇宙观基础上所形成的"生""生生"概念，表征的是万物生命体的存在，既包括自然万物的生命存在，也包括人自身的生命如何在天地万物中生存的问题。但人不仅是大自然中的生命体，也是在"群"社会中生存的生命体。那么人如何在社会中生存呢？这也是上古先民原始思考的问题。马克思说："自然界的人的本质只有对社会的人来说才是存在的；因为只有在社会中，自然界对人来说才是人与人联系的纽带，才是他为别人的存在和别人为他的存在，只有在社会中，自然界才是人自己的合乎人性的存在的基础，才是人的现实的生活要素。只有在社会中，人的自然的存在对他来说才是人的合乎人性的存在，并且自然界对他来说才成为人。因此，社会是人同自然界的完成了的本质的统一，是自然界的真正复活，是人的实现了的自然主义和自然界的实现了的人道主义。"[①] 马克思早年讲的这段话，说的是作为自然界的人和作为社会的人的内在联系，以及自然的人是如何在社会中生成的问题。依据这个思想，我们可以从社会学的视角分析上古先民是如何思考作为"社会的人"或"群的人"，在天道与人道、自然与社会的关系中安顿自身生命存在的。根据考古新发现和上古文献，我们将上古先人的思考归纳为以下三个方面。

（一）形成了"天人合德""和合共生"的文化体认

这一点也来自上古先民在观象授时活动中形成的日常意识。上古先民的农业活动是通过星象观察加以安排的。星象总是很守时的，人与星象虽无约守，但它总是如期而至从不爽约，"天则不

---

① 《马克思恩格斯文集》（第 1 卷），人民出版社，2009，第 187 页。

言而信"(《礼记·乐记》)，"至信如时，毕至而不结"(郭店楚竹简《忠信之道》)。先民据此安排农作生产总是能有收获，于是便产生了时间、诚信而不欺的观念，人们在赞天地之化育之时也在成就自身，以天地为榜样来规范自己的德行。因此楼宇烈教授强调，中国文化讲的"天人合一"，也可以说是"天人合德"。[1] 上古先民的这种文化体认使"以信见德"、诚信的观念操守成为协调人与人关系的中华民族共同体优良道德观的核心，到战国时期的儒家学说则发展成更加完备的伦理道德体系，从而也形成了中华文化更加注重德治文明的特点。

同这一文化体认相联系的中华民族共同体另一个重要的文化体认和精神是，出于对"生"、生命的首肯，自上古以来形成了"和合共生"的文化特点。中国上古有数千个文化聚落和邦国星罗棋布于大地，但形成今天统一的中华民族内在的力量主要不是通过战争，而是靠邦国合作共生、"协和万邦"、共同生命理想所实现的具有悠久、博大文化的民族共同体，所以中华民族是文化性规定的文明型国家。

(二) 形成了协调人与社会关系的典章制度和礼仪制度

典章制度是人类创造的非自然的人自身生存的秩序。从仰韶文化、二里头文化、红山文化、西水坡文化、良渚文化等不断的考古发现看，早在 7000~5000 年之前就有了王权政治组织和氏族、家族、家庭等社会组织，充分体现了中华文明早熟的特点。上古王权的基础在于对观象授时的掌握。观象授时本是一种科学活动，但谁掌握了多数人看来神秘莫测的天文规律，并以此维系氏族的生存，那么这种知识就具有了权力的意义，并逐渐演化生成君权神授的思想，以及以敬天、法祖为内容的复杂的祭祀制度、典章制度和原始宗教制度。我国先民形成的"法祖"观、祖先崇拜观

---

[1] 楼宇烈：《中国文化中以人为本的人文精神》，《北京大学学报》(哲学社会科学版) 2015 年第 1 期。

也来自对生命的信仰，因为祖先是"生命之始"。在这方面，《周易》《礼记》《尚书》等古典文献多有繁详的记载，也为近年来众多上古考古新发现所证实，其中包括震惊世界的三星堆、金沙考古新发现。

除此之外，还形成了"以天为则"、用于教化的礼仪制度。《周易·贲卦·彖传》中"观乎人文，以化成天下"，讲的就是通过文德教化正人心，形成稳定的社会秩序，这也构成早期文明的重要特点。可见，在上古时期就建立起了以教化为目的的礼仪制度。《礼记·乐记》云："是故先王之制礼乐也，非以极口腹耳目之欲也，将以教民平好恶而反人道之正也。"《荀子·正论》云："尧、舜，至天下之善教化者也，南面而听天下，生民之属莫不振动从服以化顺之。"这些都强调了礼仪制度的人文教化功能。礼仪制度的建立就把"教化以明人伦"的核心要义制度化、规范化和致用化了，特别是到了汉代形成了一系列完备的律令制度，如"高年赐王杖"的敬老制度，"显亲扬名""婚丧以礼"的仪式习俗，"夫合妻顺""长幼有序"的规则等，使礼仪制度定型化和体系化了。

（三）形成了"民惟邦本"的治国理政理念

西周初期的开国者反思了夏商两代由盛到衰亡的历史教训，认识到"天命靡常"（《诗经·文王之什·文王》）、"皇天无亲，惟德是辅"（《尚书·蔡仲之命》）的道理，提出了"授命坠命论"、"天命就是人命"与"天视自我民视，天听自我民听"（《尚书·泰誓中》）。

"民之所欲，天必从之"（《左传》），人事是天命基础的命题原典。因此君王要坐稳江山，必须像先王那样畏天恤民、不忘初心，否则将"靡不有初，鲜克有终"。这种思想到春秋战国时期进一步发展为孟子的"民贵君轻"的民本思想，管仲则提出"百姓为天"这一至今仍有巨大影响的命题。这些都体现了上古时期天命和人命相一致的治国理政思想。

四　上古"生"的概念是生命而非生活之含义

根据以上从文献学角度的分析，我们提出上古《周易》等文献出现的"生""生生"之词表征的是"生命"概念和信仰，构成中华民族的基本文化精神，为我们进一步考察生活和生活形成概念提供本源基础。下面的论证，我们将强调"生""生生"还不具有"生活"概念的充足内涵。概念是不同发展阶段社会生活的产物，"生活"及相关概念的生成，这时起还要走很长的历史路程。

我们还是从上古先民的天道观谈起。上古先民认为包括人的生命在内的一切生命体都是天所生的。据傅斯年先生考证，在东周以前"令"和"命"是一个词，"命字之古本训为天之所令"，"远古之人，宗教意识超过其他意识，故以天令为谆谆然命之，复以人之生为天实主之，故天命人性二观念，在其演进之初，本属同一范畴"。① 由此看来，在上古先民心目中，人的生命是天所授的，这里讲的"人之生为天实主之"，人间发生的一切事情都要用天命加以解释，因此人的生命只是受动的客体。此时还没有完全形成人是有自主意识的能动主体的观念。由双字组成的"生命"一词出现得要晚一些，但它所包含的"命为天令之"的含义仍有"命定"的意思。毫无疑问，这同"生活"表征的含义是有明显区别的。

另外要强调，对古代概念形成的研究不能抹去它所具有的特定时空背景。我们从训诂学的角度说明其道理。据傅斯年先生对甲骨文、金文的考证，"古者本无'人'之普遍概念"，"初皆为部落之类名，非人类之达名也"，② "民"在夏商周时期并非指独享的生命体，起初同为部落之类名，后来就具有了众庶的含义，多表示的是"社会中之下层"。《国语》所说的"百姓、千官、亿

---

① 傅斯年：《性命古训辩证》，上海古籍出版社，2012，第83页。
② 傅斯年：《性命古训辩证》，上海古籍出版社，2012，第142页。

丑、兆民"，"民"表示的人最多，往往同黎字结合构成社会的最底层。此是借傅斯年考证之说，是否可为今日完整确证姑且置之，但在我国上古时期并没有出现具有今天作为独立生命主体意义的"人"的概念，则是可以肯定的。而人是独立的活动着的生命体这一点，正是生活概念形成的根基条件。

有一种学术观点认为，早在《周易》中就出现了类似现代西方哲学、社会学中的"日常生活"的"日用"概念。这种说法脱离了具体的时空背景。我们具体分析一下《周易》中出现的一段话：

> 一阴一阳之谓道，继之者善也，成之者性也。仁者见之谓之仁，知者见之谓之知，百姓日用而不知，故君子之道鲜矣。显诸仁，藏诸用，鼓万物而不与圣人同忧，盛德大业至矣哉！

通篇看这段话讲的道理是，一阴一阳的变化是事物发展之"道"即规律，继承这个"道"是美善，而成就这个"道"则是事物内在固有的本质。有仁爱、智慧的君子能从这个"道"中发现仁爱和智慧，而一般老百姓生活虽然日日应用此"道"却对"道"茫然不知，真正明了这个君子之道的人少之又少，但阴阳之道就隐藏在日复一日的运行中，鼓动化育万物。可见这里讲的"日用"是指对"道"的日常应用，讲的是"道"与"器"的关系，而不靠近"日常生活"的概念。这种解释同《辞源》的解释是一致的：

> 【日用】每日应用。《易系辞》上："百姓日用而不知，故君子之道鲜矣。"疏："言万方百姓恒日日赖用此道而得生，而不知道之功力也。"

《周易》提出的"日用说"为儒家所继承，强调"吾日三省吾身"，通过修身的实践活动成为仁德君子的思想，并在宋明理学"致良知"思想中得到强化，从而形成儒学日常修身活动的路线，同时"日用"概念在儒学中成为核心词并得到了新的解释。阳明后学泰州学派的代表人物、平民出身的王艮提出了"百姓日用即道"，但词义的重点是用"百姓日用"作为衡量"圣人之道"的标准，以此反映平民社会的要求，也并非社会学中"日常生活"这一概念的含义，两者不可等同，这也是下面要讲的话题。

综上所述，从上古到子学时代文献中的"生"，总体上是生命之"生"。虽然生命概念也内含着"活动"的意蕴，同"生活"概念的形成有内在联系，但核心含义还不是生活的"生"，其词义重点在"生"而不在"活"，具体地说，是古典文献中"祈生""贵生"等中的"生"之意。

由此，我们也不同意早在上古时期就达到了"以人为本"的思想高度的提法，虽然在《管子》一书中出现了这个词语，在现代转换的意义上，只能说其为形成这种核心理念提供了某种文化基因。人类经过了漫长曲折文明之路，才真正形成以人为本的思想认识，在我国可以说是经历改革开放后的现代化发展实践，以人为本思想才真正在我国扎根，并成为提到发展日程上来的重要课题。

上面出现的这种情况，冯天瑜教授做了解释，"由于概念古今转换、中外对接牵涉文化的时代性进步与民族性沿革两大往往并不总是互洽的过程，情形错综复杂，概念与指称之间的误植时有发生"。[①]

那么，为什么中华文明早期形成的生命观和以"生""生生"表征的生命概念，尚不具有生活概念的充足内涵呢？可做以下具体解释。

第一，新石器文明之始，社会生产力是十分落后的，人的生

---

① 冯天瑜：《概念词化的知识考古：由词通道》，《社会科学战线》2019 年第 8 期。

命活动受自然力的压抑，尚没有张扬开来。马克思社会发展"三形态说"，把从原始社会到资本主义商品市场社会出现前的社会形态概括为"人的依赖关系"的最初社会形态，在这种形态下，人的活动只能是在狭窄的范围内和孤立的地点发生着。由于生产力不发达，从人与自然的关系来看人受自然力量的支配，依然于自然，因此便形成了人对天命的信仰。而从人们的社会联系来看，很少有非人格的中介，个体的人直接隶属于共同体或被置于王权之下，是作为集合名词的"民"或"黎民"，而不是作为个体的人，因而马克思把这一漫长的历史阶段概括为"人的依赖关系"的最初社会形态。

第二，从3300多年前或更早时间形成原典文献开始，从事精神生产的人，或是王权代表人物（如周公等），或是依附于王权为其服务的知识精英，他们的思考方式多从维护王权秩序出发，而不会有兴趣观察民众的日常生活，也不会把"民"作为严格的主体。《诗经·小雅·天保》有这样一句诗，"民之质矣，日用饮食"，按《毛诗序》释，这是一首周宣王时期臣下对君王的颂赞之词，同时也是谏言之词，对这句诗《广雅》释曰："常，质也，此诗'质'即为'常'，谓民安其常，惟日用饮食。"合起来的意思就是，统治者要想坐稳王位，解决了吃饭问题，就会"民安其常"。可见涉及黎民问题，也是把其作为受动客体表述的。

第三，还需要指出，在上古时期没有形成生活概念，不等于说先民没有生活形态。考古发现，在我国8000多年前就出现了骨笛和龟甲上的刻画，有了上古乐舞，夏商时期就有了婚俗、丧俗、信仰等，人们的生活形态也在缓慢地发展。这些表明，一方面民间日常意识生产的日程尚没有达到精神生产和理性意识的层面，另一方面也表明理论概念的形成往往落后于日常生活意识和实践，日常用语的丰富程度往往会高于理性用语。进而我们可提出这样一个理论假设：人类对自身生活、生活方式的自觉意识的形成，是往往滞后于人们的日常生活实践和日常意识的。

第三节 "生活"，尚迟滞在探求的路上

上面我们从中华文明史的视角探讨了生命概念，在这部分我们仍从文明史的角度探索生活的概念化生成之路。本节标题把"生活"加上引号，就是表明此处"生活"是在概念化意义上的用词。

一 在什么意义上说"生活"向迟滞在探求的路上？

"生命"概念与"生活"概念密切相连，但从文明发展史上看，生命概念走向生活概念却间隔着跨越大历史时空的距离。本部分的议题定位在"对生活概念的探求尚迟滞在路上"，那么，我们是在什么意义上这样说的呢？

首先，这里所说的"生活"不是指经验性知识和日常现象层面的事务，而是指前面所说的规范化了的范畴概念词语。生活是一种复杂弥散的、难以定义的社会现象，在人类的生活史上又呈现为变动不居的样态，但既然我们要对这些复杂、变动不居的经验现象进行理性的归纳和结构性分析，就需要有概念工具，因此又要求先有规范性的对生活的概念化设定。

其次，从这点出发，我们说对生活概念的探求还是进行时包括两层含义。一是一般地说，从生存论的视角看，人的生活是灵动不断变化和永续发展的，因而生活没有终点，永远在路上的。反映这种生活"变在"的概念形态自然也是灵动的、历史性呈现的，需要在不同的发展阶段不断揭示其新的展现形态，因而生活概念的呈现方式也是永远在路上，永远是进行时的，人类永远不可能穷尽对生活的认识。但我们提出的理论任务是，立足于现实与未来发展相呼应需要的"点"上，构建可操作化、相对确定化的概念，并以其作为考察工具。二是我在《回家的路：重回生活的社会》一书中曾提出："但迄今为止，一个令人纠结的现象是：

在人们的社会生活和政治文献、学术文献中，虽然越来越频繁地出现'生活'一词，但'生活'仍属对不确定现象加以描述的前科学概念，并没有真正取得科学范畴的合法地位。我国的各种学术文献和政治文献中使用的'生活'一词其内涵往往并不明晰，或者主要是在较低的'日常生活'含义上加以使用的。这实际上就在发展实践对理论的需要同生活概念的不明晰性与不成熟性之间形成强烈反差，'生活是什么'的问题并没有真正从学理上得到解决，留下了巨大的理论空白。"[1] 因而从学术论的视角看，由于种种复杂因素，现有的生活理论和概念研究不但落后于现实发展，也落后于人们日常实践中的话语创造，尚未取得科学范畴的地位，呈现为迟滞"在路上"的状态。

这就出现一个矛盾：一方面，从对中华民族文明和文化史的梳理来看，需要有一个历史地呈现人们生存状态的确定性、支点性的概念；另一方面，迄今为止生活尚没有被概念化。这又提出一个问题：生活能否被概念化？能否成为有确切意涵的概念？这首先涉及汉语中词语特点这一前提问题。

在英文中"life"既有生命又有生活的含义，在对译中文时只能根据语境加以选择；而在汉语中，生命和生活却是两个词义不同的概念，这体现了汉语词汇的丰富性和准确性。同英文"life"一词的多义相比，汉语的"生活"一词意涵明确，不涉及多义解释，这从下面考察中可以看出。更大的问题是，国内学界长期有一种观点，认为"生活"不具备成为科学范畴的条件，这往往是受科学主义、本质主义研究范式影响的反映。需要突破这一点，我在《回家的路：重回生活的社会》一书中对生活概念化的可能性做了探索，并在充分论证的基础上对生活概念做了如下"确定性"的表述：

---

[1]　王雅林：《回家的路：重回生活的社会》，社会科学文献出版社，2017，第130~174页。

透过极其复杂的、弥散的、变动不居的生活现象，我们是可以捕捉到生活的内在规定性的，就是必须把握三个相互关联的关键词：生命、活动（行动）、社会性。在这三者关系中，生命是生活的载体和前提；活动（行动）是人特有生命形态的存在形式；而社会性则表述的是人们生活的关系性存在和场域。因此生活不外是动态地体现由个体所承载的人的特有生命形态的存在、展开和实现形式，它构成人世间一切社会事物的本源和本体。

在本研究中，我们可以对这个定义表述稍加点修正：生活是在社会共同体中历史地呈现的个体所承载的人的特有生命形态的存在、展开和实现的具象性活动形式，它构成人世间一切事物的本源和本体。这一修正突出加了"历史地"这一限制词。在本议题中这一定义是以"假说"的形式预先设定的，我们说"'生活'，尚迟滞在探求的路上"，正是依此假说，后文将对这一概念假说的合理性进行验证和做出全面的阐述。

二　"生活"的本土化生成之路

上一节我们论证了在我国上古时期就已形成的生命概念还并不具备生活概念的属性，但从内在联系上看，生命毕竟是以"活动"为存在形式的，因此也内含生活意蕴，随着社会的日渐发展，这种意蕴则会悄无声息渐行显露身影。到了春秋战国时期出现众多子学学说百家争鸣的局面，人文主义成为时代的主要思潮。在儒家学说中，从孔子到孟子再到集大成者荀子逐步从天道观向人道观转化，孔子以天道为"礼"之本，但其论却更多关注人间事，用建立礼乐秩序来成就人的生命精神；孟子则以人道释天道，提出了"充实之谓美，充实而有光辉之谓大"的生命美的观点；儒家之集大成者荀子则抛弃了天命观的神秘色彩，提出了"贵生"的观点，"故人莫贵乎生，莫乐乎安，所以养生安乐者莫大乎礼义"。"贵生""养生"的提法则把生命之"活"凸显出来。荀子学说还有一个重要特点，即专注人格教化的实践致用性。章太炎做了这样的评价，"荀子专主人事，不务超出人格，则但有人趣"，[①]肯定了荀子学说蕴含的某种生活意趣。但总体上看，先秦儒家的思想还没有脱离上古的生命观，仍属于"生命之学"而不是生活之学。我国虽有学者提出"生活儒学"的概念，那只能视为是在现代转换赋予今释意义上说的。

同儒家相比，道家老子、庄子的思想对于今天我们创新性阐释生活概念提供了更宝贵的母体文化资源。老庄更强调生命的自主性，"不禁其性""为而不恃"，让百姓依其自然之性。庄子将其更艺术化表述为要使人的生命实践如大鹏展翅般逍遥自在，强调尊重个体、"物无贵贱"、"万物平等"以及容公、尊重差异的思想等。清末民初严复、章太炎反封建专制引进新思想时注重与老庄的思想相结合，在今天仍有其接续弘扬的意义。

归纳起来，先秦儒、道等思想仍对我们思考和构建生活范畴有重要启示，其学说既承继了上古形上思维思考生命现象的传统，同时又加入对人间事物的意象性、实践性观察与思考，特别是儒家文化更加关注实际人生问题，为今天我们构建生活理论提供了丰富的文化资源，这是必须加以肯定和承继的。

（一）先秦至宋代文献中的"生活"一词

从词源学角度考察，在古典文献中最早出现"生活"一词见于《孟子·尽心上》："民非水火不生活，昏暮叩人之门户，求水火，无弗与者，至足矣！圣人治天下，使有菽粟如水火。菽粟如水火，而民焉有不仁者乎？"这是在讲学性质的口语中出现的，讲的是君王如何维护统治秩序问题。在这段话中出现的"生活"一词是存活之意，"菽粟如水火"，要让民众能吃上饭，统治才能稳定。所以这里出现的"生活"一词并不是今天我们所理解的生活

[①]　章太炎：《国学讲演录》，九州出版社，2011，第323~324页。

概念的含义。"生活"一词在宋朝以前的文献中出现很少，依《辞源》检索结果列举如下：

> 老入牢狱，苟求生活，不亦鄙乎？（《宋书·索虏传》）
>
> 复何知我鲜卑常马背中领上生活？（《宋书·索虏传》）
>
> 我此生活，似胜焦先。（《魏书·胡叟传》）
>
> 于是望之仰天叹曰："吾尝备位将相，年逾六十矣，老入牢狱，苟求生活，不亦鄙乎！"（《汉书·萧望之传》）
>
> 宏性爱钱，百万一聚，黄榜标之，千万一库，悬一紫标，如此三十余间……（帝）谓曰："阿六，汝生活大可！"（《南史·梁临川靖惠王宏传》）
>
> 蓬室草筵，惟以酒自适，谓友人金城宗舒曰：我此生活，似胜焦先。（《魏书·胡叟传》）

上述能查到的少量"生活"一词大多见于史书中所记录的人物对话的日常口语之中，表达的是生存、生计、境况以及饮食起居动作等意，尚不是今天意义上的生活概念的含义，但也侧面反映出是日常话语中最先出现了"生活"一词。由于受历史阶段生存状态所限，当时主要是在生存、存活的意义上使用"生活"一词。

（二）宋代"生活"一词的日常生活实践根底

到了宋代，生产力有了明显进步，除农业外，手工业、商业都有一定发展，市民社会在一些城市形成，人们的生活活动进一步展开，生活意识增强，这在传世名画《清明上河图》中有直观形象的展现。宋元明清小说戏剧的人物中也大量出现"生活"一词。张未民先生在《"生活"概念的历史解说》① 一文中做了大量考察，兹列举如下：

---

① 张未民：《"生活"概念的历史解说》，《社会科学战线》2015 年第 10 期。

"是如贤所教，但是小生自小兀坐书斋。不谙其他生活，只得把这教学糊口度日。为之奈何？你一个人形貌堂堂，怎不别寻个生活，去投军做甚么？""您而今在这里做个甚的生活？郭威道：咱待去为人雇佣，挑担东西。"（《新编五代史平话》）

"与人家打勤劳做生活有甚妨！怕不待时时的杀个猪、勤勤的宰个羊。"（《新校元刊杂剧三十种》）

"生下这三个孩儿，不肯做农庄生活，只是读书写字。"（《关汉卿集》）

"师父请坐，要打甚么生活？智深道：洒家要打条禅杖，一口戒刀。""娘子，且收拾生活，吃一杯酒。""好汉，你自不知，我们拨在这里做生活时，便是人间天上了。"（《水浒传》）

《醒世姻缘传》中"生活"出现20余次，大抵指生涯、生计、生意，如第70回"这童七命里合该吃着这件衣饭，不惟打造生活高强，且做的生意甚是活动"。

上面这些文艺作品中的人物大体为非农的平民阶层，在他们日常对话里已频繁出现"生活"一词，虽然仍为生计、存活、生意、活路等含义，但都表现了关注自身的生活叙事。

除了平民阶层的日常话语之外，宋以来的文人诗作中也出现了"生活"一词，表达了当时知识人的生活特质追求，即求淡求静求低的情调，举例如下：

"万境人踪尽绝，百围天籁都沉。惟余冷淡生活，时复撚髭冻吟。""绝笑儿痴生活淡，略无岁晚稻粱谋。"（范成大）

"梅亦有何好，花中偏得名。只为淡生活，不傍闹门庭。""从今只作梅生活，底用江头千木奴。"（方蒙仲）

"肯寻冷淡做生活，定是著书扬子云。"（黄庭坚）

"莫笑吟诗淡生活，当令阿买为君书。"（苏轼）

"莫笑衰翁淡生活，它年犹得配玄英。"（陆游）

总的来看，无论是百姓日常话语中更多出现的"生活"一词，还是诗人在诗句里用"生活"表达的价值追求，虽仍不具有理论形态，但却为"生活"这一概念的生成，从微观层面积淀着日常实践基础。

（三）宋明理学的"百姓日用即道"思想

儒学发展到宋明时期，其学术精神有了更新的发展，被称为"道学""新儒学""新儒家"。陈来教授把北宋的文化转向定位为"近世化"，其表述突出世俗化、合理化和平民化的社会文化背景的一面是值得肯定的。正是基于以上的社会文化背景，宋明理学虽然有不同的学派，其学说又往往同释家、道家学说相交杂，头绪纷繁，但其共同基本思想可概括为都以不同方式对源于先秦儒家的宇宙观、生命观进行哲理化论证，以儒家先圣孔孟的理想人格、精神境界为人生终极目的，以仁义礼智信为根本道德原则，以"存天理、灭人欲"为道德实践原则，借此来强化专制社会所需要的价值体系，同时又将其规定为人性的最高内涵。

但到明朝晚期，如前所述，则形成了以王艮为代表的泰州学派，其学说更多具有了反映社会下层诉求的平民色彩，突出了世俗化、平民化、践行化和"经世致用"的价值取向，"日用""日用常行""生理（生命之理）"成为学说的重要概念，形成了"知行合一观"、"日用"与"道"的统一观。"百姓日用即道。"这句话讲的"道"并非神秘高远的事物，它就体现在生活中所奉行的精神、态度之中，体现在百姓自然而然的良知行为之中。王艮类似的提法还有："圣人之道，无异于百姓日用。凡有异者，皆是异端"，"百姓日用条理处，即是圣人条理处"。这种提法实际是袭用了《周易》的古老命题，但却注入了某种平民的呼声。其实这一思想也来自王阳明。据张未民先生统计，王阳明的《王文成公全书》中"日用"也出现了 50 多次。王阳明在《别诸生》中提到"不离日用常行内，直造先天未画前"。这些论述都回答，什么是"百姓日用即是道"，什么是"以日用现在指点良知"的问题。在朱熹的《朱子语类》中"日用"出现 209 次之多，《二程遗书》在解释《中庸》里的"君子之道费而隐"时说，"费，日用处"，这是说君子追求大德之道，但是需要在日用生活中静悟领会和承受。"日用"是一个"处所"，是生活空间，没有这个"费"的日用常行空间，所有的"生"或"生生"都不能维持，但这些表述同王艮的平民色彩是不一样的。

"生活"一语直接出现在理学学者著述中，是在万廷言文章中："于此反照自身，便知自己精神，是处一切不应执着，识此便是识仁，盖生活是仁体。"万廷言这句话把至高无上的"仁"与"生活"概念做了有效的连接，赋予生活以价值属性，从而为本土化生活概念出场埋下了线索。

综上所述，宋明理学同先秦儒学相比，一个最大的变化是把人的生命活动纳入生活世界之中，"道""理"不再是不可触摸的事物，而是就在人们的日常生活行为之中。同时强调，人之成为人不单纯是教化过程，也是"为学工夫"的具体践行的心性工夫过程。另外，宋明理学继承了先秦形上生命观，坚持"存天理"，赋予日常生活行为以终极价值意义，实现日用与道的统一。这些都在抽象的意义上为当今时代的人如何建构自己的生活和在学理上如何构建生活概念，提供了本土的学术滋养和概念化苗头。

但是宋明理学也仍未完成对生活概念的构建，在诸多宋明理学的著书中，除万廷言所言是个例外，均未出现"生活"一词，我们肯定宋明理学道与日用相统一思想的理论和历史意义，只是从超时空的视角肯定理论形式的合理性。但如果放在具体的时空背景来看，宋明理学确立的"天""道""理"的终极价值原理是服从于构建封建制社会秩序下的"美好社会"这一理想的，是为专制社会秩序服务的，所以理学、道学成为长达几百年统治阶级的"官学"；在道与日用的关系上，"道"具有绝对的优越性，照顾不到平民生活的自为性。朱熹提出，"圣人千言万语，只教人存天理、灭人欲"，虽然此处"人欲"讲的是不符合社会规范的不良私欲，但实质上这句话体现了君权专制对社会底层真实生活需要和人性的压抑。"日用"讲的是自然的符合"道"的行为，而不是个人自主性的生活行为，并不等于现代的"日常生活"概念。另外，宋明理学讲的"工夫"实践性，集中点是"心性的工夫"，至于"知即行"或"行即知"的"知行合一"观点，实质上是把生活实践收敛为心性修养，只是私人经验境界，而不是社会实践范畴的行为。正如吕思勉先生指出的那样：宋明理学"全副精神皆贯注于内，而于外事有所不暇及"，且"所言遂不免于迂阔"。①这一点也为不少学者所认同。因此，宋明理学从构建封建制社会秩序的社会理想出发，其关注点并不在大众的自主性生活追求，因而宋明理学同样没完成也不可能实现对生活概念的理性体认和构建。

三　西方近代以来的生活概念探索

具有现代形态的生活概念产生的现实土壤，应是伴随着近现代的工业化、现代化和商品市场经济的发展，作为个体的人的独立性、主体性得到确认和市民社会的形成，人们的生活活动从生产活动中分离出来，成为一个独立的活动空间，并在个人和社会之间形成复杂的网络关系。但是由于种种复杂现实因素和文化传统，西方社会科学对生活的研究充满矛盾性，概念的形成远远落后于人们的生活实践进程。

西方的学术传统根植于古希腊哲学。从古希腊开始，西方的科学研究便确立了本质主义的学术传统，这种"本质论"把研究

---

①　吕思勉：《理学纲要》，译林出版社，2016，第140页。

对象"二分"为现象和本质，而在两者关系中，"本质"的事物被认为是最重要的，因此在社会学研究中几乎都把重心放在对社会制度、社会结构、权力关系和社会历史中重大事件的研究上，而把琐细的感性的人的生活现象视为非本质的事物而加以排斥，从而形成了被法国哲学思想家埃德加·莫兰视为"遗忘生活"的社会学，人的生活在社会学研究中被消解或仅仅作为被建构和解释别的事物因素。西方社会理论对生活的研究主要涉及以下方面。

（一）对日常生活的研究

西方社会理论对生活展开研究的重要范畴是日常生活和生活世界。日常生活研究兴起的时代背景是，在欧洲社会进入文艺复兴时代以后，随着个人自主性活动的发展，平民阶层日常生活的形式和内容呈现出日益多样性和多变性的新趋向，这为哲学社会科学研究提供了客观条件。特别随着资本主义的发展，商品交流活动远远超出经济生活范围而把人们的日常生活领域卷入其旋涡之内。法国著名年鉴史学家布罗代尔在其巨著《十五至十八世纪的物质文明、经济和资本主义》中，就深刻分析了资本主义发展同日常生活的密切关系。但从19世纪下半叶社会学作为一门学科诞生以来，由于本质主义学术传统因素的影响，社会学家们大多把主要精力用在社会结构制度和社会行动领域。事实上，在西方文化思想史上，首先重视日常生活研究的是人类学家，其次是社会学家，最后是哲学家。20世纪30年代，随着现象学社会学、象征互动论和民俗化方法论的诞生，西方社会理论对日常生活的研究才得以展开，可见相对于平民社会的日常生活实践活动来说，社会理论对日常生活的研究已明显落后于历史的实际进程，这就凸显了西方传统社会理论和方法论的局限性。

西方社会理论对日常生活进行研究的另一个高潮，是20世纪60年代西方社会进入"消费社会"之后。消费社会是把人们的日常生活领域而不是生产领域视为社会经济的主要存在领域，而日常生活的分散化、碎片化、差异化使社会历史场景更加多样、多元和差异化，社会的微观结构和人们生活的微观存在方式成为重要研究课题，因而社会学研究发生了日常生活转向。例如加芬克尔的常人方法学，福柯的后结构主义日常生活理论，布希亚围绕日常生活建立的消费型社会理论，埃利亚斯的由关系链条所支配的日常生活世界理论，布迪厄日常生活实践的前反思、前对象的现象学观点，以及列斐伏尔等人对日常生活的政治学研究，等等。

日常生活是人们在社会中生存的基础性结构，应当说西方社会理论对日常生活的研究，是对本质主义的学术传统的一种突破，从学科化的视角对日常生活的结构、功能、特点做了精细的研究，从而使日常生活成为重要的科学范畴和研究领域，也为整全生活概念的建立提供了必要的学术基础。但是西方社会理论对日常生活的研究存在以下问题。

第一，人们在生活中遇到的世界不限于衣食住行乐等日常生活领域，不仅仅用以满足维持肉体的生活的需要。随着社会的发展，在人们的日常生活领域之外，还有一个越来越宽广和更高形态的领域。由此，以卢卡奇、赫勒为代表的东欧新马克思主义学派构建了日常生活批判理论，指出日常生活是"自在的"人类活动的基本领域和"第一领域"，在这之外还存在一个"表达了人性在给定时代所达到的自由的程度"的"非日常生活领域"，[①] 这就使生活范畴突破了日常生活概念。

第二，日常生活概念的提出无疑是对本质主义研究范式的超越，但对生活现象学的微观研究也往往会消解生活概念的形而上规定，即对生活本质和生命的本源前提的认识，由此常常把日常生活概念作为分析某一社会事物现象级的场景性概念，弱化了生活概念的宏观与微观、形上与形下（道与器）及"观象"与"索义"之间的内在统一关系。这方面恰恰是中华传统文化思想从生

---

① 楼宇烈：《中国文化中以人为本的人文精神》，《北京大学学报》（哲学社会科学版）2015 年第 1 期。

命本源"道"的层面出发认识生活现象的理路，显示了其可成为研究方法论的优势。

第三，西方发达国家在进入消费社会之后，日常生活研究者更多的是把同物质消费相联系的日常生活活动转移到前台，并兴起了"反身性"等多种研究范式，这更多地表现在诸多后现代社会理论之中。在当今的全球社会，企望走出"消费社会"的历史场景，另辟人类新途的生活诉求和社会目标已经出现了。特别是在我国已经进入了以实现人的自由全面发展为旨归，以实现人民对美好生活向往为奋斗目标的人类文明新形态的历史发展阶段之后更是如此。基于此，日常生活概念不够用了。

（二）对生活世界的研究

西方对生活世界的研究是同日常生活的研究紧密相连的。在西方第一个引入"生活世界"概念的是胡塞尔。胡塞尔在《欧洲科学的危机与超越论的现象学》一书中，深入批判了西方理性主义引起的文化危机，强调在一切科学形成和文化产生以前，唯一存在的现实就是生活世界，生活世界是人的一切行动和意象立足于其上的社会现实基础，是社会共同体中各个成员进行社会行动的意识基础，具有"理所当然性"。但胡塞尔从作为哲学方法的现象学出发对生活世界直觉和对象实在性内在关系的分析，是以对"意向结构"概念的分析为基础的，更多强调意向性的纯粹意识性质，具有明显的"先验论"倾向，使意向性带有超历史和超时空的性质，从而把生活世界看成源自人的先验的自我意识。

自胡塞尔之后，"生活世界"成为西方哲学社会科学研究的热点问题，不同学者所持观点并不一致，但主要的共同点是在现象学基础上展开研究，包括海德格尔的"此在"世界，舒茨对"主体间性"和"社会实在"本质的强调，米德的象征互动论，彼得·伯格和卢克曼对生活世界和日常生活密切关系、生活世界主客体关系结构中主观面向的强调，以及哈贝马斯的交往行动与生活世界合理化的理论，等等。

总体上看，西方学界对生活世界概念的界定是立足在现象学之上的，是在日常生活概念框架下做的阐释和建构，因此日常生活概念的局限必然投射到生活世界的概念建构上，此为其一。其二，胡塞尔一方面用生活世界来反对科学主义和理性主义，另一方面又把生活世界看成源自人的先验的自我意识，似乎认为一切对象都是由意识活动构成的。因此，胡塞尔的生活世界与海德格尔的"此在"世界一样，仍然是主观世界的依存物。其三，重要的一点是，现有的西方哲学体系只是把生活世界视为构建哲学概念的经验前提，而不是具有本体含义的概念，这一点对我国影响较大。

需要指出，经过再创造的"生活世界"是一个重要概念。我们所使用生活世界的概念，关注的只能是体现人的本质力量的全部实践活动的世界，而不是单纯的主体世界、意识世界、现象世界和经济世界。还要强调一点，对于生活世界概念的使用不能泛化，因为从哲学的视野看，生活世界是人所能认识到的人为世界范围所及的"为我世界"，在生活世界之外还存在广阔无垠的自在的自然世界，这样的客观自在世界将为人类的世世代代的发展提供无限可能性。

归结起来，我们人类的科学认识已取得了惊人的进步，但面对自然世界，我们的知识仍是非常有限的。西方社会理论对日常生活和生活世界的研究使其概念科学化、学科化了，这是有借鉴意义的，但也存在根本性问题，那就是研究游离于生活范畴的本源性、本体性，体现出后现代社会理论对"宏大叙事"的消解，这正是我们的研究要解决的。

（三）对生活次级概念的研究

西方社会科学在生活的研究上形成了一系列相关次级组合概念，包括生活水平、生活质量、生活标准、生活模式、生活风格、生活节奏、生活制度、生活资料、生活费用、生活意识等。这些概念构成词的共同特点都是主宾结构，"生活"是作为限定词出现的，我们称之为生活的次级概念。每个概念都表征了生活某一侧面的规定性或评价指标方面的内容，而不是生活元概念本身。比如，生活水平概念主要表征的是在特定社会生产发展阶段，居民用于满足物质、文化生活需要的社会产品和劳务的享有量；生活质量主要表征的是人们对于生活的满意度和幸福度；生活标准主要表征的是在某一时期内，对于商品和劳务居民所期望达到的或政府部门计划达到的居民消费程度；生活风格主要表征的是个人或群体生活行为和风尚的独特表现形式；生活节奏主要表征的是人们所从事的各种生活活动的有规律交替变化的形式；生活制度主要表征的是在一定社会条件下人们生活交往关系的规范体系，或指公权力制定的居民应遵守的有约束力的行为守则；生活资料作为经济学概念主要表征的是用于满足人们物质和文化生活需要的消费性产品；生活费用主要表征的是维持某种生活水平所需要的商品和劳务的货币支出；生活意识主要表征的是生活活动主体对现实生活环境的感觉、认知、评价意识的复合体；生活模式主要表征的是具有普遍性、典型性的社会生活活动稳定性特征；等等。当然，还有生活方式概念，这个概念的情况比较复杂和特殊，我们在下面另辟专题进行重点论述。

上述我们列举的这些概念都是西方社会科学对社会生活进行研究积累的学术成果，至今仍旧具有理论和应用价值。

我们提出的问题是，相对于我们要构建的生活概念来说，这些概念属于次级概念，或称之为"子概念"，往往具有实证科学的特征，它们都表述了生活的某一方面、某一角度的特征，就像"盲人摸象"一样，都摸到了大象身体的一定部位并对这一部位的性状做了描述，但往往缺少顶层的总体性概念内核的统领，如此，这些概念的使用很容易产生偏差。生活水平、生活质量这两个概念是我们今天研究中国式现代化发展和实现美好生活奋斗目标不可缺少的重要概念，我们就以这两个概念为例加以分析。

1945 年《联合国宪章》第 55 条提到，联合国应促进提升生活水平。这里的"生活水平"指物质占有量，是一个可量度的概念，在马尔萨斯、李嘉图和马克思的古典经济理论中原本指不可简约的最低生活水准，后来这个词演化为可欲求的正常的生活条件。在从规范性概念到描述现状的概念的转变中，伴随着从看重生活素质逐渐向看重量化数据的转化，它同国民生产总值（GNP）指标一样成为衡量现代化的国家标准，由此可见生活水平概念实际上是西方现代化经济发展的产物。今天我们使用这一概念当然不完全是在西方原创性意义上使用的，但生活水平这一概念的局限是看重数据，却忽视了不可量度的丰富的生活内涵。在中国特色社会主义新时代要实现人民美好生活的奋斗目标，无疑要大力提高人们的生活水平，做大蛋糕，这是实现共同富裕不可或缺的基础性条件。但与此相关还存在一个命题，"富裕不等于幸福"，因为幸福还是属于价值范畴的一个概念。

应运而生的是生活质量概念。"生活质量"概念最早是美国学者加尔布雷思于 1958 年在《丰裕社会》一书中提出的。20 世纪 60 年代以后，生活质量开始逐渐成为专门研究领域，吸引了经济学、社会学、心理学、管理学、生态学等诸多学科学者参与研究。20 世纪 70 年代以后，生活质量研究扩散到了全球。我国对生活质量概念的引入和研究始于 20 世纪 80 年代，并基于不同学术视角形成不同研究模式和指标体系。总的看，目前西方主导的生活质量学术话语仍存在以下问题。

第一，对生活质量的研究没有摆脱"数字崇拜"，量化、指标化的研究漏掉了许多反映生活本质的信息，往往"混淆了幸福衡量标准的改进与幸福本身的改善"。[①] 生活概念是复杂的，包括不可被量化和指标化的方面，用量化指标来界定生活质量难以完全

---

① 约瑟夫·E. 斯蒂格利茨、阿马蒂亚·森、让-保罗·菲图西：《对我们生活的误测：为什么 GDP 增长不等于社会进步》，阮江平、王海昉译，新华出版社，2011，第 13~14 页。

反映生活本质规定性的东西。实际上，尽管目前在完善指标测定方面做了不少工作，但仍只是挑容易计量的方面来做的。犹如一个寓言所描述的情况，一个夜行人丢了钱包，他就在有灯光的地方找来找去，但最终还是找不到。有人问他是在这个地方丢的吗？他回答："这个地方灯最亮。"

第二，对生活质量的研究存在明显的进步主义色彩，简单化理解生活意义和人的幸福。西方的生活质量理论体系及指标的研究是与发展经济学的兴起分不开的，并纳入了"现代化理论""发展理论"框架。我国一些学者也受到这种研究范式的影响，简单地把发达国家和发展中国家的生活质量分成不同等级。但事实上并不是经济科技发展水平越高，人们的生活质量就越高。因为生活质量、人的幸福感还取决于经济科技发展等客观条件以外更为复杂的因素，特别是人文价值因素。"美国梦"被标榜为人类福祉和生活质量的象征，但享有国际声誉的社会批评家杰里米·里夫金却以宏阔的历史眼光告诫人们，"美国梦"深陷于分离和孤立的"死本能"之中，"代表了对历史终结的终结表述"。①

上述分析表明，对生活质量概念的界定和指标体系的构建仍离不开生活范畴形而上"道"的规约。

四　生活概念构建的学术指向

以上我们从中外文明史和学术史的视角及通过词源的考证梳理了尚在生成之旅途的生活概念。无论是处于农耕文明的中国传统社会还是西方工业社会，虽然在对生活现象的理性认识上都各自发挥了文化和学术优长，但都没完成对生活完整本质的认识。这既反映了人的生活现象的复杂性，同时也表明了迄今为止，人的历史活动的局限性和人的认识水平、学术水平的局限性。一个

---

① 杰里米·里夫金：《欧洲梦：21 世纪人类发展的新梦想》，杨治宜译，重庆出版社，2006。

重要表现是，前面所说的生活词条在中外学术辞典至今都少见或见不到，这表明"生活"这一体现人类文明和生存状态跃升的标识概念，在不小的程度上仍处于非科学范畴的境地。这种生活概念不成熟、不完善的状况，同中国特色社会主义进入新时代实现人民对美好生活的向往，同实现马克思提出的人的自由全面发展的社会目标间，还存在巨大的理论与现实的张力。构建一个既反映现实发展要求又面向未来的生活范畴，成为摆在我国哲学社会科学工作者面前的重要任务。要完成此任务，很重要的一点是，要站在现实的高度以反思的态度去审视中外学术史，搞清哪些是进行新的理论概念建构的生长点，哪些是历史落后性的东西。基于这种认识，我们在上面考察的基础上，再分别对中国传统学术思想和西方学术思想进行简略的学术检视。

（一）对中国传统学术思想的学术检视

第一，从我国上古时期起就在宇宙观和生命观相统一的基础上形成了生命本体的形上思想，这就为揭示生活现象的本质提供了本源性前提，这是我国传统文化思想的突出优势，同域外其他古老文明相比，人的生命不是来自虚拟的神和上帝，而来自人自身的生命创造，这为阐释生活概念提供了本体论的理论基础。特别需要指出，我国自上古以来所形成的形而上生命观并不脱离形而下的生活意向，"即器求道"（《周易·系辞上》），强调"道"要有"养人之欲"。但从上古到明清，我国长期处于皇权专制的小农社会发展阶段，人的主体生命活动以及对自身的认识均没有充分展开，一直被压抑着，同时，下层民众丰富的生活实践又不是知识精英关注和书写的重点。基于这种历史的阶段性特征和历史的落后性，此时期必然同形成生活概念还隔着相当一段历史距离。

第二，我国早在西周初期就初步形成了人文思想，到公元前6世纪至公元前3世纪，涌现了体现先秦诸子时代精神的人文思潮，而欧洲在公元16世纪才出现对抗神本思想的"人文主义"和"人本主义"。先秦诸子的人文思想各放异彩，形成了宝贵的文化遗产。"有文化遗产，才有集体的价值观念；才作为一个中国人而堂堂正正地站了起来。"[1] 但对后世直到今天影响最大的无疑是儒家思想，我们重点谈一下儒家思想影响。从先秦儒学到宋明理学的学术思想同西方学术不同的一个重要特点是，其思维方式不是只"向外"的，而是更"向内"关注人自身的生命现象，以"生"为一切价值的基础形成深厚的人文主义传统，并把主体性的价值实践活动"笃行""修身"放在重要位置，从创造性转化的意义上看，这对于今天建构良善生活仍具有启发意义。"笃行""修身"主体性道德伦理建构是良善生活构成的重要方面，但道德的人格完善不完全代表人自身生活的完善，道德生活也不是人的全部生活，而且修身的道德生活也不能脱离社会性的实践活动，因而从先秦儒学到汉代之后对儒学又一次大改造的宋明新儒学的修身、工夫、学习的生命实践，并不等于生活实践和对生活的整全建构，这是我们研究宋明理学开创的新儒学时要分清的。

　　第三，中华民族有着五千多年的文明，一万年以上的文化，在创造自身生活世界上形成了独特的宝贵思想文化资源，构成我们创造新型文化和生活方式的基因。但作为具有文化自觉的主体的人，从事生命创造活动，最大的奇迹来自思想的"自反性"，以审视的态度看待自己走过的路程。由此，在对待历史上形成的传统文化思想所采取的态度上，又可提出一个"历史的落后性"概念。今天，我们从实践中出发，弘扬传统文化，不能脱离特定的时代背景，切不可做"以今人而为古人之善者"式的解读和阐发，这样会绊住我们前行和创新脚步。有些词语在古典文献上出现过，但从词义到内容均同今天表达的现代概念有质的区别。比如有论者说，先秦时代精神文明就达到了"以人为本"的高

---

[1]　徐武军、徐元纯编《士当何为：徐复观先生谈思录》，四川人民出版社，2019，第92页。

度，这就犯了"以今人而为古人之善者"的毛病。对传统文化需要做现代化转换，现代化转换不是把古义掺和到现代概念堆里，从而使现代概念内涵失去时代性，而是站在今天的实践高度，对内涵进行质的转换和批判继承，这样才能取精去糟，创新性发展。

还需要指出，从孔子、孟子到荀子，儒家的"民本"思想在战国时期民不聊生的时代是有进步意义的，在今天仍有很大的弘扬价值。但历史地看，先秦儒家思想对社会与政治的分际并非很清楚的，其民本思想是站在"君本"的立场上肯定"民"的重要性的，"民本"总是以维护"君本"统治秩序为目的的，特别是秦以后因皇权专制的利用而被污染歪曲。即使在当时其思想境界也逊于老子的天道人文观，更遭到墨子的批判，"上不厌其乐，下不堪其苦"，"亲而不善"。两汉以后儒学走上注经学术道路，更加失去先秦儒家思想之精神。所以，今天我们弘扬中华优秀思想文化，既要持历史的态度，又要扩大视野，吸收百家之长。"反者道之动"，以审视的态度指出传统文化中的时代落后性因素，更好地实现马克思主义同中华优秀传统文化相结合。

（二）对西方学术思想的检视

西方，首先是在欧洲，经过文艺复兴、启蒙运动和工业革命及商品经济的发展，在人类文明发展史上率先进入现代化的发展进程，形成了市民社会，个人的独立性、个人自由得到确认，人的生活活动发生历史性变革。对于西欧从农业社会向工业社会转型，人们的生活世界所发生的变革，在马克思恩格斯的著作中多有实证考察和描述。随着资本主义的发展，人们的生活变得日趋复杂、开放和多样化，这为现代形态的生活概念的形成提供了可能性空间。现代人文社会科学的诞生也为对生活的研究提供了学科化、专业化基础。

但基于古希腊的科学主义、理性主义学术传统所建立起的知识体系，更为关注的是关于外部世界的知识，而关于人自身的生活活动的知识，往往被视为不能反映事物本质的现象性知识，不能成为主流的知识体系。此外，生成于"技"或"器"层面的诸多次级局部性概念，虽然具有一定的学术性、应用性和指标化的研究价值，但往往只是处于其他"种概念"之下，只具有附属性概念地位，并因缺少生活范畴内在一般原则规定的统领而达不到对生活活动核心内涵的把握。欧洲有一句格言，"正是树木使人看不见森林"，借用此比喻要说的就是，虽然在西方的哲学社会科学之中形成了许多反映生活的局部性的"树木级"概念，却看不见生活这一作为复杂系统的"森林"，所以在西方社会学中生活没获得科学范畴的地位。

同西方学术对生活的研究相比，我国传统文化思想对"生活"的把握尚缺少现代学术形态，但我国的传统文化思想整体观、人文观优势，恰恰可以弥补西方学术的不足。恰恰是我国的学术传统所建立起的生命本源观，可为具有现代形态的生活概念的诠释提供具有中国意象和普遍价值的学术资源。

五　生活概念的诠解原则及其方法论

概念是把握事物本质的认识工具。在生活概念的构建上，化解中外学术理论的难点、整合其生长点的内生动力和实践基础，是新时代以人民为中心、以实现美好生活为奋斗目标的发展要求和实践经验。但从学术自身发展的内在要求上看，一个重要条件是必须实现对传统研究范式的超越。在这方面，法国当代享有盛誉的思想家埃德加·莫兰提出的"复杂性研究范式"或称"复杂性思维方式"，具有重要的方法论意义。他强调，"'复杂性'这个词意味着'被连接''编织在一起'"，"我们处在一个需要改变范式的时代，这在历史上是很少有的。它的主体是用区别代替分割，用连接代替化归。必须区别，但同时连接。这就是复杂性范式"。他强调这种范式对化简主义思想来说是一场范式的革命，"化简主义思想把对一个整体的认识划归为对组成这个整体的要素的认识"。① 他所表述的这一复杂性范式的思想与我国传统文化的整体观相契合，可作为我们阐释复杂系统生活概念所持的研究方法论。

当然，"生活"是一个灵动的复杂性整体，是"定在"与"变在"的统一。我们的阐释必须从生活概念的特定性出发。笔者在《生活范畴及其社会建构意义》一文提出，要以生命、活动、社会性三个相互联系的维度诠释生活概念，在这个论述的基础上，本项研究从方法论上进一步扩展为"五个关系"作为解释原则。

（1）生命与生活的关系。生命是阐释生活概念的本源性前提。要在纷繁复杂的现象世界中去弄清生活到底是什么，首先要追问"生活"是从哪里来的，它的本源和载体是什么。毫无疑问，人的生活就是生命的存在形式，生活以人的生命为本源和载体。在这个意义上说，"生活即生命"，不能离开生命本源、本质和特性去谈生活。在这方面，中华民族悠久绵长的传统文化和学术思想形成了"天人合一"的生命观，用生命理解一切生活现象，这就为生活概念的界定提供了本体论基础。中国传统思想文化虽然没完成对生活概念的完整阐释，但却为揭示生活现象提供了基本出发点，并积累了极为丰富的生活智慧和生命体认。在这方面正可弥补西方学术在方法论上分科化、技术化和碎片化的不足。但在今天，我们研究生活问题又不能停留在传统生命观上，生命是生活的本源和载体，但生活又是生命存在、展开的唯一现实形式，通过活动能量的增强不断把人的生命内涵和质量提升到一个新的高度。一个人的生活活动是怎样的，他的生命状态就是怎样的，因此我们又必须在"生活"的高度去领悟生命和"生命第一"观。

（2）形上与形下的关系。如上所述，生活的本源和载体是生

---

① 埃德加·莫兰：《整体性思维：人类及其世界》，陈一壮译，中国人民大学出版社，2020，第 124、134~135 页。

命，从生命出发即从人的本性出发，这为阐释生活范畴提供了普遍规定性、人的成长的目的性和生活终极意义的导向性。正是生活概念形上"道"的规定性赋予生活以灵魂和神圣感。人是未完成的作品，需要不断从生命本性的规定性出发在社会中去完成自己，从自身的生活实践中去回答"我是谁？我从哪里来？我到哪里去？我怎样生活才是好的？"目前无论是专业的学术研究还是大众的生活指导性读物，均缺少对这种形上本源的把握。

这种形上的生活概念的一般规定性并不孤立存在，总是存在于和融入于具体的、有实感的一个个人的生活场景、生活实践、生活行为、感性体验和心理诉求之中，离开这些感性实在和灵动、情怀的东西就生活不是"生活"了。这些具体的感性的"日用常行"意象化的形态，使生活成为同情共感的实在，即形下形态。《周易传·系辞上》有云："形而上者谓之道，形而下者谓之器。"形上与形下的关系就是"道"与"器"不可分割的内在联系，"道"与"器"共同构成"以道贯之，以器承之"的统一体。我们还可以用"盲人摸象"的寓言故事比喻两者关系。借用这个故事的寓意，对于生活概念的解释不能把具体的"器官"当作"象"（生活）的整体性存在，但"象"又是具体可感的存在，大象的规范性存在又只能在这种可感的"器官"的存在中加以体现，并不存在离开了象鼻、象牙、象腿等的抽象的"象"。

（3）主体与客体的关系。此种关系即通常从知识论层面讲的生活活动主体同生活活动条件和环境的关系。生活的主体是一个个有着个性特质需求的人，而作为主体的人的生活又时时处在特定的自然和社会环境之中，总是要凭借一定的物质、文化生活条件，但两者不只是制约和被制约的决定论关系，而是互动生成、双向建构的关系。在此关系中，并没有"纯客体"，因为"客体"即现实的生活条件，是人造的，并往往通过人的活动"产物"（政府、市场和社会网络关系等）呈现，因而是"人化客体""他在主体"，生活的建构就是在主体与客体（人化客体）的这种"自相类"关系的循环往复中完成的，从哲学观上体现为"合规律性"与"合目的性"两大关系在生活世界中不可分的涵摄过程。两者内在的关系就是，在符合实际的条件下，主体把自身的生活诉求作用于生活环境因素（客体），同时客体在同主体的互动中也建构为新的客体，从而在"成己"与"成物"的双向运动中实现人的发展和社会进步的双向目标。

（4）个人与共同体的关系。人的生命是独享的，因此考察生活概念必须关注个体性、个人性活动的成因及其建构功能。比如，我们讲美好生活目标的实现必须体现在"每个人"身上。一个人需要通过自身的生活行动经营自己的生活，但这又不是自足的条件，因为人生活在社会之中，无论是个人的物质生活需要的满足还是精神生活需要的满足，都是在与他人关系中得以实现的。"没有你，我就不存在。"人只有在社会关系中、在共同体中才能实现自身生活的再生产，"人只有在社会当中才能够成为比动物更高级的某种东西"，[①] 才会有区别于动物式生存的生活。因此考察生活概念必须引入个人与共同体关系这一维度，也就是社会性维度。从存在论的观点看，个人与共同体的关系就是"个在"与"共在"的关系，"不断地从'我'过渡到'我们'和从'我们'过渡到'我'的两极之间的运动"。[②]

（5）全面和特定领域的关系。如前所述，目前的生活概念常常是在"日常生活"层面上加以使用的，日常生活是人们生活的重要领域、"第一领域"，但不是生活的全部领域。笔者在《回家的路：重回生活的社会》一书中曾分析了人们之所以把日常生活等同于生活整体，往往是因为混淆了"日常生活"同"日常性"两个概念。所有的生活都具有日常性，不具有日常性的活动不是

①　B. M. 梅茹耶夫：《我理解的马克思》，林艳梅、张静译，人民出版社，2013，第110页。

②　埃德加·莫兰：《整体性思维：人类及其世界》，陈一壮译，中国人民大学出版社，2020，第18页。

生活活动，但目前使用的日常生活概念主要是指同衣食住行乐等物质性和保障性的基础领域。在我国当今现实社会中，确立的以实现人的自由全面发展为价值导向的满足人们日益增长的美好生活需要的目标，此处日益增长的美好生活需要满足远远不限于日常生活领域，而是已扩展到"表达了人性在给定时代所达到的自由程度"①的更高领域。所以我们界定生活概念，既应把握日常生活"第一领域"的基础性定位，又要把握人们生活日益广阔领域的需要及两者的内在生成关系，这也是我们在后面章节加以论述的问题。

以上我们基于复杂性思维研究法和当下的时空背景，从"五个关系"维度提出对生活概念考察所应坚持的方法论指向，这是一种理论的抽象，实际的生活状况还要更复杂，而且是变动不居的。虽然我们很难对生活概念做出穷尽的阐述，但基于前文所述，我们可以给生活概念做一个现实态的表述：生活是在社会共同体中历史性呈现的个体所承载的人的特有生命形态的存在、展开和实现的具象性活动形式，它构成人世间一切事物的本源和本体。

第四节　人类历史将"终结"于永不终结的生活方式

一　生活方式是当代人类生活文明和生命活动演化的更高阶梯

以上我们从人类文明史和生活概念史的角度阐释了从生命概念到生活概念的生成演化的历史过程，指出直至今日人们的生活世界、生活概念并没有演化完成，并且人类对生活的认知仍落后

---

①　阿格妮丝·赫勒：《日常生活》，衣俊卿译，重庆出版社，2010，第113页。

于人类已达到的生命活动水平。接下来，我们将把生活方式作为人类文明和生命活动演化进入新的、更高阶梯的标识性概念提到现实的日程，阐释其作为一个具有新质概念演进过程的根据。

从句式结构上看，生活方式同生活水平、生活质量等概念相似，但人类文明的演化史却赋予它与生活概念一样的本体论地位。关于这一点，我们在对马克思恩格斯合著的《德意志意识形态》的诠释中已做了翔实论证。该著作"费尔巴哈——唯物主义观点和唯心主义观点的对立"章节不但赋予"生活"以历史唯物主义核心范畴地位，同时也赋予生活方式以历史唯物主义一元本体的理论地位。[①] 在马克思的论述语言中两者是等量级的概念，强调在人类的生产方式和生活方式这两大基本活动方式中，生产方式"在更大程度上是……他们的一定的生活方式"，[②] 即从唯物史观来看，马克思反复强调生产方式是"保障生活的方式"。因此从这一层面看，生产方式也是生活方式的有机组成部分，生活方式在人类发展史中具有总括性的概念地位，这种地位就把生活方式同生活水平、生活质量等生活的次级概念区别开来了，或者说生活方式是一级概念，而生活水平、生活质量是二级概念。有这种对生活方式概念地位的原则性认识十分重要，其构成我们下面所有论述的理论前提。

那么，为什么把生活方式作为继生命概念到生活概念之后，人类生活文明演进的第三个关键词和概念表述呢？理论根据就是，人类的历史就是作为有意识主体的人的活动自由的扩大史，生活方式概念标志着继生命概念到生活概念之后，人类自身主体自由活动能力和能量又跃上了一个新的台阶，即凸显生命的自为活动和自我建构阶段。从概念的内涵看，如前所述，生命、生活、生活方式三个概念的内涵是相连贯通的，而概念标识的人类活动能

---

① 王雅林：《生活范畴及其社会建构意义》，《哈尔滨工业大学学报》（社会科学版）2015 年第 3 期。

② 《马克思恩格斯全集》（第 3 卷），人民出版社，1960，第 514 页。

量级上又是递进的。从生命概念到生活概念，是概念生成史上的一次质的飞跃，生活概念比生命概念突出了人的生命之"活"的意涵，而从生活到生活方式概念更加突出了"活"的意涵以及"怎样活"、"活"的自为自觉方式和"活"的创造力。

在这里我再强调一下，从生命到生活再到生活方式概念虽然主要显示出人的主体自由活动能量递进的阶段性特征，但同时也呈现叠加性特征。景天魁教授在谈到中国文明之所以能够五千多年绵延不断的原因时就讲到，"它是延续性的、积累性的、嵌套的逻辑"① 这一文化特点。我们讲的生命、生活、生活方式的逻辑关系也是如此，用一个民间幽默故事做个比喻，有一个人吃到第三碗饭时饱了，他后悔不该吃第一、第二碗饭，但没有人类对生命、生活的理性认识怎么会有"生活方式"达到饱了的程度的"第三碗饭"呢？三者是以生命为原点通过不断积累叠加的过程，再进入追求更好"活法"的时代。

生活方式概念的生成，标志着人类的生命活动由生活的自在状态进入了自为自觉状态的新的历史空间，体现了人创造可能生活的最高层级，这是极其有意义的历史跨越。当今大变局时代各种矛盾更加尖锐突出，人类怎样安排自己的生活，不但决定了自身是否能获得好的生活，而且由于在人类世时代人的活动对自然环境干预程度越来越大，甚至其"活"不但可能会毁掉自然生态，也可能会毁灭自身生命本身。所以生活方式即人类活法的问题，已成为最大的时代性的问题意识，这不但是迫切的现实性课题，而且也将是人类永恒的研究课题，这是我们建立"生命—生活—生活方式"概念演进史分析框架的根据。

二　生活方式和历史的"终结"

在对人类文明演化史和人类生活发展史考察中，确立生活方

---

① 景天魁：《论群学相态》，《哈尔滨工业大学学报》（社会科学版）2021 年第 6 期。

式概念的独立的概念标识地位，具有重要理论和现实意义。我们可以借用马克思提出的社会发展"三形态说"阐释这一点。

在马克思的著作中，关涉人类社会形态演进的主要有两种表述方式。一种是在1859年发表的《〈政治经济学批判〉序言》中，从生产方式和政治形态角度做的表述："大体说来，亚细亚的、古希腊罗马的、封建的和现代资产阶级的生产方式可以看做是经济的社会形态演进的几个时代……在资产阶级社会的胎胞里发展的生产力，同时又创造着解决这种对抗的物质条件。因此，人类社会的史前时期就以这种社会形态而告终。"① 这一表述后来被斯大林概括为原始社会、奴隶社会、封建社会、资本主义和共产主义社会单线直进的过程被称为"五形态说"，但这并不完全符合马克思的原意。另一种是出自马克思在1857~1858年为撰写《资本论》做理论准备的《政治经济学批判（1857—1858年手稿）》，该手稿从人的生存形态角度对人类社会发展形态做了表述。

> 人的依赖关系（起初完全是自然发生的），是最初的社会形态，在这种形态下，人的生产能力只是在狭窄的范围内和孤立的地点上发展着。以物的依赖性为基础的人的独立性，是第二大形态，在这种形态下，才形成普遍的社会物质变换，全面的关系，多方面的需求以及全面的能力的体系。建立在个人全面发展和他们共同的社会生产能力成为他们的社会财富这一基础上的自由个性，是第三个阶段。第二个阶段为第三个阶段创造条件。②

"三形态说"科学地阐释了人的生命、生活及生活方式，即人的主体生存状态历史演进的基本历史结构，也许是历史的"巧

---

① 《马克思恩格斯文集》（第2卷），人民出版社，2009，第592页。
② 《马克思恩格斯全集》（第46卷）上册，人民出版社，1979，第104页。

合",大体相当于我们通过对中华文明史的考察用生命、生活和生活方式标识的人的生存状态叠加演进的"三部曲"。

在"三形态说"中,马克思所说的第一种"人的依赖关系"社会形态指的是"资本主义生产以前诸种社会形态",包括"五形态说"的原始社会、奴隶社会和封建社会三个社会形态。原始社会在人类的形成史上占据了绝大部分时间,假定人类有 100 万年形成史,那么原始社会占了 99 万年的时间,是人类的"前文明"时代。马克思在 1857~1858 年提出"三形态说"时对原始社会的资料掌握得不多,直到 19 世纪 70 年代接触了摩尔根的《古代社会》以后,才系统地把握了原始社会的特征,并有了准确的论述。原始人生存于"自然共同体"之中,马克思说"单个人对公社来说不是独立的",这个时代的主要生产方式是狩猎和采集,生产力低下,生命风险和不确定性很大,不但要每天重新获得食物,而且时刻面临自然灾害对生存的威胁,人均寿命只有 30 岁左右。当代的西方社会学、人类学家常常用现代社会形成的劳动与闲暇概念去描述原始人类的生活方式,认为原始人一周劳动时间不超过 15 小时,或一天不超过 4 小时,其余都是闲暇生活时间。[①] 实际上按马克思恩格斯的考察,早期的原始人从事的是近于"动物式的本能"的劳动,其"闲暇"也并不具有真正的文化意义,无论是劳动还是"闲暇"都朦胧地处于像动物一样"贫困"的生存状态,两者并没有形成绝对的界限。

大约在 1 万年前我国处于新石器时代,同其他几个古老文明一样,逐步进入农耕文明发展时期,人的生命活动是同"自然共同体"联系在一起的,没有摆脱对"天"(自然)的依赖和"人的依赖关系"。农业社会同狩猎采集社会在生产方式上有两个明显不

---

① 詹姆斯·苏兹曼:《工作的意义:从史前到未来的人类变革》,蒋宗强译,中信出版社,2021;玛丽娜·费希尔-科瓦尔斯基、赫尔穆特·哈珀尔:《可持续性发展:社会经济代谢与开垦自然》,黄纪苏译,《国际社会科学杂志》(中文版)1999 年第 4 期。

同：一是狩猎采集社会需要每天重新获取食物，很少有储存食物的习惯，追求的是即时回报，而农业社会一次播种必须考虑全年的生产生活需要，获取的是延迟回报；二是农业食物生产的本质是控制，农业生产者同游牧民族不同，过的是定居生活，需要对生活的空间进行安排和改造，因而农业劳动往往是更繁重的。由于生产工具落后，人们必须用绝大部分时间从事食物的生产以维持生存，因此在那时生产就是生活，生活的主要内容也就是维持生存的生产，生产"吞没"了生活。在我国这种情况一直持续到近现代。费孝通教授曾在《生育制度》一书中这样描述新中国成立前中国社会中夫妻的家庭生活："基本上是柴米油盐的经济工作。夫妇间先得把这些基本事务打发开了，才有讲求兴趣相投的资格。换一句话说，若是一个社会生产技术很简单，生活程度很低，男女在经济上所费的劳力和时间若需很多的话，这种社会里时常是走上偏重夫妇间事务上的合作，而压低夫妇间感情上的满足……若不能两全其美，就得牺牲一项。在中国传统社会里是牺牲前者。"[①] 这就是说，在中国传统的农业社会中，直到近代即使是夫妻生活，主要内容也是"柴米油盐，维持生计"，除此之外很少有其他内容。我们常用"男耕女织"来描述小农经济的生产方式，其实这既是生产方式，也是他们的生活方式。可见从远古直到农耕文明时代的"人的依赖"关系的社会中，生活并没真正成为一个独立的领域，尚不具备形成理性的生活概念的历史条件，个人消融在共同体之中，在我国上古时期形成的生命概念的主体不是个体的人，而是"黎民百姓"，是"民"。

马克思所指的第二种社会形态是资本主义发展阶段的"经济的社会形态"。需要说明的是，资本主义发展阶段确立的社会形态是三大社会形态中唯一以生产资本的经济关系构成社会基础的典型的"经济的社会形态"，或称之为"社会经济形态"，资本主义

---

① 费孝通：《生育制度》，天津人民出版社，1981，第52~53页。

在人类史上第一次建立资本/雇佣劳动关系和商品市场经济。以往的社会形态也存在生产力与生产关系之间的矛盾，也有商品交换活动。以中国为例，到宋代市场交易活动已经相当发达，但并不占主导地位，也没有形成完备的经济形态。资本主义同以往其他社会形态之间的差异，远远大于其他社会类型之间的差异。对于这种差异，涂尔干用"机械团结"和"有机团结"来加以区分，滕尼斯曾用"共同体"和"社会"的概念加以区分。

马克思生活在资本主义工业化的早期，他充分肯定了资本主义的伟大文明作用，同时又指出这种文明进步的矛盾性质，一方面个人受到物的依赖社会关系的摆布，处于"物"的统治之下；另一方面个人又因摆脱了各种自然发生的和传统的社会联系，摆脱了对直接共同体的隶属关系而获得了独立性，追求个人利益的正当性被确立。

在这一阶段，不但物质生活水平而且精神生活水平也大大提高，随着生产机械化程度的提高，生产时间相对缩短了，而用于生活的闲暇时间增多了。同时，人们的生活活动与生产活动在空间上也划分开了。所以，在第二种社会形态中，"生活"已经成为一种独立领域了。在"物的依赖"关系中，一方面人的自由和"人的独立性"得到促进，生活成为独立的领域，这就为具有现代形态的生活概念的形成提供了土壤；但另一方面这种关系又使人依附于物，使人们的生活处于"物化"状态从而形成了"单向人""消费人"。资本主义解放了个人，却使之处于异化之中，这种历史现实又限制了对整体生活概念的理念表达。

马克思"三形态说"的第三个社会形态共产主义社会以生产力高度发展、"个人全面发展"、"自由个性"关系为基础。如果说前两种社会形态是历史和现实的存在的话，那么第三种社会形态则属于马克思的科学预见，并已成为社会主义的现实运动。在马克思看来，从人本身和人的生活发展史来看，资本主义不过是人类社会的"史前史"，而共产主义作为"消灭现存状况的现实的运动"将开创人类的"真正的历史"，以"物化"的经济关系为主宰的社会形态，将转换为以"个人全面发展"和对日益丰富的社会财富共同占有基础上的"自由个性"为轴心的社会形态。共产主义社会建立在个人与社会共同体之间相互依存的关系之上。该社会排除一切不重视甚至贬斥个性发展而存在的东西，但也认为，只有在社会共同体中，"联合起来的个人"，通过使用共同体生产的劳动成果，才能真正实现个性化存在。这就是说，按照马克思的说法，人类社会形态的"第三个阶段"虽然需要凭借"第二个阶段"创造的条件，但并不是沿"第二个阶段"的"社会轴心转换"轨道发展的，而是确立了新的以自由个性发展为"轴心原则"的社会。该阶段人的生存状态将发生以下变化。

第一，社会生产力结构将发生划时代的变化，社会生产过程将全面社会化、智能化、个性化，人的体力将基本退出直接生产过程，人的直接劳动不再是财富的直接来源。伴随着生产力高度发展的结果是，一方面社会财富充分涌流出来，一方面劳动时间将大大缩减，闲暇时间将在人们的时间结构中占据主导地位，人们生活的主要内容就是对这种时间进行符合人的全面发展要求的有效利用，对闲暇时间的占有和利用程度，将成为衡量社会财富的新的尺度。这样，"生活"时间客观上就成了创造社会财富的"生产"时间。

第二，在未来社会，从事生产活动将不再是谋生手段，而成为展示创造力、审美的乐生手段和"生活第一需要"，从而使劳动作为手段和作为生活目的实现高度的内在统一。

第三，新的社会形态运行的动力系统也将发生改变，具有自由个性的全面发展的人将成为社会发展的深层动力。毫无疑问，共产主义社会只能建立在物质生产力高度发达的基础之上，但到那时生产力不再是外在的客观力量，而是内化为人本身力量的自我确证，是人的本质力量的显现和外化，正如马克思所说，"对生产工具的一定总和的占有，也就是个人本身的才能的一定总和的发挥"。① 在未来的社会，人的消费活动也日益具有了自我实现的性质，而生产这些能体现更高需求产品的主体，只能是自由劳动和有个性创造能力的人。因此，对未来社会深层的根本动力的表述，将不再是外在化的生产力，而是取决于具有自由个性的人本身的全面发展及创造力的增强，即马克思所说的"个人本身的才能的一定总和的发挥"。② 但马克思这里所说的人不是费尔巴哈所说的抽象的人，而是社会关系中的人，是指"在真正的共同体的条件下，各个人在自己的联合中并通过这种联合获得自己的自由"。③ 到那时，社会不再仅仅是保证物质生产的手段，而是"具有创造性的个人以自身为价值的组织形式"，④ 这将彻底终结"经济决定论"。如果说未来社会有什么"决定论"的话，那一定要到新的社会条件所产生的新的主体人自身的发展和能力增强中去寻找，到社会资源和文化资源中、到人们的生活方式中去寻找。

所以，在未来社会，人们的生产活动和生活活动又在第二种社会形态两者"已区分"的基础上达到新的"统一"，但这种"统一"是"在由必需和外在目的规定要做的劳动终止的地方才开始"的。⑤ 该阶段生活方式"一体化"的表现形态既不同于第二种社会形态，更不同于"最初的社会形态"。如果说第一种社会形态是生产吞没生活，生产就是生活的话，那么在第三种社会形态中的"一体化"却是人们选择怎样生活的生活方式就是生产方式。在那时，虽然生产方式仍然是社会生活的基础，但却作为保障生活的方式和生活方式的内在组成部分而消融在生活方式之中了，"日月之行，若出其中；星汉灿烂，若出其里"，人类的一切行动都将漫游在生活方式的银河九天之中。从这个意义上说，人类历

---

① 《马克思恩格斯全集》（第 3 卷），人民出版社，1960，第 76 页。
② 《马克思恩格斯全集》（第 3 卷），人民出版社，1960，第 76 页。
③ 《马克思恩格斯选集》（第 1 卷），人民出版社，1995，第 119 页。
④ В. Л. 伊纳泽姆采夫：《后工业社会与可持续发展问题研究》，安启念译，中国人民大学出版社，2004，第 207 页。
⑤ 《马克思恩格斯全集》（第 25 卷），人民出版社，1974，第 926 页。

史将"终结"于人类永恒的生活方式，真正走出人类的"史前史"，回到人本身，"自由个性"就是人们生活方式、存在方式，发展的轨道上的"自由王国"。

在苏联解体时，美国日裔学者福山提出人类历史将终结于资本主义的"终结论"。其实这并不是什么新观点。早在 19 世纪前后的思想家们就把资本主义的资本市场经济关系视为人类社会天然合理的"自然的自由体制"，"永远支配社会的永恒规律"。那时就已遭到马克思尖锐而与辛辣的批判。

> 经济学家们的论证方式是非常奇怪的。他们认为只有两种制度：一种是人为的，一种是天然的。封建制度是人为的，资产阶级制度是天然的。在这方面，经济学家很像那些把宗教也分为两类的神学家。一切异教都是人们臆造的，而他们自己的宗教则是神的启示。经济学家所以说现存的关系（资产阶级生产关系）是天然的，是想以此说明，这些关系正是使生产财富和发展生产力得以按照自然规律进行的那些关系。因此，这些关系是不受时间影响的自然规律。这是应当永远支配社会的永恒规律。于是，以前是有历史的，现在再也没有历史了。[①]

从上面的批判话语中我们可以看出，福山的"历史终结论"不过是现代版，历史版早就有了。马克思经过严肃的历史批判论证了资本主义的历史暂定性，特别是资本主义发展到今天，所谓的"终结论"早已破产。但人类历史确有"终结者"，这就是人类自己创造自己的生活活动将成为唯一的活动，这就是人自己的生活方式，生活方式将成为永不终结的"永恒的必然性"。

我国尚处于社会主义初级阶段，离共产主义目标还有漫长的

---

① 《马克思恩格斯文集》（第 1 卷），人民出版社，2009，第 612 页。

路要走，但却纳入了这一历史进程，我们需要从这样一种永恒的前景中规划我们今天的生活方式。

三　战略层面看待新时代生活方式研究的意义

提出这一问题，就是把人的生命活动和生活方式的理论议题拉回到我国现实发展层面。

从改革开放初期起，经过 40 多年的努力，我国生活方式研究者以高度的使命感，服务于我国社会主义现代化建设，接续生活方式研究首倡者所开辟的学术道路，在生活方式研究的理论建设上做了大量工作，其中在生活方式研究的理论定位上突出强调，把全社会文明健康的生活方式建构问题提到现代化发展战略层加以考量，是以人的自由全面发展为目标的社会主义基本社会制度的必然要求、根本规定和文明特征，是实现中华民族伟大复兴的重要标志和不竭内生动力，特别是进入中国特色社会主义新时代，其意义更加凸显。

2021 年习近平总书记在庆祝中国共产党成立 100 周年大会上郑重宣布，"我们实现了第一个百年奋斗目标，……正在意气风发向着全面建成社会主义现代化强国的第二个百年奋斗目标迈进"。[①]为此，我们需要搞清这两个发展阶段的区别和联系。

新发展阶段的开启是以全面小康阶段取得的成就为基础的，但又不仅是发展量的扩大，而且是现代化总体发展进程中发展范式的创新和升扬。最核心的标识是全面小康阶段依据的是"第一个主要矛盾说"，即人民日益增长的物质、文化生活需要同落后的社会生产之间的矛盾，主要任务是在改革开放初期解决温饱问题的基础上进一步提高人们的生活水平，发展的中轴是提高生活水平，在一定程度上主要是通过人们的职业劳动的"谋生"手段来满足基本生活需要和达到一定的富裕程度，使生活更加殷实。而

---

① 《习近平谈治国理政》（第 4 卷），外文出版社，2022，第 3 页。

进入新发展阶段依据的是"第二个主要矛盾说"，即人民日益增长的美好生活需要和不平衡不充分的发展之间的矛盾，确立的发展核心目标就是创造人民美好生活。满足人民群众的日益增长的美好生活需要，是新发展阶段各项工作的中轴。这同全面小康阶段相比，是发展方式质的跃升。"高质量发展是全面建设社会主义现代化国家的首要任务。"① 依据新时代主要矛盾的表述和党的奋斗目标，提高发展质量的重要方面应体现在提高人们的生活质量上，在这方面，生活方式研究可发挥不可或缺的理论效益，因此要从新时代历史任务和实现创造人民美好生活奋斗目标的高度深刻认识生活方式研究的价值。

第一，生活方式在全社会美好生活的培育中发挥重要的建构功能。依据新时代社会主要矛盾的表述，在新时代的现实发展中实现美好生活的奋斗目标，基础的方面是解决生活资源供给不平衡和不充分的问题，以不断满足人民对美好生活的需要，也就是让人们拥有获得感。但如前所述，单有这个因素还不够，因为美好生活还要通过落实到具体的个人和家庭中通过主体的建构才能实现。这就涉及人们对生活的价值态度问题，因为需要是为价值所引导、为意义所建构的，越是到了人们的物质生活水平得到很大提高的阶段，生活主体的生活意义的建构因素就越发重要。因此，高质量发展阶段在社会建设上需要打开一扇扇更深刻问题的大门，这就是生活意义的建构和正确价值观的导向，生活方式表征的是对人的生活需要价值评价的"意义系统"，它指向的是在主客体关系中以崇高的人文理想引导主体的价值选择行动，建构合理需要，从而促进"美好生活供给精准化""生活品味高尚化"。作为生活主体的一个个具体的人，他们不仅是生活的享受者，也是自我生活的评价者和建构者，因此美好生活必然体现为社会建构的美好生活和个人自我建构的美好生活的统一。在新时代，美

---

① 《习近平著作选读》（第1卷），人民出版社，2023，第23页。

好生活的实现体现为党的领导和由 14 多亿人组成的命运共同体共同创造和奋斗的过程。

生活方式不仅是一个价值体系，也是一个能力体系。比如，两个家庭的收入水平相同，但经营家庭生活的能力不同，家庭的生活质量也会呈现很大差别。生活经营需要能力和艺术，因此生活方式作为主体的活动方式在生活实践中还体现为四种能力："生活需要的价值选择能力"、"生活资源的经营能力"、"人际关系的能力"和"审美化的生活能力"。概括起来就是"美好生活能力"。

第二，生活方式把"美好生活"和"美好新人的成长"两方面统一为一个过程。我们已论过，生活方式是生活活动的最高形态的体现，无论是美好生活还是人的成长都是在活动生成的。新时代中国式现代化的建设，是以人的自由全面发展为价值目标的，每前进一步，都要使这一目标的实现取得新进展。按照马克思的理论，人怎样生活，人自己便是怎样的。因此，实现美好生活同美好新人的成长具有内在的一致性，检验美好生活实现的标准不能离开人的成长这一核心。

"我国的现代化是全体人民共同富裕的现代化。"[1] 共同富裕的含义包括两个方面：一是共同富裕是全体人民"一个不能少"的富裕，不是部分人的富裕；二是共同富裕既包括物质富有，又包括精神富有，缺一不可。这是实现美好生活目标的基础性条件，但又需要转化和内化为人们的"个性富有"，否则就失去了实现共同富裕目标的核心要义，生活方式将把美好生活和美好新人的培育、社会共同体的富裕和个人的个性丰富与繁荣两个方面统一起来，使两个方面成为互动生成的过程，达到孟子所说的一种境界，"充实之谓美，充实而有光辉之谓大"，在个体的生命形态上达到真善美慧的生活境界，在新时代促进人的自由全面发展。

第三，生活方式将为美好生活的建构提供丰富的内生资源。

---

[1]　《习近平著作选读》（第 2 卷），人民出版社，2023，第 367 页。

生活方式研究的最主要特点是在社会和个人互构建设美好生活中，最大限度地开发生活者的主体潜力和挖掘美好生活精神资源。改革开放以来，我国经济长期保持高速增长，为实现美好生活和共同富裕目标提供了坚实的物质资源基础，但也应看到，经济增长同人民日益增长的美好生活需要相比总是有限度和相对滞后的。与之相比，在每个生活主体中可能蕴含的人文资源却是无限的，若是对其运用和开发得好，则会在实现美好生活上产生倍增效应，可以减轻人们的生活需要对经济因素的过度依赖，同时减轻对环境的压力。因此在新时代的发展中从战略安排上要更好地发挥"生活方式"效益，充分挖掘理论建构潜能。

第四，确立生活方式的本体论地位是对中华传统文脉的接续和创造性发展。国学大师梁漱溟对文化下了这样一个定义：文化就是人们生活的样法。这个定义既简单又准确。我们前面的论述已表明，在中国传统文化中赋予人的生命以本源、生活以本体的地位，形成了独特的、早熟的人文主义传统，它的活动展现的"样法"就是生活，而在新时代其高级展现形态就是生活方式。但如果说文化是人们的生活样法还有更高一层的含义，那么这层含义即"样法"是由理想建构起来的，"文化一定是从现实生活中升华起来；并且升华以后，依然应当，并且也必然会落实，和扩大向现实生活中去"的，① 这就体现在自为自觉的含有主体参量的生活方式概念上。所以，生活方式是以中华传统生命观为根基和从实践发展出发，提出的一个具有中国意象、中国文脉的概念，也是对天人合一观、"道"与日用常行统一观的创造性转化和创新性发展，而这种继承和发展又同马克思的生活本体论的历史唯物主义思想在新的时代相遇和相通，经过创造转换的中华优秀人文主义传统将成为在新时代创造人民美好生活伟大事业的重要文化思

---

①　徐武军、徐元纯编《士当何为：徐复观先生谈思录》，四川人民出版社，2019，第83页。

想资源和内生动力。

习近平总书记在 2023 年 6 月 2 日文化传承发展座谈会上指出，"中华优秀传统文化有很多重要元素，……共同塑造出中华文明的突出特性。……中华文明的连续性，从根本上决定了中华民族必然走自己的路。如果不从源远流长的历史连续性来认识中国，就不可能理解古代中国，也不可能理解现代中国，更不可能理解未来中国"。① 本章的研究以从上古起的中华民族文明和文化史为视域，基于生成史视角，考察了中华民族作为生命共同体的生活"样法"的生成泛化过程，强调在天道与人道相统一中形成了中华民族特有的生命观和以生命的升扬、生生不息为核心的特有的人文主义传统，从而形塑了中华民族性格和文脉相承的生活格调。从历史和生活的连续性上看，在中国式现代化进入新时代，生活方式作为回应时代主题的概括性概念的巨大理论与现实价值已凸显出来，这是我们在下面章节将展开论述的问题。

---

① 习近平：《在文化传承发展座谈会上的讲话》，人民出版社，2023，第 2~3 页。

第三章 自主知识体系创新中的生活方式概念范畴的构建

　　以上两章我们分别立足于中国式现代化的发展要求，从学理层面对马克思历史唯物主义核心观念进行了新的阐释，并从概念史的特定视角对中华民族从上古始的生存状态的生成演化过程即创生之路进行了考察和分析，两个方面的研究共同指向了在我国创造人类文明新形态的历史进程中，一个不可或缺的巨能量级概念的构建，这就是具有本体论地位的生活方式。从实践层面看，当今世界人们的物质生活更加丰富，生活形态也更加复杂多样，快速多变、充满矛盾，甚至具有冲突的性质，与此同时，人们的生活欲求也更加强烈。在追求自己心仪的好生活中也存在诸多困惑和盲点，因此回答"怎样和如何生活才是好的"的问题，在客观上已成为当今时代的核心议题，其概念体现同样是生活方式。在本章中，我们将聚焦生活方式这一核心概念的理论问题，并试图做出新的解释。

第一节　对生活方式的研究要上升至学理层面

　　在我国，生活方式概念范畴和理论问题的提出，一开始就是一个原创性的重要命题。在西方社会科学体系中，生活方式概念往往是作为一个描述性的前科学用语或作为解释别的种概念的附属性概念。因而在学术辞典中很少出现生活方式这个词。在我国，生活方式理论的提出是在改革开放后，经过 40 多年的理论探索和自主创新，在生活方式理论和学术体系建设上取得了不小成绩，并为实际地解决人们在生活领域存在的问题和促进人们生活方式的健康发展上提供了理论导向。进入新时代确立了全党以实现人民美好生活为奋斗目标，对生活方式的理论建构提出了更为迫切的需要，这就需要生活方式研究在回应时代之问、人民之问中，进一步加强自身的学术理论建设和增强实践服务功能。但从研究的现状看，生活方式作为从无到有的新兴研究领域，在自身的学术理论建设上还存在很大的发展空间和很多需要解决的理论问题。具体地说，在两个方面还存在明显的不足。一是 40 多年中生活方式研究者对不同时期、不同社会群体生活方式现状做了不少具体的考察并提出不少政策建议，在这方面取得了丰硕成果，但这种研究主要是在经验知识层面进行的，缺少学理性深度和视野，其理论尚不能充分地解释现实和满足实践的期待。二是生活方式研究存在一个突出问题是，在诸多关涉生活范畴的"工具箱"里，搞不清生活方式概念同其他相关概念，尤其是同生活水平、生活质量概念内涵及其特定功能的区别及联系，导致出现用其他比较熟悉的概念代替尚不熟悉的生活方式概念所特有理论功能的情况，其结果是在实际应用中生活方式所应发挥的理论功能缺位。

生活方式研究重在经验研究，回应时代和人民生活问题，但这种研究需要深厚理论的滋养。因而从实践对理论的需要出发，在生活方式研究已取得的理论成果和学术积累的基础上，进一步廓清生活方式概念范畴，加强学术理论建设，就成为生活方式研究的重点。

中国式现代化需要中国的自主知识体系的建设。前面的章节我们已经论证，生活方式是马克思历史唯物主义的重要概念范畴，也是中国式现代化自主知识体系建设中的一个重要的核心概念范畴。习近平总书记在 2023 年 6 月 30 日中共中央政治局第六次集体学习时指出，"推进理论的体系化、学理化，是理论创新的内在要

求和重要途径"。① 在这里，习近平总书记突出强调了理论的体系
化、学理化对于新时代创建中国特色社会主义理论的重要性，这
也适用于生活方式研究。对于生活方式研究来说，需要在 40 多年
理论探索和学术积累的基础上，克服理论难点，从学理上构建生
活方式概念范畴体系。

古罗马著名思想家、《忏悔录》的作者奥古斯丁在解释时间概
念时曾说，"倘若你不追问，我们了然在胸，但你倘若追问，我们
一片茫然"。② 我们解释生活方式概念也会出现同样的茫然情况。
你不追问，生活方式经常是挂在嘴边的日常用词，但一进入学术
层面对其进行概念界定则会感到"一片茫然"，难以说清楚。但任
何具有现实指导意义的严谨学术研究又都需要借助学理概念思考
问题，所以要发挥生活方式的理论"工具箱"功能，就必须回到
"生活方式是什么"的元问题上来，搞清楚其概念特定内涵和质的
规定性。

如第一章所述，在马克思历史唯物主义的理论体系中生活方
式是被赋予一元本体理论地位的，是解释人类宏观历史的基本范
畴，但马克思恩格斯提出了生活方式的概念命题却没有对概念做
出具体阐发，西方社会科学也没完成这一任务。学理概念来自真实
的生活，属于生活世界的构件，但也离我们的直观感受较"远"，
超越经验世界。

> 只在我们睁大眼睛、竖起耳朵，就能接触到很大部分的
> 现实——一个由单纯印象构成的世界，我们可以称之为表象
> 世界。然而还存在着一个由印象的构架组成的深层世界，与
> 前者相比，它虽更加隐蔽，却不失其真实。诚然，要让这个
> 更加高级的世界在我们面前呈现，需要睁开的不只是我们的

---

① 《推进理论的体系化、学理化》，《人民日报》2023 年 7 月 28 日，第 5 版。
② 奥古斯丁：《忏悔录》，周士良译，商务印书馆，1997，第 126 页。

眼睛，还需付出更大的努力……深层世界其实和表层世界一样清晰，只是它对我们有更高的要求。①

这就需要借助有效的适宜的方法来获得。一旦我们从学理上掌握了打开概念范畴大门的钥匙，它就会闪耀理论之光和释放巨大的理论能量。生活方式概念有特定的复杂性，这也是生活方式概念至今未被概念化的学术原因，我们需要找到破解生活方式概念范畴的"密码"。为此，在方法论上我们确立了以下解释原则。

第一，对生活方式概念的考察要纳入存在论视域。生活方式是人的特有生命的存在、展开和实现方式，是一个自我创造的生成体系，因而以概念范畴形态存在的生活方式应以系统的方式最大限度地满足解释人的本性和存在方式的要求，其考察追问方式应包括：体现概念规定性的"是什么"；体现主体意向的"应是什么"；体现通过主客体关系考量的"可能是什么"；以及体现主体想要的生活去"做什么"。这是界定生活方式概念需要把握的完整理论链条，但它们之间的关系不是线性的，而是相互勾连交融在一起和互为前提的生成关系。

第二，在操作性上，对生活方式概念的存在论解析可简化为"定在"与"变在"统一体。"人的创造是唯一有意义的本源问题"，"创造是存在的意义终端"，②因而对于体现人类生命存在方式最高形态的生活方式的研究，核心是考察它是如何创造作为人的自己想要的生活的，从这个意义上说生活方式是具有未来性的"变在"、动态概念。如何在"变在"中进行新的生活创造，这是我们阐释生活方式概念特性的重要维度。但概念作为一种认识工具，又必须有自己的特定内涵和规定性，这样才能作为一种"尺

---

① 何塞·奥尔特加·伊·加塞特：《堂吉诃德沉思录》，王军、蔡潇洁译，商务印书馆，2021，第38页。
② 赵汀阳：《动词存在论与创造者视域》，《中国社会科学》2022年第8期，第28页。

度"和"工具箱"去解释和建构事物，从这个意义说，生活方式概念又必然具有"定在"属性，即规定性。概念的"定在"属性既是解释事物的"尺度"，又是建构事物的"工具箱"，推动事物发生变化和实现创造，因而生活方式概念的"定在"属性也不是静态的，而是"潜在"的，同"变在"交融在一起。本章对生活方式的研究，将分别在"定在"和"变在"框架下及其互构关系中进行阐释。

第三，对生活方式概念范畴的学理研究要具有大历史观的视野，重在构建同中国式现代化总概念、总历史进程相匹配的原创概念体系。人的生命活动有多复杂，生活方式概念就有多复杂。对生活方式的研究可以在个人、不同等级的群体、不同生活领域、不同民族和国家甚至人类共同体层面进行，因而可以从心理学、社会学、人类学、文化学、伦理学、经济学、哲学等不同学科进行，但在今天最有意义和最具使命性的学理研究是在百年未有之大变局下构建同实现中华民族伟大复兴历史任务相适应、同中国式现代化建设相匹配的自主知识概念体系。这样的生活方式概念应是社会宏观层面的，是在社会理论层面进行构建的，并且也需要哲学之光的普照。

我要特别强调，一是这样的宏观学理概念的生成固然需要理论思辨，但它却立足在坚实的实证经验基础之上，是生活的原生的有机构成部分，是具体的历史生活表现形式。它来自实践经验，又高于实践经验和指导实践经验。二是在社会总体层面的生活方式概念构建并不"遗忘"个体。我们构建的社会生活方式范畴概念面向的是中华民族共同体，这个共同体是由每个个体的"自我"汇聚而成的"人生皆一体"的"大我"。我们的概念阐释强调，"自我"既不消融在"大我"之中，也不是原子化的个人，"大我"是我们的"生生之道"，是同每个"自我"的命运紧紧连在一起的，"家国情怀"就是对共同体的诠释。上面这种诠释就构成我们研究生活方式概念范畴的理论定位。

最后，鉴于学界在研究生活方式问题时存在某种搞不清生活方式同生活水平、生活质量概念区别的情况，我们在阐发生活方式特有的概念内涵时也兼顾采取同相关概念比较的研究方法。

第二节　我国生活方式研究的探索之路

一　作为自主知识体系的生活方式理论本土化构建

我国的生活方式研究始于 20 世纪 80 年代初，差不多是与社会学学科的恢复重建同时发生的，走的一条从中国式现代化发展要求出发自主建构知识体系的创新之路。时代是思想之母。生活方式研究的兴起有着强烈的时代呼唤背景，以 1978 年底召开的党的十一届三中全会为标志，我国社会生活的重心从"以阶级斗争为纲"转移到现代化建设上来，并重提党的八大关于我国社会的主要矛盾是"人民日益增长的物质文化生活需要同落后的社会生产之间的矛盾"的表述。党的工作重心的转移和调整，唤起了人们对于发展生产力、实现现代化的巨大热情。以摆脱物资匮乏，改善自身生活条件为主要诉求，过上好日子，成为那时亿万人民追求的梦想的主要内涵。于是一些学者以高度的理论自觉和使命感，对时代的呼唤做出了理论回应。

但我国是一个"后发现代化"国家，"早发现代化"国家在解决人们怎样生活的问题上已提供了丰富经验教训，大体上说"无产阶级贫困化问题"在发达国家基本得到解决，不再是问题的核心，而生活方式"物化"、"异化"、空虚化成为突出的社会问题。借鉴国际经验，学者们从中国式现代化的本质要求和长远的发展角度提出了生活方式概念，以回应在现代化中"中国人怎样生活才是好的"的时代之问。

改革开放以前，在我国的学术话语中并没有生活方式这个概念。改革开放后，国外的学术思想通过译介逐渐涌入，但我国的生活方式研究首倡者选择和遵循的是马克思的思想谱系，并同中华优秀传统文化相结合，在反映中国式社会主义现代化基本要求的基点上提出了生活方式研究课题。

我国生活方式研究的起点，以于光远先生于 1981 年在《中国社会科学》第 4 期发表的《社会主义建设与生活方式、价值观和人的成长》一文为标志。该文原是应日本学界之邀所发表的演讲。该文从党的十一届三中全会确立的党的工作重心转移到社会主义现代化建设上来的发展路线出发，遵循社会主义政治经济制度的根本要求，借鉴包括"早发现代化"国家的国际经验并结合中国国情实际和文化特点，从现代化发展全局的角度指出，"社会主义建设本身就包括对人的生活方式、价值观的指导，包括使人能够得到合乎新社会要求的成长"，并明确提出，"生活方式、价值观和人的成长，是研究中国社会主义发展战略、研究中国式的现代化道路时必须重视的一些问题"。这篇文章最大的理论意义是开创了以马克思主义理论为指导同中国传统文化相结合，研究生活方式问题的先河，超越了西方社会学仅仅把生活方式作为解释别的概念的"属概念"的地位和仅仅从生活风貌、生活习性等微观或中观视域研究生活方式的学术取向，把社会主义条件下的生活方式同社会主义基本价值观和新人的成长作为三位一体的概念提出来，同时又高屋建瓴地明确了生活方式问题研究在中国社会主义发展中的地位，这就为生活方式研究确立了新的研究路线和方法论。

在同期发表的生活方式研究成果大体体现了于光远先生的思想脉络，包括《社会主义的生活方式问题》《生活方式研究与"两个文明"建设》《变革中的生活方式：继承和借鉴问题》以及一些经验研究报告类文章，这些文章提出了我国社会生活方式发展的诸多原则问题。其中在 1982 年发表的《社会主义的生活方式问题》一文对我国生活方式发展的社会属性和历史地位做了论述，指出：

　　人类社会从资本主义向社会主义的过渡，是生产关系和社会关系的一次深刻变革，随之也就出现了新型的人类存在形式——社会主义生活方式。

　　社会主义生活方式是人们在社会主义条件下生活活动的典型方式，是人类新型文明的重要标志。我们揭示这种生活方式所显示的巨大历史优越性，可从许多方面加以论述。但是，人类的历史归根到底是人本身发展的历史，因此考察这种新型生活方式的优越性，最终还是看它是否能为人的解放、人的发展提供新的生活条件，"以便每个人都能自由地发展他的人的本性"。①

　　王玉波先生1984年在《光明日报》上发表的《要重视生活方式演变史的研究——读吕思勉史著有感》一文，突出的视角是强调用马克思历史唯物主义基本原理研究通史、断代史，"不能拘于经济、政治、思想'三大块'格式，要进行发展和创新，要重视生活方式的演变史"，"马克思主义经典作家论述各社会形态时十分重视生活方式这个问题，他们的著作中有从原始社会到资本主义社会的生活方式的大量论述，生活方式也正是丰富多彩的历史发展中一个不可缺少的因素。生产与生活总是紧密联结的，只要有人类历史，就必然有历史主体的人的生活方式，没有生活方式，同没有生产方式一样是不可想象的"。这从史学的角度把生活方式问题置于宏观历史框架之中。发表相同观点的还有罗元铮先生的《建设有中国特点的社会主义生活方式》一文，从现代化整体上提出我国的新型生活方式的建构应是"属于社会主义类型但又具有中国特点的"，并"符合人类先进文明方向"的，平等的、和谐社会关系为基础的生活方式等观点。特别强调，改革开放无疑要通过发展生产力提高人们的物质生活富裕程度，但作者特别强调，

――――――――――
　　①　王雅林、贾稚岩：《社会主义的生活方式问题》，《江汉论坛》1982年第10期。

鉴于世界上许多发达国家发生的不幸的社会现象，我们应该竭力避免单纯追求物质生活而忽视精神生活的倾向，既能保证人民合理需要又不糟蹋社会财富，应是我国人民所选择的生活方式。①

改革开放初期学者们提出的生活方式论点也反映到党的全会文件之中，1984年召开的党的十二届三中全会通过的《中共中央关于经济体制改革的决定》做了具有历史意义的表述："在创立充满生机和活力的社会主义经济体制的同时，要努力在全社会形成适应现代生产力发展和社会进步要求的，文明的、健康的、科学的生活方式，摒弃那些落后的、愚昧的、腐朽的东西"，"这样的生活方式和精神状态，是社会主义精神文明建设的重要内容，是推进经济体制改革和物质文明建设的巨大力量"。② 这一重要的党的文献的表述，就把生活方式问题置于社会主义现代化建设全局的地位之上了，体现了其所具有的战略意义。

《人民日报》也以《重视生活方式的改革》为题发表了评论员文章。《中共中央关于经济体制改革的决定》中这一具有历史意义的表述，吸引了多学科学者对生活方式问题的研究和讨论，其中社会学学者成为那一时期的主力军，并产出了丰富的研究成果，其理论构建还影响到其他学科的相关研究。在生活方式的学科理论建设的探索上出版了《生活方式概论》（王雅林主编）、《生活方式论》（王玉波、王雅林、王锐生著）、《生活方式》（王玉波、王辉、潘允康著）、《新时代与生活方式》（刘崇顺著）等十余部著作，这些著作的共同特点是，试图以马克思的社会理论为指导建立生活方式的理论、概念分析框架。在应用研究上学者们探讨了劳动、闲暇、消费、交往、家庭、日常生活等广泛领域的社会问题以及青年、妇女、老年人、中年知识分子、少数民族、城乡各阶层的生活方式，还有从应用理论层面对社会主义初级阶段生

① 罗元铮：《建设有中国特点的社会主义生活方式》，《经济学周报》（北京）1981年1月4日，第2版。
② 《十二大以来重要文献选编》，人民出版社，1986，第586页。

活方式的特点和发展规律，对我国社会生活方式的模式选择、生活方式指标体系、生活方式的国际比较等做了范围广泛的研究，发表论文上千篇，各种专题学术会议也纷纷举行。还应指出，这一时期的生活方式研究之所以能吸引多学科学者，还是因为在社会思潮中涌动着人们对自身生活的理想主义期待。

　　站在今天的理论和实践认识高度，对于20世纪80年代初生活方式研究课题提出的重大意义，可以用"生活方式的发现"加以表述。因为在此前的我国社会政治生活中，不但人们的生活长期处于物资匮乏状态中，疲于解决的是温饱问题，而且在政治生活中生活方式常常同"资产阶级""小资产阶级"联系在一起，在贬义词意义上使用，讲究生活常常成为被批判的对象。在学术和理论上，以往编写的各类辞书几乎见不到"生活方式"一词的踪影，而且在讲马克思历史唯物主义理论时，也是把生活方式排除在外的。因而，生活方式研究的提出无论从现实还是理论层面看，都是一种地地道道的"发现"，构成当时拨乱反正、思想解放潮流的重要组成部分。

　　20世纪80年代初期，生活方式研究处于快速启动、倡导和建立生活方式研究本土化基本理论框架的阶段，这一时期的理论建构具有如下特点或者说取得了如下研究成果：一是改革开放后在对各种涌入的学术资源的比较鉴定中，选择了马克思的理论谱系，建立了由人的生命活动所贯穿的"生活方式—基本价值观—人的成长"三位一体的生活概念解释框架，并对生活方式做了体现动态发展的人的生活全面性的概念界定，这同西方古典社会学只把生活方式视为生活风貌、习性的概念相区别；二是从中国式现代化的长远目标出发，强调在大力发展生产力和提高人们生活水平的条件下，把生活方式问题置于中国式现代化的战略层面看待其研究意义，并突出了其实践指向，这同苏联时期脱离人民生活实际需要的在生活方式研究上表现出的意识形态空洞说教相区别；三是提出我国的社会生活方式理论建构要把马克思主义同中华优秀传统文化相结合，明确提出了"建设有中国特色的社会主义生活方式"的概念，这就对我国生活方式理论的建构做了准确的定位；四是打破思想禁区，强调中国式现代生活方式的建构要勇于吸收人类文明所创造的一切优良成果，包括资本主义的文明成果，"建立符合人类先进文明方向的"生活方式，这同苏联时期在国际意识形态斗争中，把生活方式作为意识形态武器，片面化、绝对化地否定资本主义文明成就相区别。

但是，因为这一时期我国的社会学刚刚处于"搭台"阶段，生活方式研究虽然取得了重要成绩，但由于 20 世纪 80 年代能吸纳的社会学乳汁尚不多，加之自身理论不够成熟，经验研究多为现象描述，形成了理论研究不足同经验研究缺少反映现实生活力度并存的现象。特别是当时对中国式社会主义现代化道路怎么走还没有具体的认识，对市场经济条件下生活方式的建构问题尚没有充足的理论预判，表现出一定的理想主义情怀。

二　我国生活方式研究的成绩、问题与经验

从 20 世纪 80 年代初算起，我国的生活方式研究已走过了 40 多个年头，在其曲折发展中生活方式研究已确立了学科化的地位，在 1991 年出版的《中国大百科全书·社会学》中已把"生活方式社会学"作为词条收录其中，"生活方式专业委员会"是中国社会学会最早成立的专业委员会之一，国家社会科学基金也最早把生活方式研究列为重点项目。从 20 世纪 80 年代中期起我国陆续出版了尝试构建生活方式学科体系的著作和大量理论与经验研究的成果。学者们紧紧围绕市场经济条件下生活方式的建构、和谐社会、科学发展观、信息化、"五位一体"总体布局等每个时期重点发展任务，从生活方式视角展开探索。截至目前，已出版/发表的代表性成果包括《城市休闲——上海、天津、哈尔滨城市居民时间分配的考察》、《信息化：生存与超越》、《人类生活方式的前景》，以及《回家的路：重回生活的社会》等。

但我们特别需要指出的是，20 世纪 80 年代生活方式研究的初创时期并没充分考虑到市场经济的发展对人们的生活方式带来的巨大影响。1992 年始，市场经济在我国快速发展，人们的生活方式进入了为市场所浸润的时代。这就给生活方式研究提出了新的理论问题。社会主义市场经济是中国特色社会主义理论中最富灵性的创造，也成为影响中国人生活方式发生颠覆性变化的最大变量。市场经济呼唤出的巨大生产力，人们的生活水平大大提高。传统社会结构的单位制、街居制和人民公社制弱化和解体，社会生活领域的自主性不断被释放，社会流动自由度增加，开启了"心灵集体化"到"个体化"的进程，"换一种活法""潇洒走一回""寻找自己的天空"等成为这一时期的流行语。同时这一时期社会价值观急剧变化，由"市场万恶论"到"市场万能论"；由理想主义和高度的社会认同到工具主义、物质主义和 GDP 主义，社会价值认同碎片化，社会生活目标变得不清晰，人们的生活需要成为商品社会所消费的对象。在某种意义上说，出现了"生活方式危机"。

进入 20 世纪 90 年代中期以后，生活方式研究的存在感相对弱化，出现这种状况的原因是复杂的，我们突出讲以下几点。

第一，从社会因素上看，经过改革开放第一个十年的摸索，我国的社会主义现代化建设取得的突破是，创造了市场经济和社会主义基本制度相结合的发展模式，资本的逻辑被接纳到正式制度之中。市场经济的发展呼唤出巨大的生产力，使我国作为一个大国在经济发展上创造了世界奇迹。但尚不成熟的市场经济的急剧推进和物质生产力的大发展，也导致出现了某种"进步悖论"，即在充分发挥市场经济的资源配置作用、促进生产力大发展的同时，也陷入了 GDP 崇拜和市场迷信之中，资本逻辑不但主导着经济生活，也在不小程度上越界支配着社会生活的许多领域。人们的社会价值观也发生了急剧变化，改革开放初期的理想主义色彩的社会思潮为物质主义、金钱至上价值观所代替，对待市场经济的态度也由"市场万恶论"转变为某种"市场万能论"。其结果是，人们生活水平的提高同价值观的迷失、伪文化盛行的现象并存，社会生活中出现许多消极扭曲现象。这一时期出现的消极社会生活现象，仍然深刻地影响今天的社会生活和人们的生活方式观念，需要正视和总结这一经验教训。

这就提出一个重要理论问题，即社会主义基本制度如何既接纳市场经济，又驾驭市场经济，把它置于"工具"的地位，将其纳入为创造人民美好生活服务的轨道。需要认识到，在我们的社会中，市场价值永远不能高于社会生活方式的价值。归结起来，改革开放以后，中国社会生活方式所取得进步，都同市场经济有关；而今天中国社会生活方式要取得的进步，又都同对自发的市场价值支配社会生活倾向的批判有关。从这个意义上看，改革开放初期学者们提出的要在现代化建设中把生活方式问题置于战略地位加以考量，以及要把发展的科学性和价值性结合起来等观点，经过实践检验是正确的。

在这方面，我国的生活方式研究者怀着强烈的问题意识，做了大量有益的学术理论工作和创造性的学术劳动。其中笔者曾出版《繁难的超越——市场经济与生活方式建构》一书，系统论述了在全社会文明健康科学生活方式的培育上如何化解市场经济的"双刃剑"性质的问题，并发起创办了黑龙江肇东经济与社会协调发展实验区进行系统的社会实验研究，以解决市场经济和生活方式两个系统之间良性循环等复杂问题。

第二，从学术背景来看，首先，20世纪90年代初以后，伴随着社会学恢复重建进程，西方社会学的理论体系逐渐取得支配性地位，而在西方经典社会学话语体系中，生活方式并不是一个种概念，而是解释别的概念的属概念和描述社会现象的一个词语。这样，伴随着社会学"规范化"和"西化"过程，加之社会学研究领域扩大到主要传统领域，生活方式的研究包括某些人文领域的研究，则必然逐渐淡出主流地位。其次，受传统唯物观的影响，存在着某种把发展仅仅理解为经济发展的倾向，忽视包括生活方式在内的人文文化的培育问题，缺少在全民族中形成新型文明生活方式重要意义的认识。实际上我们必须认识到，中华民族伟大复兴是否实现的重要标志和能否获得世界各民族的认可，是否是真正文明的崛起，在很大程度上看是是否形成了体现人的本性的、有魅力的生活方式。这方面的问题，我们将在以下章节详细论述。

第三，小康社会建设阶段，人民生活改善是社会发展考量的核心问题，因而社会学对生活问题也做了大量研究，但这种研究主要是在生活水平、生活质量概念框架下展开的，而这些概念并不是我们的原创，而是从西方引进消化加以使用的。这些概念在衡量人们生活状况上都是重要的、不可或缺的，在第二章中我们已对这两个概念做了评价，作为评价指标，生活水平和生活质量各有其理论功能，但作为评价性概念代替不了生活方式这一建构性概念，而且生活水平和生活质量两个概念共同存在的问题是"对人的生活意义和幸福做了简单化理解"。而淡化了价值评价尺度，也就消解了生活方式概念特有的功能，价值的迷失又消解了物质生活水平的提高可能给人们生活带来的好处，因为人们的生活好不好，不只同物质生活水平有关，这是需要总结的学术经验。

第四，生活方式所研究的实际上是人的成长问题，涉及社会的、文化的、心理的、情感的等复杂现象，而目前的生活方式理论体系尚没有真正建立起来，因而对面临的快速变化、日益复杂的现象尚缺少解释力，同其他已相对成熟的领域如生活水平、生活质量相比更需要本土化的主体创造。缺少主体意识，就会在对生活的研究上惯性地选择其他传统的外在化解释框架，这也反映了理论落后于现实需要的状况和学术研究自主创新能力不强的问题。

三　进入新时代生活方式研究凸显重要性

党的十九大报告指出，"带领人民创造美好生活，是我们党始

终不渝奋斗目标"，并明确提出，我国社会的主要矛盾已转化为
"人民日益增长的美好生活需要和不平衡不充分的发展之间的矛
盾"，同20世纪80年代初倡导生活方式研究时期沿袭党的八大关
于社会主要矛盾的提法相比已发生了质的跃迁，即由主要满足生
存的刚性需要上升为满足生活质量需要，由主要解决物质层面的
基本的、较丰裕的需要上升为日益全面的生活需要，人们的生活
需要呈现弹性大、多样化、个性化和更加突出主观意愿及价值导
向的特点，这些也构成中国特色社会主义进入新时代的重要标志。
具体地说，新时代生活方式研究的重要意义体现在以下三个方面。

第一，从每个生活者个人层面看，"美好生活需要"的主体承
担者是一个个具体的"现实的个人"，是一个个过日子的家庭，他
们对什么是美好幸福生活的价值体认和需要各不相同，一个人、
一个家庭的幸福美好生活，必然是生活主体个性化选择和营造的
过程。

第二，从社会层面来看，实现美好生活奋斗目标，除了需要
保障社会供给条件、不断解决发展的不平衡不充分的问题外，还
必须解决一个个生活者的美好生活自我建构问题，处理好主客体
的互动生成关系。从这个意义上说，美好生活的实现过程必然是
社会建构和生活者自我建构相统一的过程，而如何实现两者的统
一，正是生活方式研究所阐述的理论内容。

第三，在新时代所要实现的"美好生活"不是民粹主义的福
利社会概念，也不完全是民生概念。民生概念讲的是美好生活需
要的资源供给的基础性问题，但"美好生活需要"关涉价值范畴，
它总是同有品味的生活、高尚的精神和人性的丰富等价值选择联
在一起，因此在很大程度上可以说，实现美好生活的奋斗目标是
比解决贫困问题更复杂、更艰难的任务，必须发挥生活方式所独
有的理论建构功能。要防止在人们在富起来之后出现的物质生活
追求同精神生活失衡、"日常生活平庸化"、消费主义和肤浅娱乐
化等倾向。

第三节　打开生活方式概念的"工具箱"

依据本章第一节我们预设的揭示生活方式概念范畴密码的方法论，本节我们侧重从生活方式"定在"规定性上阐释生活方式概念的特性。这种阐释是在同社会整体相对应的层面上进行的，并从问题域上把生活方式视为由"是什么"、"应是什么"、"可能是什么"以及"做什么"问题构成的复杂系统，再从结构层面把生活方式这一复杂系统分解为若干子系统来揭示概念的"定在"规定性。"规定性"蕴含着概念潜在的能量，因而揭示概念的规定性，就是打开生活方式概念功能的"工具箱"。下面我们就从主要子系统方面做些阐发。

一　生活方式是价值选择的意义建构系统

通俗地说，生活方式是表征人的"活法"的概念，因而在生活方式概念的"构件"中突出的一点是，表征人们在具体的生活情境中如何对自己所企盼的生活中"事"与"理"进行价值选择和意义的建构，把成因复杂的人的需求与行动通过取舍形成明确的指向。强调价值取向和生活意义建构，导向"应然生活"的行动就把生活方式与生活水平、生活质量这些对人的生活条件、生活状态等进行客体评价的概念区别开来了。这一点在 20 世纪 80 年代初已为我国生活方式研究倡导者做了明确表述和强调。需要特别指出，改革开放初期生活方式研究倡导者之所以强调生活方式的价值选择与意义系统属性，是从中国社会主义现代化长远战略目标出发并借鉴国际经验提出的。鉴于"文化大革命"对国民经济的严重破坏，现代化启动的优先项目无疑是发展经济，解决基本民生问题，为此，"我们要做到人民生活富裕，因为贫穷是不幸的。但生活富裕而不幸福甚至遭遇悲惨的人，在历史上的各种社会制度下何止千千万万……追求物质生活的结果，人与人之间关系的疏离，导致不少人的孤独和痛苦"，①"社会主义的价值观认为，贫困是不幸的，但单有物质生活的富裕也不等于幸福，只有富裕的物质生活加上健康的精神生活才是幸福的……鉴于世界上许多发达国家发生的不幸的社会现象，我们应该竭力避免单纯追求物质生活而忽视精神生活的倾向"。②

贫困、物资匮乏是"社会痛苦"，但从国际经验看，即使物质生活水平上来了，受生活意义和价值因素的影响，人们的生活质量和幸福感受也是不同的，如果缺少正确的价值导向，缺失生活意义，还会产生新的"社会痛苦"。因此要使人们生活得好和形成良善的生活方式，还必须使物质文明与精神文明建设同步发展，形成以正确的价值观为导向，并为意义所贯穿的生活。所以，价值性是生活方式范畴固有的核心属性。生活方式的价值体系具体呈现以下三种形态。

第一，内化性形态。生活方式的价值体系不是指对作为主体的生活者来说尚处于外在客体的社会价值体系，比如一个人"知道"了社会公认的要保护生态环境的价值准则，不等于已内化为他的价值取向了，因而他还可能采取与之相违背的日常生活行动，这说明他的认知还没有"入心"。生活方式的培育就是把社会的良好价值内化为个体生活者的主体行为动机和价值取向，并凝聚为生活意义的追求，这是因为人们如何生活，最终只能通过自己的价值选择和意义追寻来完成。

1905 年出生于维也纳的维克多·弗兰克尔在二战期间被关押在恶名昭彰的奥斯威辛集中营，有幸活了下来，他以自己的亲身经历写了一本感动千千万万人的《活出生命的意义》，强调人与动物的不同，人最终是自我决定的结果，其中有这样一段文字："人

---

① 于光远：《社会主义建设与生活方式、价值观和人的成长》，《中国社会科学》1981 年第 4 期。

② 罗元铮：《建设有中国特点的社会主义生活方式》，《经济学周报》（北京）1981 年 1 月 4 日，第 2 版。

不是众多事物中的一种。事物相互决定对方，但人最终是自我决定的。他成为什么——在天赋与环境的限度内——是他自己决定的结果。比如在集中营，在活人实验室，我们亲眼目睹有人像猪猡，有人像圣人。人的内心里，这两种可能都有。最终表现出哪一种，是决定的结果，而不是环境的产物。"① 马克思指出，"动物和它的生命活动是直接同一的。动物不把自己同自己的生命活动区别开来。它就是这种生命活动。人则使自己的生命活动本身变成自己的意志和意识的对象。他的生命活动是有意识的……有意识的生命活动把人同动物的生命活动直接区别开来"。② 因此，人作为"文化动物"与"自然动物"不同，"有意识"是人作为生活活动主体的根本特点。人所从事的一切生活活动都是受主体的意识和价值取向通过心领神会的体验去控制和调节的，他在从事生活活动之前就在自己的意识中形成了行为的价值"模型"。

　　第二，外化性形态。上面我们强调生活方式的价值性，但这种价值性又是超越个人的具有客观性的本质属性和形态的呈现，即一个人的生活方式选择是否具有价值、有意义，不能用利己主义、"自我中心"的是否"对我有好处"的标准来评价（当然，个人可以主观认定自己的价值，但只在私人生活领域有效而无关社会的有效变量），而是看这个人的生活行为是否具有客观的社会价值。"'客观的'是指，某事物的价值性并不取决于价值性被判归于该事物。即使没有一个人认识到它是这样的东西，那它也是有价值的。人的生活目标之所以有意义，是因为目标本身是客观有价值的……无论意义的内容如何，始终都涉及超然于个人被认为客观的和出自本身有价值的某种东西，而且这种东西为个人致

---

① 　维克多·弗兰克尔：《活出生命的意义》，吕娜译，华夏出版社，2018，第133页。
② 　《马克思恩格斯全集》（第42卷），人民出版社，1979，第96页。

力于实现的东西息息相关。"[①] 比如自然生态环境自身是具有无限客观价值的，我们保护生态环境的行为就在于实现生态环境自身所具有的客观价值，而这种"客观价值"属性又构成人类共同体生活的根本利益。因此，当我们说一个人的生活方式呈现是有价值的，也就是说他的"活法"是有超越个人的社会承认的价值的，"有意义"构成评价一个人生活方式的重要标准，"有意义并不适用于自私的竞争，其原因最终在于意义的结构，具有通过与某种超越个人价值的联系或创造某种超越个人价值的东西才有意义"，[②] 也就是说意义是在关系"共同游戏"中呈现和定义的，这是我们把握生活方式价值属性的重要理论出发点。

一个人一旦确定了真切的生活意义就会产生责任担当意识，回答生活向自己提出的生命的责任是什么，应该对什么负责和为什么负责的问题。生活是人的生命的实现形式，因而生活的意义追求就是生命意义追求，就是生活方式价值体系的核心表达。在很大程度上可以说，生活方式就是一个"意义系统"，生活方式研究的现实指向就是如何在主客体关系中通过生活意义的选择、坚守和建构，来获得自己想要的那种"活法"，即"可能生活"。生活的意义又是生活幸福的重要来源。个人一旦成功地找到了意义，那他不但会感到幸福，还会具备应对磨难的能力，因此《活出生命的意义》的作者维克多·弗兰克尔根据生活意义在生活中的功能提出了"意义疗法"，通过"将生活中的消极因素转化为积极或建设性的因素"，有效地治疗了许多心理疾病的患者。他特别强调，幸福不是能够强求的，它只能是结果。人们一定要有理由才能幸福起来。一旦找到了那个理由，他自然而然会感到幸福。因此可以说，人类不是在追求幸福，而是通过实现内在的潜藏于某

---

① R. 基普克：《生活的意义与好生活》，张国良译，《国外社会科学》2015 年第 4 期。
② R. 基普克：《生活的意义与好生活》，张国良译，《国外社会科学》2015 年第 4 期。

种特定情境下的意义来追寻幸福的理由。

　　第三，连续性形态。习近平总书记在 2023 年文化传承发展座谈会上鲜明指出，中华文明具有突出的连续性、创新性、统一性、包容性、和平性五大突出特性。① 这些关于文化建设的新思想新观点新论断，是对马克思主义基本原理同中国具体实际，特别是同中华优秀传统文化相结合的开创性认识，为构建人类文明新形态明确了方向。需要指出，在这五大突出特性中，连续性具有基础性和前提性的地位。没有连续性就没有发展和进步，而人类文明发展和进步的连续性则体现为对传统的继承，历史就是凭借对传统的继承和文明的连续性得以发展的。人类是生活在过去、现在、未来的连续历史之流中的，失去了这种连续性，也就失去了社会发展的稳定性和秩序性，同时也就失去了创造性的历史根据。中华民族创造了绵延五千多年的灿烂文明，支撑我们民族不断创造人类文明的新形态，底气就是根植于中华民族血脉深处的文化基因。文化是由历史积累而来的，在今天，我们根据新的历史条件和发展要求对文化传统进行创造性转化和创新性发展，但不是离开传统的根脉，否则就失去了根据，而是"新中有根"，承接文化和文明的连续性。

　　从漫长的历史性生活实践中形成的文化传统的内涵是极为丰富和多元的，但核心是关于人类自身生命如何安置和如何生活"何以为人"的价值观念体系。中华民族之所以成为世界上唯一没有中断的数千年文明，正如第二章所述，是因为形成了我们民族特有的生命观，形成了以"生""生生"为核心的人文主义价值体系。国学大师徐复观说，"中国的人文主义，它是以中国的传统文化作为它的内容。在中国文化中，是要求在每一个人的生命中间找到它的根据，要求在每一个人的生命中间得到它的证明，并且要每一个人用他自己的力量，来加以实践，加以实现"，并说，"以'心'为道德的根源，以'生'为一切价值的基础，正是中国文化的一

---

　　①　习近平：《在文化传承发展座谈会上的讲话》，人民出版社，第 2~4 页。

体两面"。① 这同以知性为中心的欧洲文化传统区别开来。传统是历史积淀的产物，同时又具有面向未来的理想性因素，我们只有了解自己民族的历史才能把握传统的真谛，并在新的生活实践中创新发展。

传统文化中蕴涵的价值观念一般具有两种形态。一是价值理念形态，主要保存在中外经典文献中，特别是被称为"轴心时代"的元典之中。在我国被称为中华元典的包括《诗》《书》《礼》《乐》《易》《春秋》六经。春秋战国是中国思想史上辉煌灿烂的时代，所形成的诸子之学展现了古人开放的心灵、丰富的想象、富有活力的创造，这些经典文献不仅极有助于中华文明的持久延续，更成为涵育中华独特价值体系的文化根基，对回答中国人今天应该怎样生活的时代之思，仍具有深刻价值。在西方世界，人们至今仍在读苏格拉底、柏拉图、亚里士多德系列著作。这些中外经典名著既包含属于时代的东西，又包含超越时代的东西，发掘这些经典中关于生活价值和艺术的智慧对今天实现生活方式的新变革仍然会产生巨大的精神力量。这些中外元典都是那个时代有历史智慧、时代良心和使命感的知识人打造的，构成文化特别是中华民族价值观念传承的主流。二是草根文化形态，包括风俗、习惯、民间信仰等。这种文化传承和价值取向，更多的是以"百姓日用而不知"的非理性形态存在的，但也包含着许多生存智慧，值得我们深入发掘。无论哪种形态的文化传承都会起到鉴古知今的作用，需要我们打开历史的"百宝箱"。

第四，系统性形态。生活方式的价值属性属于意识层面的问题，人的意识是个复杂的体系，也就决定了在应对不同的生活层面的问题时，生活方式的价值性将呈现不同的系统性形态，其中包括个人心理层面的、社会心理层面的价值评价体系，在生活方式

---

① 徐武军、徐元纯编《士当何为：徐复观先生谈思录》，四川人民出版社，2019，第 102、103 页。

的价值体系中起最高调节作用的是价值观，起到价值评价的核心作用。价值观念的汇总，提供人们以同历史生活相适应的人生意义。

二　生活方式是主体的行动系统

生活方式是主体性范畴，这是我们对生活方式概念的重要理论定位。因为是自为的主体范畴才具有价值属性，而生活方式的价值属性又通过生活诉求转化为具有实践性、对象性的生活活动或行动。我们在多处论证中已指出，人的生命存在方式就是活动，而生活方式又是标识能量级别最高的活动形成。在这里我们首先对"活动"和"行动"两个概念做一下辨析。"活动"是马克思历史唯物主义中的一个重要概念，在他的经典文本中，"活动"一词的前面常常加一个定语"他们的"，表明"活动"是一个复数的个人的群体性概念。"复数"即类中有个体，"我们"中有"我"，或马克思所说的"类生活必然是较为特殊的或者较为普遍的个人生活"。[①]"行动"一词往往指人的活动的具体呈现，常常同情境连在一起，同活动概念相比是较微观的概念。本项研究侧重从社会共同体层面考察生活方式，因而较多使用活动概念，但在一定场合"活动"与"行动"又可互换使用，表达的意思是一致的。

如第二章所述，如果说"生命"是解释生活、生活方式概念的本源性载体的话，那么活动则构成生活方式概念的核心要素，表明人的生活世界的本质是实践的、动态发展的和"日日新"的。把生活方式视为活动的体系，则意味着生活方式具有建构功能和创造功能，既在互构中改变客观事物，又使主体在这一过程中自我成长，这一特性则同西方社会学仅仅从生活风貌、生活习俗上界定生活方式区别开来。同时，把生活方式视为贯穿生活各领域的活动体系，不仅对外在客观世界，也对人自身具有了主体的能动建构功能，关于这方面的问题，我们将在下一节展开论述。

---

①　《马克思恩格斯全集》（第42卷），人民出版社，1979，第123页。

需要指出，并不是所有的人的活动都能纳入生活方式的活动体系，比如在生存线上挣扎的诸多行动。生活方式研究的一项重要任务是，扩大同人自身发展相一致的自由活动领域，即通过人们生活活动领域的扩大，促进人的自由个性的发展，从而产生巨大的主体创造力。在这个意义上，马克思提出消除经济的必然性、扩大人的自身发展的可支配的自由时间，而不是在资本逻辑的支配下，"把这些可以自由支配的时间变为剩余劳动"。[①]

三 生活方式是表征从宏观社会生活到个人日常微观生活活动的多层次概念系统

社会是人的多层次相互交往的产物。不管我们的认识程度如何，我们每个人都在一定的社会历史时代中生活，因而我们的生活是作为生命共同体的"类"而存在的，因此从概念表达上可形成宏观层面的生活方式概念。在第一章中我们论述的马克思恩格斯在《德意志意识形态》中阐释的生活方式概念，就是表征人类作为整体的宏观层面的生活方式概念；但需指出，这一宏观概念在具体的经济研究中具有重要的理论功能，但它往往不能成为具体的分析概念，而只是提供学理基础。

生活方式的主体是具体的一个个人，他的自我日常生活的建构又是在不同层次的社会交往和关系中展开的，如从社会、民族、阶级、阶层、不同群体甚至家庭的生活方式层面等。今天，我们每个人都处在"大时代""大时空"之中。从全人类的角度看，我们都是"地球村"的成员，世界各民族一起组成了"人类命运共同体"；从我国作为一个国家实体的角度看，我们正处在实现中华民族伟大复兴的历史进程之中，这就构成我们每个人生活的宏观历史环境。同时我们又作为具体的生活者，生活在不同的家庭、社区、城市或乡村里，从事着不同的职业，在"小时代"中过着

---

① 《马克思恩格斯全集》（第46卷）下册，人民出版社，1996，第221页。

自己的"小日子",有"小确幸"的追求。宏观社会属于我们的生活世界,微观社会也属于我们的生活世界,共同成为建构我们的生活方式的因素。总之,从"生活本体论"的学理视角看,宏观生活世界与微观生活世界,"大时代"与"小时代""小日子",既不同又相互勾连,构成我们时代的特点,数字化又拉近了"大时代"和"小生活"的距离。每个社会成员的"小日子"的幸福追求同国家民族的命运是紧密相连的,因此每个人要做有家国情怀的自觉生活者。国家好了,个人生活才能好。但我们强调,生活方式概念的逻辑起点是一个个生活者的"小日子""小生活"的建构,它既是"大时代""大历史"发展的落脚点,也是推动"大时代""大历史"发展的根本动力源。诗与远方是从烟火中出发的,生活需要有情怀和故事,离开了每个人、每个家庭每天每时美好生活的建构,社会发展就失去了落脚点和归宿,生活方式的概念也就成了"假大空",成了没有血肉的概念。人们如何自觉地建构"大时代"和"小生活"、烟火气和诗与远方的关系,是生活方式研究的重要课题。

目前的生活方式研究主要局限在较狭窄的日常生活领域,这不但表现为人们的生活现实状况的局限性,也表现为理论认知的局限性。随着人们生活需求的扩大,由生存型向享受型、发展型延伸,由"自在性"向"自为性"——代表着运用自由意志的"对象化领域","体现了人的自由,并表达了人性在给定时代所达到的自由的程度"[1]——不断转变,并且把"我"的生活同"我们"的生活、共同体的生活日益紧密联系起来,生活方式的研究视野也必将不断开拓。这就是我们建立"大生活"学理概念的根据。

四 生活方式是包融理性生活与感性生活的概念系统

对于人的本性的复杂性,法国著名社会学家、思想家埃德

---

[1] 阿格尼丝·赫勒:《日常生活》,衣俊卿译,重庆出版社,2010,第116页。

加·莫兰做了这样的表述："理性的人同时是充满神话和妄想的感情的人；工作的人同时是游玩的人；注重经验的人同时是喜好想象的人；经济的人同时是消费的人；散文般的人同时是诗歌式的人，也就是充满了热忱、同情、爱情、痴迷的人。"① 这表明基于人的本性的生活方式不是刻板、单向度和禁欲主义式的，而是理性和感性生活相统一和相互张扬的。但如第二章所述，在我国传统思想文化中，是赋予"道"以生活中最高范畴地位的，"道"是生命的根源和依据，并赋予生命以活力和和谐整全性，因此人的生活要尊道贵德。同时又强调"道"与"日用常行"是高度统一的。人是有自我意识的社会性动物，人的日常行动要为"道"即理性所贯穿，这一传统文化思想在我们的时代具有巨大的意义，一个自觉的生活者无论你扮演什么人生角色，尊"道"才能使自己的生活摆脱浅薄的世俗气而具有神圣感，在正确的时代做出正确的选择。还需特别指出一点，"道"作为形而上学的思想成果，作为经典流传成为国家和社会行为的最高依据后，成为我国幅员广阔大一统国家必要的文化条件。

但是，生活是实态感性的现象学存在，面对的是生活世界，理性总要通过日常感性实践意象性的活动加以体现，同人们的切身利益和需要相关联。感性是理性存在之本，否则理性将枯萎。因此按马克思的说法，理性不是"无人身的人类理性"，中国传统思想文化的表述又强调，"道"要有"养人之欲"。两者的关系也可用康德的话表述："理性无感性则空，感性无理性则盲。"生活方式的研究就是要从更现实的感性生活世界（如需求、情爱、个人爱好、习俗与时尚的变化等）出发，发现生活本真的脉动，发现变化的趋势和规律，并上升为理论。这是生活方式研究成功的关键。同时在对社会生活的规划和指导上，也要像埃德加·莫兰

---

① 埃德加·莫兰：《复杂性理论与教育问题》，陈一壮译，北京大学出版社，2004，第43~44页。

所提示的那样："全面的政治不仅要设定人的实践的理智的需要，也要满足人的心理的情感的需要，即社会生活应该不仅是散文式的，而且是诗歌式的。"①

五　生活方式是实践致用的能力系统

生活方式应是具有中国经验、中国智慧、中国意识形式的概念，因此对生活方式的概念考察要在广泛吸纳中外学术资源的基础上，根植于中华优秀传统文化，走中国化的学术路线。景天魁教授提出，"在中国学术中，经世致用既是一个根本原则，也是一种历史传统"，"群学并不像西方社会学那样主要以知识形态存在，而具有极强的社会实践功用。群学既有理论性的一维，又有实践性的一维；既有明晰的结构，又有强大的功能，而且理论性与实践性、结构与功能是高度统一的"②。这种特性尤其为生活方式概念所具备。对于生活方式研究而言，必须建立起独特复杂的理论性、知识性和实践致用性体系，这在生活方式范畴概念尚处于创新构建阶段是尤其需要整体把握的。生活方式概念最为突出的特点是其实践性、致用性和经验性，这种特性贯穿于人们每日每时的日常生活之中，生活方式研究如果脱离这些特性，仅仅把其作为知识形态，则不能被称为生活方式研究。生活方式研究不但要回答"是什么"和"应是什么"，而且要延伸回应"要怎么做"，而一旦进入"要怎样做"就涉及生活能力问题，能力是实现生活目标和满足需求的条件。这种能力的培育和养成十分重要。比如，我们常说"巧妇难为无米之炊"，但有了"米"，有同样的收入水平，由于不同人的生活资源配置能力不同，获得的生活质量也是完全不同的。因此我们才说生活方式是一个致用性的行为能力系统。

---

① 埃德加·莫兰：《复杂性理论与教育问题》，陈一壮译，北京大学出版社，2004，第43~44页。
② 景天魁：《论群学相态》，《哈尔滨工业大学学报》（社会科学版）2021年第6期。

生活能力是多方面的，比如对家庭财物的支配能力、闲暇时间分配能力、健康生活能力、社会交往能力等。还有一个重要方面是，要培育对美好事物的感受能力。我们不但要过有意义的生活，还要过有意思、有趣的审美生活。在今天，为功利主义、科学主义所浸染的现代人，往往生活感受能力降低。对于获得好的生活体验来说，感受能力常常比对"物"的拥有更重要。在这个意义上可以说，真正的幸福因素常常是免费获得的。2017 年，我国翻译出版了在全球有广泛影响的《丹麦人为什么幸福》一书，根据联合国的《世界幸福报告》，丹麦连续多年幸福指数位居全球之首。那么他们幸福生活的密码是什么呢？说来也简单，并不只是靠奢华的物质生活条件，一支蜡烛、一双羊毛袜、一个壁炉、一杯热饮、一件宽松的毛衣就能使他们产生无尽的幸福感。但这种幸福感的获得又不简单，需要有较高的生活素质和打造幸福生活的能力。

良好的精神生活资源供给对于提高人们的生活质量来说是高效低耗的。因此从社会和个人层面要通过多种方式培育人们的生活技能、生活感受和生活艺术能力。在新时代创造美好生活的日常生活实践中，要努力培育四种能力——"生活需要的价值选择能力"、"生活资源的经营能力"、"和谐的社会交往能力"和"审美化的生活能力"，四种能力共同形成"美好生活的可行能力"。只有具有生活能力的主体的生成，才能使客体成为人的本质力量的确证，从而汇聚成美好社会的发展动力，因此我们的社会要把具有广泛需求和能力的人"生产"出来。

六 生活方式是人的生活自我超越和创造的系统

研究生活方式要从"当下"出发和关注当下，但又要走出"当下"，因为人的"当下"生活具有未来性，下一步才是我们所要的生活方式。我们常说的"活在当下"，是指人的生活具有实然性、现实性，人们必须现实地过好每天的日子，各级党委和政府的职责也是必须切实保证这一点，把工作落到实处，这并不错。但人作为自为存在的能动主体，又是不断追求"应然生活""梦想生活"的，而不管其自觉程度如何。从人的本性看，生活就是把理想变为现实的历程，是人的自我生成和成长的过程。20 世纪美国著名人文主义思想家刘易斯·芒福德说得好："人类没有自然地看待生命，并安静地使自己适应外部环境，他在生命中的每个时刻都不断地进行着评价、区别、选择、改革和改造，而且这在整个人类历史中都是如此的。"① 特别是现代人具有强烈的反思性，有着求变求好的生活梦想。在我们的社会，正是一个个人对自己的生活梦想的追求，才汇聚成推动社会前行的不竭动力。生活从本质上看就是一个不断超越自我的生命历程。因此人既要"活在当下"，又要"活在梦想"；既要有柴米家常，又要有诗与远方。

　　但在现实生活中，对于"活在当下"有不同的理解，反映了不同的生活态度，需要对这一概念做出解释。"活在当下"不是指得过且过的人生态度，也不是指在当今为资本操控的大众文化下只强调社会中原子式的个人幸福那种情况。只注重于追求不管过去也不顾将来的当前的快乐，一味鼓吹肤浅的享受，从而使人成为无根的流浪式存在那种情况，只会导致个人内心的不平衡，从而产生虚无和苦恼的"社会痛苦"。当然，我们也应看到，人们对生活有梦想的强烈诉求，也往往会同现实生活形成强大的张力。对个人来说，这正是人的成长动力，也会给社会发展带来强大的动力，但同时也会给政府工作带来巨大的改进工作的压力，并会使个人产生跟不上别人生活变化速度的焦虑感和不平衡的心理。因此，如何实现"活在当下"与"活在梦想"动态和谐共进，成为生活方式研究的重要课题之一。

　　以上我们从六个方面阐释了生活方式概念的规定性特征，但

---

① 　刘易斯·芒福德：《生活的准则》，朱明译，上海三联书店，2016，第 91 页。

对于极为复杂的生活方式概念系统来说，只是在今天我们认知范围内所做的归纳，随着生活实践水平和认知能力的提高，我们还会对生活方式概念特性获得新的认识，我们对生活方式概念规定性特征的认知越丰富，我们的生活自为性便越会有所提高，而这个过程又是不会终结的。

第四节　生活方式是如何运行的

上面一节我们讲了生活方式概念的理论结构和特性，这是从"定在"规定性方面所做的概念内涵表述，下面我们从"变在"方面考察社会生活方式是怎样运行和发挥其建构功能的，这就涉及生活方式的动态结构问题。本项研究是从宏观社会层面考察生活方式的结构及运行机制的，因此选择了社会理论的研究视角。

在生活方式研究初创时期，笔者曾建立了生活活动客体（环境条件因素）、生活活动主体、生活活动形式三位一体的分析框架，① 这在今天仍然是有意义的，可作为进一步研究的分析框架，但当时的研究尚未完全摆脱传统"决定论""主客体二分"的研究范式，偏重于强调客观因素对生活方式主体的制约规定作用，今天我们需要依据第一章创新阐释的历史唯物主义核心观念和"生活本体论"，采用"互构生成论"的研究范式对生活方式动态结构进行诠释。我们遵循新的研究范式，就是把生活方式视为活动所贯穿的主客体互构的动态生成的理论体系，从而在社会层面揭示生活方式的运行机制。

下面我们对"三结构"逐层进行分析。需要说明的是，对以往"三结构"中的"生活活动形式构成要素"做出调整，改为"生活行动构成要素"，以强调其动态性。

---

① 　王雅林主编《生活方式概论》，黑龙江人民出版社，1989，第 8~17 页。

一　生活方式的客体构成要素

人们的生活总是处在特定的自然生态环境和人文社会环境之中，总是需要凭借一定的物质的、文化的生活条件来安排自己的生活，这些条件因素就构成人们生活方式形成的客观前提。从社会学一般原理看，构成人们生活方式的条件和环境因素是一个复杂的系统，既包括自然环境，又包括社会环境；既包括宏观环境，又包括情境性的微观环境。

首先，人本身是大自然的组成部分，自然环境（不同的山川地形、土壤、江河湖海、气候等）无疑是人们生活方式赖以形成的基础，因此马克思说，全部人类历史"第一个需要确认的事实就是这些个人的肉体组织以及由此产生的个人对其他自然的关系"。[1]但自然环境对生活方式的影响又总是同一定的社会因素及人的活动交织在一起。因此马克思接着说，"任何历史记载都应当从这些自然基础以及它们在历史进程中由于人们的活动而发生的变更出发"。[2]这就是说，人的生活方式同自然环境发生的密切关系是生活方式的重要影响因素，但这种影响又是通过人的活动建构起来的。我国地域辽阔，各地的自然生态环境差别很大，因此在统一的中华文化条件下形成了不同的地域性文化和生活方式。特别是随着科学技术的发展、人类认识能力的提高和活动领域的扩大，自然环境越来越通过"人化"环境对生活方式产生影响，通过"自然基础"同"人的行动"的互动而形塑人们的生活方式，可见自然环境对人们生活方式的影响并不是单向的，其与文化彼此互构。

其次，从社会环境系统来看，宏观社会环境包括每一社会、每一时代的生产力发展水平、生产关系与社会关系的性质，社会结构的特点，以及政治、法律、文化教育、道德规范、民族传统

---

[1]　《马克思恩格斯选集》（第1卷），人民出版社，1995，第67页。
[2]　《马克思恩格斯选集》（第1卷），人民出版社，1995，第67页。

等要素。不同的历史时代向人们提供的宏观社会条件不同，也就决定了每个历史时代人们生活方式社会形态属性的差异性。比如说小农社会生活方式、工业社会生活方式以及当前的数字化生活方式等。微观社会环境是指在现实生活中与人们直接发生互动关系的，人们身临其境的环境，即情境化的环境，包括人们具体的劳动条件、收入和消费水平、闲暇时间的利用情况、居住条件、社会安全与社会服务条件、文化设施、受教育状况等。所有这些都很实际地影响着每个人的生活行为和生活模式。可以将宏观环境看作人们生活的"大时代"背景，而将微观环境则视作人们生活的"小时代"背景，由于在既定的社会宏观条件下每个人所遇到的具体微观条件是千差万别的，这就使不同的个人生活方式呈现无限的丰富性和差异性。

以上我们分析了构成人们生活方式的条件和环境因素。分析生活方式的这些客体因素是为了指出，人们采取怎样的生活方式总会受到外在规定性的限制，总是凭借一定的物质、文化和关系网络来安排自己生活的，这是我们必须首肯的观点。但我们还要强调以下观点：人们生活的客体因素不仅是制约因素，也是通过"活动"建构的因素。人们选择怎样的生活方式，总是不能脱离具体的社会历史宏观环境和身临其境的微观环境。中国人不能过美国人的生活方式，这体现了生活活动环境的制约性和规定性。但这种客体环境因素不是静态的单向决定式的，而是动态的生成式的。

解释这一特性，就要把人类的历史过程和生活世界的本质视为是实践的，是通过人的活动创造的。我们每个人都生活在既定的，从过去继承下来的经济的、社会的、文化的环境之中，这些构成了我们生活方式的客体因素。人们不能自由选择自己的生产力，因为任何生产力都是一种既得的力量，是先前人的活动的产物，是人们应用能力的结果，后来的每一代人都得到前一代人已取得的生产力的条件下进行新的创造。由此马克思得出的结论是，

"人们的社会历史始终只是他们的个体发展的历史"，既定的"物质关系不过是他们的物质的和个体的活动所借以实现的必然形式罢了"。[①] 这就是说，人们生活的现实的、既定的环境并不是外在于人的活动的，它是前代一个个个体满足自身的生活需要的创造物，我们今天接续着创造新生活，体现的是这种人的创造和生活方式的连续性，体现的是人类历史发展的自然过程。

需要强调的是，人类历史发展到今天同以往的自发历史过程相比已增加了日益增多的自为自觉成分，今天我们所进行的中国式现代化的伟大实践更鲜明地体现了这一特征。

中国共产党的领导是中国式现代化取得成功的根本保证。改革开放以来，党领导全国人民依据不同阶段的经济社会发展实际制定正确的方针政策，从解决温饱到全面小康，再到推进实现社会主义现代化强国的目标，每一步都为人们生活的改善提供坚实的物质和文化基础，这些对于每一个具体的生活者来说都属于自我生活方式建构的客体因素，但从社会整体层面看，党领导下以人民为中心的社会行动无疑又构成每个人实现美好生活向往的共同参与者和全社会生活方式建构的人格化体现者，其建构性表现为：一是政党、政府、社会组织按着创造人民美好生活的发展要求，提供物质的、精神文化的、政治的、社会的和生态环境的等"生活资源"；二是政党、政府和社会组织通过卓有成效的文化和意识形态工作为人们的生活方式提供正确的价值导向，从而把人类文明所创造的美好价值内化到人们的生活方式之中。

因此，在我国的新发展阶段，每个人面临的生活方式条件和环境因素并不单纯体现为外在规定性和制约性，它也是党和政府通过"活动"，即战略谋划、公共政策等社会措施，共同营造的结果，作为"人化客体"和"他在主体"参与了我们每个人生活方式的建构。进一步来说，如果我们超越主客体二分研究范式进行

---

① 《马克思恩格斯选集》（第4卷），人民出版社，1995，第532页。

思考的话，那么我们可以看到，生活活动客体因素和生活活动主体因素体现为社会建构和个人建构的互构关系，体现为生活方式的生成性。人们的生活活动的客体因素并不是"纯客体"，而是同主体交融的"人化客体"，或称之为"他在主体"，表现形态就是通过实践活动参与了每个人的生活方式建构，客体因素和主体因素、社会因素和个人因素、党的领导和一个个生活者的奋进在共同创造新型生活方式上的关系融为一体了。生活方式研究的着眼点更强调在既定的生活条件下，"他在主体"和"自在主体"之间的互动关系。这是我们创新表述的观点。生态环境好不好，社会环境好不好，都体现为互动生成的人与人，即"他在主体"与"自在主体"的"主体间性"互构关系。"人类命运共同体"的概念，就是表征主体与主体的关系。我们这样分析生活活动的客体因素就摆脱了主客体二分的研究范式，就可以进一步考察其同生活活动主体的互构关系了。

二　生活方式的主体构成要素

生活方式研究的重要问题是如何把社会发展的成就落实到具体的生活者身上，通过日常性的生活活动呈现出美好的生活情境和生存状态，以及如何将每个生活者对美好生活的追求的实践行动转化为自身的成长和社会动力。因此，生活活动主体在生活方式概念的整体结构中具有核心地位，生活方式研究首先必须从学理上搞清何谓生活方式主体的问题，也就是生活方式主体是"谁"的问题。在这个问题上生活方式研究视角同一般社会学视角是有区别的，需要搞清两者的区别。在此基础上，进一步回答由生活方式概念的主体性特质的呈现同其他生活范畴概念相比所具有的独特建构性功能问题。什么是生活方式的主体是非常复杂的学理问题。由笔者主编并于 1989 年出版的《生活方式概论》一书对生活方式的主体做了多层次的表述，包括个人、家庭、群体、阶级阶层以至民族、国家，直至全人类层面等，这也是目前通行的主要观点。

但今天我们需要对这一表述进行一些修正，做新的阐释。

生活是一个个生命体独特的存在和展开形式，每个人都具有生命和生活独享性的个体身份，因而作为人的生命表现形式的生活方式的主体是一个个具体的人，这是我们必须把握的理论要点。接下来，我们借助埃德加·莫兰提出的复杂性思维范式来说明这个问题。他引入了"圆环"（boucle）或称"回归"（recursive）概念，回归的圆环是这样一个过程，在其中产物对于产生它的过程又是一个必要的前提，具体到个人和社会的关系上，"个人作为社会的产物又产生社会"，[1]"在这里，社会不应忘记它只是通过个人而存在，而个人也不能忘记他们只是通过社会充分实现了自己的人类存在"。[2] 在这样一个总体关系表述下，他论述了下面一段文字：

> 因此个人具有"主体"的身份，用法语表达就是 je（我）。我说 je（我），表明我是主体，单数第一人称。当我在说我时，我在自我肯定，把我置于世界的中心。说我就是做了一个以自我为中心的行动。重要的是要看到，所有人类存在和所有生物存在都在本身含有这个以自我为中心的原则，这个原则促使他（它）们自我防卫、自我保护、自我发展、自我进食以维护自己的生命，给予自身存在的优先性。[3]

在这里，埃德加·莫兰借用复杂性思维提出了一个"圆环"理论用以表述个人与社会的互构生产关系，在这个关系下突出强调了自我为中心的原则和存在优先性的问题，着眼点在于"社会

---

① 埃德加·莫兰：《复杂性理论与教育问题》，陈一壮译，北京大学出版社，2004，第43~44页。
② 埃德加·莫兰：《复杂性理论与教育问题》，陈一壮译，北京大学出版社，2004，第43~44页。
③ 埃德加·莫兰：《复杂性理论与教育问题》，陈一壮译，北京大学出版社，2004，第18页。

不应忘记它只是通过个人而存在"。这为确立个人是生活方式主体的理论提供了一种解释。如前所述，马克思在《德意志意识形态》中是以"这些个人的一定的活动方式"表述他使用的生活方式概念的，他还讲，"人们的社会历史始终只是他们的个体发展的历史"。① 我们不能离开这一理论规定性把脱离个体存在的"一般"社会群体、社会各层面的研究对象简单地称为生活方式的主体。社会学以及多种社会科学学科不是以孤单的个人为研究对象，而总是以"群"来进行研究，生活方式研究自然也要以"群"为单位研究才有意义，如青年群体、老年群体等，但这种研究又不能脱离"圆环"或"回归"原理，不能脱离个人的"优先性"。我们可以把这种对"群"研究方式定位为"共同体""个人的群体""个人的集合体"，或马克思表述的"个人共同的活动方式""复数的个人"层面的研究，实现个人生活活动和社会的双向建构。生活方式研究的最终落脚点就是实现每个人的个性发展。我国确立的实现人民美好生活向往的奋斗目标也是以"每个人""你我他"为着眼点的，这是我党一再申明的。

归结起来，对生活方式主体的研究可在两个层面进行。一是在社会"圆环"关系中从个体生活者视角进行研究。每个人都是自己生活的"生产者"，也是社会发展的贡献者。生活方式研究对个人层面的考察目标是增加生活的自为性和实现能量的提升及自由的扩大，形成有意向的生活变革能力。二是在共同体层面进行研究，共同体就是每个"自我"汇聚成的"众生皆一体"的"大我"，共同体是包括每个"自我"需求和愿望满足的集合体，同时又保留"自我"的多样性。这种研究可以在群体层面（性别、年龄、职业、城乡等）进行，但更应关注的是中华民族共同体如何在实现伟大复兴中创造有魅力的社会生活方式，从而对人类命运共同体在追求美好生活上提供自己的经验和范例。

---

① 《马克思恩格斯选集》（第4卷），人民出版社，1995，第532页。

以上我们阐释了生活方式主体是"谁"的问题。生活方式所具有的主体性结构特征区别于对具体的人来说是客体性范式生活水平、生活质量等概念。如果说生活水平是更具有经济属性的概念，生活质量是更具有社会属性的概念的话，那么生活方式则是更具有人文属性的概念。生活方式研究的逻辑出发点就是在个人与社会、主体与客体的互动中，从生活者的真实生活需要出发，把社会的美好生活发展目标落实到每个生活者身上，同时又把个人追求美好生活焕发出的能量转化为美好社会发展的动力，最终使"我"的美好生活成为"我们"共有的美好生活。

三 生活方式的活动样态构成要素

生活活动条件同生活活动主体的相互作用，必然生成人们一定的生活活动样态，这使得人们的生活方式具有了可见性。我们判断一个人、一个群体的生活方式如何，正是以这些外显出来的生活活动样态为根据的，因为人就是人的活动，就是通过行为状态展现的。因此，需要提出的一个问题是，社会学对于生活方式的研究同哲学、文化学、伦理学等学科一样，都研究人们"怎样生活"的问题，但重要的区别在于社会学在研究人们"怎样生活"的问题时，是以人们"生活怎样"为具体考察对象的，即侧重于对现实的、具体的、可感的生活行动的考察，而不是停留在理念和精神层面。这是我们讲的第一个方面。

另一方面，一个人在具体情境中主体与客体因素动态互构产生的行动样态，从理论形态上看，既是一个互构过程的完成，同时又是新的动态互构过程的开始。这是由人的生命本性决定的。人是未完成的作品，人的生命总是在不断自我建构，一个回合的主客体互构产生了经过反思洗礼的具有实践性的新的行动样态，新的实践又会生成新的价值体验和需求，这样，新的价值体验和新的需求的产生又同客体发生新的动态互构，从而又激发出新的活动要素，新的做"事"和情感方式，实践水平又会发生新的变化，在这个过程中既实现了人本身生命的自我提升和超越，同时又使能力提升了的人成为推动社会客体事物发展的内生动力。如此在螺旋式上升中人的生活每一天都是新的生活，每一天的人都是新的人，即古人讲的"苟日新，日日新，又日新"。当然，这一生活方式的"螺旋上升规律"是一种理想形态和理论设想，但在现实生活中人的生活行动越接近这一规律，就表明人的生活自觉自为程度越高，而自为自觉，有理想有目标，正是作为一个独立的完整的人在精神上成熟起来的标志。

四 作为动态复合体的生活方式的运行

前文我们从横向上阐释了生活方式概念的"定在"规定性，也在纵向上阐释了生活方式是如何运行的，这两个方面共同为活动所融通形成一个动态的复合体和运行图。我们具体归纳如下。

阐释生活方式概念的学理规定性，是为了发掘其概念所特有的功能，我们称之为打开"工具箱"，这一"工具箱"具有潜在的建构功能，当它同生活方式纵向运动结构相通时，潜在的功能就变成了现实的功能，渗透到生活活动客体、生活活动主体和生活行动要素的每个环节，推动各运行环节有效发挥各自功能，从而实现生活方式概念横向结构与纵向结构的统一，共同形成复合的具有建构功能的活动体系。

作为人的生活客体的条件和环境因素不仅是制约因素，也是建构因素，它不是以"纯客体"面貌出现的，而是同生活活动主体密切交融，是"人化客体"或"他在主体"。生活方式研究的重要视角就是着眼于"他在主体"和"自在主体"的互动生成关系。

生活方式的主体在生活方式概念体系中具有核心地位，但必须搞清何为生活方式主体。基于对以往通行观点的再审视，我们强调生活方式的主体是生命独享的个人以及作为"个人的集合体"的群体、共同体，即马克思著作中经常使用的"复数的个人"概念。强调在"群"的层面研究不同阶层、各种群体的生活方式时，始终包含着"群体中的个人""共同体"的逻辑出发点和"生活者"的视角，在见"人"（一个个生活者）中实现个人与社会、主体与客体的双向建构。

　　生活活动客体结构因素同生活活动主体相互作用，必然呈现为一定的有形的活动样态，反过来新形式的活动样态同主客体因素发生新的互构作用。不断螺旋上升的新的"活动"给人的生活方式带来"日日新"的动能，既改变着生活方式自身和人本身，又成为社会变革的"微动力"。强调"活动"的贯穿性和生活的能动性，就同西方社会学着重从主客体二分和生活风貌上表述生活方式的概念严格区分开来。

　　依据上述各点，我们可以对生活方式的运行机制用图 3-1 表示。

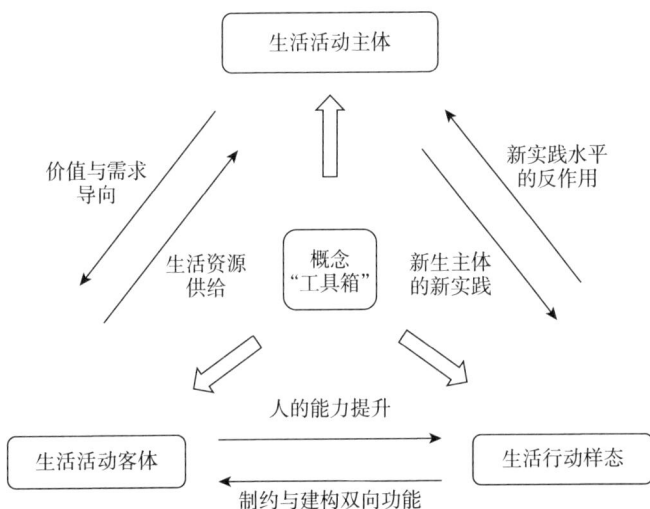

图 3-1　生活方式的运行机制

　　综上所述，生活方式表征的是极为复杂的主客体互构的生成体，不同的学科有不同的观察视角，因而形成不同的定义表述。从具体的社会学研究看，需要建立一个更高层次的学理性概念，以为进一步研究提供方法论基础。基于此，社会层面生活方式概念可表述为：人们是如何在现实的网络互构关系和生活资源供给条件下，通过价值选择建构自己的生活需要，从而形成有明确指向的有益行动，获得自己想要的那种有意义的生活的。

但与此同时，还需要有经验层面的生活方式定义，这往往体现在日常生活层面的定义表述上。经验层面的定义现实感、操作性强，但也存在建构性不强的弱点，因此又需要学理定义的观照。除此之外，还有更微观的从生活风格、生活格调、生活风貌层面的定义表述，这对生活方式的考察往往起到丰富化和提供有益补充的作用。需要指出，概念的界定表述不是研究结论，而是研究新问题的方法和假设。

第五节　生活方式研究同社会学理论体系相融问题

我们前面已经提到，生活方式研究的起步同我国社会学的恢复重建差不多是同时发生的，社会学恢复时期的一些重要学者也参与了生活方式的研究，加之两者的研究都处于初创时期，各自的理论体系还都没有形成，所以两个方面如何整合的问题并没有凸显出来。但随着社会学从"搭台"走向"唱戏"，学科体系逐渐形成和模式化，生活方式研究则逐步淡出社会学的重点视域并形成了不同走向，此时，生活方式研究在社会学理论体系中的地位问题和两者如何相融问题就凸显出来了。今天，我们寻求的解决之道则是，"一个巴掌拍不响"，需要从两个方面找原因。

一方面我国社会学恢复重建过程中吸纳了中西方各种学术资源，在如何实现中国化上也做出了很大努力，但应当说，我国的社会学主要是在学习借鉴西方经典社会学学科体系、学术体系和话语体系基础上发展起来的，特别是 20 世纪 90 年代中期以后，随着对西方教材的普遍使用和大批在欧美留学学者的归国，西方社会学对我国社会学的发展起到模塑作用，甚至出现"一边倒"倾向。而西方经典社会学形成于传统工业化时代，其理论体系的主要脉络是按科学主义和工具理性及模塑自然科学研究方法建立起来的，往往奉行主体与客体、现象与本质二分的研究范式，其研究范式往往把人的生活世界抽象化、客体化和现象级化。这种社会学专业化所导致的结果就是，人们关于现象世界，关于社会、人和生活的思想"贫乏之极"。实证主义世界观"只关注事实，却不关注人类的命运和生活意义"，社会理论中生活本体被抽离，形成了"遗忘生活"的理论体系。①

在我国，费孝通先生晚年对基于工具理性和实证主义研究范式的西方社会学做出了深刻的学术批判和自我理论反思。费孝通先生晚年的一个重要的却被忽略的学术贡献是，他依据"新人文思想"，从学理层面对"社会"进行了"新发现"，即他把"生活"引入社会概念的核心内涵，反复表述"人与人共同生活才有社会，社会学看人与人怎样组织起来经营共同生活，形成社会结构"，"社会就是群体生活"，社会就是"人类生存方式"等，从而建立了生活本体论的社会概念解释框架。② 费孝通先生的这些论述是同马克思把人类历史视为"历史性的生活过程"和在前面所说的把生活方式概念置于历史唯物主义核心的本体论范畴的论述是完全一致的。而党的十九大对新时代社会主要矛盾的表述，把"美好生活"置于主要矛盾的主要方面，这就是说，如何生活得好的问题决定了社会的根本质态，因而这一主要矛盾和主要矛盾的主要方面的表述，就是"生活本体论"社会概念解释框架的现实版和实践版。费孝通先生对"社会"范畴的新建构为当代社会的研究提供了强有力的理论基础。因为无论从中国还是从世界的发展来看，人类"怎样生活"和如何提升人自身的生活品质都已被提到核心议程。党的十九大明确地提出了新时代的发展目标，就是实现人民对美好生活的向往。如果从学理上这样理解社会，那

---

① 埃德加·莫兰：《社会学思考》，阎素伟译，上海人民出版社，2001。
② 王雅林：《回家的路：重回生活的社会》，社会科学文献出版社，2017，第1~5、105~129页。

么生活方式在社会学理论体系中自然就占有了重要地位。这就需要我们如费孝通先生所说的，把社会学视为既具有社会科学属性又具有人文科学属性的两者高度统一的，以创造人民美好生活为指向的学科。新时代呼唤在"回归生活世界"的中国人的生活实践中，实现我国社会学理论的重大创新和突破。

另一方面的问题来自生活方式研究自身。我国的生活方式研究理论脉络主要来自马克思主义理论，这同 20 世纪 70 年代苏联、东欧国家和日本等的生活方式研究的理论脉络是相近的。但在马克思恩格斯的著作中，虽然把生活方式作为历史唯物主义的基本范畴提出来，并以此在不同层面作为分析历史过程的概念，但在资本主义早期，他们在理论上主要关注的是，无产阶级革命和对资本主义社会的批判，不可能把对生活方式问题的现实观察和理论构建作为他们思考的重点。我们也不能企望他们在 150 多年前就在生活方式理论上给我们留下现成完整的学术遗产。另外，西方社会学进入后现代时期发生了某种"向生活世界回归"的趋势，对生活方式的关注也多了起来，越来越把生活方式作为一个概括性很强的综合性概念加以使用，这在吉登斯、贝克、卡斯特等人的著作中都有体现，但我国的生活方式研究对这些成果的吸纳明显不够，从而使自己的研究又游离于社会学新进展之外。生活方式的研究是从感性世界、生活实态出发，揭示生活的本真和把握社会发展脉动的，这是生活方式研究取得成功的关键，在这方面完全可以借鉴世界各国社会学经验研究和理论研究取得的丰富成果。

上面的分析提出了生活方式研究和社会学理论体系如何相互"拍响"的问题。一方面，面对"社会怎样发展"和"人们怎样生活"的时代课题，社会学理论体系的创新性构建需要回应现有大格局，从社会学得以安身立命的社会范畴注释入手，费孝通先生晚年提出的课题，在"一路看生活"中构建以生活为内核的社会结构关系体系；另一方面，生活方式研究要吸收社会学研究的最新成果，同时采用多学科交叉的研究方法，在回应实践需要和在经验研究的基础上，构建自己的学术话语体系，如对生活、生活方式、生活水平、生活质量、生活关系、生活结构、生活网络、生活风格、生活力等范畴概念做出自己的界定，同时注意对中国传统思想文化话语和草根话语的开发，从而使生活方式研究成为一个更为成熟的理论体系。

第四章　美好生活目标体系中的生活方式社会建构功能

第一节　创造人民美好生活是新发展阶段全面展开的社会图景

习近平总书记在 2021 年 12 月 31 日全国政协新年茶话会上的讲话中从发展战略层面对我国进入新发展阶段做出了重要判断："2021 年，无论是在中国共产党历史上，还是在中华民族历史上，都是具有里程碑意义的一年。中国共产党迎来百年华诞，中共十九届六中全会通过中国共产党第三个历史决议，第一个百年奋斗目标胜利实现，在中华大地全面建成小康社会，历史性地解决了绝对贫困问题，开启全面建设社会主义现代化国家、向着第二个百年奋斗目标进军的新征程。"① 按照习近平总书记上面的表述，2021 年标志着我国在全面建成小康社会之后开启了以全面建设社会主义现代化国家为概念框架的"第二个一百年"新征程，新发展阶段所要展开的崭新社会图景和"未竟之业"就是以实现全体人民对美好生活的向往为奋斗目标，这是具有深远历史意义的战略谋划和安排。

---

① 《习近平：在全国政协新年茶话会上的讲话》，http://politics.people.com.cn/2021/1231/c1024-32322060.html。

　　党的十八大以来，习近平总书记在讲话中反复强调，"人民对美好生活的向往，就是我们的奋斗目标"，始终把"创造更加美好的生活"作为实现中华民族伟大复兴中国梦的核心战略目标与方向。

　　2012年11月15日在中共十八届中央政治局常委同中外记者见面时习近平总书记说："我们的人民热爱生活，期盼有更好的教育，更稳定的工作，更满意的收入，更可靠的社会保障，更高水平的医疗卫生服务，更舒适的居住条件，更优美的环境，期盼孩子们能成长得更好、工作得更好、生活得更好。"① 2017年7月26日在省部级主要领导干部专题研讨班开幕式上讲话中说："经过改革开放近40年的发展……人民群众的需要呈现多样化多层次多方面的特点，期盼有更好的教育、更稳定的工作、更满意的收入、更可靠的社会保障、更高水平的医疗卫生服务、更舒适的居住条件、更优美的环境、更丰富的精神文化生活。"② 这些论述都非常切实地讲到了满足人们日益增长的多种生活需要问题，以使人们有更多的获得感和幸福感。在2017年7月26日省部级主要领导干部专题研讨班开幕式上的讲话中，习近平总书记明确提出了两个牢牢把握，即要"牢牢把握我国发展的阶段性特征，牢牢把握人民群众对美好生活的向往"。把"我国发展的阶段性特征"和"人民群众对美好生活的向往"并列在一起，恰恰体现了两者内在逻辑的一致性，这就把"创造人民更加美好的生活"纳入了"我国发展的阶段性特征"的核心视域，充分体现了我党以人民为中心的发展思想。

　　党的十九大描绘了中华民族实现伟大复兴的宏伟蓝图并制定了行动方案，做出了中国特色社会主义进入新时代的重要论断，提出了新时代社会主要矛盾是"人民日益增长的美好生活需要和不平衡不充分的发展之间的矛盾"的论断，这就抓住了新时代的

---

① 《习近平著作选读》（第1卷），人民出版社，2023，第60页。
② 《习近平谈治国理政》（第2卷），外文出版社，2017，第61页。

根本特征。这一主要矛盾的表述同党的八大和 1981 年党的十一届六中全会提出的"人民日益增长的物质文化需要同落后的社会生产之间的矛盾"相比，表明经过 30 多年的发展，我国人民的生活需要和需要的社会供给条件都已发生了质的跃迁，进入了"质量时代"。只有上升到这种认识，才能真正搞清美好生活的创造问题，也才能真正领会我国新时代的新理念、新思想、新方位、新任务和新目标。党的十九届六中全会通过的《中共中央关于党的百年奋斗重大成就和历史经验的决议》，再次明确提出新时代我国社会主要矛盾是人民日益增长的美好生活需要和不平衡不充分的发展之间的矛盾，在社会建设领域具体提出，"随着时代发展和社会进步，人民对美好生活的向往更加强烈，对民主、法治、公平、正义、安全、环境等方面的要求日益增长。党中央强调，人民对美好生活的向往就是我们的奋斗目标，增进民生福祉是我们坚持立党为公、执政为民的本质要求，让老百姓过上好日子是我们一切工作的出发点和落脚点"。党的二十大报告则紧紧围绕实现第二个百年奋斗目标，创造人民美好生活，以中国式现代化全面推进中华民族伟大复兴，做了全面战略规划，把解决人民日益向往的更有质量、更具品质的美好生活问题提升为新时代民生关怀的核心议题，在政策导向上突出了对个体利益和需求的关切。需要特别指出，从党中央提出的新时代社会主要矛盾的表述来看，"美好生活需要"同社会供给相比无疑是决定矛盾性质的主要矛盾的主要方面，是新发展阶段的现代化发展战略实施的主方向、主攻目标。从中华民族五千多年的文明史上看，这是一次伟大的"历史性变革"，表明我国已站在当代人类文明"新的历史起点和新的历史方位"上。在一个比发达国家人口总数还多的中国产生这样的历史性变革，在人类发展史上无疑是一个伟大的奇迹。

学术研究要有大格局、大视野和大历史观，服务于"国之大者"，为此需要思考生活方式研究在实现美好生活奋斗目标和中华民族伟大复兴"中国梦"的历史深度展开中能做什么的问题。需要特别强调，从生活方式的理论特质和实践功能出发，它在这一历史进程中可提供重要的、独特的理论助力和能量。如第三章所述，生活方式表征的是人的生活主体的意义系统、活动系统和能力系统，它指向的是在主客体关系中以学术的人文理想引导主体的价值选择行动，建构合理的科学的需要，从而推动实现"美好生活供给精准化"和"生活品味高尚化"。美好生活的实现过程就是美好新人的生成过程，作为生活主体的一个个具体的人，他们不仅是生活供给的承受者，也是自我生活的评价者和建构者，因此美好生活必然体现为社会建构和个人自我建构的统一，在我国的新时代则体现为党的坚强领导和由 14 亿多人组成的命运共同体共同创造美好生活家园的过程。这方面的论题将在下面的论述中展开。

第二节　新时代美好生活概念的特定内涵解析

如果说创造人民美好生活是新发展阶段全面展开的社会图景和实施的战略主攻方向的话，那么"美好生活"就成为我国新时代哲学社会科学研究最为核心的关键词，"美好生活是什么"也就成为学术研究的"元问题"。但在以往的哲学社会科学研究中，"美好生活"常常是较少涉足和被忽略的论题。在今天，我们应从回答时代之问、人民之问的高度，去求解"美好生活是什么"的问题，从而为新时代的历史性实践活动提供理论遵循。

在很大程度上可以说，"美好生活"是个不可穷尽的解释性概念，不同历史背景和发展阶段，人们有不同的美好生活认知，不同学科有不同学科的解读，不同的人有不同的情感体验，且"美好生活"又有不同层次的表达，有从个人视角出发展开的主观幸福感和心理幸福感研究，也有从社会层面展开幸福感的研究；有从日常实践知识层面的概念表达，也有从学理层面的概念表达等。本项研究将采取特定的视角，从生活方式的理论维度对其进行诠释。这是一个合适的视角，因为生活方式是衡量人的生命存在和展开是否有质量即好与不好的方式，也是人的生成和美好生活的生成方式。采取特定的生活方式研究维度不是试图阐释美好生活的全部含义，而是试图揭示对现实的美好生活建构需特定关注的重要方面。还需要指出，自党的十八大以来，学界也发表了不少阐释美好生活概念的文章，为后续研究对其展开进一步探讨提出了诸多有益的启示，但多为"性状"描述，缺少对其根本规定性的学理阐释，因此本章的阐释将侧重学理性的追问。

这涉及以下问题，人们日常对自己的现实生活状态感到满意和做出积极的评价时常常关涉"幸福"和"美好生活"两个用词，在学术用语中则将"幸福"和"美好生活"两个关键词同时作为对现实生活进行肯定性评价的核心概念，那么在现实实践中"幸福"和"美好生活"这两个概念是什么关系呢？在什么情况下两者是同义的，在什么情况下两者的概念内涵是有区别的而且是必须做出区分的？概念是科学认知的工具，搞清这两个重要概念的关系，对于实现新发展阶段人民美好生活的奋斗目标来说，将提供清晰准确的理论支持和服务。目前学术界对"幸福"和"美好生活"两个概念虽然都有所界定和研究，但对两者的关系则较少涉及并缺少细化的区分，这势必导致研究者对两个概念的误用，为此我们从概念比较上做以下阐释。

一　美好生活与幸福的同义性维度

"幸福"是一个多义多层的复杂概念和日常词语，从古希腊、我国先秦思想家直至今天，中外的学者都做了许多解释，但见解纷呈且很难达成共识，我们的研究不过多对以往的观点做出评述，而是把重心放在我国现代化的现实实践层面中去考察幸福与美好生活概念的关系。

中国共产党在百年奋斗史中，始终坚定不移地把为中国人民谋幸福、为中华民族谋复兴作为初心使命，中国特色社会主义进入新时代后，在小康社会全面建成的基础上，又在历史的深度和"五位一体"发展的全面性上展开了创造人民现实幸福生活的宏伟社会图景。在概念表达上，这种现实实践所体现的幸福概念和美好生活概念是完全一致的。这一点，习近平总书记在中国共产党与世界政党领导人峰会上的主旨讲话中有明确的表述："为人民谋幸福，是中国共产党始终坚守的初心。今天，中国已经实现了全面建成小康社会的奋斗目标，开启了全面建设社会主义现代化国家新征程，中国人民的获得感、幸福感、安全感不断提升。办好中国的事，让14亿多中国人民过上更加美好的生活，促进人类和平与发展的崇高事业，这是中国共产党矢志不渝的奋斗目标。中国共产党将坚持以人民为中心的发展思想，在宏阔的时空维度中思考民族复兴和人类进步的深刻命题，团结带领中国人民上下求索、锐意进取，创造更加美好的未来。"①

　　在上述这段讲话中同时出现了"幸福"和"美好生活（美好的生活）"两个概念，这在"坚持以人民为中心的发展思想"，"办好中国的事"，从而使"中国人民的获得感、幸福感、安全感不断提升"的意义上，两个概念的出现是同义使用和内涵一致的。这种宗旨的宣示是以实践关切和践行为基础的，这体现在党与政府施政的方方面面，核心是满足"每个人"，从收入、工作、社会保障、教育、医疗、环境到人生出彩的美好生活期盼和向往。比如，对老年人强调老有所养、老有所依、老有所乐、老有所安，是全面建成小康社会的应有之义。在环境保护上，习近平总书记在多次讲话中做了重要论述，比如："良好生态环境是最公平的公共产品，是最普惠的民生福祉。对人的生存来说，金山银山固然重要，但绿水青山是人民幸福生活的重要内容，是金钱不能代替的。你挣到了钱，但空气、饮用水都不合格，哪有什么幸福可言。"② 又

---

①　《习近平谈治国理政》（第4卷），外文出版社，2022，第426~427页。

②　《习近平关于社会主义生态文明建设论述摘编》，中央文献出版社，2017，第4页。

如："经济上去了，老百姓的幸福感大打折扣，甚至强烈的不满情绪上来了，那是什么形势？所以，我们不能把加强生态文明建设、加强生态环境保护、提倡绿色低碳生活方式等仅仅作为经济问题。这里面有很大的政治。"①

经过改革开放以来中国特色社会主义现代化建设，城乡居民的民生状况得到很大改善，生活质量、生活满意度显著提高，"幸福"和"美好生活"就是在表述人们良好的生活实态和实存性上达到统一的，新发展阶段我们的奋斗目标就是人民幸福、生活美好。

具体地说，"幸福"和"美好生活"两个概念在中国式现代化中的统一性、同义性和互换性使用表明以下几点：第一，人们生活需要由重点解决基本民生问题逐步向"民享"方向发展，老百姓生活满意度日益提高，"满意度"应是两个概念共有的条件；第二，依据"需要上升规律"，在物质生活水平提高的基础上，更高层次的需要逐步得到满足，包括精神文化需要，社会参与、社会公平、个性自由、民主生活需要和对生态环境的需要，以及对自我实现、获得人生出彩机会的需要；第三，所有需要的满足不只是个人心理层面的，而是客观的、实存的，体现为主客观条件的内在统一；第四，美好生活是为生活主体所认同，认为值得过、有期盼和能带来快乐的生活，并愿意为此去付出和奋斗。

二　美好生活的意义维度

以上我们谈了"美好生活"和"幸福"概念的共同点和同义的方面，强调具有"福祉"水平的"满足"生活实态和体验是两个概念共同的基础，但这种具有"福祉"水平的"满足"生活实态和体验更适合用以表述幸福概念的形下层面的含义，对于体现党的奋斗目标及核心原则的美好生活概念来说，其内涵不限于此，在这个意义上呈现的"幸福"，只是美好生活概念的有限条件，而

---

① 《习近平关于社会主义生态文明建设论述摘编》，中央文献出版社，2017，第 5 页。

不是全部，美好生活还包括更深层次、更广博的含义。这是我们必须从学理上加以阐发的，同时从发展阶段来看，实现这一层面的"幸福"，大体是全面小康发展阶段应初步达成的目标，新发展阶段在此基础上创造人民美好生活还应有更高的目标和更丰富的内涵体现。其中，从生活方式的特定视角来看，核心问题就是对美好生活的界定需要引入生活意义的建构维度，这是我们论述的核心议题。

（一）新时代美好生活是通过生活意义呈现的

新时代美好生活是通过生活意义呈现的，这是我们提出的一个重要论点。从一般原理上说，人是社会性动物，社会性是人的最本质的规定性。社会中的人不是原子化孤立生存的个人，而是多重复杂关系中的社会角色扮演者和生活者。人要生活并不是依靠个人自身就足够的，在人的生命周期中，从出生同父母家庭的关系，到学龄期接受教育以及在工作历程直至晚年的生活，产生的一切物质需要和精神需要，都是在与他人的关系、在社会共同体中得到满足的。在这种关系中，个人从他人或社会有机体那里获得生活资源和幸福体验，同时在关系中个人也参与了自我生活的社会建构，并在利他行为中获得快乐和实现自身生活意义的构建。基于此，对美好生活展开规范性评价，就不仅要有个人的视角，还要嵌入一种关系的视角，与幸福概念突出的福祉获得视角相比，美好生活概念在此基础上还更突出个人在"共在"与"个在"关系中建构生活意义的视角。习近平总书记讲，"人世间的一切幸福都需要靠辛勤的劳动来创造"，[①] 这里讲的劳动是"社会劳动"，是个人需求"以普遍的方式获得实现，它包含对所有人都至为重要和有意义的某种东西"。[②] 生活意义体现的是社会共同体中的相互关系，体现的是生活主体的自为性和自我建构性，而个性

---

① 《习近平谈治国理政》，外文出版社，2014，第4页。
② B. M. 梅茹耶夫：《我理解的马克思》，林艳梅、张静译，人民出版社，2013，第115页。

的自我建构则是在生活活动关系中完成的，在这种关系中个性的需求和发展诉求构成根本落脚点。我们反对的是美好生活追求中利己主义、享乐主义和物质主义的观点，这样的生活不具有社会性。

我们把问题域切换到新时代，新时代中国特色社会主义现代化发展的根本指向是，把实现中华民族伟大复兴的历史使命纳入创造人类文明新形态的历史进程之中。从实现美好生活奋斗目标的阶段性特征来看，全面小康阶段国家事业的重心是围绕"人民日益增长的物质文化需要同落后的社会生产之间的矛盾"进行的，发展成果主要体现在消除绝对贫困，以物质生活水平提高为基础的获得感、幸福感上。在新发展阶段，这方面的基础还应进一步打牢，但以实现人民美好生活为奋斗目标的新发展阶段的任务已由以量的增长为特征的获得感跃升为更有质量和品味的发展，更加关注每个生活者个性化需要的满足和自我创造能力的发挥。因为美好生活归根到底是每个生活者在生活资源获得的基础上自我建构、自我生成和不断自我超越的动态过程。需要认识到，美好生活包含极为复杂的，我们至今还没有认识到的因素，但从总体看，生活好不好，除了看社会供给条件外，还要看每个生活主体自我建构因素的强弱。就是说，美好生活体现为每个人都是主动的自我生活的创造者。个性发展、个人自为性的生活意义的建构和自由选择能力的提升，既是美好生活内生性要素，又是新时代社会发展的动力，并在实现人的自由全面发展上发挥重要作用。

因此，以美好生活为目标的新发展阶段，同全面小康阶段相比，在发展内涵上已发生了量变中的质变，由通过社会供给增加实现基本生活物品的充盈，转向只有每个生活主体参与和创造才能完成的实现人民美好生活的奋斗目标。因此，新时代的发展具有了生成性和建构性，发展范式上发生了质的变革，这是我们需要认识的。

另外，还有一个重要问题，新时代创造人类文明新形态的中国式现代化发展道路，还需汲取国际经验。我国在相对较短的时间内消除了绝对贫困，人们的物质生活水平大大提高，在党的领导下创造了世所罕见的经济快速发展和社会长期稳定两大奇迹。由此我们需进一步反思，贫穷会带来一系列社会问题，那么富裕起来呢？

法国社会学家埃德加·莫兰用社会学研究方法来诊断进入福利社会的西方发达资本主义社会的社会问题。资本主义社会由于经济和技术的巨大发展进入了福利社会的阶段，福利社会的建立给予工薪阶层种种社会保障，使他们不必为基本的生活条件担心，从而进一步追求一种满足个人需要的好生活，幸福的观念在个人主义的文明中上升到顶点。现代资本主义社会把一切价值都汇聚到私人的个人主义之中，塑造一个由原子化的个人组成的无机的、松散的社会。由于资本主义的大众文化只强调社会中原子式的个人的幸福，只注重不管过去也不顾将来的当前的快乐，鼓吹一些肤浅的享受，使人变成无根的流浪的存在，由此导致个人内心的不平衡从而产生空虚和苦恼。这使得幸福的神话又变成了幸福的问题，甚至幸福的危机。西方福利社会的发展似一柄"双刃剑"，既带来了积极方面，又带来了消极方面。对于生活在资本主义社会中的人们所遭受的人性的迷茫和痛苦，它只是做了转移而没有消除。①

为此，埃德加·莫兰提出一个需要探询的古老问题：在摆脱了谋生的强制状态后，人能够、应该运用他的生命来做些什么？类似的问题歌德在《浮士德》中借主人公的经历也提出了，浮士德如达到"幸福"状态，他同魔鬼的契约就开始实现，他的灵魂就会丧失，他就会进入地狱。于是歌德采取的解决方法是，使浮士德不是设法达到"幸福"的状态，而是得到有意义的生活，这样他就可以逃避沉沦。在这里浮士德同魔鬼契约所说的达到的幸

---

① 埃德加·莫兰：《整体性思维：人类及其世界》，陈一壮译，中国人民大学出版社，2020，第15~16页。

福状态应是"世俗的幸福"。在今天我们也需要采取歌德破除魔咒的方法。在新发展阶段，个人美好生活的追求要同新的"历史性生活"相交融，弘扬家国情怀，践行社会主义核心价值观。"有意义生活中的指导规范总是有意义生活可一般化，可拓宽到他人的性质，从长远看，可拓宽到整个人类。"[①]

归结起来，在今天，我们对美好生活的界定必须给生活意义留下位置。在一定意义上说，美好生活就是具有生活意义的生活。依据上面的论述，我们用表4-1对全面小康阶段和新时代美好生活的概念体现方式做简单比较。

表4-1　全面小康阶段和新时代美好生活概念体现方式比较

社会发展阶段	社会主要矛盾	发展范式	主要体现方式	解决问题维度
全面小康阶段	人民日益增长的物质文化需要同落后的社会生产之间的矛盾	消除绝对贫困，基本生活物品和服务相对丰盈和得到满足	以物质生活资料社会供给为基础形成的获得感、幸福感	生活富裕程度的提高（以量的增长为主要特征）
新时代	人民日益增长的美好生活需要和不平衡不充分的发展之间的矛盾	在实现生活富裕基础上以意义建构为核心的个体美好生活建构能力提升和个性化需要的满足	生活质量和品味提高，个人自由选择能力扩大	生活富裕+生活意义建构（社会的正确导向和个人自主建构能力互动生成关系的建构）

（二）生活意义是由"客观价值性"所赋予的

我们在界定生活方式概念内涵时，突出强调的一点是，生活方式是个体价值选择和评价系统，生活的意义是由价值赋予的，而这种"价值"是超越个人评价态度所具有的客观的本质属性和呈现形态，"客观"是自我以外的"事"和"理"本身"自有的价值"。比如，自然环境具有生态的、经济的、文化和审美价值，

---

① 阿格妮丝·赫勒：《日常生活》，衣俊卿译，黑龙江大学出版社，2010，第257~258页。

不管你对它的态度如何，它就在那里。我们生活世界的事物也是如此，不管一个人自我所持的评价态度如何，它也在那里。因此"无论意义的内涵如何，始终都涉及超然于个人被认为客观的和出自本身有价值的某种东西"，① 即客观性的评价来源不是"我"，而是由"我们"即事理本身所呈现的社会价值。

因此，一个人要培育超越"本我"的社会认同感和"将心比心"的移情能力，在价值判断上要把"自我"融入社会的"大我"之中。徐复观说得好："心不表现而为对外在世界的涵融，即没有心的内在世界。"实现这种涵融必须具备两个基本条件：一是必须发现除了物质生活以外，还有不是物质生活可以限制的人生价值；二是认为外在世界的芸芸众生，在本质上与自己同类且是平等的。②

现在，我们重点要论述的是"美好生活需要"问题。新发展阶段我们要不断通过发展解决人民日益增长的美好生活需要和不平衡不充分的发展之间矛盾，但"需要"不是"欲求"。两个概念的区别是，需要属于文化形态，是受价值引导的行为方式和"欲求"，体现着人作为"类本质"的自律、自为性，呈现的是合理的、同人自身成长相一致的本质上是社会性的需要，不是无度的、攀比的需要。还要强调一点，人的需要的满足不应是从人的现有价值态度的设计和选择出发，而是在日常生活实践中从不断提升自我的价值水平出发，因此美好生活需要是动态的不断提升的、为生活意义所建构的需要，从而使人们获得真正的、真实的更加美好的生活。

（三）以美好生活为主题的新时代仍需要英雄主义

在以习近平同志为核心的党中央带领全国各族人民实现美好

---

① R. 基普克：《生活的意义与好生活》，张国良译，《国外社会科学》2015 年第 4 期，第 143 页。
② 徐武军、徐元纯编《士当何为：徐复观先生谈思录》，四川人民出版社，2019，第 141 页。

生活奋斗目标的历史征程中，奉行的坚定不移的指导方针是，社会整体发展目标的实现不以牺牲个体为代价，而是使每个人都成为发展成果的获得者。党中央一再强调，脱贫攻坚、实现共同富裕"一个也不能少"，所有人都是社会发展政策的受益者和分享者。

但是，实现中华民族伟大复兴的历史使命，前进路上还有很多艰难险阻，还必须凝聚团结一心的伟力，不懈奋斗，甚至还会有牺牲。因此我们的时代仍需要英雄主义行为，仍需要个体超越对个人幸福的追求，把自己置于更高的价值追求和国家与民族利益之中。在党的历史上，无论是在革命年代还是在社会主义现代化建设年代，都涌现了无数仁人志士，培育了"铁人精神""'两弹一星'精神""航天精神""抗洪精神"等。这些精神的背后是无数把理想信念、生活意义的追求放在第一位的、具有英雄主义情怀的志士。他们不但在最高的精神境界上创造了自己的美好生活，也为国家和民族生活共同体的美好生活贡献了力量和精神财富。

美好生活具有超越个人价值和个人幸福概念的含义。从生活意义构成美好生活的核心要素的角度看，新时代英雄主义的重要呈现方式，即把生活意义置于最高位置，必要时需要压倒对世俗幸福的追求。当然，在新发展阶段从社会层面对于那些具有奉献精神的英雄模范人物的生活应给以更多的关照。

三　美好生活的伦理学维度

在美好生活实践中，还会遇到一个学理问题，就是美好生活（好生活）同伦理道德是什么关系？具体地说，个人追求的生活和应然的生活是什么关系？好生活和有道德的生活又是什么关系？这都涉及伦理学维度的美好生活。

关于道德与好生活、幸福生活的关系问题，在中外古代思想家、哲学家的著作中有丰富的论述。古希腊的苏格拉底、柏拉图和亚里士多德在生活幸福问题上尽管存在具体观点上的差异，但都是德性论者。苏格拉底认为德性就是幸福；柏拉图在苏格拉底德性论的基础上，提出德性和智慧是人生活的真幸福和良善最终目的；亚里士多德进一步强调德性是达至幸福目的阶梯，拥有美德使人幸福，缺乏美德将阻碍人得到幸福，并提出了一个重要命题：幸福就是一种合乎德性灵魂的现实活动。在我国，提出这一思想比古希腊早得多，早在上古时期人们就强调人的活动只有通过顺天时以修养文德来彰明，才能形成良好的生产生活秩序。《周易》云，"其德刚健而文名"，"文明以止，人文也。观乎天文，以察时变。观乎人文，以化成天下"，又云，"君子以遏恶扬善，顺天休命"。这些都是在讲人类生活的尚德追求。到了儒家学说中又有了很大的发展，孔子提出："己所不欲，勿施于人。"到了宋明理学时代如第二章所述，提出了"道"与"日用常行"的统一观，把仁义礼智信作为生活的根本道德原则，并明确提出"生活是仁体"的命题。

　　上面的简述表明，在古代思想家的心中，好生活或幸福的生活是同道德领域联系在一起的，好生活就是有道德的生活，有道德的生活也就是好生活。尽管在学术界上也出现过不同的观点，但从当今的现实来看，美好生活的重要维度是有道德的生活这一命题依然成立。解释这一命题的核心在于上面所说的，美好生活是一个为生活意义所贯穿、所建构的系统。而"意义"是在关系中呈现的，只要意义是基于对个人的超越，那么它就触及道德领域。如果只有当事情不仅关系到特定个人，而且也关系到他者时才会被赋予意义，那么意义就具有达至道德的一种倾向，如果一个人的生活具有道德性，那么其生活就具有意义性。因此，生活的道德性和意义性是具有内在一致性的。如果说生活意义表征着美好生活的本质属性的话，也就表明美好生活具有伦理道德的规范和评价维度，有道德的生活是美好生活的题中应有之义。

　　有道德的生活属于自为性生活，但这种自为性生活又是融入在"自在性"的生活之中的。作为生物性和社会性相结合的人都有七情六欲，都有个人和家庭的日常生活领域，每天都面对衣食住行等生活需求的满足问题，因此从存在论的观点看，人既是自为的"为我们而存在"的实体，又是自在的为"我而存在"的实体，两者密不可分。有道德的生活的人性预设，包括私人利益和生活需求的合理与充分的满足。亚当·斯密的《道德情操论》和《国富论》两部著作在世界的影响很大，两部著作看似呈现了十分迥异的人性面孔，分别立足于"道德人"和"经济人"的假说，而实际上在对人的现实关怀上两者是内在统一的。道德情感作为公共的社会情感讲的是人与人之间的爱与关怀，但在市场经济条件下，"道德人"追求物质财富的"自利"又是合理和有益的。在我国的现实生活中，这种"利他"和"自利"也是内在统一的道德行为。需要强调的是，亚当·斯密的论述包含的重要理念是，自为的道德发展过程对于每个个体的绝对重要性，其与每个个体独自抉择的能力融合在一起。这又引出了东欧新马克思主义学者阿格妮丝·赫勒提出的"道德个性"概念，她认为这是"最有价值的类型的个性"，即把统一的世界观"个体化"，同自己的个性相统一。"道德为这一个体化提供推动力；道德实践起着生活履行的指示器的作用。道德个性愈为发达，就愈少意味着'个人'对占统治地位（或至少是公认的）道德戒律的屈丛，而它就愈加表明所谈论的个体把内在化的道德秩序转化为他自己的本质、自己的实质。即是说，他使自己天生的才能品质和倾向人道化，在自己内部创造了规范的典范。"[①] 阿格妮丝·赫勒把自为的道德生活属性同个性发展的尺度相关联的思想是有重要启示意义的。

还有一个问题，是否存在一个人的生活"美好"，却具有非道德性的情况呢？在这里我们不从心理学角度去分析具体个人的心理感受和所做出的自我评价，但从社会维度上看，其生活行为是

---

① 阿格妮丝·赫勒：《日常生活》，衣俊卿译，黑龙江大学出版社，2010，第255页。

具有否定价值的，不是文明和社会的有效变量。进一步地说，如果社会氛围为不道德行为所浸染，那么只能产生互相伤害的后果。举个简单例子，如果多支跳广场舞的队伍拥挤在一个广场上跳舞，争相把自己的音响放到最大，结果互相干扰谁也听不清楚，而且所有人又是在噪声中度过的，是不可能形成共同体的美好生活环境的。对个体的人来说，"德不配位"也很难有好的生活体验和心理感受。从这个意义上说，伦理学维度又提供了现实社会中获得美好生活的底线律令。

还需指出一点，我们强调实现美好生活的伦理道德维度的规定性，并不是说它是美好生活的自足条件，不需要生活的其他方面和生活的其他空间。比如，一个人可展现自己的美学修养，以及从事技艺活动，培养高雅的兴趣爱好，但这些活动往往又与伦理生活相关联，受伦理道德生活引导。

四　把"意义"置于美好生活概念的革命性意义

以上我们从对美好生活概念与幸福概念的比较入手，对美好生活的含义进行了新的诠释。强调两者概念有一致性的方面，以物质生活水平提高为主产生的获得感、实存性体验的幸福，构成了新时代美好生活概念的基础和起底因素，但还不是新时代美好生活全部含义，还需以此为基础上升到生活意义维度以及相关的伦理道德维度。当然美好生活具有复杂的、待认识的、不可穷尽的因素。

由此可以做如下概念表述："美好生活＝生活富裕+生活意义+尚待认识的因素。"这是一个开放的概念表述方式，也可以视为新时代的"大幸福观"。这一概念表述的出发点是，美好生活属于每个人又超越每个人，是在个人与共同体价值关联中加以呈现的概念，体现的是真善美相统一的生活境界，以及恩格斯所说的人的"生存、享受、发展"需要的一体化满足过程。我们特别强调，把生活意义维度引入美好生活概念体系，对新时代实现美好生活奋斗目标具有根本性的、革命性意义。

第一，这是由中国式现代化的基本社会福利属性所决定的。中国式现代化是以习近平新时代中国特色社会主义思想为指导的现代化，是具有科学社会主义精神高度的现代化，是建设中华民族现代文明的现代化，是遵循马克思提出的社会理想，在发展实践上不断把实现人的自由全面发展作为不同发展阶段至上性目标的现代化。这就规定了实现新时代美好生活奋斗目标的根本价值属性和发挥生活意义建构功能的重要性。只有这样，才能实现以人为本、以人民为中心和以创造美好生活崭新社会图景为载体的合规律性与合目的性相统一的发展。所以新时代的美好生活概念属性区别于传统社会的幸福观和人们的向往，也不同于资本主义文明为人们提供的生活图景。中国式现代化同西方资本主义现代化的根本不同点是，资本主义历史性地推进了人的生活文明，但又把这种文明纳入资本支配逻辑之中。中国式现代化将超越资本主义的经济社会形态而真正开启以人为本的新型社会文明形态，实现人民美好生活的愿景，最终实现人的自由全面发展。不竭的人的生活意义追求将形成强大的社会动能，从而使我们的社会充满朝气活力，推动社会历史性变革。

第二，从国际经验上看，依据"伊斯特林悖论"——一国的经济增长未必会换来生活满意度的提高，当国民收入水平达到一定节点之后，"美好生活"则唤来生活意义的登场。与"伊斯特林悖论"相关的理论还有，美国密歇根大学后物质主义价值观权威学者英格尔哈特提出的"稀缺性假设"以及马斯洛"需求上升规律"的假设。一个国家在经济发展的初级阶段，人的需求必然以物质满足为主，生活的内涵也主要限定在日常生活领域；而当物质生活需要得到基本满足后，特别是人均 GDP 超过 1 万美元时，根据英格尔哈特的国际调查数据，物质需求的满足对居民主观幸福感增强的影响就会明显削弱。

另外在这个问题上，美国耶鲁大学罗伯特·莱恩在他的专著

《幸福的流失》中做过深入的研究。他观察到：1972～1994 年，说自己"非常幸福"的美国人一直呈下降趋势；尤其是妇女、青年、黑人和其他一些少数民族中感到不幸福的人更多一些。一项更新的研究显示，1960～2000 年，按不变价格，美国人均收入翻了一番，但认为自己"非常幸福"的人从 40% 下降到 30% 左右。在欧洲国家，幸福指标没有明显的改变，但是患忧郁症的人却在急剧增加。如果考察人们对生活各个方面的感受，情况也差不多，说自己婚姻生活"非常幸福"、对工作"非常满意"、对个人或家庭财务状况"相当满意"、对居住地"很满意"的人都在减少。

如何解释这个现象呢？莱恩分析了什么因素与幸福有关。一般人认为是经济增长，提高收入水平可以使更多的人感到幸福。莱恩承认贫穷不能使人幸福，但莱恩在分析时，在概念上将经济增长和由经济增长带来的收入提高区别开来，经济增长的过程往往是痛苦的，因此它本身并不会增加幸福，收入水平提高在发展中国家则会产生增加幸福的效果，收入水平较高的国家，幸福指数也较高。但莱恩进一步指出：收入水平与幸福之间并不是直线关系，而是曲线关系。在收入水平达到一定高度时，收入提高会增加幸福；当收入水平超过一定高度时，它的进一步提高未必会增加幸福。大量实证研究表明，在众多发达国家中，人均购买力水平最高的国家不一定是最幸福的国家；在一国内部，最富的人群不一定是最幸福的人群。莱恩提出，人们连对衣食住行的基本需要（basic needs）都得不到满足时，他们不太可能感到幸福。因此，在基本需求得到满足以前，收入每提高一点，都会使人感到更幸福一些。但是，在基本需求得到满足之后，收入带动幸福的效应开始呈递减态势。收入水平越高，这种效应越小，以至达到可以忽略不计的地步。

究竟人均收入达到何种水平是幸福指数的拐点，可能因各国的国情不同，是有差别的，但上述研究所揭示的规律是有启示意义的。从我国看，在人均 GDP 已超过 1.2 万美元的情况下，生活意义对美好生活的建构功能开始在一部分阶层群体中逐步登场了，需要解决生活富裕起来后出现的新问题，比如日本就出现了"低欲望""佛系"的问题，在我国要防止日常生活的平庸化、低俗娱乐化、消费主义化、"物化"等新问题。而生活意义登场参与生活的建构，将把人们的精神生活带入新的更高境界，激发出生活主体的能量，把主体的生活引入"未竟之业"。

第三，生活意义将增加个体生活的"抗逆力"。在新发展阶段，党和政府将为满足人民的美好生活向往提供日益充分的条件，但对具体的个人和家庭来说，不可能生活事事圆满和一切如意，这只能是祝福性话语，一定会遇到挫折和痛苦，幸福生活同样也会伴随不幸的经历。消除负面因素的最好良药就是生活意义。在这方面，读一下在二战德国纳粹时期从奥斯威辛集中营幸存下来的医师弗兰克尔的《活出生命的意义》一书，可以受到启示。他从死亡中活下来的经历中得到的体会是，"有意义的生活是一个以通过持续的新挑战和冲突的发展前景为特征的"。[①]

归结起来，我们之所以强调把生活意义引入新时代美好生活概念体系具有革命性意义是因为，它破解了至今人们追求美好生活的难题，并且是同创造人类文明新形态历史性活动联系在一起的。因此我们又可以提出下面一个公式，把"意义"引入新时代美好生活概念，"美好生活＝破解世界性难题＋创造人类文明新形态"。

第三节　努力培育中华民族富有魅力的生活方式

以上我们论述了生活方式研究在我国新发展阶段可预期实现的建构功能，那么如何使这些功能落地，在世界民族之林中形成中华民族富有魅力的美好生活方式呢？应当认识到，这是一项开

---

① 维克多·弗兰克尔：《活出生命的意义》，吕娜译，华夏出版社，2018。

创人类新文明形态的极为复杂的巨系统工程，根本的条件是以习近平新时代中国特色社会主义思想为指导，把党的领导和 14 亿多人组成的命运共同体的创造力结合起来。在这个前提下，我们进一步探索如何发挥生活方式的理论效能。为此，我们从社会宏观层面谈以下问题。

一　要从战略层面看待生活方式的重要建构功能

要从战略层面看待生活方式的重要建构功能，这是我们再度强调的论题。改革开放初期，生活方式研究首倡者提出的一个重要理论创新观点就是，把生活方式问题置于中国式社会主义现代化的总体战略层面加以考量。这一论述随着时间的推移和实践的发展，日益显示其深远意义，如果说当时这一对问题的表述还具有理论预设性的话，那么在新发展阶段的今天，其则更加凸显了现实性和实践性。

新发展阶段把满足人民美好生活需要作为奋斗目标，标志着我国的发展进入以人民为中心的"生活人"假说时代和"生活的逻辑"居主导地位的时代。"生活人"假说体现的是对 18 世纪以来西方古典经济学"经济人"假说的扬弃，是对"社会人""文化人"假说在生活本体论视域内的升扬和超越。美好生活奋斗目标的实现，首先要以经济社会发展水平的全面提高为基础，这是根本性的制约和保障条件。但生活的主体是一个个具体的人和家庭，有质量的生活最终要靠具体的人和家庭来完成，特别是在高质量发展阶段，在人们生活的富裕程度普遍提高的现实情境下，新的社会发展过程就客观地把"怎样生活才是好的"的问题推到前台，这就使贯穿人们具体生活活动、生活条件和生活情境中的价值选择、生活意义、生活能力和艺术等体现主体个性化建构功能的要素的作用进一步凸显出来。特别是在科技昌明"物"的价值升值而人文滞后的大背景下，这一点尤显重要。因此美好生活的实现不是"决定论"式的，也不只是体现为社会供给条件的保障，而根本的是体现为社会建构和个人个性化建构的内在统一。调适社会和个人建构关系，并发挥每个生活者的主体建构功能，在大变局时代通过生活意义的建构回应"怎样生活"的问题，是提高生活质量，实现美好生活和人的自由全面发展相统一目标的不可缺少的环节，而这些正是生活方式研究所面向的问题，也是只有发挥生活方式的理论功能才能完成的事业，所以我们才说生活方式问题在我国新发展阶段构成战略层面的问题。

二 生活方式是"美好新人"生成的必要条件

生活意味着成长。社会主义生活方式表征社会主导价值转向了人本身这一人类历史最深刻、最基础的层面。

生活方式的重要视角是在现实关系中，如何通过主体生活意义的建构和日益丰富的生活实践活动实现人本身丰富个性的生产与再生产。马克思说："个人怎样表现自己的生活，他们自己也就怎样。"[1] 按照马克思的这一观点表述，在我国新发展阶段人的生活样态同人自身的样态高度吻合，是一个过程的两个方面。所以，实现美好生活目标的过程实际上是培育"美好新人"的过程。离开"美好新人"的培育和人的自由全面发展，就失去了美好生活目标的核心要义。新发展阶段继小康社会之后又作为全新的起点为"美好新人"的生成提供了新的社会发展图景。

"充实之谓美，充实而有光辉之谓大"，生活方式研究的价值取向就是人不断对自身所面对的社会状况和人自身状况的超越，就是通过生活意义的建构和生活实践活动提升人自身的生活境界、情怀和品味，从个体生命形态上焕发出真善美的生活追求和诗性的审美境界。"美好新人"有丰富的规定性和特性，最高的生成目标是马克思所说的人的自由而全面的发展。但在我国现实的文化语境下突出强调的一点是，努力生成"个性"与"共同体性"相

---

① 《马克思恩格斯全集》（第3卷），人民出版社，1960，第24页。

和谐的"新人性"。这种"新人性"同极端个人主义文化相比，代表了人类最高素养和最高人格，具有超出民族界限的"非普遍"的普遍意义。

那么，新时代"美好新人"生成的条件是什么呢？这是我们从学理上需要追究的问题。从生活方式的理论视角可做出这样的回答："美好新人"的成长过程是社会培育和生活者个人自我养成的双向互构的统一过程。新发展阶段的经济、政治、社会和文化的良性发展为美好新人的成长提供了社会土壤，这是根基性因素。但还需要生活者个人的主体因素，即个人的自我修炼养成，这也是不可缺少的条件。从这个意义上说"美好新人"实际上是"新的自己"。清华大学黄裕生教授从哲学原理视角揭示了这一过程：

> 自从自我意识觉醒之后，我们每个人，或者说每个自由存在者，总是自觉不自觉地不断进行自我回忆—自我叙述，不断进行自我预期—自我期许。我们就是在这种无数次的自我叙述—自我预期中确立、塑造着一个具有连续性却又不断自我刷新、自我差异化的同一性身份。
>
> 每个人因其自由而能够且也总是处在与自己的差异之中。因为我们每个人因自由而能够且不可避免地不断跳出自己的过去，筹划着新的可能，打开新的希望。哪怕只是一个新的想法、新的感受、新的想象、新的觉悟、新的处境，或者新的发现，都会程度不同地把我们每个人带向新的视野、新的境界，并通过改变自我叙述与自我预期而刷新自己。①

在"学以成人"的主体修行养成方面，中国古代思想文化留下了丰富的精神遗产，我们需要通过创造性转化继承它。但这种主体修行实践不能脱离社会实践和社会价值相统一的生活方式主

---

① 黄裕生：《论自由、差异与人的社会性存在》，《中国社会科学》2022 年第 2 期。

客体相融的理论，这一理论将不但为美好新人生成的社会培育和主体修炼养成双向互构过程提供理论框架，也将为其提供具体实践方法和技术。

三　生活方式为构建"供给"与"需要"升级版关系创造条件

从新时代主要矛盾"人民日益增长的美好生活需要和不平衡不充分的发展之间的矛盾"的表述看，美好生活的"需要"同"供给"相比是主要矛盾的主要方面。承接小康社会的新发展阶段，美好生活需要将由主要解决物质层面的生活需要上升为解决日益全面和更高形态的生活需要。生活需要的满足要通过扩展市场消费形式、提升"消费力"实现，但满足新发展阶段的生活需要又远远超出市场范畴。比如在满足情感、心灵、体验等的生活需要方面，市场是失灵的。因此，从良好生活方式形成视角看待"美好生活需要"的满足，需要将从经济范畴表述的"供给侧"和"需求侧"的关系，上升到体现美好生活全面的、更高形态需要的"供给侧"与"需求侧"关系的"2.0升级版"，这应成为重要的政策导向。

另外，从"主要矛盾新说"来看"供给"和"需要"的关系，"需要"对"供给"的牵引作用从深层次上看，又体现为目的和手段的关系，"需要"是"供给"的目的，"供给"是满足日益丰富需要的手段。不但如此，按马克思在《德意志意识形态》中的观点，需要是"第一个历史活动"，[①] 需要的满足过程也将是新的需要的再生产即提供更新的供给的过程，从而新的产品、社会关系、社会意识和新的文化被创造出来，反过来供给又创造新的需要，循环复地呈现波浪式前进运动和互动生成过程。作为一般的历史过程，需要永远走在供给的前头，从而推动社会供给的再

①　《马克思恩格斯全集》（第3卷），人民出版社，1960，第32页。

生产。但在具体的运行过程，也会出现人的主体需要落后于社会供给的情况，因此又要社会供给引导需要，实现两者动态平衡。

必须看到，在高质量发展阶段解决超出经济学眼界的"供给侧"和"需求侧"的关系问题，将是更为繁难的创新课题，需要从人的全面需求发展出发，树立整体观、系统观。生活方式研究的特定重要视角，就是在主体与客体、需要与供给的互动生成和建构关系中通过价值选择构建"需要"，从而发挥生活方式独特的理论功能。

四　充满个性活力的生活方式为"集中力量办大事"制度优势提供不竭的内生动力

社会有机体运行存在"整体大于部分之和"与"整体小于部分之和"两个悖论式的运行规律。"整体大于部分之和"讲的是由"秩序性""整合性"所聚集起的社会能力，在我国现代化的整个发展历程中体现为"集中力量办大事"的社会主义体制优势。中华人民共和国成立初期，我们在"一穷二白"的条件下依靠"集中力量办大事"的优势，冲破帝国主义的重重封锁，依靠自力更生、艰苦奋斗的精神研制成功了原子弹、氢弹，初步建起了现代工业体系。改革开放以来又依靠"集中力量办大事"，把许多不可能的事变成了可能，创造了世界发展史上的许多奇迹。一个最突出的例子是在 2020 年初，湖北武汉市暴发大规模新冠疫情，其传播速度之快，对人的生命危害程度和控制难度，在新中国以至世界百年疫情流行史上，都是罕见的。但是在党中央的果断决策和坚强领导下，全国人民万众一心，奋勇抗疫，仅用不到两个月时间就实现了疫情形势的根本性逆转，直至全国疫情防控取得决定性的胜利。我国之所以在疫情防控上创造了惊人的奇迹，其经验是多方面的，其中重要的一条就是彰显了全国一盘棋、"集中力量办大事"的社会主义制度的优势，在极短的时间内就可聚集起数万名医护人员，调动物力、财力，实施"硬核作业"，仅用一周时间就建成"火神山""雷神山"功能完备的医院和大批方舱医院。集中力量办大事的制度优势所具有的极强组织力、动员力、行动力在新时代中国特色社会主义现代化建设中仍将发挥巨大的能量。

"整体小于部分之和"讲的是每个生活者个性的美好生活追求，又会对现有的社会结构关系形成张力，打破现有供给秩序的平衡，但新的生活需要的多样性和个性也蕴含着改变自身生活和推动社会变革的巨大"微动力"和"活力"，特别是在人工智能和数字社会，个性的张扬往往潜藏着巨大的创造力，带来技术创新、社会创新的巨大突破。

两个命题体现的是，"统一性是人类的多样性的财富，多样性是人类的统一性的财富"的辩证关系。"集中力量办大事"可通过凝聚力、组织力、执行力和行动力攻坚克难，解决发展和安全中的瓶颈问题，造福于每个人；同时，每个生活者个性活力的充分激发，又可为"集中力量办大事"的体制优势提供无尽的能量和内生动力。"自由个性"的实现是马克思提出的共产主义社会的理想图景，也是高质量发展阶段践行的社会目标。社会主义制度的优越性体现为，具有充分激发人民群众个性活力的"集中力量办大事"的体制优势。在新发展阶段的一个重要课题是如何通过体制的深化改革和思想解放使人们的个性活力充分释放出来。

五　从中国语境和实践出发，构建"积极有为型"绿色生活方式概念

习近平总书记对于加强生态文明建设问题提出了一系列系统思想理论。他在讲话中强调，"生态文明建设是关系中华民族永续发展的根本大计"，"生态文明建设正处于压力叠加、负重前行的关键期，已进入提供更多优质生态产品以满足人民日益增长的优美生态环境需要的攻坚期，也到了有条件有能力解决生态环境突出问题的窗口期"，并指出，推动形成绿色发展方式的生活方式是

关系我国经济社会发展全局的一件大事,"要充分认识形成绿色发展方式和生活方式的重要性、紧迫性、艰巨性",要通过一系列艰巨工作"让良好生态环境成为人民生活的增长点、成为经济社会持续健康发展的支撑点、成为展现我国良好形象的发力点,让中华大地天更蓝、山更绿、水更清、环境更优美"。① 这些论述都强调了新发展阶段生态文明建设是"国之大者"的重要战略地位。

在我国,要实现碳达峰、碳中和的发展目标,需要 14 亿多人从微观的日常生活绿色低碳环保行为做起,如低碳的消费方式、出行方式,实施垃圾分类等,这些都属于绿色生活方式范畴概念中的事物,国际上通行的绿色生活方式概念也是从"简单生活"、"简约生活"、"俭朴生活"或"极简生活"的概念上加以定义的。我国的"十四五"规划提出的扩大内需消费政策要同遏制消费主义、倡导合理消费、反对浪费和发扬勤俭节约的优良传统有机统一起来,倡导的就是以"生态优先"为重要原则的绿色生活方式。需要指出的是,我国所倡导的"合理消费"同满足人民日益增长的美好生活需要并不矛盾,强调的是发扬勤俭节约优良传统,同"极简主义"的主张并不相同。

习近平总书记用"攻坚战"来定义环境治理问题,"打好污染防治攻坚战是关系近十四亿中国人民切身利益的大事,也是建设美丽中国的必然选择。不管有多么艰难,我们都要坚定决心,坚决打好打胜这场攻坚战"。具体到美丽乡村建设问题,习近平总书记指出,"要结合实施农村人居环境整治三年行动计划和乡村振兴战略,……因地制宜、精准施策,……一件事情接着一件事情办,一年接着一年干,建设好生态宜居的美丽乡村,让广大农民在乡村振兴中有更多获得感、幸福感"。② 这里突出强调了一个"干"

① 习近平:《论坚持人与自然和谐共生》,中央文献出版社,2022,第 1、7、167~168、173 页。

② 习近平:《论坚持人与自然和谐共生》,中央文献出版社,2022,第 200、206 页。

字。这些论述都表明，我国广大人民群众改天换地的伟大实践创造了"积极有为型"的绿色生活方式概念。

六 发挥中等收入群体在培育新型生活方式中的带动作用

随着我国数字生产力的快速发展，经济总量的扩大和分配格局的不断改善，新兴的中等收入群体脱颖而出。福布斯中国和向上金服联合发布的《2018 中国新兴中产阶层财富白皮书》显示，新中产年龄在 25~45 岁，多居于一、二线城市，接受过高等教育和专业化训练，以从业于计算机互联网、会计金融、贸易消费领域的办公室白领为主，也包括一些新兴的中小企业主等，其形成条件与发达国家该群体的形成条件有相似之处。

把这一新兴群体称为"中等收入群体"是从分配取向上定义的，但从社会阶层结构看，即从综合的经济资本、文化资本、社会资本三大维度看，他们拥有的经济资本收入，是通过个人占有的文化资本（含对新技术的掌握）获得的，因而他们不仅是新兴收入群体，也是新兴劳动群体，同时由于他们有较高的文化水平，具有参与社会公共生活的需求和能力，特别是在互联网上有较强的话语表达权并形成一定的社会关系网络，因而他们又是拥有社会资本的群体。此外，他们还是有着"个人的共同生活方式"的群体，有独特的生活方式追求和文化品味。在这方面，中国社会科学院社会学研究所朱迪研究员以新兴中等收入群体为研究对象，特别关注其生活方式中具有普遍性和典型性的互联网消费行为，通过田野调查等方法对其数字消费行为进行了考察，指出新兴中等收入群体由于密集的文化资本、较高的经济资本以及在"职业生产力"意义上与互联网的紧密联系，在数字新型消费方面特征显著，表现出一种积极拥抱互联网消费的态度，同时表现出作为消费者的能动性和反思性，并据此采取一系列行动策略，包括通过新型消费满足追求便捷、高质量和个性化的需求，更加富有创造性地将互联网应用于日常生活的多个领域，包括娱乐与兴趣爱好、工作与自我提升、日常生活、子女教育再到维权，借助对新型消费的敏感性以及信息获取和分析能力，使得各方面生活被先进技术赋能。同时，新兴中等收入群体表现出试图摆脱技术"规训"的反思性。① 当然，在其他生活领域新兴中等收入群体也成为新兴生活方式的开拓者。特别要关注他们劳动方式的变化，他们主要从事的不是体力劳动而是智力劳动，并往往是有创造性甚至艺术性的活动，这成为他们自为的自我实现的重要领域。

在我国，对于快速成长的新兴中等收入群体，我们从生活方式视角进行审视，则体现了同社会发展方向相一致的进步性和新型文明特征，对全社会的生活方式文明进步具有一定的带动性和示范性。当然，新涌现的这一群体在生活方式上还带有明显的稚嫩性和不成熟性，还要经历较长的成长过程。从社会层面还需注意解决以下问题。

第一，从社会总体阶层看，新兴中等收入群体是拥有经济资本、文化资本、社会资本比较优势的群体，并且在劳动生产方式上多从事智力性劳动，在新发展阶段，他们有可能是在实现人的个性发展上走在前列的群体，在现实社会中成为推动新型生产力发展和推动扩大内需消费的主力军，在促进科技进步，发展生产力和推动经济增长方面具有不可替代的作用。但从实现人的自由全面发展的目标来看，不应把他们视为"工具人""消费人"，而应把他们视为具有日益增多的生活诉求和更多精神追求的"生活人"。

第二，"自由时间"的问题。马克思高度重视自由时间在实现人本身发展中的作用，他说，自由时间"为全体［社会成员］本身的发展腾出时间"，"为个人发展充分的生产力，因而也为社会发展充

① 朱迪：《新兴中等收入群体的崛起：互联网消费特征及其经济价值》，《社会科学辑刊》2022 年第 1 期。

分的生产力创造广阔余地"。① 在现实中，却存在"996""007"的加班文化，这不利于新兴中等收入群体新型生活方式的全面培育，不利于他们的身心健康成长，也不利于创新型数字化产业的发展，需要采取相应的政策加以调整，同时也要防止闲暇时间为资本操控，致使闲暇时间过度娱乐化、低俗化的情况。自由时间的社会利用与开发是非常复杂的，特别是涉及精神领域的问题，需要深入研究。

第三，我国在新发展阶段实行扩大中等收入群体的社会政策，从而实现共同富裕和社会公平。新兴中等收入群体是拥有文化资本、经济资本较多的群体，但他们的文化资本（含科学技术）不是天生就有的，而是通过教育获得的，因此要扩大该群体和实现社会公平，核心是要推动实现教育平等，要使青少年获得公平接受良好教育的机会，在这方面，我国正在采取一系列政策，在新发展阶段，要把教育公平视为社会公平的核心问题。

七 把数字技术的发展纳入创造人民美好生活的轨道

从现代化发展史来看，如果说中国的工业化曾落后西方 200 多年的话，那么当今人工智能数字技术大体同发达国家处于同一方队。这得益于我国超强的学习能力和作为发展中国家在社会心理上对新技术运用的更高热情，同时，借助超大的市场规模在普及推进速度上形成优势，智能技术将对社会生活产生颠覆性的影响，具身性地改变人们的生活方式。因此研究人工智能技术对社会生活的影响，趋利避害，把它纳入为人的生活造福的轨道，就成为多学科研究的时代性课题。

人工智能技术已颠覆了技术的中性性质，它对人类的认知能力有超强的模仿能力，并形成人类无法比拟的强大认知、感知能力，在现实的"人机大战"中已出现"人不如机"的情况。未来，其会极大地改变人类的生产生活方式，劳动、休闲、消费、人际

---

① 《马克思恩格斯全集》（第 46 卷）下册，人民出版社，1980，第 221 页。

关系的基本结构，以及人的发展空间，给人的生活带来极大的便利。但它超强的能力也可能使其成为威胁人类的弗兰肯斯坦怪兽，给人类带来的毁灭性后果。解决之道不是靠技术解决技术带来的问题，而是回到人的主体性力量上来，在生活的逻辑框架下加以把握。

让我们回到一个更广阔的社会哲学命题上来。马克思以欧洲工业革命时期珍妮纺织机的发明为例讲过，技术发明极大地改变了生产方式、社会关系以及人们的生活方式。这是讲的新技术对生活方式的支配性影响。但马克思在《德意志意识形态》中将作为生产方式重要组成部分的技术变革纳入了生活方式范畴和生活世界界面，其要服从于人的生活逻辑的管辖。生活逻辑就是人的本性力量的发挥。"价值"就是人的本性的基本体现，这是人工智能不具备的。所以研究人的科学能力和价值能力两者的关系，构成研究智能技术对人的生活如何发挥影响的重要维度。

人的历史就是一个不断以自身发展为核心的生物性、社会性和文化性相统一的具有自我意识的社会性存在。人的生命存在形式就是生活和生活方式，人们在日常生活实践中通过价值选择和意义建构的主体性设定，不断修正自己的生活需要，实现对美好生活的向往。在我国发展的现阶段人工智能技术介入生活的能力大大增强，但与此同时，人类的主体性和制约工具理性的价值理性能力也大为增强，完全可以给人工智能这一"脱缰野马"戴上合目的性的笼头，决定要什么，不要什么，什么要发展，什么要控制，趋利避害，将其纳入生活逻辑的轨道，使之为扩大人民美好生活空间、提升人民创造美好生活的能力服务。在主客体关系中如何通过价值选择建构美好生活需要，正是生活方式研究的课题。

八　以总体国家安全观为引领，筑牢全社会生活方式的"软基建"

当今世界正经历百年未有之大变局，世界格局复杂多变，不稳定因素日渐增多，随着我国综合实力的不断增强，我国的发展和安全形势也面临着前所未有的挑战，亟须提升总体国家安全意识，构建好总体国家安全观。

我们必须看到还有一个无形战线"软手段"威胁，这就是通过文化意识形态和消费主义、极端个人主义生活方式和价值观的输出，钝化、消解化、柔弱化我国的民风和生活方式，在今天，资本主义制度的弊端也逐渐为人们所认识，但资本主义的生活方式和拜金主义、个人主义仍有强大的影响力，我们必须保持高度的警惕。

东汉崔寔在《政论》中说："夫风俗者，国之脉诊也。"在新发展阶段，要以社会主义核心价值观为精神统领，筑牢全民族生活方式的"软长城"。中华人民共和国成立以来在党的领导下，我国的发展经历了"站起来""富起来""强起来"的过程，"强起来"既包括"硬实力"，也应包括由文化、价值和生活方式构成的"软实力"。从新冠病毒暴发初期的战疫中我们看到，中华民族彰显出的特有的生活方式韧性构成了强大的"中国力量"。因此我在总结全民族抗疫经验中提出了"生活方式战疫"的概念。[①] 我国的女娲补天、夸父逐日、精卫填海、愚公移山、大禹治水、刑天舞干戚等古老神话展示的是人类面临生存困境时不是靠神仙，而是靠自身攻坚克难的意志。在新时期，特别要光大中华民族刚健有为、自强不息、不畏艰难的精神品格和生命底蕴，使之成为全民族生活方式的组成部分。习近平总书记在给《文史哲》编辑部全体编辑人员的回信中提出了"增强做中国人的骨气和底气"[②] 的号召，是非常及时和具有深远意义的。在未来的发展中，要传承汉唐雄风，而不是宋代的虽经济技术发展达到新的高度却呈现出的柔弱社会之风。

---

① 王雅林：《论"生活方式战疫"的中国经验》，《哈尔滨工业大学学报》（社会科学版）2020 年第 6 期。

② 《习近平书信选集》（第 1 卷），中央文献出版社，2022，第 327 页。

第四节　生活方式在实现美好生活奋斗目标中的功能发挥

以上我们阐述了中国特色社会主义现代化建设进入新时代，党带领全体人民的奋斗目标是创造人民美好，这是必须牢牢把握的战略方向，同时又从生活方式维度对"美好生活是什么"的问题进行了创新性诠释。在此基础上本节进一步从宏观层面围绕生活方式在实现美好生活奋斗目标中可预期发挥的建构功能展开论述。论述这一问题，我们采取的方法论是把生活方式学术话语同国家重大指导方针话语相对接，对重大战略工程层面的问题做出生活方式理论维度的思考，昭示生活方式的理论对实践的建构功能。同时，面对宏观的问题意识需要借助哲学思维，社会学研究需要经受哲学洗礼，将其纳入社会理论层面和文化范畴思考问题。就此，提出以下问题。

一　关于以生活方式学理概念为指导原则的问题

在本书的第一章中，我们阐述了马克思历史唯物主义"生活本体论"思想的基础，又依据对《德意志意识形态》的文本分析，创新性地解读了马克思基于广阔深邃的历史视野所形成的生活方式观，我们把这种生活方式观所凝塑的概念称为涵盖了人的全部生活领域和生命本质的宏观生活方式概念，即学理性概念。但在目前的生活方式研究中所使用的主要是日常生活层面的狭义概念，这一概念用法具有实用性，但也具有局限性。

第一，日常生活是人们生活的基础领域，日常生活衣食住行等基本问题的解决是人们从事其他领域活动的前提，这决定了"狭义生活方式"概念存在的合理性。但按匈牙利学者阿格妮丝·赫勒的表述，在人们的日常生活领域之外还存在一个具有更广、更高自由程度的非日常生活领域，这个领域在我国当下的新发展阶段已成为生活方式研究需要开拓的新疆土。我国进入新发展阶段，将逐步扩大人们的生活领域，这就要求生活方式研究视野的开阔。这样，狭义的日常生活概念作为分析框架就容纳不下了。比如，我们提出的"绿色生活方式"概念就体现为对现行"狭义生活方式"概念的超越。西方古典社会学中使用的生活方式概念主要是作为解释说明别的概念的描述性概念出现的，从新时代实践的发展要求出发，需要突破西方社会学的学术阈限。

第二，新发展阶段现代化发展的深层目标是在人的自由全面发展的"生产与再生产"上取得实质性进展。按马克思的观点"个人怎样表现自己的生活，他们自己也就是怎样"，[①] 在人自身的成长上，作为回应"怎样生活"和人的生产与再生产的宏观生活方式概念具有重要的建构功能，在这方面经验性的"狭义生活方式"概念则有明显的局限性，所以面对新时代的历史任务，需要有体现生活全面性和生命本质的建构性更强的学理概念，而基于马克思历史唯物主义指导原则并吸纳了中外优秀思想的"广义生活方式"概念，就具有这方面的优势，这体现在以上各章节的论述之中。

第三，生活方式研究可以在个人、家庭、阶级阶层、民族、社会共同体、人类共同体层面展开。本次研究是在"大社会"层面、在中华民族共同体实现伟大复兴层面进行的，涉及的理论与实践研究视野十分复杂，自然要用宏观生活方式概念发挥其理论构建功能。扩大开来，从新发展阶段美好生活目标的角度看，也必须突破"狭义生活方式"概念的阈限，回到马克思主义的生活方式观上来。

我们特别需要指出，宏观生活方式概念是宏大叙事的学理概念，但也是实证概念，无论是在马克思提出这一概念命题的当时还是在我国的新发展阶段，其面对的都是真实的历史实践过程。它的理论应用完全是建立在事实和实践，特别是"宏观事实"和宏

---

① 《马克思恩格斯全集》（第 3 卷），人民出版社，1960，第 24 页。

观社会实践分析基础上的，这既是中国文化的特点，也是马克思实践理论的特点。学理概念的功用就是提供总体观，为经验研究提供理论智慧。宏观生活方式同狭义日常生活方式有着共同的概念基础相融性，这就是"日常性生活"。① 使用狭义日常生活方式概念应以宏观学理概念为指导框架，但随着社会的发展和人们生活领域的扩大，宏观生活方式中的许多方面的活动领域将逐渐转化为狭义的日常生活方式概念之中，比如政治生活方式、更高形态的精神生活追求等，人们现行生活领域局限性的突破，将使原本属于宏观生活方式范畴的事物日常实践化，转化为新增加的日常生活事物。

二 新发展阶段社会生活方式的选择

中国是五千多年来依托共同的文化和生活方式形成的人类史上唯一没有中断文明的"文明型国家"。在当今人类日益成为命运共同体的时代，中华民族对世界的贡献，就是开创出一条走出人类"史前史"的历史道路，通过新的更高形态的"普遍而自由"的美好生活方式，实现回归人的本性的发展。社会主义制度是否显示出优越性，很重要一点是看它能否提供一种使人民"活得更好"的社会形式。在新发展阶段，培育中华民族高尚的精神追求和"有光辉"的生活方式，很重要的是在我们民族共同体日常性生活实践中，以社会主义核心价值观为精神统领，并在创造性转化中华优秀传统文化和吸收世界先进文明的基础上，形成个人的"共同的"社会生活方式模式，并使其成为每个人个性丰富多彩生活的共性方面，我们可以把这种社会生活方式模式的内涵概括为"文明、健康、绿色、刚健、优雅"五个方面。

---

① "日常性生活"是作者同现行的"日常生活"概念相区别提出的新概念，强调"日常性"是人的日常与非日常全部生活领域所呈现的特征，不具有"日常性"的活动方式不是生活的有机组成部分，由此区别开"日常性生活"和狭义"日常生活"两个概念。参见王雅林《回家的路：重回生活的社会》，社会科学文献出版社，2017。

用"文明""健康"表征我国社会生活方式建构的规定性，是自改革开放初期以来党的重要文件中多次出现的。社会主义现代化要使我国成为高度文明的国家，其中重要的体现就是人们的生活方式、日常行为的高度文明。在新发展阶段要全面推进物质文明、政治文明、精神文明、社会文明和生态文明建设，同这"五位一体"建设内在关联的是，还需延伸到"生活文明建设"的环节。"生活文明建设"以"五位一体"建设为条件和基础，而"五位一体"建设又依赖于每个生活者的生活文明，这一过程就需要发挥生活方式的导向、配置和调适作用。

"健康"是人们生活质量的重要方面，是优质生活的重要体现。党和政府把维护人民的生命健康置于一切工作的首位，出台了许多相关措施，所以理应纳入我国社会生活方式建设的体系和模式定位之中。健康不仅包括身体健康，也包括心理和精神健康。

"绿色"是人类必须做出的生活选择。人类曾高傲地宣称对于我们生活其上的地球可以恣意地统治、支配，但我们越是恶化它就越是恶化了我们自己的生存条件，直至把自己推向自我毁灭的边缘。生态环境问题不仅关系到人类自身生命安全问题，也是最切实的生活福祉问题，因此绿色生活方式建构属于新发展阶段社会生活方式模式建构的题中应有之义。

下一个问题是我们为什么把"刚健"作为新时代的社会生活方式建构的模式选择。关于这方面的议题我们在前面章节中已有论述。"刚健"表征的是积极有为、奋斗不息、艰难不屈的生活态度。"天行健，君子以自强不息"，已成为在数千年文明发展中凝聚成的中华民族性格和"生活方式韧性"，中华民族之所以在漫长的发展史上成为世界上唯一不间断的文明，并创造了辉煌的业绩就是靠这种民族性格和生活方式韧性。在今天我们所面临的百年未有之大变局中，仍要靠这种民族性格和"生活方式韧性"来创造文明史的新辉煌。我国在"富起来"之后，"刚健"成为"强起来"的构成要素，在生活好起来之后要防止民风柔弱化。同时，"刚健有为"的生活方式体现的生活意义的丰盈，本身就是美好生活的重要组成部分。

最后，我们把"优雅"纳入新时代社会生活方式建构的模式之中是因为，我们民族的生活方式要达到孟子所说的"充实之谓美，充实而有光辉之谓大"的审美化、高尚化的境界，这种生活方式不限于物质的享受，而是具有诗化的生活意味。埃德加·莫兰把这种生活称为人的本性丰富的诗歌，"生活的散文的一极统领我们为了生活、为了维持生命不得不从事的一切活动。还存在着生活的诗歌的一极，这是一个个人充分地自我实现的领域，人们在这个领域里情感交融，享受着和谐和快乐的时刻。……这才是生活，如诗的生活"。① 也就是我们的生活不仅是柴米日常，还要有"诗和远方"。在我国，儒家所推崇的"君子人格"作为东方伦理型生活方式的核心，就是强调在个人层面塑造有教养、有操守、有追求、有境界的君子，在新发展阶段我们要从新的文明文化高度培养新时代的"君子"，把东方伦理理想型生活方式提升到新的高度。

三　国民生活方式的社会精准治理

第一，要研究如何把党和政府在生活文明建设中的主导作用同生活者个人美好生活追求的能动性、社会供给的客体因素和主体的自我价值建构因素、社会的共性行为规范及个性的多样性展现等有机结合起来，形成共创、共享美好生活的共同体。从党和政府的角度要高度认识生活方式问题在新发展阶段的建构功能，这不仅关乎人的生活好不好的问题，更关乎我们民族立身之本和以什么面貌展现在世界人民面前的问题。对生活方式的社会管理和治理会遇到许多新情况、新问题，个人生活意向、审美态度和心理因素等各不相同，政府在有所作为的同时要避免"政府行为悖

---

① 埃德加·莫兰：《整体性思维：人类及其世界》，陈一壮译，中国人民大学出版社，2020，第24~25、81~82页。

论"，不要在自己失灵的领域越界作为，即要坚决避免对属于个人自由范围内的事务不适当的干预和"一刀切"的做法。扩大个人自由的生活活动的空间，发挥每个生活者的社会活力，是新发展阶段社会治理的着重点，也是我国新时代发展最根本的动力之源。

第二，全社会文明生活方式的培育要吸纳中国传统文化的宝贵资源。这方面在第二章中已做了较多论述。在我国古代虽然没有形成生活方式概念，但在怎样生活、怎样做人上都展现出了丰富的中国智慧。核心是两条：一是把修身视为齐家、治国、平天下的逻辑起点；二是完善礼乐制度。这两者的相互配合使我国在数千年的文明史中形成了稳定的生活秩序。在新发展阶段的生活文明培育中，可提出"生活方式教育"的概念，即把人的每日的生活纳入社会教育体系。在人们怎样生活的价值取向和技能方面，政府和社会组织应发挥主导作用，从而把一个人、一个家庭的"修身""齐家"的文明培育作为基石，并从社区等微观社会入手，把自下而上和自上而下的互动过程结合起来，通过教育、典型示范等方式提高人们的"生活方式综合素质"。对于老龄群体来说，兴办老年大学是一个好方式。制度建设包括行为规范的、行政的、法规的等，在当前可从礼仪制度的建设入手。改革开放初期，曾倡导在全国推行"请、您、谢、对不起"的文明礼仪用语和"五讲四美三热爱"，由于种种原因未取得预期效果，但其思路是正确的，进入新发展阶段，有关社会部门可根据新的情况制定和推广新的礼仪制度，以建立人与人关系的新行为规范。

第三，营造良好社会氛围，推进生活方式的社会变革。以往的社会学理论有一种观点，认为在社会变迁中生活方式是慢变因素，但在一定的历史时期，作为社会稳定因素的生活方式也是可以出现快速进步情况的。在新发展阶段，科技的发展和多变的国际环境，都要求无论是作为工具或目的的生活方式实现快速变革，改革其不适应社会发展的方面。依据社会生活方式可以成为快变因素的理论，各地方政府可以在充分尊重民意和民众积极参与的条件下，出台和实施城乡居民生活文明准则，或通过试点逐步开展"新生活方式运动"，形成一定的社会氛围和自在自为的文明生活行为规范。采用"新生活方式运动"的形式，旨在强调新时代社会生活方式的变革不应是被动反应型的，而应向积极培育建构型转变。

特别强调一点，实施社会政策，不能完全"建基于对效果的量化认识的分析上"，"数量化是我们文明的关键词，但人类生存的一些基本的东西逃避计算的"，即便是数字技术高度发达也不能穷尽生命生活活动的信息，依此做出决策也不一定能充分反映民意。所以，"我们不能像未来学家说的那样，把自己的生命和未来都交给人工智能"，指导社会发展工作要沉下去"一路看生活"，不能搞形式主义。

四　人文发展与国家软实力的增强

中华民族伟大复兴不仅包括经济科技的进步和经济总量的扩大，而且包括文化的复兴和软实力的增强。关于文化的定义在各种学术著作中数不胜数。我们不去讨论广义的文化定义，大体可以把文化限定在安顿人类精神家园的范围内，文化的本质可以到"人何以成为人""人的生活何以成为人的生活"的问题中去寻找，这就是社会发展的人文方面。

改革开放以来，我国在上述两个方面都取得了巨大进步，但相对于经济发展来说，人文发展相对滞后，经济走得快了，灵魂没完全跟上。在这方面，我们要正视20世纪90年代以后由于自发的市场机制的冲击，在一部分人中出现了价值迷失、文化低廉和道德水平下降的问题，以财富为标准，以自我为中心，以获取为追求，并表现为"生活方式危机"。社会各种渠道教人如何挣钱致富的多，教人怎样做人、成为一个什么样的人的少，在"两手抓"中，精神文明教育仍存短板。进入新时代，在提高人的素质和社会的人文发展方面还有很多工作要做，还需结合新的发展情势做很多的研究探索工作。

211

中华人民共和国成立以来，我国的发展经历"站起来，富起来，强起来"的历程，在今天我们需要对"强起来"有全面的理解。"强起来"既包括硬实力，也包括由文化、价值观和生活方式构成的"软实力"，核心是以社会主义核心价值观为引导，解决信仰、"铸魂"问题，以德立人、以德兴国，让中华美德深入人心和形成自觉践行的能力。一个文明化社会的根基就是个人和社会在伦理上的不断完善。学校教育不能只关注知识和科学教育，也必须把健康人格的养成作为重要目标。解决科学和人文教育的不平衡问题，尤其要强化人文学科的存在感，高等教育学科布局在强调发展理工科的同时，不能削弱人文学科。"知天之所为，知人之所为者，至矣。"（《庄子·大宗师》）这讲的就是科学和人文的"天人互构"关系。爱因斯坦的话可以为我们提供警示："这里任何科学都救不了我们。我甚至相信，在我们的教育中，过分强调纯理智的，往往只讲事实和实用的态度，已经直接导致了对伦理价值的损害。""没有'伦理教育'，人类就不会得救。"[1] 在人工智能时代，人文、艺术素质的培育尤其重要。

---

① 〔美〕爱因斯坦：《我的世界观》，商务印书馆，2018，第 24、25 页。

第五章 "生活型社会"：人类文明新形态的重要呈现

　　党的二十大明确提出我国在实现了小康这个中华民族千年梦想之后，已站在了中国特色社会主义新时代这一更高历史起点上，重申我国社会主要矛盾是人民日益增长的美好生活需要和不平衡不充分的发展之间的矛盾，要求全党要"紧紧围绕这个社会主要矛盾推进各项工作，不断丰富和发展人类文明新形态"。新时代的理论工作者要为贯彻党的战略部署并使之转化为实践动能提供理论和智力支持。

　　需要提出的一个学术议题是：在新发展阶段，党领导各民族儿女创造美好生活的伟大实践活动是在"社会"这个大舞台上展开的，中国式现代化作为复杂的社会系统工程必然动态地呈现一系列的模式特征，其中"新时代中国特色社会主义现代化建设"既是总的指导方略，又是总体发展模式，在这个总模式下不同领域又会呈现次级模式的特征，如经济增长模式、社会管理模式、社会生活模式等，这些次级模式特征受总模式的指导和规定，反过来次级模式的运行则又会充实总模式的内涵并使之落地化。在40多年的改革发展实践中，我国在各领域创造了许多符合国情实际又行之有效的发展模式，但在形成怎样的社会生活模式上，还需要深入探索。

　　从进入全面建设小康社会开始到新发展阶段，我国实施的一项重要经济社会政策是，全面促进消费，加快构建以国内大循环为主体、国内国际双循环相互促进的新发展格局，这是根据我国经济发展面临的国内外环境和人民生活需求的新变化提出的正确政策举措。但自这一政策举措提出以来，学界时有下面的观点表述。例如提出，参照国际经验表明我国已进入"消费社会"；"消费社会"是继"生产社会"之后我国必经的发展阶段，"是一个国家通往现代化之路中绕不开的途径"；新发展阶段要"构建中国特色社会主义消费社会理论"；以及把普遍消费能力的提升混同于"消费社会"的形成，提出"人首先要成为消费者"的观点；等等。

这就提出了下面的问题：我国新发展阶段实施扩大内需、鼓励消费政策，是否要采取西方"消费社会"模式？我国是否可以摆脱路径依赖，创造新的社会结构和生活发展模式？"消费社会"看似是经济成长阶段特征问题，实则是赋予社会何种存在形式和生活模式的问题，关系到这种模式是否能给人民带来美好生活这一核心问题，因而搞清这一问题自然就具有重大的理论与现实意义了。本章在上面各章论述的基础上，集中提出中国式现代化对于西方"消费社会"发展模式的替代方案。

第一节 "扩大内需"不以"消费社会"为模板

西方"消费型社会"（或称"消费社会""消费者社会"）的产生是 20 世纪下半叶资本主义市场经济发展和资本驱动的必然结果，反映了资本主义发展的必然要求。1960 年，美国经济学家罗斯托出版的《经济成长的阶段——非共产党宣言》一书中，提出世界各国必经的经济发展"五阶段"（后来又在 1971 年出版的《政治与增长阶段》一书中增加为六个阶段），其中"高额大众消费"就是其中必经阶段，并以其作为普世的模式向发展中国家推广。除此之外，从 20 世纪 50 年代到 70 年代，美国经济学家加尔布雷斯、美国社会学家贝尔等都对消费社会的出现多有论述。

应当说, 消费对于社会财富的增长和利润的增殖, 以及在社会关系领域作为一种交流体系所承载的重要功能, 贯穿于从早期资本主义开始的整个市场经济发展过程, 但把消费作为生产力和资本增殖的核心要素, 并以消费来标识新的社会形态, 确实表明资本主义社会生产发生了由生产主导型向消费主导型的转变, 并由此引起社会的经济结构、社会结构、文化结构和心理结构的重大转变。比如, 直接从事生产的蓝领工人大大减少, 从事知识型服务型的白领人口增加; 社会结构发生了纺锤形的变化; 社会消费由精英消费开始向大众消费转变。由于收入水平的提高和社会公共保障体系的完善, 人们的生活品质、个人选择能力也大大提高。一般地说, 消费不但是实现社会再生产也是通过需要满足实现人的再生产的重要环节和实现方式, 因而消费成为生产、生活的重要环节, 体现了资本主义发展中的文明进步方面。我国长期处于农耕社会, 新中国成立后曾面临一穷二白的局面, 工作重心不得不放在发展生产奠定国民经济基础上, 消费长期处于短缺状态。随着我国改革开放经济奇迹的创造发展, 到现阶段, 在客观上也需要通过扩大消费需求来促进生产力发展和满足人们生活的更高和日益扩大的需求, 西方消费社会体现的人类文明进步方面以及具体举措需要我们借鉴和学习。但是我国现阶段实施的经济发展政策同 "消费社会" 模式在性质上存在根本不同。

第一, 西方 "消费社会" 模式具有两面性, 发展到当代体现的是 "资本的横暴" 和垄断逻辑, "把包括物品、情感、个人隐私、身体、私密关系等等都变成供人消费的商品", 使 "我们处在消费控制着整个社会的境地"。[①] 西方 "消费社会" 通过挑动人们消费的欲望建立起了 "物支配人" 的体制, 从而使人处于异化状态。"欲壑难填" 的消费文化带来新的痛苦, 产生原子化个人和身

---

① 让·鲍德里亚:《消费社会》, 刘成富、全志钢译, 南京大学出版社, 2001, 第 4 页。

份焦虑问题。从美国的现实看，"消费社会"也根本不能真正解决社会公平、种族平等和消除贫困问题，反而会制造出精神文化心理上的"新穷人"，也不能真正解决医疗等社会保障问题。"大量生产、大量消费、大量废弃"的生产生活方式，也必然造成对生态环境的破坏和对资源的过度消耗，美国占世界不到5%的人口消耗世界30%的资源，依靠透支世界的资源和负债，维持当前的消费水平。资本推动下的大众传媒又无孔不入地"钻进人的内部，在那里倾泻文化商品"，借助现代技术在征服了原料和物质消费品之后，又来征服人类的幻想和心灵。因此，法国著名社会学家埃德加·莫兰才说："进入了现代资本主义社会的一个新阶段，这还不是决定性的克服人类的问题和危机的社会，而是引起新的问题和危机的社会。"① 这些都体现了西方消费社会模式由资本至上逻辑引发的悖论效应和深层结构上的不可持续的问题。

我国在新发展阶段实施全面促进消费的政策，同西方消费社会模式的根本区别在于，不是以资本和利润最大化本身为目的，而是以服务于人民生活更加美好和全体人民共享发展成果为目的，它是一项经济政策，也是一项社会政策，扩大和鼓励消费是实现社会目标的手段。比如我国脱贫攻坚战取得全面胜利，使近1亿人口摆脱贫困，并在新发展阶段实行乡村振兴战略，使脱贫人口通过提高消费能力进一步过上更好的日子。我国实施广就业惠民生等一系列政策，包括扩大中等收入群体，拉动公共消费，提高社会保障水平，以实现共同富裕的社会目标，等等。

另外，我国的扩大内需消费政策，是体现科学发展观和新发展理念的举措，全面促进消费是为了实现人的生存与发展需要能力的扩展。从党的十九届五中全会提出的"全面促进消费"，到李克强总理在全国人大十三届四次会议所作的政府工作报告上提

①　埃德加·莫兰：《整体性思维：人类及其世界》，陈一壮译，中国人民大学出版社，2020，第13~14页。

出的"坚持扩大内需这个战略基点""稳定和扩大消费"，再到"十四五"规划提出的"全面促进消费"，党中央提出的这些"全面促进消费"的经济社会政策是统筹推进"五位一体"总体布局，以满足人民日益增长的美好生活需要为根本目的的全面建设社会主义现代化国家总体发展战略中的具体环节。新发展理念是一个整体，必须完整、准确、全面理解和贯彻。高质量发展的最终目标是实现人的全面发展和社会的全面进步。所有这些都表明"全面促进消费"的举措是新发展阶段总体战略和指导思想布局下的一项政策举措，是日益充分地满足人民日益增长的美好生活需要的手段，这同"消费社会"遵循的理念和发展模式根本不同。

第二，"消费社会"奉行的是"经济人"假说。"经济人"假说是西方古典经济学的重要理论，强调人只是作为经济系统的一个部件而存在，只有当他的行为符合经济运行功能的要求时他才是现实的，否则就是多余的非现实的。在"消费社会"发展阶段则把人视为"消费人"，"我买，故我在"是这个社会模式所形塑的生活方式。消费社会把消费夸大为人生目的和成功的标志，通过广告等多种营销手段鼓励无节制的"买买买"，引导的不是真实生活需求，而是无限膨胀的欲望，从而去狂热追逐不断花样翻新的消费品，并把拥有的程度、多寡作为衡量自我实现和自我价值的标准，其结果是"在西方，经济的发展却蕴含着情感的、心理的、道德的、人类存在本身令人惊异的不发展"。[1]

笔者已多有论述，[2] 依据马克思的"生活本体论"历史唯物主义思想，我国现代化发展立足的是"生活人"假说。"生活人"假说就是以人为本的假说，在现代化建设中所做的一切工作，包括

---

① 埃德加·莫兰：《整体性思维：人类及其世界》，陈一壮译，中国人民大学出版社，2020，第17页。
② 王雅林：《"生活型社会"的构建——中国为什么不能选择西方"消费社会"的发展模式》，《哈尔滨工业大学学报》（社会科学版）2012年第1期。

扩大内需的政策举措都是以满足"现实的人"的美好生活需要，实现人的自由全面发展为目标的，这同"消费社会"把人视为获利工具（"消费人"）的情形完全不同，在我国新时代"消费人"只有被纳入"生活人"体系才有意义。

第三，"消费社会"的文化总体上是"物本"文化，是基于市场垄断本性的。毫无疑问，在市场经济条件下，人们的生活需求的满足在很大程度上是通过市场消费获得的，因此要通过提高收入水平不断增强人们的商品市场消费能力，从而获得较高的生活水平和生活质量。但是，并不是所有的生活需要都是通过市场消费来满足的，幸福生活也不完全是通过市场消费形式加以体现的，特别是在人们的生活基本需要得到满足之后，生活意义和价值因素，人与人的关系、情感、心理因素日益成为影响生活幸福的主要因素，正是基于此人们才说"决定幸福的因素常常免费的"。而"消费社会"不关注这方面的问题，市场在这方面也是失灵的，消费欲望文化所带来的欲壑难填的痛苦，正是"消费人"常常体验到的，其中最突出的一点是让人难以摆脱在精神生活上的"身份焦虑"，结果是"幸福追求"变成了"幸福问题"，这也正是"消费社会"带来的难以消除的弊端。

所以必须明确，在新发展阶段当内需消费成为拉动经济增长的重要因素之时，是不能以"消费社会"为模板的。我国发展的价值目标同以资本垄断为取向的社会有本质的区别，如果不明确这一点让消费主义泛滥，其危害后果将非常严重。这一点也为改革开放以来曾经出现的消费主义、物质主义、GDP主义思潮给社会生活带来的消极影响所证明。我们不排除对西方"消费社会"某些具体理论和经验的借鉴，但作为整体模式不要指望对其修修补补就可以搬到我国来，更不存在"中国特色社会主义消费社会理论"的命题。当前的出路是继资本主义对传统封建社会"祛魅"的历史过程之后进行"再祛魅"，走新路，创造符合我国国情实际和社会主义原则的新的社会生活发展模式。

第二节 "生活型社会"的模式选择

应时代之运，我国的社会理论研究要以高度的理论自觉、历史自觉去探索新发展阶段的社会生活发展模式。以人民美好生活为奋斗目标的新发展阶段是发展范式的重大变革和中国式现代化发展的重要阶段。"发展模式"是特定发展阶段社会结构关系系统所呈现的相对稳定样式。在我国新发展阶段，它是从新发展理念到社会生活实践行动所呈现的一般方式和必须遵循的方法论原则。那么，我们在否定了"消费社会"作为新发展阶段社会结构和生活发展模式的选项之后，构建一种怎样的新型的社会生活和社会文明模式呢？笔者于2012年提出了"生活型社会"的概念，我们的述论就以此为起点：

> 我们的社会选择怎样的发展模式、社会模式，核心问题是什么样的发展模式、社会模式能使中国人处于良好的生存状态和可以成为承载中国人通往幸福伊甸园的方舟，从而获得普遍的自由的美好生活。

> 如上所述，在西方社会背景下形成的具有资本主义社会属性的消费社会模式，并不能成为使中国人处于良好生存状态的载体。那么我们应寻找一条什么样的"舟"，通向现代化确立的发展目标以圆"中国梦"呢？寻找这样一个"舟"，自然要从建设中国特色社会主义的目标体系出发，吸收传统文化的有益资源和当代社会思想的最高成就。依据上面的论述，我们可以进一步提出一个概念：我们所要建构的、与"消费型社会"性质不同的社会，可以定名为"生活型社会"。"生活型社会"就是为生活的逻辑所贯穿，通过创造日益丰富的物质、精神和生态财富，不断满足人的真实生活需要，从而提高人们的生活品质，为人的全面

发展提供良好生活场域和生活方式的社会。[1]

对于提出"生活型社会"模式的根据，笔者曾做了以下"四个立足"论证，即立足中国"新型现代化"的性质；立足创新阐释的"生活本体论"历史唯物主义观和社会概念的解释框架；立足中国国情；以及立足人类社会从"早发现代化"的"物化社会"向"以人为本"社会观转变的发展趋势。[2] 我们提出的这一概念也是国际社会的期待。比如，日本学者岩佐茂针对"资本的逻辑所贯穿"的西方"消费社会"模式，提出了要建立一种为"生活的逻辑"所贯穿的社会的设想。[3] 英国学者葛凯在对中国消费主义思潮进行长达 25 年的研究之后也指出，"中国或许需要寻找或创造一种全新的模式"，"我期待中国人能再给我一个奇迹"。[4]

归结起来，我们可以用表 5-1 表示我们所构建的"生活型社会"同"消费社会"的区别。

表 5-1 "生活型社会"与"消费社会"的比较

类型	遵循的理论假说	社会支配性力量	社会价值标准	人的生存状态指向	与自然关系的构建
"消费社会"	经济人（"消费人"）	资本垄断逻辑	物和货币的尺度	人的异化	生活与生态对立
"生活型社会"	生活人（"以人为本"）	生活的逻辑	人的尺度（以人民为中心）	人的个性发展	生活与生态和谐

党的二十大报告提出，以中国式现代化全面推进中华民族伟大复兴。因此必须着眼解决新时代改革开放和社会主义现代化的实际去回答中国之问、世界之问、人民之问、时代之问，在实现

[1] 王雅林：《回家的路：重回生活的社会》，社会科学文献出版社，2017，第221 页。
[2] 王雅林：《"生活型社会"的构建——中国为什么不能选择西方"消费社会"的发展模式》，《哈尔滨工业大学学报》（社会科学版）2012 年第 1 期。
[3] 岩佐茂：《环境的思想》，韩立新等译，中央编译出版社，2006，第 155 页。
[4] 葛凯：《中国消费的崛起》，曹槟译，中信出版社，2011，第 190 页。

新的历史任务中实现多维发展模式的创新。"生活型社会"概念的提出就是发展模式的一种创新，在新时代将愈加显示其重要的理论建构功能。

第一，"生活型社会"将为新时代社会主要矛盾的良性运行从发展理念向发展实践形态转化提供操作平台。党中央明确提出，我国新时代的社会主要矛盾是人民日益增长的美好生活需要和不平衡不充分的发展之间的矛盾。这一主要矛盾的表述提出了社会供给和生活需要两个矛盾方的关系问题，其中生活需要是主要矛盾中决定事物性质的主要方面，即社会经济发展的一切工作都是为了实现美好生活的目标，这种"生活本位"关系的模式化就是"生活型社会"，能够对美好生活需要实施良好供给的社会就是美好社会，人们对美好生活追求的实践又构成美好社会形成的内生动力。为此，"生活型社会"就成为"美好社会"和"美好生活"双向建构的中介、桥梁和平台，在这个平台上使"供给"和"需要"呈现良性互动生成的相对稳定关系。在新发展阶段，人们美好生活需要的满足不但取决于社会供给，也体现引导着供给。既要通过供给使需要得到满足，同时为了满足新的需要，新的社会产品、社会关系、社会意识和文化又被创造出来，而这又成为新的生活条件，推动着更新的需要的产生。这样，供给和需要之间的平衡秩序不断被打破，不断产生新的不平衡。在两者关系中平衡、秩序是相对的，动态、"无序"是绝对的，这就为社会发展提供了不尽的美好生活需求的内生动力。"生活型社会"则成为这种复杂的动态生成过程中的模式化平台、准则、机制和工具。

第二，"生活型社会"取代至今仍主导着全球发展思潮的"消费社会"模式，预示着人类社会将呈现从"物"的最大化向人的生活幸福美好最大化文明形态转型的发展前景。从全球化的角度看，如果世界各国的现代化都采取西方《消费社会》的模式，那么势必形成以财富最大化为目标的全球资源争夺零和型的现代化，而目前在世界上绝大多数国家还没有达到现代化的情况下，对地球资源的使用已超出地球承载力的 25% 以上，这表明以消费和财富最大化为目标的现代文明已出现终结的先兆，即不可持续的"消费社会"模式走到了尽头。我们奉行的核心理念是在资源有限和绿色发展条件下实现生活质量提升和生活幸福的最大化，实现"人本"的发展。从"物"的最大化向人的生活幸福、人自身发展最大化转型，是人类文明新形态的体现和对迄今为止人类历史的超越，这正是笔者提出"生活型社会"概念的意义所在。

第三，"生活型社会"的构建与践行，将为人类的文明进步和美好生活的实现创造出新的社会动力资源。源于西方社会学的科学主义、本质主义、实证主义和主客体"二分"的研究范式，对于推动社会发展的动能往往只从客体层面、物的层面去寻找，而忽视了人的生命力和内在的生活潜能的发挥。对于幸福美好生活的实现和生活质量的提高，"消费社会"给出的答案是消费、消费、再消费；而从"生活型社会"的视野看，人们的生活幸福不幸福、美好不美好，在优质的社会生活资源供给条件下，将取决于人自身生命力和生活本身能量的发挥，幸福和美好生活是无穷尽的智慧、艺术、能力和方法的集合，是需要通过学习、体验、感悟及对自我需求的调节、价值和意义的建构获得的。特别要指出，至今我们对主体人的生活潜能还知之甚少，我们需要通过提高认识能力把它不断挖掘出来。"生活型社会"模式的构建及践行，将为挖掘幸福资源开辟新空间。特别是在人们的基本物质需要得到满足，不再受到谋生困扰的情形下，主体生活资源的开发和潜能的发挥，将成为美好生活目标实现的重要因素，这是我们必须确立的新理念、新发展观。

第三节　"生活型社会"的政策实施导向

以上我们在批判西方"消费社会"模式的基础上，依据我国新时代和人类文明进步的发展要求，提出我国应走"生活型社会"

的发展路子，并对其理论与实践根据做了论证。"生活型社会"作为一种理论模式的提出，是对时代之问的回应，具有很强的实践导向性和政策的操作性，接下来就政策实施导向问题提出以下观点。

一　实施扩大消费政策要明确划清同"消费社会"模式的界限

西方"消费社会"理论不仅在我国学术界有一定影响，在消费政策实施层面往往也会出现某种分不清扩大消费政策同"消费社会"模式区别的情况，需要从发展理念上加以厘清。扩大消费政策的核心要义是从满足人民日益增长的美好生活需要的目标体系出发，既发挥经济效益，又要溢出"人本"效益。

第一，经济政策实施的主体是"生活人"，"消费人"从属于"生活人"，这是我们要反复强调的理念。消费作为一种日益重要的经济活动，是满足人民美好生活需要的重要手段，但本身不构成落脚点而且也不是全部手段和方式。在社会主义社会，人们的美好生活需要还将通过日益壮大的公益事业得到满足。另外，在新发展阶段，随着人们通过对市场的物质和服务的消费能力的增强，作为"生活人"其对非市场、非物质的生活需求也日益增长，如对民主、自由、法治、公平、正义、安全、环保、和谐的人际关系以及心理、情感的精神需求等。因此消费的扩大体现为需求的扩大，但不等于作为"生活人"全部生活能力的扩大和需求的满足，在政策导向上要搞清"消费能力"和"生活能力"两种能力的区别，并从总体上加以规划，消费不能侵入"非消费"性质的活动领域，不能把一切生活需要都变成"商品"。

第二，要实现扩大消费的经济政策同"惠民生"、提高人民生活质量的社会政策的内在统一。在新发展阶段，消费日益成为发展生产力、提高硬实力的重要驱动因素，特别是在当前以美国为首的一些势力企图遏制中国发展的背景下，扩大内需消费尤为迫切，但作为经济发展驱动力的消费政策的实施要同"惠民生"、提高人们生活质量的社会政策目标相一致，如提高人们的工资收入在财政支出中的比重、消除贫富差距过大情况、增进社会保障、发展壮大公共公益事业等。"十四五"规划在提出构建以国内循环为主的"双循环"经济发展格局的同时，提出了一系列配套的社会政策。比如，着眼于"居民消费仍受制约"，人们"惜消"的情势，针对老年群体、农民工、灵活就业人员、新业态从业人员等出台了医疗、养老等一系列社保措施，缩小社保、医保差距，更好地发挥社保在社会再分配中的功能。提高低保水平将成为后续社会经济政策的重要问题。从实现美好生活奋斗目标体系来看，扩大消费的经济活动和运行机制只有纳入生活世界的范畴、真正做到"惠民"才有意义。

第三，特别重要的是，在实施扩大消费政策过程中要做到促进消费、实现经济增长同抑制消费主义"两手抓"，两手都要硬。以美国为代表的西方倡导的消费主义是支撑消费型社会的重要思潮。以赢利为追求的不规范的资本市场行为会通过广告等种种营销手段鼓吹消费主义、消耗主义和享乐主义，尤其这种行为往往也会迎合某些政府部门政绩效应、GDP 主义的心理偏好，其结果是在"好看"的经济增长业绩下，带来一系列的社会和精神领域的困扰难题。因此，必须从国家行为层面通过一系列的行政的、法律的、教育的和政绩评价等的方式加以改变，不能自觉不自觉地把经济增长建立在对消费主义的放纵的基础之上。

二　从实现美好生活奋斗目标体系出发，重新审视与再建构"蛋糕"理论

政治经济学有个著名的"蛋糕"理论，讲的是经济发展既要做大蛋糕，又要分好蛋糕。我国的经济规模总量已多年稳居世界第二，但由于人口基数大，人均 GDP 同发达国家仍有很大差距，所以为提高全民消费能力，满足人们对美好生活向往还要解决供

给不平衡、不充分的问题，还需提升经济规模总量，保持 GDP 相对较高和有质量的增长，同时要通过有效的经济社会政策分好蛋糕，在高质量发展中逐步实现共同富裕。目前我国还存在收入差距过大和低收入人口较多问题。在 14 亿多人口中有较高消费能力的中等收入群体只有 4 亿多，虽然其规模已超过美国总人口，但同我国人口基数相比只占总人口的 30% 左右，还构不成纺锤形人口结构。中国社会科学院学部委员李培林教授在《从乡村入手分阶段扎实推进共同富裕的目标和路径》一文中还做了如下具体分析。在我国实现共同富裕，与乡村振兴有密切联系，因为我国当前存在较大的城乡差距，这是我国相较于发达国家的一个特殊性。我国已经全部消除了绝对贫困人口，但目前仍存在数量庞大的低收入人口、生活脆弱人口、相对贫困人口。按照世界上现代化国家通行的标准，我国农村现阶段还有至少 2.2 亿人属于相对贫困人口、生活脆弱人口，通过发展解决这部分人实现共同富裕的问题还需付出许多努力，进一步来说，还要分好经济总量这块大蛋糕。

从提出"做大蛋糕"到强调还要"分好蛋糕"是重大理论进步，但从实现美好生活奋斗目标体系的角度来看，这个基于政治经济学的"蛋糕"理论，其链条还是不完整的，因为前提有一个经济发展所提供的"蛋糕"质量问题。因此，我们可以继续提出这样的问题："要做成一个什么样的蛋糕？老百姓分得到的蛋糕是实惠的善品吗？"我们之所以提出这一问题是因为，不但不规范的市场行为会向人们提供虚假的消费品，而且一些政府部门自身的政绩追求也会产生不良的 GDP 效应。这就有"做一个好蛋糕"理论链条的前提问题，并不是所有 GDP 都是善品，是没有水分和老百姓得实惠的善品。

还可提出这样一个问题：假设"蛋糕"做大了又分好了，但到了不同生活者的手中能否转化为良好的和有质量的生活呢？比如有两个家庭的收入水平是相同的，但由于生活素质和能力不同，两个家庭的生活质量将会明显不同。从这个层面又形成了一个如何使人们"吃好用好"蛋糕问题，即主体的"美好生活能力"问题。"美好生活能力"也是新发展阶段必须重视和培育的。

归结起来，"美好生活"是一个由主体与客体、宏观与微观、行动与结构等构成的复杂系统，从系统理论的视角出发审视"蛋糕"理论，应进一步表述为：在确保做有质量的"好蛋糕"的前提下，不但要从社会层面做大蛋糕，分好蛋糕，同时也要在生活者个体层面培育人们的美好生活能力，"吃好用好"蛋糕。

三 防止无度资本把中等收入群体视为狩猎对象

党的发展政策十分明确，在我国的现代化发展中要逐步扩大中等收入群体。他们是重要的具有消费能力的群体，要鼓励他们合理消费，促进经济发展，同时要把中等收入群体培育成全社会文明消费和生活方式的引领者。根据国外经验，在消费社会体系内，中产阶层往往成为无度资本的狩猎对象，而中产阶层又往往不能抵抗极其繁多、花样翻新商品施加给他们的影响，成为消费主义、消耗主义阶层。这一风潮也会对我国不断壮大的中等收入群体产生影响。我国在人均 GDP 还不高的情况下，已成为全球最主要的奢侈品消费市场。随着人们消费水平的提高，奢侈品消费的增长并不完全是否定价值的，需要避免的是被国外媒体评论为"奢侈品是中国中产阶级的精神鸦片"的那种情况。所以在我国新发展阶段，需要在包括中等收入群体在内的全社会培育正确的生活观和消费观，形成良好的民风民德，同时也要培育在市场经济条件下人们的生活能力和反思能力。

四 "生活型社会"带来治理方式的范式革命

改革开放以来，具有里程碑意义的事件是彻底消除了绝对贫困，全面建成小康社会，但这一阶段人们生存状况的改善从主导方面说是经济发展带来的"物质革命"的成果体现。进入以创造人民美好生活为目标的新发展阶段，现代化建设的重心将逐步由

"物"的层面的深化转向全面的生活建设层面，在实现人的自由全面发展上取得新的阶段性进展。

从近期看，我国仍需解决以物质为基础的大量民生问题，但从新时代长期发展看，在人们的物质生活基本需要得到满足后，"物"对幸福效益的影响将逐渐弱化，个体生活者的精神素质因素的影响将逐步强化。因此在新发展阶段不但要继续夯实人民生活的物质基础，而且要满足生活者包括精神生活在内的所有生活层面的需要，即不但要实现物质生活的共同富裕，也要实现精神生活的共同富裕。这就给政府部门和社会组织的治理方式提出新的要求。

必须反复强调，美好生活需要是一个非常复杂的系统，实现美好生活的奋斗目标要比解决消除贫困、发展经济的任务复杂得多、艰难得多，包含着许多我们尚不熟悉和未知的东西，在全面小康阶段解决问题的知识和办法将不再够用了，必须要有变革的思想和思维方式，学习、学习、再学习，日新、日新、再日新，研究新情况，解决新问题。

新发展阶段也是"新风险社会"阶段，比如持续三年多的新冠疫情给人们的生活带来巨大影响就是突出的例证，处理突发事件经验不足产生失误是不可避免的，因而在新发展阶段领导力将体现在快速纠错能力上。全面小康发展阶段人们生活的大幅改善，主要体现在现代化建设成就带给人们的物质生活的改善上，具有客观增益的特质。而按着生活方式理论，美好生活的实现体现为主客观互动生成的过程。一个个具有自由个性的生活主体在社会资源供给条件下的自我建构，就成为更加重要的因素。因此遵循的领导方式理念需要由"决定论""受动论"变成生成论、互构论。中国传统文化有丰富的人本思想资源，在今天我们特别要充分挖掘其跨时代价值，但传统文化的缺点是把"民"视为受动的群体，"民本"还远不是现代意义上的"以人为本"理念，所以对传统"民本"思想既要有所继承发扬，也要进行创造性转化和创新性发展。"春江水暖鸭先知"，人民群体是生活实践主体，是新生活的创造者和最先感知者，因此必须牢记毛泽东同志的教导：群众是真正的英雄。[①] 习近平同志在讲话中也强调，"干部要坚持立党为公、执政为民，虚心向群众学习，真心对群众负责，热心为群众服务，诚心接受群众监督。要拜人民为师、向人民学习"。[②]

五 "生活型社会"的实施要奉行包容性发展方针

我们强调"生活型社会"是体现人类文明新形态的社会结构和社会生活的发展模式，是对"消费社会"的替代方案，但不等于排除对西方"消费社会"发展阶段有益经验的吸纳和对西方资本主义文明成果的借鉴。马克思主义的社会发展"三形态说"就讲到"第二个阶段为第三个阶段创造条件"，未来的共产主义社会离不开资本主义社会发展取得的成果。改革开放过程中曾在"西化"思潮影响下滋生了民族文化虚无主义和文化自卑主义，今天我们必须重回正确轨道，把马克思主义和中华优秀传统文化结合起来，在中西古今文化的交汇互融中为"生活型社会"的构建提供先进文化根基。同时我国实现惠及 14 亿多中国人民的美好生活奋斗目标，要同"人类生命共同体"的理念结合起来，实现包容性发展，共创人类美好未来。

---

① 《毛泽东著作选读》（下册），人民出版社，1986，第 467 页。

② 《习近平谈治国理政》（第 3 卷），外文出版社，2020，第 520 页。

第六章　马克思理论视域下生活方式
研究方法的反思与新构

当代生活方式领域的诸多变化反映了中国社会 40 年的发展历程，是分析中国发展道路的一个重要窗口。如何看待生活方式之种种变化和形态？纷繁复杂的日常生活现象与中国特色社会科学理论是何种关系？如何从生活经验中获取本土社会学发展的资源？以日常生活的现实资料为基础展开分析，是本土概念提炼和理论构建的最重要路径。[①] 现实资料的获取涉及方法论和方法技术问题，因为方法范式"框定了"某些现实的被发现或不被发现。

经验层面的生活方式研究，在研究方法上大体可以分为两个阶段：20 世纪 80 年代至 90 年代的量化方法阶段，及 2000 年以来的方法多元化阶段——量化、质性和混合方法的并存。20 世纪 80 年代至 90 年代的生活方式应用研究主要调查、统计和呈现民众生活中衣食住行方面的变化，以生活水平的测量和评估为主要研究目标。2000 年以来，物质层面的测量仍然重要，但是越来越多的研究聚焦于情感、价值、精神等主观意义维度，量化、质性、混合方法的使用，表明了生活方式领域的深层变化。从长时段来看，生活方式研究的方法范式出现了转移和更新，从生产主义范式向

---

① R. E. Boyatzi, *Transforming Qualitative Information: Thematic Analysis and Code Development* (Thousand Oaks, CA: Sage, 1988).

生活主义范式转变。[①]

第一节 "生产力"测量为中心的
生产主义范式

早期以量化方法为主的研究方式，是以"生活水平"为核心内涵的发展理论、现实领域的普遍物质需求以及社会科学中实证主义方法论盛行等共同作用的结果。或者说，三者整合为一个统一的研究范式，即生产主义范式。

一 "富力"：作为发展核心

20 世纪以来，社会发展理论的核心是"富力"增加。这不仅是指生产出来的物品总量的增加，还指生产能力的提高。占有不同类别、不同数量的物品，成为区分人的阶级、地位的一个主要标准。生活方式最初是作为解释阶级、地位差异的变量而出现的。[②] 体现资本家和工人、中产和底层的文化区别的物质载体成了区分阶级阶层的主要指标，生活方式的文化差异转变成了生活水平的差距，继而在 20 世纪 60 年代以来演变为以消费为主要内容的生活方式研究。

生活方式研究的物化取向还和对马克思唯物主义理论的解读有关。20 世纪 80 年代，由于生产力不发达的现实，学术界在阐述马克思唯物主义理论和社会理论时，更多强调物质生产的重要性，导致马克思的历史唯物论被解读成"经济决定论""生产本位论"。[③] "经济决定论"作为一种基于传统哲学进路理解人类历史

---

① 王雅林：《"生活型社会"的构建——中国为什么不能选择西方"消费社会"的发展模式》，《哈尔滨工业大学学报》（社会科学版）2012 年第 1 期。
② 高丙中：《西方生活方式研究的理论发展叙略》，《社会学研究》1998 年第 3 期。
③ 王雅林：《生活方式研究的社会理论基础——对马克思历史唯物主义社会理论体系的再诠释》，《南京社会科学》2006 年第 9 期。

的理论模式，诉诸"基础主义"和"还原论"的思维方式，机械地解读经济基础和上层建筑的关系，强调经济因素的唯一决定性。① 因此，20 世纪 80 年代至 90 年代的生活方式研究将生产方式置于基础地位，作为第一前提，认为"生产方式是整个社会生活的基础"，② 它制约着整个社会生活、政治生活和精神生活的过程。③ 生活的目的是实现崇高目的——生产的现代化。④ 生活变成了生产的附属。生活的主要功能之一是能够有效改善劳动者的效能和提高生产效率。这一时期，生产是目的性范畴，是根本的；而生活是工具性的，不具有独立价值。

二　富裕：发展目标与主要需求

"富裕"是现代化初级阶段的主要发展目标和人们的普遍需求。1978 年以来的改革开放目的就是让人民富起来，让国家富起来。"人们生活水平的高低反映着物质文明的重要内容"，⑤ 这是当时的社会共识。社会财富总量和人均财富占有量，是最能体现国家发展和人民收益的主要指标。

全国和地方的统计数据事关国家的顶层设计与发展评估。第六个"五年计划"中，国家制定了国民经济计划和社会发展计划，确立了改善人民生活的量化指标和发展目标。1983 年，国家统计局制定了我国第一套《社会统计指标体系（草稿）》，共包括十三大类，1100 多个指标。之后出版的《中国社会统计资料》为研究和评估社会发展计划目标的实现程度和人民生活的改善程度提供

---

① 沈江平：《经济决定论的历史唯物主义评判》，《中国社会科学》2020 年第 7 期。
② 王玉波：《"生活方式"浅探》，《晋阳学刊》1983 年第 6 期，第 24 页。
③ 陈维明：《试论生产方式和生活方式》，《国内哲学动态》1983 年第 12 期，第 27 页。
④ 许勤：《有关"生活方式"理论问题综述》，《社会科学战线》1985 年第 2 期，第 336~338 页。
⑤ 陈维明：《试论生产方式和生活方式》，《国内哲学动态》1983 年第 12 期，第 29~30 页。

了权威性的资料。[①]

以数据呈现国家财富总量的增长，确实具有极强的说服力。数据显示，中国国内生产总值从 1952 年的 679.1 亿元跃升至 2020 年的 101.6 万亿元，经济总量占全球经济比重超过 17%，稳居世界第二大经济体。人均国内生产总值从 1952 年的几十美元增至 2020 年的超过 1 万美元，实现从低收入国家到中等偏上收入国家的历史性跨越。[②]

以"经济发展为中心"的发展目标是与以物质为主的生活需求相一致的。"吃要营养、住要宽敞、衣要时装、用要高档"，[③] 这句话体现了人们在改革开放头二十年里的衣食住用等方面的主要需求。据国家统计局提供的资料，在中国农村，电视机数量由 1985 年平均每百户 11.7 台，增加到 2000 年的 101.7 台。1985 年，中国城市居民平均每百户有收录机 22 台，2000 年达 48 台；照相机也由 1985 年的平均每百户 8 架增加到 2000 年的 38 架。中国城镇居民家庭娱乐教育文化服务平均每人消费性支出由 1985 年的 8.17 元，增加到 2000 年的 12.56 元；农村居民家庭则由 1985 年的 3.89 元增加到 2000 年的 11.18 元。[④] 全国居民人均年可支配收入从 1978 年的 171 元增加到 2020 年的 32189 元。城乡居民恩格尔系数分别从 1978 年的 57.5%、67.7%下降到 2020 年的 29.2%、32.7%，城乡居民生活质量不断提升。[⑤] 社会保障惠及范围有了明显扩大。截至 2021 年 6 月底，全国基本养老、失业、工伤保险参保人数分别达到 10.14 亿人、

---

① 齐英艳：《生活水平到生活质量的历史演进》，《中共山西省委党校学报》2014 年第 1 期，第 65~67 页。

② 《中国的全面小康》，http://www.gov.cn/zhengce/2021-09/28/content_5639778.htm。

③ 叶南客：《八十年代青年生活方式变迁及其研究》，《青年研究》1991 年第 8 期，第 21 页。

④ 郭景萍：《中国社会闲暇生活方式解析》，《嘉应大学学报》2003 年第 1 期，第 101 页。

⑤ 《中国的全面小康》，http://www.gov.cn/zhengce/2021-09/28/content_5639778.htm。

2.22 亿人、2.74 亿人，基本医疗保险覆盖人数超过 13 亿人。生育保险依法覆盖所有用工单位及职工。[①] 这些统计数据极好地表明了改革开放后国家和社会的经济发展成果，以及广大公众的普遍获益情况。

三 实证方法：物的测量

生产主义研究范式也受到当时主流的实证主义方法的影响。实证主义社会学追求客观性实际上就是把社会物化，并按照物化的方式来理解社会。[②] 生活方式研究就变成了对物的占有量的调查、计算和统计。反过来，人的生活状况与生活质量成为测量社会现代化程度和以人为本状况的最佳指标体系。[③] "人"被简化为消费者和生产者，[④] 而生活的价值在于生产物和占有物。生活者成为单向度的消费者，生活成为消费主义的工具。消费的目的不是满足实际需要，而是满足在不断追求中被制造出来、被刺激起来的欲望。[⑤] 这种"越多越好"的生活方式强调人生的幸福来自对物质的占有，把消费视为人生的最高目标。

从方法论的角度来看，以生产力、生产总量为中心的研究范式，是"实证的迷思"。[⑥] 对数字验证的迷信奉行的是方法论形式主义，即认为：逻辑上的真必定也是经验上的真。这与其说是一种观点，毋宁说它只是一种观念，一种对"数"的崇拜所

---

① 《中国的全面小康》，http://www.gov.cn/zhengce/2021-09/28/content_5639778.htm。

② 王晓升：《阿多诺对于实证主义社会理论的三个基本命题的批判》，《江海学刊》2005 年第 3 期，第 44 页。

③ 阿历克斯·英格尔斯等：《人的现代化》，殷陆君编译，四川人民出版社，1985。

④ 林金忠：《"实证经济学"与"实证迷信"——基于方法论视角的批判》，《学术月刊》2007 年第 5 期，第 77~83 页。

⑤ 黄平：《生活方式与消费文化：一个问题、一种思路》，《江苏社会科学》2003 年第 3 期，第 51~56 页。

⑥ 叶启政：《实证的迷思、重估社会科学经验研究》，生活·读书·新知三联书店，2018。

的观念。[①] 这种研究范式因其所长而产生了问题——以调查"标准数"统括千差万别的"具体数"，以普遍性抹平特殊性和差异性，很难适应社会发展新阶段的"以人为本"的内涵和需求。

第二节 "生活者"为中心的生活主义范式

经过百年奋斗，中国实现了从"站起来"到"富起来"的转变，国家社会进入新发展阶段。人民群众的生活出现了质的变化，生活概念逐渐取代生产概念，"人"的完善发展成为主调。新发展阶段内涵的变化，生活领域的分化和多样化，都对生活方式研究的方法范式提出了新的要求和挑战。

一 发展的反思

从国家层面来看，发展重心从经济建设转到社会发展和民生建设方面。《中共中央关于制定国民经济和社会发展第九个五年计划和二○一○年远景目标的建议》和党的十五大报告中，都明确了提高生活质量的发展目标。[②] 党的十八大报告提出"确保到二○二○年实现全面建成小康社会宏伟目标"，把提高人民的幸福感作为施政理念。党的十九大报告明确提出中国经济已由高速增长阶段转向高质量发展阶段，社会主要矛盾已经转化为人民日益增长的美好生活需要和不平衡不充分的发展之间的矛盾。[③] 党的二十大报告提出了"增进民生福祉，提高人民生活品质"的新任务、新要求，强调"必须坚持在发展中保障和改善民生，鼓励共同奋斗

---

① 林金忠：《"实证经济学"与"实证迷信"——基于方法论视角的批判》，《学术月刊》2007年第5期，第77~83页。

② 中共中央文献研究室编《十五大以来重要文献选编》（上），人民出版社，2000，第29~30页。

③ 陶希东：《全面打造高质量发展高品质生活新格局》，https://m.gmw.cn/baijia/2018-03/26/28112314.html#verision=b400967d。

创造美好生活，不断实现人民对美好生活的向往"。"幸福社会"取代 GDP 指标成为地方政府的施政目标。

二　美好生活与需求分化

当代中国的生活方式领域出现了明显的分化。有崇尚消费的"商品拜物教者"，有迷恋物品并享受"越多越好"的"购物狂"，有留恋于国内外各种旅游景点和购物天堂的"闲暇狂"。奉行享乐主义的人把闲暇娱乐视为人生核心目标，甚至社会上出现了低俗休闲方式和"恶闲"[①] 现象。与休闲享乐的生活不同的是"只剩工作"的生活方式。相关研究表明，工资劳动者超时工作率高达 42.2%。[②] 休假时仍有 64% 的人通过手机处理工作，41% 的人携带电脑以便随时抽时间办公。[③] 中产阶层和农民工阶层以及学生群体出现了时间荒问题。[④] 七成知识分子走在"过劳死"的边缘。[⑤]

享乐式生活和赚钱式生活都陷入了"越多越好"的消费主义陷阱中。对这种异化的生活方式的抵抗最早来自极简主义。极简主义反对和抵触物质主义与消费主义，[⑥] 强调"少而精"。[⑦] 针对网络技术对私人生活的侵入和对个人兴趣的诱导绑架，"数字极简

---

① 刘海春：《多元化的现代休闲生活方式》，《华南师范大学学报》（社会科学版）2007 年第 3 期，第 134~135 页。

② 郭森：《〈中国时间利用调查研究报告〉发布：超时工作相当普遍》，https://baijiahao. baidu. com/s? id = 1619467594998575207&wfr = spider&for = pc；杜凤莲、王文斌、董晓媛等：《时间都去哪儿了?：中国时间利用调查研究报告》，中国社会科学出版社，2018。

③ 《2017 年中国上班族旅行方式研究报告》。

④ 杜凤莲、王文斌、董晓媛等：《时间都去哪儿了?：中国时间利用调查研究报告》，中国社会科学出版社，2018。

⑤ 潘晨光主编《中国人才发展报告 No. 3》，社会科学文献出版社，2006。

⑥ T. Jackson, "Live Better by Consuming Less? Is There a 'Double Dividend' in Sustainable Consumption?" *Journal of Industrial Ecology* 9（2005）.

⑦ 山下英子：《断舍离》，吴倩译，广西科学技术出版社，2014。

主义"，① 倡导"断连权"，② 不登录、不点赞、不关注。③ 同时，很多人反对奢侈浪费，主张新节俭主义，践行绿色生活、勤俭生活；还有的人抵抗"快生活"而选择"慢生活"。④

人们对生活品质的要求不再满足于物质充盈和简单的休息，而是追求精神、情感和审美体验等更高层面的满足。正如学者分析的那样，审美体验是一种特殊的人生实践，通过对"生活世界"的体验，创造一个意蕴丰富的感性世界，由此实现情感的净化和精神的升华，最终走向人生的至高境界——审美人生。⑤ 单纯从物的占有量、收入财富的数量，难以判断人们实质的精神、情感、心灵等主观需求的满足情况和程度。

生产力范式的研究方法适合于人们追求"大家都一样"的社会发展阶段，当社会发展达至更高的个体化、群体化和多样化阶段后，其标准化、普遍化的研究预设就会遭遇现实的反斥。生产力方法范式很难揭示需求分化和生活质量情况。中国地域辽阔，各地区发展不均衡，存在城乡差异、城市差异、乡村差异和行业差异。当人们的基本生活需求得到普遍满足，社会多元分化后，人们的需求分化加重，生产生活的交互关系变得极为复杂。在这种情况下，相关研究仍然使用过去的一般化、标准化的测量方法，就难以反映社会发展的丰富性和复杂性。此外，生产力范式下的生活方式研究聚焦于对物的测量，很难对物化、异化等现象——"没有生活的生活方式"和"一心享乐的生活方式"——进行有效解释和批判反思。

---

① C. Newport, *Digital Minimalism: Choosing a Focused Life in a Noisy World* (London: Penguin, 2019).

② 陈雪薇、张鹏霞：《"不在线是一种奢望"：断连的理论阐释与研究进展》，《新闻与传播评论》2021 年第 4 期，第 39～48 页。

③ 徐偲骕、姚建华：《数字极简主义：当代青年人互联网"隐居生活"初探》，《南方传媒研究》2021 年第 5 期，第 64～69 页。

④ 史安斌、童桐：《快生活时代的慢传播：概念脉络与实践路径》，《青年记者》2021 年第 1 期。

⑤ 张永路：《"生活哲学：阐释与创新"天津论坛综述》，《哲学动态》2015 年第 9 期，第 112 页。

国家层面对于小康社会、幸福社会和美好生活等施政目标的确立，人民日益增长的美好生活需要和不平衡不充分的发展之间的矛盾，以及社会现实层面人们需求的多元化，都在挑战以数据统计来评估生活方式的范式。生活方式研究要在深入研究结构性数据的同时，兼顾具体性和特异性。

三　人文主义和质性方法的兴起

以统计数据来评估人们生活方式的方法路径存在的严重问题是：测量的主要为物质要素，但占有在数量和类别上相同的物，并不代表生活方式是一样的；物的拥有量和类别不同，却可能在精神、情感或价值等方面同样富有。正如有学者指出的那样，"社会学研究中通常运用的指标体系反映不出现有差别的全部特点，只有借助质的指标才能突出这些差别"。① 对社会发展的反思和对实证主义的批判，使得人文主义方法开始获得学界的重视。"人文主义方法的出发点和归宿都是人，认为研究学问要以人为本，应处处考虑到人的生命、情感、自我意识和价值。"人文主义方法的整体、有机和人文的特点，对具有分离、机械和物本等特点的实证主义方法形成挑战。②

国外学界聚焦于"幸福"和"好生活"的研究，③ 倡导从"苦难"研究向"善"的研究转变。④ 研究方法上重视生活者的主观感知，使用研究对象主述和自传的方法来确定生活方式定向及

---

① J. 罗斯：《生活方式的类型学》，文华译，《国外社会科学》1982 年第 9 期，第 62~65 页。

② 李承贵：《人文主义方法的早期输入及其学术影响》，《社会科学辑刊》2000 年第 6 期，第 8~14 页。

③ Alberto Corsín Jiménez, *Culture and Well-Being: Anthropology Approaches to Freedom and Political Ethnics* (London: Pluto Press, 2008); Gordon Mathews, Carolina Izquierdo, *Pursuits of Happiness: Well-Being in Anthropological Perspective* (New York: Berghahn Bools, 2009).

④ Joel Robbins, "Beyond the Suffering Subject: Toward an Anthropology of the Good," *The Journal of the Royal Anthropological Institute* 13 (2013); 雪莉·B. 奥特娜：《晦暗的人类学及其他者：二十世纪八十年代以来的理论》，王正宇译，《西南民族大学学报》（人文社科版）2019 年第 4 期，第 1~14 页。

其不同组合形成的生活样态。① 国内学者也从日常生活经验层面，深入探讨了中国人实现好生活的观念与实践。如王铭铭对中国农民"福"的概念的分析。② 吴飞和陈辉对"过日子"的研究，③ 刘燕舞对"奔头"的分析等。④

第三节　马克思理论视域下的美好生活：一般方法论

习近平"美好生活论"是马克思劳动解放理论在中国特色社会主义实践语境的表达和发展。⑤ "美好生活"既是一个具有里程碑意义的价值观，更是一种马克思主义理论视域下的生活方式研究的方法论。

一　"生产—生活"的整体论

对美好生活作为方法论的剖析，要放弃对唯物主义的物化、教条的解释取向，要回到马克思主义的奠基者及其理论那里，"再发现"马克思关于生产和生活的阐述。

生活方式是马克思历史唯物主义中的重要范畴。⑥ 从马克思恩

---

① J. 罗斯：《生活方式的类型学》，文华摘译，《国外社会科学》1982 年第 9 期，第 62~65 页。

② 王铭铭：《幸福、自我权力和社会本体论：一个中国村落中"福"的概念》，《社会学研究》1998 年第 1 期，第 25~38 页。

③ 吴飞：《论"过日子"》，《社会学研究》2007 年第 6 期，第 66~85 页；陈辉：《"过日子"与农民的生活逻辑——基于陕西关中 Z 村的考察》，《民俗研究》2011 年第 4 期，第 260~270 页。

④ 刘燕舞：《论"奔头"——理解冀村农民自杀的一个本土概念》，《社会学评论》2014 年第 5 期，第 68~86 页。

⑤ 刘雨亭：《"美好生活论"与马克思劳动解放理论的中国样态》，《社会主义研究》2020 年第 1 期。

⑥ 马姝、夏建中：《西方生活方式研究理论综述》，《江西社会科学》2004 年第 1 期，第 242 页。

格斯的早期著作到晚期著作中，都可以看到这一范畴。① 生产方式在马克思关于人的自由发展的理论中居于重要地位，生活方式是与生产方式密切相关的一个范畴。马克思在《德意志意识形态》中，将生活方式论述为，"人们用以生产自己的生活资料的方式，首先取决于他们已有的和需要再生产的生活资料本身的特性。这种生产方式不应当只从它是个人肉体存在的再生产这方面加以考察。更确切地说，它是这些个人的一定的活动方式，是他们表现自己生命的一定方式、他们的一定的生活方式"。② 生活领域，基本上属于人"自身生产"（种的繁衍）与维持生命活动的领域，生活方式主要是人的生命活动方式的总和。③ 马克思将"生活"看作人的自由自觉的生命活动，包含本体论关怀、生产性、世俗性、日常性和非日常性等多重规定性。④

生活方式与生产方式、社会形态勾连。马克思对于人类社会形态及不同社会形态中的主要社会关系做了分析。他提出："人的依赖关系（起初完全是自然发生的），是最初的社会形态，在这种形态下，人的生产能力只是在狭窄的范围内和孤立的地点上发展着。以物的依赖性为基础的人的独立性，是第二大形态，在这种形态下，才形成普遍的社会物质变换，全面的关系，多方面的需求以及全面的能力的体系。建立在个人全面发展和他们共同的社会生产能力成为他们的社会财富这一基础上的自由个性，是第三个阶段。第二个阶段为第三个阶段创造条件。"⑤ 由此分析，马克思认为有三种社会形态：以物的依赖为基础的社会、以自由人的依赖为基础的社会以及从前者转向后者的过渡形态的社会。马克思并没有明确指出第二种社会形态的持续时间以及第三种社会形态的开始时间。但是，我

---

① 王玉波：《"生活方式"浅探》，《晋阳学刊》1983 年第 6 期，第 23 页。
② 《马克思恩格斯选集》（第 1 卷），人民出版社，2012，第 147 页。
③ 王玉波：《"生活方式"浅探》，《晋阳学刊》1983 年第 6 期，第 24 页。
④ 陈曙光、周梅玲：《论马克思的"生活"概念》，《江汉论坛》2015 年第 8 期。
⑤ 《马克思恩格斯全集》（第 46 卷）上册，人民出版社，1979，第 104 页。

们仍然可以借用这一社会形态分析理论来反思当代社会的发展特征以及生活方式领域中出现的矛盾、冲突和新变化。

根据马克思关于社会形态、社会发展阶段及其生产生活的理论，可以进行如下分析。当满足人类生存基本需求的物质条件不够完备的时候，人类生产的主要目标是为了增加"物"，生活及社会关系都受到物的制约，这是一种以"物"的生产为中心的社会阶段，可以称之为"生产型社会"。当物的生产达到足以满足人的基本需求，甚至远远多于人的基本需求的时候，人的精神需求、自我发展的需求得到全面提升后，社会进入"生活的生产"阶段，可以称之为"生活型社会"。

但是，从生产型社会完全转向生活型社会是一个长时间的过程。首先表现为生活活动的多样化。随着整体社会财富的增加以及个体财富拥有量的增加，人们有了更好的经济条件和生活条件，能够进行多样化的消费、娱乐、休闲和交往。对精神、情感和社会交往的质量和品质有更高追求，闲暇活动多样化，在自我培养、自我提升方面的支出显著增加。其次人们的生活理念发生变化，生活不再是生产工作的附属范畴，而是有了独立的价值和意义。更重要的是，生活领域逐渐获得了高于物质生产的地位。人的自由发展、个性塑造程度提高，并进而促使生产领域的"资本逻辑"得到反思。人人都是生活者，生活者开始广泛地、普遍地发挥建构美好生活、建设美好社会的主体性作用，抵抗"资本化""异化""物化"。

需要注意的是，无论社会处于什么发展阶段，人们对物质和精神的需求都是并存的。只不过，在不同的社会发展阶段，人们当时主要需求的差异，导致了对生产或生活的不同侧重。当前的中国，人们的基本物质需求得到满足，但是满足的程度存在不平衡。人们对精神、情感、价值等方面的需求水平整体提高了，但由于地域、城乡等诸多因素而存在差别并出现分化。这就导致从生产型社会向生活型社会转变的过程中，促生了生活领域中多样化的生活方式以及生产领域中处于不同技术阶段的生产方式，并且由于生产和生活的交互作用，社会现象更加纷繁复杂。因此，对生产和生活的关系阐述应该采取整体论。究其根本，无论生活还是生产都是以人的解放和全面发展为旨归的，生产和生活作为社会发展的"双螺旋"和满足人的需求的两个面向，合并成为生命存在发展的整体要素。

二　以中国为目的

继承马克思的生产生活理论，还要以中国社会的发展现实为根基。我国生活方式研究方法的变化是与社会发展现实以及该现实对学术研究的期待要求相关联的。对于改革开放初期的中国而言，以经济建设为中心是迅速提高国家核心竞争力从而在世界格局中占据位置的有效途径。经济获得发展后，社会大众的普遍获益也必然需要通过统计数据来得以表征。经济发展提高了生活水平，生活水平提高后的大众又对消费产品提出新的要求。对衣食住行等生活资料方面的调查，既服务于经济发展，又表征了经济发展成果。因此，运用量化方法展开的社会调查，隐藏着最为急迫的现实目的。也就是说，量化为主的生活方式研究是与中国经济社会发展的特定阶段相适应的，回应了该阶段国家发展、社会建设的主要需求。

西方国家的生活方式是有其形成发展的历史和现实基础的。"如果不从历史的视野层面，就很难看到为什么是这样的。"[1] 欧美发达国家的生活方式是在一个长时段的资本主义全球扩张的过程中形成的，伴随着战争、侵略、殖民、暴力和掠夺，在长达几百年的不平等贸易中实现了资本积累。在财富积累和产品过剩的工业社会中，人们形成了"越多越好"的生活方式。西方人生活方式的维系至今仍然得益于其资本技术的全球垄断和全球不平等的政治经济体系，

---

[1]　黄平：《生活方式与消费文化：一个问题、一种思路》，《江苏社会科学》2003第 3 期，第 51~56 页。

是通过对世界其他国家劳动力、资源的过度消耗来实现的。改革开放后，西方国家的生活方式逐渐影响了国人的生活理念。部分年轻人接受了小资、精致、时髦等生活理念，从满足基本需求演变为过度消耗与铺张浪费，老一辈人的勤俭节约生活观则被边缘化。人们陷入"挣钱+花钱"的生活生产中，① 把人生的幸福理解为对物质的占有，把消费视为人生目标。这种物质主义和消费主义的生活方式，背后隐藏的逻辑是"钱越多，越幸福"，最终"背离了人的发展"。② 把生活方式的演变放在现代化的历史中去审视，就必须对以高消耗、过度浪费、炫耀竞争等为主要特征的所谓现代生活方式进行反思。

从横断面切入进行分析时，我们看到的是中国大众生活方式与发达国家之间的差距在迅速减小，看到了中国经济社会发展的巨大成就。但考虑到中国现代化发展的历史过程和发展目标，就必须对当前不可持续的、非科学的生活方式进行批判，警醒资本操控下的西式生活方式的"殖民"。"按照马克思说的思路，我们的生产方式还没有孕育出一个与它相匹配的生活方式。西方的经济基础、物质基础高，还有这个'实力'高消费，高奢侈。我们是在并没有一个那样的物质基础的情况下，就产生了这样一种消费主义、消费欲望，要过上美好生活，因此出现一个震荡，脱节，焦虑和自相矛盾。……人还在地上，心却跑到月亮上了。"③ 当前人们的生活方式是以西方发达国家为参照的，现实差距导致主观心理落差，出现了普遍性的社会性焦虑。因此，首先需要反思当前人们需求的客观满足程度及主观需求预期，在中国当前的发展阶段和经济社会现实背景中是不是合理的。其次，要反思衡量评估人们需求的指标体系的合理性。现有的关于生活质量、社会质

---

① 卢风：《超越"赚钱+花钱"的生活方式》，《湖湘论坛》2014 年第 2 期。
② 马野、若知：《学界探讨生活方式之异化问题——2012 年‑中国：休闲与社会进步学术年会综述》，《洛阳师范学院学报》2013 年第 3 期，第 10~13 页。
③ 黄平：《生活方式与消费文化：一个问题、一种思路》，《江苏社会科学》2003 年第 3 期，第 51~56 页。

量的指标体系都是以西方发达国家的社会现实为基础构建的，其
背后的理论预设和核心概念都不是以中国为目的、以中国经验为
依据的。

第四节　中层方法论：以生活者为方法

抽象的宏观的"美好生活"方法论，需要借助中层方法论来
衔接具体方法技术。鉴于到底什么是好生活，归根结底，应该由
生活的主体——生活者——说了算，生活者是生活方式的建构者
和反思者。因此，生活方式研究应该"以生活者为方法"。中国文
化和现实中的生活者，包括家庭和个体。与之对应，家和己，可
以作为方法。

一　家作为方法：心理与实体

在中国，无论是在传统儒家文化还是在近代以来文明重塑进
程中，"家"的地位虽时有变动但亦未脱离其在社会和文化——心
理结构中的总体性位置。[1] 中国人在陌生的社会环境中，往往只有
在"类家庭"关系中才觉得安全舒适，所以，攀亲戚、论兄弟、
拜把子等"类家庭"关系转化就成了中国人（尤其是农民）非家
庭社会生活中的重要内容。[2] 通过把工作关系、朋友关系等转化成
类似于家庭中的兄弟关系，加强彼此之间的信任并构建利益同盟。
这种家庭心理也体现在极具中国特色又备受大众喜爱的大量家庭
伦理影视作品中。"家庭伦理"方法论的指导使得 20 世纪早期的
中国电影在与西方和自我的抗争中获得了受众基础和主体性，通

---

[1]　肖瑛：《"家"作为方法：中国社会理论的一种尝试》，《中国社会科学》2020
年第 11 期。

[2]　张涛：《"类家庭"概念——政治社会学的一种视角和分析方法》，《河北联合
大学学报》（社会科学版）2015 年第 2 期。

过家—族—国—大家的系列性转化，[①]"家庭伦理"从传统的宗族"小家"上升为具有革命意义和社会价值的"国家"。正是由于中国电影人抓住了国人家庭心理这一核心维度，中国影视才获得了广泛而深厚的发展基础。

家作为方法，还因为它是一种社会实体。首先，家是一种经济实体。家庭经济仍是城乡社会中非常普遍的一种经济类型。[②]其次，家庭还是一种迁移实体。相关研究表明，人口流动体现出日趋明显的以家庭为单位的特点。[③]如家庭化的农民工流动发生概率总体上呈逐年上升的趋势。[④]无论是避暑避寒的季节性迁移，照顾婴幼儿导致的老年人迁移，还是地域之间的人才流动，都表现出以家庭为单位的特点。最后，中国人的日常活动是以家为单位展开的。当个体进行日常活动时，会参与到不同的情境中，其行为不可避免地受到其所处情境的制约。日常生活中，个体与他人的联合行动以及相互间的关系构成了个体活动的社会情境。对于中国人而言，家是最主要的活动场域和情境。家作为日常生活中重要的"地方秩序的口袋"，[⑤]每个家庭成员不但需要遵循家庭内部秩序，还受限于来自社会的更高级的社会秩序。[⑥]家庭成员为了完成家务、购物、育儿、赡养老人等各项家庭维持性活动，要进行分工合作。亲属交往中，老人是重要媒介。有孩子的家庭，以小朋友关系为桥梁实现

---

① 万传法：《家庭伦理作为一种方法：历史、类型及其生产》，《当代电影》2019年第12期。

② 马海霞：《新疆棉花产业可持续发展的困境——以家庭为单位的经济学研究》，《新疆财经》2008年第6期，第24~29页。

③ 周皓：《中国人口迁移的家庭化趋势及影响因素分析》，《人口研究》2004年第6期，第60~69页。

④ 洪小良：《城市农民工的家庭迁移行为及影响因素研究——以北京市为例》，《中国人口科学》2007年第6期，第42~50页。

⑤ K. Ellegård, B. Vilhelmson. "Home as a Pocket of Local Order: Every-Day Activities and the Friction of Distance," *Geografiska Annaler* 86 (2010): 281-296.

⑥ 蒋晨、毛子丹、柴彦威：《以家庭为单位的活动参与：联合与独立家庭维持性活动中的性别差异——以北京市家庭为例》，《人文地理》2019年第2期，第24~31页。

关系网络的扩展和构建。总之，日常出行、休闲娱乐等社会活动和社会交往是以家庭成员为联络节点并围绕家庭主要需求展开的。

家庭是父辈、子辈和孙辈等各个代群聚集互动最为集中的领域，是三个代群的美好生活需求经常发生碰撞、摩擦的地方，矛盾和紧张彰显了不同美好生活需求的差异以及美好生活需求在社会成员身上的历史演变；同时，家庭也是社会成员的主体性和行动力体现得最显著的场域，家庭成员为了"家和万事兴"竭力协调各种需求，是努力满足差异性需求的实践领域。

现有的生活方式研究主要以"个体"为分析单位，研究问题聚焦于个体是如何生活的，调查问题围绕个体生活时间表和空间变动。研究是结构式的而非过程式的，是抽象的而非具体的，使得个体脱离了其深深根植于其中的家庭等社会情境，导致研究结果的静态和板结化。结构化的研究难以揭示不同代群的社会成员在共同场域中，如何针对存有差异的需求及其矛盾做出协商并一起努力探索和谐幸福生活的合作互动过程。

把家庭作为方法，就是要承认家庭本身乃为目的，其意义也并非只是在方法层面把家庭消解于自己的内部，而是应该超越家庭。① 家庭成员的美好生活需求及围绕构建美好家庭生活方式所做出的种种努力，是突破了家的范围而与社会发展连接起来的。

二　以自己为方法：体验与同感

"把自己作为方法"，② 一是能突破几十年来结构化研究的局限，"扩展社会学的传统界限"。费孝通晚年反思其一生研究以及中国社会学恢复重建历程和成果时，指出了以往研究只是描写了社会结构，却没有讲过人们在这种结构里是如何生活，其感受如

---

① 贺晓星：《作为方法的家庭：教育研究的新视角》，《教育学术月刊》2014 年第 1 期。
② 项飙、吴琦：《把自己作为方法——与项飙对话》，上海文艺出版社，2020。

何，其感情如何；① 只是从"生态"意义上进行了解释，而没有从"心态"意义上进行理解。②

二是与中国人的情感心态的发生运行方式相适应。因为，"理解世界必须从自身的具体的生存状态出发，通过自己的切身体会来理解。通向世界的途径就在自己的'身边'和生活世界之中"。③ 这种将自己的体验、情感、情绪等投射到他人身上，进而去体会他人状态的能力被称为"同感本能"。里普斯、舍勒、施坦、胡塞尔和舒茨等关于同感的分析表明，同感为人们提供了达至他人的基本体验通道，为人们之间达成理解提供了条件。④

三是能对接当前兴起的自我民族志和主体民族志方法。"把自己作为方法"的核心是"个人经验问题化"，是研究者在进行相关理论思考时将个人经验的"带入"。⑤ 自我民族志和主体民族志都最为彻底地贯彻了"以自己为方法"的方法论。自我民族志的研究范式包括：个体叙事、自我叙事、个体经历叙事、自传故事、第一人称记录、个人随笔、民族志小故事。⑥ "自我民族志学者透过民族志这个广角镜，向外触及个人经验的社会和文化层面，向内揭示出一个受制于文化解释、折射并抵制文化解释的脆弱自我。"⑦

"主体民族志"在叙述时未必用第一人称"我"，但是文本要

① 周飞舟：《将心比心：论中国社会学的田野调查》，《中国社会科学》2021年第12期。

② 费孝通：《略谈中国社会学》，载《费孝通全集》（第14卷），内蒙古人民出版社，2009。

③ 朱奇莹：《无可逃遁的思考邀请——读〈把自己作为方法——与项飙谈话〉》，《书屋》2021年第5期，第61页。

④ D.扎哈维：《同感、具身和人际理解：从里普斯到舒茨》，陈文凯译，《世界哲学》2010年第1期。

⑤ 郭建斌、姚静：《"把自己作为方法"——兼谈民族志文本中作者的"主体性"》，《南京社会科学》2021年第1期，第109~116页。

⑥ 蒋逸民：《自我民族志：质性研究方法的新探索》，《浙江社会科学》2011年第4期，第11~18页。

⑦ 蒋逸民：《自我民族志：质性研究方法的新探索》，《浙江社会科学》2011年第4期，第11~18页。

凸显"主体性"。① 主体民族志弥补了以往的民族志存在的对主体表述的缺失这一缺陷,②"是对科学民族志的颠覆"。③ 研究者运用该方法进行"自我的解释"。例如有研究以自己 69 年的人生经历以及 69 篇日记作为自我研究的对象,对生性与文化的关系进行了再阐释。④

　　运用自我民族志和主体民族志方法进行研究,就是要将生活者和研究者整合起来,在本体论、认识论和价值论上突破"生活研究中无生活者"的困境,把生动复杂的过程性的生命活动带回生活方式研究范畴。

第五节　结语

　　习近平总书记在党的十九大报告中明确指出:"中国特色社会主义进入新时代,我国社会主要矛盾已经转化为人民日益增长的美好生活需要和不平衡不充分的发展之间的矛盾。"人们不仅对物质文化生活提出了更高的要求,而且在民主、法治、公平、正义、安全、环境等方面出现了多样化、更高层次的需求。技术所推动的生产方式变革、生活方式的多样化和深度分化,同时对社会发展建设的主要目标提出了新的要求。因此,生活方式研究既要把握人们生活方式的一般性方面,也要对不同地方、具体群体的需求进行深描,实现一般性与具体性的结合。

---

① 朱炳祥:《反思与重构:论"主体民族志"》,《民族研究》2011 年第 3 期。

② 朱炳祥:《再论"主体民族志":民族志范式的转换及其"自明性基础"的探求》,《民族研究》2013 年第 3 期;朱炳祥:《三论"主体民族志":走出"表述的危机"》,《民族研究》2014 年第 2 期。

③ 朱炳祥、刘海涛:《"三重叙事"的"主体民族志"微型实验——一个白族人宗教信仰的"裸呈"及其解读和反思》,《民族研究》2015 年第 1 期;朱炳祥:《事·叙事·元叙事:"主体民族志"叙事的本体论考察》,《民族研究》2018 年第 2 期。

④ 朱炳祥:《自我的解释》,中国社会科学出版社,2018。

　　马克思主义视域下的"美好生活"研究，作为一般方法论要实现生产和生活的统合，要"以中国目的"。与之对接的中层方法论是以中国经验和体验为基础，采取问题取向，围绕"生活者如何构建美好生活"的核心问题，选择能够回答这一问题的方法策略与具体技术。由于任何单一研究方法中存在的不足，都可能会在其他方法中得到中和或消除，[①] 生活方式研究应该采取的混合方法，综合运用定性和定量的各种方法及其方法组合。

---

① 约翰·W. 克雷斯威尔：《研究设计与写作指导：定性、定量与混合研究的路径》，崔延强主译，重庆大学出版社，2007，第 12 页。

下

篇

走进现实的生活世界

进入 21 世纪以来，中国社会中的生活方式领域发生了诸多变化，引起了学者们的广泛关注。许多研究聚焦于生活方式的多样化，分析生活样态、生活者行动与新常态阶段的社会发展和建设的深刻关联。

本项研究，一方面关注了新时代背景下生活方式变迁中蕴含的理论维度，另一方面也采用量化和质性的研究方法对新兴的诸多生活方式现象进行了经验分析。理论分析文章主要侧重于学理层面，目标是为生活方式研究提供宏观的解释框架。但是，生活方式研究的落脚点是人们真实的现实生活世界，为此需借助于经验研究，其具有扎根现实土壤特殊的地位。经验研究需要在宏观学理框架下构建自己特定的中观、微观解释概念，由此研究方法的选择和构建就具有了特殊的重要性和求解问题的先在性。因此，无论是采用质性研究方法还是量化研究方法的经验研究，都可以从某种程度和维度上发现当代生活方式中"生活者"的主体性和建构性。

"生活方式战疫"的中国经验

——基于疫情防控第一年的斗争

2020 年初，一场突如其来的新冠疫情以当时人们完全未知的态势席卷全球，由于其传播速度之快、来势之迅猛、感染范围之广、防疫难度之大，成为人类抗疫史上极为罕见的事件。与新冠病毒斗争的保卫战成为非传统安全条件下一场真正意义上的人民战争。中国人民经过不懈奋战，取得了重大成果，人们的生产生活和防疫步入新阶段。这次抗疫斗争的胜利，使我们深刻认识到中国特色社会主义制度的优越性和在党的领导下中华民族特有文化所凝聚成的民族共同体生活方式韧性，成为战胜一切艰难困苦的深厚根源和"中国力量"。中国正处在百年未有之大变局中，前行的路上会有很多艰难险阻，在新发展阶段如何挖掘和培育中华民族生活方式体现的中国韧性，如何把战疫中铸就的生命至上、举国同心、舍生忘死、尊重科学、命运与共的伟大抗疫精神转化为每个生命主体的现实实践，转化为现实的中国力量，创造中国人的美好生活，实现中华民族伟大复兴的历史使命，正是本文所要论述的时代性主题。

一 从"生活方式战疫"的概念空间看抗疫经验

从生活方式视角总结中国的抗疫经验，涉及在疫情防控斗争实践中生成的两个概念：一是"生活方式防疫"，这是对人类长期防控疫情经验的常规性做法的表述；二是"生活方式战疫"，这是对我国此次新冠疫情防控斗争所做的表述，突出"战"字。两者各有其经验的内涵表述，而分析概念框架的建构就应揭示其实践经验基础。

（一）"生活方式防疫"概念

在这次疫情防控中，无论是中国还是世界上其他疫情防控较为成功的国家，都把倡导和推行文明健康的生活方式作为构建公共卫生防护网的重要措施，戴口罩、勤洗手、保持社交距离等，看似平常的做法，都成为人们所倡导的生活习惯和风尚，对疫情防控起到了至关重要的作用。在中国的疫情防控进入新阶段后，为防止疫情反弹仍需做一系列工作。但我们必须认识到，人类的文明史是始终伴随着同各种疫情的斗争史，从来没有停止过。进入 21 世纪，人类活动对自然干扰的增加，会给各种传染力极强的病原体提供更为适合的土壤，因此面向未来，人类同各种病毒斗争的难度可能还会加大。即使这次针对新冠病毒的疫苗研制成功并接种了，病毒也还可能产生耐药性，并且也可能出现新的更强的危害人类生命健康的病毒。因此，人类要战胜不断出现的病毒，不能只靠科技的力量，因为从根本上说人与病毒是互动共生体，人类的行为得体、身体健康，可以在一定程度上减少疫病的发生概率，或同病毒之间形成危害较小的共生关系。鉴于此，防止疫情大流行的一个根本性的长远措施是，形成文明健康的生活方式。在东亚疫情防控做得相对较好的国家也都采取了相关措施。比如，韩国明确提出"生活防疫"的概念，日本提出"行动变容""生活变容"新理念以倡导新生活方式。① 对此，我们同样可以认为其形成了"生活方式防疫"的概念和做法。"生活方式防疫"的核心理念是革除日常生活行为中不利于健康和生命安全的旧习惯，或化旧为新，树立生活新风尚，提高人们日常生活行为的自律性和文明程度。

———————————

① 笪志刚：《日本激活新生活方式》，《社会科学报》2020 年 7 月 9 日，第 8 版。

（二）"生活方式战疫"概念

"生活方式战疫"是在全面总结中国第一年战疫经验和观察中华民族在战疫中呈现出的生活方式样态的基础上提出的新的概念。我国之所以在短期内控制住了突发疫情，重要的一点是因为我们动员了14亿多人进行了一场人民战争，彰显了中华民族厚重的文化底蕴及其凝聚而成的全部生活方式力量。因此，"生活方式防疫"概念尚不足以表述中华民族全部生命力量的展现和升扬。从疫情防控经验看，单有"防"的举措尚难以真正战胜病毒。无论"防"得如何严密，要控制住疫情，都需增添"战"的功力。我们提出"生活方式战疫"概念，在实践上和学理上都有其确当性与合理性的根据。

从实践上看，中国这次对新冠疫情防控的社会集体行动，在性质上不是"防"，而是"战"，疫情防控中的常用词是"战疫"，是总体战、保卫战、阻击战、歼灭战、大会战、战斗、斗争、作战、全民战疫、新形式的人民战争等；中国投入的是全民族从每个人内心深处涌现出的精神力量、行动力量和信念力量，是由"生命力"转化的"生活力""战斗力"，是由"软实力"转化的"硬实力"。当然，我们从生活方式角度强调"战疫"，并不是否定"生活方式防疫"的功效，正像武士出征手里拿着利剑、身上穿着铠甲一样，"防"同样是"战"的一体化的组成部分，因此当我们使用"生活方式战疫"概念时，就内在包含了"生活方式防疫"概念。

从学理上说，作为由知识衍化而来的社会科学范畴概念，一般包括两个层面的知识。一是日常性知识。在生活方式概念体系中的狭义概念和"生活方式防疫"概念，大体是以这种知识为基础的，这种概念具有经验性、情境性的特点，易于被大众掌握，但不具有完整的建构性。二是专业理论知识。其在生活方式理论体系中构成"广义生活方式"概念的知识基础。广义理论形态的生活方式概念涵盖着人们全部生命活动和追求的表现形态，比如包括劳动（生活属性部分）、休闲、消费、交往、政治、生态、文

253

化和精神信仰等生活领域。专业理论知识对于普通民众来说往往具有认知上的超前性，但它的追求是逐步日常知识化、大众化和发挥实践上的建构功能，从而转化为变革社会生活的"物质力量"。

马克思恩格斯在 1845～1846 年撰写的《德意志意识形态》中，把生活方式视为涵盖了包括生产活动方式在内的人的生命活动的全面展开、实现、发展形式，建立了生活方式的"一元本体观"。[①]马克思恩格斯这一表述与他们把人类历史看成"现实生活的生产和再生产"的历史唯物主义观点完全一致。[②] "生活方式战疫"概念的学理基础就是"广义生活方式"概念，这一概念的内涵在战疫实践中得到展现，构成我们在战疫斗争中取得重大胜利之"因"的重要解释框架。

以"生活方式战疫"为范畴概念总结战疫的中国经验，并面向未来发展寻找中国的韧性力量，要坚持三个理论出发点。一是从中华民族伟大复兴的历史使命和新时代奋斗总目标的大历史视野出发，检视疫情中民族共同体生活方式新建构的重大价值和意义。新冠病毒大流行，瞬间打乱了人们正常的生产生活秩序，我们的国家和社会都做出了巨大牺牲，这一事件看似同中国新时代发展总目标之间形成了张力，但也使中华民族的韧性得到淬炼和升华。我们的研究就是要把"短时段"在民族共同体一个个成员身上展现出的积极因素发掘出来，从生活方式视角为中国"长时段"总目标的发展进程寻找内在动力。二是面向未来的发展，我们无疑要发掘中华民族共同体在战疫中展现出的生活方式积极、闪耀光辉的东西，但同时疫情也给我们提供了反思的机会，看清了平时看不清、看不到的问题，我们要借此找出民族共同体在"活法"上存在的问题。我们使用"中国经验"的概念也包括这种含义。三是"生活方式战疫"体现的是广义理论形态上的生活方

---

① 王雅林：《马克思生活方式范畴的"一元本体观"——对〈德意志意识形态〉的建构性诠解》，《学习与探索》2020 年第 1 期，第 1 页。

② 《马克思恩格斯全集》（第 37 卷），人民出版社，1971，第 460 页。

式概念所确立的概念空间，本研究的一个学术任务就是，呈现具有广阔概念空间的专业理论概念如何转化为现实的大众的实践力量，并逐步实现日常知识化。

二 战疫中中华民族共同体生活方式建构的基本经验

生活方式的主体是一个个具体的人。在中国数千年文明的发展中，形成了有着共同情感和文化纽带、血脉相连、从未间断的中华民族共同体，并形塑了每个成员共有的生活方式。我们的研究就是以民族共同体的"活法"在疫情中的展现为考察对象，总结中华民族在危难瞬间降临时所展现出的生活方式建构新经验。战疫中的日日夜夜，给中华民族共同体留下了深刻的集体记忆，每个人在一定意义上都是参与者、观察者和思考者。本文作者作为其中的一员，对于中国生活方式战疫基本经验的认知就来自战疫第一年的亲历参与、观察和体验，虽然也注意观察过程中的细节，聆听了无数感人的故事，但更注重作为一个知识人对宏观历史事件与过程的观察和思考，正像从卫星上扫描地球表面一样，精细观察是为了对整体面貌有更深刻、全面的认识。除自己的观察思考外，也随时关注国内各界对中国每个阶段战疫中发生事件的观察和评价，并在比较中确认和深化自己的看法，归纳总结如下。

（一）从日常"微生活"习俗的变革入手筑牢社会文明的根基

这次战疫是同看不见的隐形"敌人"战斗，敌人可能就在身边，因此维护生命安全必须从改变日常微小的生活行为和习惯入手，加强防护。由于疫情中人的生命健康受到现实的威胁，所以这些行为举措既成为社会对个人的规范要求，也符合关爱个体生命的社会道义，人们的接受程度普遍较高，推行速度快。由于控制疫情已超出医学和公共卫生领域，涉及复杂的社会关系、公共生活秩序，因此这次疫情也在很大程度上促进了人们在公共生活领域行为的变革，加快了移风易俗和日常生活方式变革的步伐。

（二）守正固本，努力培育以新型集体主义为价值导向的生活方式

我们说这次疫情是大课堂，很重要的原因是人们在如何对待个人与集体的关系上从心底获得了震撼性感受和认识。国际上许多人士在关注中国防疫成功经验时都特别强调一点：达成共识、举国同心、团结合作的集体主义文化彰显出无比的优越性和力量。他们认为，集体主义文化更加顾全大局，更遵守规则，在关键时刻能把整体利益置于个人利益之上，表现出令人赞叹的自我牺牲精神。国际上普遍认为东亚国家在疫情防控上做得比较好，恰恰与以儒家为代表的中国传统文化的影响分不开。在儒家文化中，人是在与他人关系中扮演的各种角色的总和，"我"并不孤立存在。

在新冠病毒防疫经验中，人们真切地体会到，一个人的微小不良行为会给全局性的防疫带来风险，甚至影响一个城市、一个地区的防疫安全格局。防疫中个人需要让渡一部分自由，但换取的是个人真正意义上的自由和安全，因此，一些国际人士认为，体现在个人微小生活行动中的集体主义价值取向的生活方式，代表的是人类最高素养和最高人性，也是生活意义和生活幸福感的高层次体现。这种集体主义，我们称为新型集体主义，战疫过程充分表明它是重要的"中国力量"之源，在新发展阶段必须坚决捍卫其价值观和生活方式。

新型集体主义区别于以下两个方面的错误倾向。一是在资本利益驱动下以原子化个人为本位的价值体系，表现在自由观上则是把"我"和"我们"的关系对立起来，奉行个人至上原则。中国在对外开放和发展社会主义市场经济的条件下要大力弘扬新型集体主义价值观，防止极端个人主义、自由主义思潮的蔓延和侵蚀。二是否定个人利益和个性发展，只把个人看成"螺丝钉"的极"左"集体主义意识形态。新型集体主义生活方式把每个人的个性发展和个人利益、美好生活追求视为新时代社会发展的前提

和动力，个人本位与共同体本位高度一致，相互融通，共同构成生命共同体。

（三）家国情怀是新时代凝聚中华民族共同体生活方式的情感纽带

在中华民族五千多年的文明发展史中，家国情怀始终是中国人内心深处凝聚在血液中的深厚情愫。这种特有的文化同古罗马"家与国"二分为两大领域的文化不同，而是把天下、国、家视为自我的落脚点和不可分割的连续体。① 《孟子·离娄》有云："天下之本在国，国之本在家，家之本在身。"中华文化同世界上大多数文明还有一个显著的不同点，即不是把超现实的神灵世界作为核心信仰，而是从文明形成伊始就将"人的生活、现实的社会交往、现实的社会治理"作为生命之基、力量之源。② 在长期的水患、外患频发的小农社会，国家提供保护，家国一体成为人们的现实信仰。

在这次全球抗疫中，国外媒体在总结各国疫情防控的经验时一致认为，政府和人民之间的步调一致是取胜的重要保证，并对中国共产党的表现给予高度评价。抗疫中的表现突出体现了中国共产党以人民为中心、把人民的生命健康放在第一位的执政理念。美国哈佛大学肯尼迪政府学院公布了研究报告《理解中国共产党韧性：中国民意长期调查》，该研究经过对超过 3.1 万名中国城乡居民长达 13 年的大规模访谈得出结论：2016 年度中央政府满意度高达 93.1%。在中国，党和政府事事以人民为重，人民也就高度认同党和政府；党和人民的步调高度一致，人民也就义不容辞地投入抗疫斗争。人民与党同心同德的关系，是坚不可摧、任何国外敌对势力破坏不了的。这里涉及一个理论问题，按照哈贝马斯

① 许纪霖：《家国天下——现代中国的个人、国家与世界认同》，上海人民出版社，2017，第1~6页。
② 姜义华：《以人为主体：中华文明知识体系的本质特征》，《光明日报》2020年8月3日，第15版。

的理论，国和家应属于二分的两个世界，国属于以权力为中心的系统世界，家则属于非功利的人与人情感自由交流的生活世界，国对家的生活世界往往有殖民化倾向。但在中国，以人民为中心、以人民美好生活向往为奋斗目标的政府，与 14 亿多中国人一起构成了生活世界，同样是家国情怀的体现者和以家国情怀为纽带的中华民族共同体生活方式的建构者。

（四）传承和光大中华民族刚健有为、自强不息、不畏艰难的精神品格和生命底蕴

神话是世界各民族历史文化宝库中的珍贵遗产。同世界上一些民族借助神的力量来实现人的目标的神话不同，中国自古以来就流传着女娲补天、夸父逐日、精卫填海、愚公移山、大禹治水、刑天舞干戚等表现中华民族迎难而上的不屈精神、靠自身的力量改天换地的神话故事。这些神话在先秦典籍《山海经》以及《淮南子》中均有记载，儒家《易经》把这种精神和生命态度概括为"天行健，君子以自强不息"。中华民族固有的这种精神气质在全民抗疫中有充分的展现。女娲作为中华民族的创世祖先，在人类面临多重灾难时，她在补天时把自己的整个身体也补了进去，这种献身精神在今天舍生忘死的抗疫精神中得到了体现。中国古老神话在展示人类面临的生存困境时不渲染神仙救世，而是表达中华民族自身攻坚克难的意志。在抗疫中，广大的医务工作者体现出对这种精神的传承。他们众志成城，守望相助，仁心大爱，共克时艰，释放出同心抗疫的巨大能量，在打赢这场人民战争中发挥了主力军作用，谱写了无数感人的故事，涌现出无数和平时期的英雄，他们构成了中国脊梁。这种精神气质所贯穿的民族共同体生活方式的共性，在中华民族实现伟大复兴的历史进程中是弥足珍贵的，是"中国力量"的构成要素。

中国在实现复兴的道路上，还会遇到一系列难以预测的风险与挑战，要真正做到化危为机，创造中国人的幸福生活，就必须承续和弘扬这种精神传统。需要指出的是，我们倡导这种精神和

生活方式与禁欲主义生活方式不同，完全是为了通过奋斗创造中国人的幸福美好生活和人类命运共同体的美好生活前景。也需要指出的是，要防止在经济发展和生活水平提高后可能出现的日常生活平庸化、"佛系化"和"低欲望化"倾向。

（五）让互联网和人工智能技术更好地为满足人们美好生活需要服务

互联网、人工智能、大数据技术在社会生活中的应用和普及，在疫情发生前已经形成快速发展的趋势。中国已拥有 9 亿多网民，互联网普及率超过 60%，网络技术进入人们生活各领域的速度在平时可能需要几年时间，由于疫情被快速推进，人们的生活、工作、学习等一切活动都发生了不可逆的变化。线下生活按下暂停键，线上生活却异常活跃起来，健康码成为人们的第二身份证，只需一个 App 就可以办理诸多流程性事项。可以说，2020 年是中国人云生活的元年，是互联网重塑中国人生活方式的一年。在运用人工智能技术开拓人们的生活新空间、打造人民美好生活方面，中国走在了世界的前列。抗疫中，人工智能技术的应用不但在疫情防控、治疗中发挥了巨大作用，而且也塑造了人们新的生活形态。面对未来的发展，中国需要高瞻远瞩，通过发展高科技前沿技术，为实现人民美好生活的奋斗目标提供强大的科技支撑，进一步推动生活方式的现代化变革。

但在我们享受信息网络和人工智能技术给人们的生活带来的巨大便利的同时，又不能陷入技术主义、进步主义的误区之中，也要看到其可能产生的消极作用甚至风险。比如，云生活容易让人沉浸于虚无的满足感之中，加剧人与现实生活的隔离，失去真正的行动力，此外还存在侵犯隐私权、加大网络鸿沟等风险。智能机器对人类产生的生存威胁可能还有未被认识的方面，因此对人工智能的应用，要充分考虑到人文方面的影响和长期后果。另外，在关注人工智能技术的社会应用时，也要注意为尚未掌握该项技术的人群特别是老年群体提供便利，做好普及工作。

（六）强化以家庭为本位的生活依托和文明传承的社会功能

中国是一个有着以家庭为本位的文化传统的国家，在平时的日常生活中家庭只是默默地发挥着功能，但在抗疫斗争中人们忽然发现家庭是那么重要，承载着那么多功能，"居家"成为疫情中的一个热词：居家隔离、居家办公、居家上课、居家就医、居家旅游等。习近平总书记说过："无论时代如何变化，无论经济社会如何发展，对一个社会来说，家庭的生活依托都不可替代，家庭的社会功能都不可替代，家庭的文明作用都不可替代。"① 疫情中的家庭堡垒功能充分说明这一点。费孝通在 20 世纪 90 年代提出，全国有那么多人在外面飘来飘去，为什么中国的秩序还是稳定的？秘密就在于家庭，因为人人都为了家，同时又有家做后盾。家是一起生活、发展和幸福来源的共同体，当代的家庭结构、家庭形式发生了很大变化，但家庭的本位地位和文化传统并未改变，未来社会结构和功能的建构仍然离不开家庭本位功能的发挥。

需要指出，20 世纪下半叶以来，伴随着西方反传统激进社会思潮的兴起，家庭的功能受到极大冲击，甚至被视为压抑和毁灭人的个性的"令人烦闷难忍和行将崩溃"的组织单位，这种思潮在中国也有一定回声。因此，进行家庭建设、发挥家庭生活方式的建构功能仍是重要议题。为此要做好如下几方面：发挥家庭的教化功能，按着先哲的教诲，把"修身"作为"齐家"的基础，形成文明的家风家教；建立以爱和责任为基础的和谐家庭关系，既要以非功利的爱为核心，又要强调家庭责任观念，国外流行的"SOLO 化"② 思潮在中国是不可取的；在家庭群体责任与家庭成员个性满足之间建立平衡的新型关系；提高家庭生活经营和生活

---

① 《习近平谈治国理政》（第 2 卷），外文出版社，2017，第 353 页。

② "SOLO 化"是在日本流行的一种婚姻家庭观。调查显示，68% 的日本青年男女对婚姻、家庭生活不感兴趣，看重"自立、自由、自给"价值观，结婚怕失去自由、怕麻烦，极为看重个人独立生活空间，时间和钱只愿花在自己身上，不为他人所左右；即使结婚有了家庭，也希望确保一个人度过时间，不依赖任何人活下去。这一思潮可能导致独身化、未婚化和离婚率上升。

资源配置能力，提高家庭成员生活质量。

（七）广泛的社会参与和表达是社会生活方式进步的重要标志

国家为表彰在抗击新冠病毒疫情中做出杰出贡献的人士，授予钟南山等人国家最高荣誉，在介绍获得共和国勋章的钟南山院士时特别强调他在抗疫的艰难时刻，"敢医敢言"，做出人传人的判断，为党中央果断决策提供了依据。在疫情突发、原因不明、状况复杂的情况下，钟南山敢于直言，不仅来自他的专业智慧，更表现了他对社会和人民生命高度负责、勇于担当、不惧个人得失和政治风险的精神品格。钟南山获得网友的赞誉："他有院士的专业，有战士的勇猛，更有国士的担当，给人以心安的力量。"

依据新时代主要矛盾，人民日益增长的美好生活需要将逐步超出私人生活领域而进入公共生活之中，其中包括社会参与和表达的诉求。有的学者把公众的民主参与称为"生活民主"和生活方式的微观政治建设，"生活民主不仅可以帮助公众更好地维护自己的经济权利，而且可以提高他们的自主品格、理性素养和精神生活质量"。①

在中国，网络自媒体的迅速发展和普及，为公众的民主参与和表达提供了新的平台。自媒体在提供社会敏感信息上有不可替代的功能，并有助于从政治上把握舆情和及时做出风险判断，特别是有助于汲取民智，从而帮助各级政府做出正确的和符合民意的政策选择和决策。2020年中国在制定"十四五"规划时就采取了广开言路、问计于民的做法，深受公众的好评。网络自媒体也会有多种声音，但相信广大网民可以在多种声音的辨别中逐渐成熟起来。当然，在自媒体发达的时代，每个公民要更加自律，发表言论要有对社会负责的态度，对自由的权利不可滥用。

---

① 潘一禾：《生活世界的民主——探询当代中国的新政治文化》，社会科学文献出版社，2010，第341页。

三 发挥生活方式在新发展阶段的重要功能

可以预判，未来的社会史研究将表明，2020 年无论对于中国还是世界来说都是重要的具有历史标志性的年份。2020 年 8 月 24 日习近平总书记在经济社会领域专家座谈会上的讲话中，做出一个重要判断："'十四五'时期是我国全面建成小康社会、实现第一个百年奋斗目标之后，乘势而上开启全面建设社会主义现代化国家新征程、向第二个百年奋斗目标进军的第一个五年，我国将进入新发展阶段。"① 对新发展阶段内涵的界定是，"我国已进入高质量发展阶段，社会主要矛盾已经转化为人民日益增长的美好生活需要和不平衡不充分的发展之间的矛盾"。② 从这一论断中可以看出，"高质量发展"是对新发展阶段特征的定性表述，主题是实现人民更加美好生活的发展目标，即由全面小康阶段进入全面提高人们生活质量的新阶段，这应看作发展理念的重大提升。

（一）新发展阶段社会发展的动能和建构因素呈现出的新特点

1. 通过发展满足人们的美好生活需要

要满足人们的美好生活需要，必须提供日益平衡和充分的经济、政治、社会、文化和生态的良好生活条件和社会供给。但是要从社会层面实现对人们动态的、复杂多样的美好生活需要的有效供给，必须精准地把握人们的需求，从文化的、心理的、社会的层面研究人们需求是如何变化的，这也正是生活方式这门学问的优长和所承担的重要功能。

2. 美好生活的主导性指标是生活满意度

生活满意度既取决于社会提供的生活资料状况，又取决于生活主体价值选择、评价、体验和自我建构的自为性过程。比如，在新发展阶段，社会满足的是人们不断增长的"合理需要"，而不

---

① 《习近平著作选读》（第 2 卷），人民出版社，2023，第 327 页。
② 《习近平著作选读》（第 2 卷），人民出版社，2023，第 328 页。

是无限膨胀的欲求，而在市场经济条件下恰恰容易出现物质主义、享乐主义、无度欲求的情况。再如，需要不仅是量的概念，也是质的概念，新发展阶段不但要从物质层面继续解决民生问题，而且将注重从精神的、社会的和生活意义层面提升人们的幸福度问题。因此，新发展阶段无疑要引导人们的需要从物质层面向更高精神文化层面发展，从私人生活领域向公共生活更广阔的领域发展，这就涉及主体的价值选择和生活意义的建构问题，而生活方式正是研究要如何通过价值选择建构生活意义的学问。

3. "创造生活"是人类独有的生活需要

美好生活不单纯是"享有"的过程，也是创造的过程，是每个人在社会关系中通过利己和利他相统一的行为创造出来的，而且这个创造、奉献过程本身就是美好生活的组成部分。研究在主客体互动生成关系中主体"享受生活"和"创造生活"的关系也是生活方式研究的题中应有之义。因此，在新发展阶段实现以不断满足人民美好生活需要为目标的发展，必然是社会日益平衡和充分的供给和每个生活者自我建构相统一的过程，而每个生活者对美好生活实现的主体参与度和能动性作用更加凸显，正是进入新发展阶段的重要特征。在战疫斗争中，中华民族展现出的生命力量和生活方式韧性更使人们看到了 14 亿多人民在创造自身美好生活上展示出的无与伦比的中国力量。生活方式研究的学术取向，就是把这种创造中国人美好生活的力量发掘出来。总之，新时代中国特色社会主义的核心要义是满足人民的美好生活诉求，而生活方式就是研究"生活办法"的学问。

（二）新发展阶段如何发挥生活方式的重要建构功能

中国的生活方式研究始于 20 世纪 80 年代初，生活方式研究的倡导者在当时提出一个十分重要的观点，即要把生活方式问题置于中国特色社会主义现代化发展战略层面加以考量，并就此提出了诸多建设性观点。这应看作生活方式研究者的重要理论贡献。但在当时还只是前瞻性理论思考，只有到了今天才真正在发展战略层面显示出其理论的实践意义。

1. 要用完整科学的生活方式范畴概念指导生活方式建设

我们在总结生活方式在战疫中发挥的重要功能时，提出的"生活方式战疫"这一概念，就是建立在"广义生活方式"概念基础上的，即中国在战疫过程中展现出的中华民族整体、全面的生活方式力量。在新发展阶段所要实现的美好生活发展目标是涵盖人们生活全部领域的概念，因此广义理论形态的生活方式概念具有完整的建构性，这一概念把狭义经验性情境性生活方式概念包含于其中，同时又在理论上实现了对西方社会学限定在日常生活领域生活方式概念的超越，回到了马克思历史唯物主义生活方式观上来指导中国的现实发展，通过美好生活建构的全面性，实现人的发展的全面性和社会进步的全面性。

2. 中国特色哲学社会科学理论的创新要进入主体性范畴概念生成领域

鉴于新发展阶段呈现的每个具体的生活者在美好生活建构上参与性、能动性和建构性作用更加突出的特点，社会科学领域提出了丰富主体性范畴概念、激发主体性活力、加强"软基建"建设的理论需要。经济学"蛋糕"理论表明，发展不但要"做大蛋糕"，还要"分好蛋糕"。但理论链不应到此终止。蛋糕做大固然好，但做成一个什么样的蛋糕？是做成口味好又营养丰富的蛋糕，还是做成一个既难吃又不利于健康的蛋糕呢？因此，"蛋糕"的理论链要延伸为"做大蛋糕—分好蛋糕—吃好蛋糕"。"吃好蛋糕"的含义既包括蛋糕好吃营养丰富，又包括吃蛋糕的人有品味的能力。因此，正是"吃什么样的蛋糕"决定了要做成一个什么样的蛋糕。也就是说，美好生活目标的实现无疑要解决"供给侧"精准对接和服务于"需求侧"的问题，而"需求侧"问题又是生活主体参与建构过程，缺失了一个个生活主体，是做不成美好生活这个"蛋糕"的。

习近平总书记在经济社会领域专家座谈会上的讲话中，明确提出了不断发展中国特色社会主义社会学的任务，在这方面中国社会学现实的发展状况同社会需要之间还有很大差距，还要付出更为艰辛的努力，重要的是避免对西方社会学中影响很大的结构功能主义、客体主义的路径依赖。需要提示的一点是，现在通行的许多社会科学概念，如经济、财富、竞争等，从辞源学上看都包含丰富的人文内涵，反映了人类生命的主体性活动，但社会科学在西方工业社会创立之时，大多抛弃了原有的人文内涵，而具有了客体物化的性质，社会中的人成了"他者"，是没有主体性的人。时代发展到今天，又需要找回失去的东西。费孝通晚年的重要理论贡献是强调社会学学科的人文属性，确立了生活本体论的社会学信仰，强调社会学学者的文化自觉是推动社会向着追求更加美好的生活前行，这为新发展阶段社会学学科的建设提供了方向。改革开放以来，中国的理论建设在社会客体范畴的创新上取得很大成绩，进入新发展阶段将为主体化范畴的创新提供强大的驱动力，激发每个生活者的主体性社会建构的活力。在创新主体性话语体系满足时代需要中，以儒释道为代表的中国传统文化可提供丰富的理论资源。

3. 突出"生活型社会"政策导向，制定和实施生活方式建设的指导方针和行动方案

鉴于生活方式建设在新发展阶段实现美好生活目标中具有重要的功能，因此应研究在"十四五"发展时期以至更长的时期如何发挥其作用的问题。在对新冠疫情的防控中，各省区市地方政府都采取了出台和实施本地城乡居民卫生健康和生活文明准则或行动方案的措施，并取得较好成效，为新发展阶段制定和实施生活方式建设的指导方针和行动方案提供了实践经验。

制定和实施新发展阶段国民生活方式建设指导方针和行动方案要考虑五个问题。一是研究如何把社会主义核心价值观转化为人们的自为自觉的价值选择行动，成为人们自然自在的生活方式，提高人们自我修养的精神境界。二是研究如何把党和政府在生活

265

方式建设中的主导作用同生活者个人美好生活追求的能动性、社会供给的客体因素和主体的自我价值建构因素、社会的共性行为规范和个性的多样性展现等有机结合起来，形成共创、共享美好生活共同体。三是要探索如何逐步从"生产型社会"的政策取向转向"生活型社会"的政策取向，反映生活方式、生活质量的发展要求，发挥其建构功能。四是生活方式建设的目标是在全社会培育"美好生活能力"，具体包括"美好生活价值选择能力""生活资源的优化经营力""生活审美化能力""美好生活协同共创能力"四个方面，并把战疫中展现的生活方式建构的基本经验在后疫情时代继续发扬。五是在新发展时期要把全民全社会的生活方式建设纳入精准社会治理范畴。生活方式文明建设要以个人和家庭的文明培育为基石，并从社区等微社会入手，把自下而上和自上而下的过程结合起来，通过教育、典型示范、行为规范，通过行政的、制度的、法律的多种方式，实现综合治理。可通过开展"新生活方式运动"，营造社会氛围，核心是发挥每个生活者主体的能动性和美好生活创造力。

（撰写人：王雅林，哈尔滨工程大学教授）

北京市民的生活时间利用及休闲生活方式

一 引言

生活时间指人们一天当中从事各项活动的时间。生活时间分配，按王琪延、王晓辉的定义，指"人类在某一段时间（如一天、一周）内用于一切活动的时间序列"。[①] 基于此定义，本文认为人们的生活时间分配有如下三个特点：第一，它衡量了一段时间内人们从事各项活动的时间投入，是有时间界限的；第二，它量化了人们对各种活动的投入和偏好程度，从而反映了不同人群生活结构的多样性；第三，它描述了人们进行每项活动的顺序和主次。

在人类社会发展的不同阶段，人们的生活结构和生活方式随着劳动生产力的变化而不断变化。原始社会的生产力低下，劳动资源匮乏，劳动时间占人一生的33%，闲暇时间仅占16%，工作和生活难以区分。到了农业社会，生产力提高，产出出现剩余，人一生的劳动时间占28%，休闲时间占22.9%。工业社会的生产效率大幅提高，资源利用率上升，人们的劳动时间占其一生的10.4%，休闲时间占38.6%，这标志着生活已独立于生产，休闲成

---

① 王琪延、王晓辉：《谈谈生活时间分配和利用统计》，《统计研究》1988年第1期，第60页。

为人们生活的重要组成部分。[①] 我国改革开放以来，劳动生产力不断提高，国民经济持续发展，不仅满足了居民的基本生活需求，还催生了人们对更高品质生活的追求。王雅林认为，"生产型社会"已不适应我国现阶段发展模式，而要大力建设以人为中心的"生活型社会"。[②] 党的十九大报告进一步指出，"我国社会主要矛盾已经转化为人民日益增长的美好生活需要和不平衡不充分的发展之间的矛盾"。由于休闲是人们享受生活、获得精神充盈的方式之一，随着人们休闲意识的提高和休闲产业的发展，休闲逐渐成为人们实现美好生活的重要途径。

本文首先探讨北京市民四类生活时间的分布情况；其次，分层讨论不同组别居民的生活时间分配；再次，描述居民生活时间分配的历史变迁；最后，分析北京市民休闲消费现状。

二　调查方法与研究意义

（一）调查方法

本研究数据源自中国人民大学休闲经济研究中心 1996～2021 年每五年一次的北京市居民生活时间分配调查。调查采用随机抽样的方式向北京市居民发放社会生活调查问卷，问卷分为"社会生活基本调查 I"和"社会生活基本调查 II"两部分。"社会生活基本调查 I"记录了北京市居民的基本社会信息（姓名、性别、年龄、受教育年限等）、工作情况、家庭情况和电子设备使用情况，共 22 个问题。"社会生活基本调查 II"包括两部分：第一部分记录了居民参与各类休闲活动（包括体育活动、兴趣娱乐活动、学习研究活动、公益活动和旅游活动）的时间和消费支出；第二部分记录了居民一个工作日和一个休息日的生活时间序列表，表中

---

① 廖小平、孙欢：《休闲及其类型：一种文化哲学的视角》，《河南社会科学》2010 年第 6 期，第 144 页。

② 王雅林：《从"生产型社会"到"生活型社会"》，《社会观察》2006 年第 10 期，第 7 页。

以每 10 分钟为一个单位，共 1440 分钟，总计 24 小时。调查由受过培训的调查员持问卷入户进行，过程中，调查员负责指导受访者填写表格并复查纰漏以确保问卷的有效性。问卷回收后再经两级审核，第一级由监督员检查问卷的逻辑性和完整性，第二级由复核员对回收的所有问卷进行复查，不合格的予以剔除，最终样本结构如表 1 所示。

表 1　样本结构

单位：%

变量		2021 年 (N = 1597)	2016 年 (N = 830)	2011 年 (N = 1106)	2006 年 (N = 1657)	2001 年 (N = 499)	1996 年 (N = 411)
性别	男	53.2	46.1	42.8	51.1	51.3	47.2
	女	46.8	53.9	57.2	48.9	48.7	52.8
年龄（岁）	≤19	1.4	4.2	1.5	8.5	6	2.4
	20~29	40.2	34.2	35.7	31.4	16.8	52.8
	30~39	25.4	21.9	22.5	19.9	24	21.9
	40~49	7.9	11.1	10.3	15.4	29.2	7.3
	50~59	15.3	17	23.8	15.4	14	11.7
	≥60	9.8	11.6	6.2	9.4	10	3.9
有无需要照料的人	有	38.6	21.4	23.2	15.2	11.8	20
	无	61.4	78.6	76.8	84.8	88.2	80
婚姻状况	已婚	53.3	60.5	60	58.4	—	—
	单身	46.7	39.5	40	41.6	—	—
年收入（万元）	0~3	3.3	10.4	22.9	33.8	—	68.4
	3~5	3.3	7.3	14.5	21.4	—	17.5
	5~10	16.7	29	31	29.5	—	11.4
	10~20	37.7	33.9	25	11.9	—	2
	≥20	39	19.4	6.6	3.4	—	0.7
受教育年限（年）	≤12	28.5	17.1	45	39.2	31.9	40.9
	>12	71.5	82.9	55	60.8	68.1	59.1

（二）研究意义

首先，生活时间分配反映了人们日常的作息活动序列，休闲消费反映出人们从事各类休闲活动的时间投入与消费支出。结合休闲消费的角度研究时间分配可以深入了解居民生活结构的现状、生活方式的变革及国民生活品质的变化情况，进而为实现全民美好生活的愿景提供支持。

其次，生活时间分配和休闲消费支出是反映社会结构和经济发展水平的重要指标。王雅林指出，"随着生产力的发展，劳动者的购买力在社会财富的增长中贡献比增加，使得劳动者不再仅作为生产力的要素，也作为消费力或消费市场的要素出现，会引起社会经济结构、社会结构和文化结构的变革"。[1] 由于人们的时间分配和消费水平在不同的社会中有很大差别，因而二者可作为一个社会发展水平的参照。一般来说，社会科学和经济发展水平越高，人们的休闲时间和休闲消费越充裕。

再次，研究工作与休闲的时间比重和居民的休闲支出可以为相关政策的制定提供参考。例如，休假时长是否需要调整；是否需要刚性工作时间制度来保证居民有足够的休闲；如何通过税收和财政政策刺激居民的休闲消费等。政策制定者可以从类似的问题中提取关乎民生和社会发展的信息作为制定相应政策的参考，从而提升国民的幸福感和生活品质。

最后，研究居民休闲时间和休闲消费支出情况有助于休闲产业的发展。企业可以借助相关研究成果了解居民的休闲消费倾向，更新并推出更符合市场需求的休闲产品和服务，从而促进休闲产业的发展。

三 居民生活时间分配及影响因素分析

根据中国人民大学休闲经济研究中心 2011 年、2016 年、2021

---

① 王雅林：《"生活型社会"的构建——中国为什么不能选择西方"消费社会"的发展模式》，《哈尔滨工业大学学报》（社会科学版）2012 年第 1 期，第 5 页。

年对北京市居民生活时间分配的调查，人们过去十年的生活结构和生活方式发生了很大变化。调查将居民一天的生活时间分为工作时间（其中包含学习时间）、个人必需时间、家务劳动时间、休闲时间，共四类。其中，工作时间为居民制度内工作时间、加班时间（其中包含加课时间）、其他工作时间以及上下班的通勤时间（其中包括上下学的通勤时间）；个人必需时间包括睡觉、吃饭、洗漱等用于必要生理活动的时间；家务劳动时间包括购物、做饭、照顾老人孩子等为家人尽义务的时间；休闲时间为除去上述三类时间外，个人可以自由支配的时间。如表 2 所示，2021 年，北京市居民全周平均每天工作时间为 6 小时 25 分钟，占全天的26.7%，较 2016 年、2011 年分别增加 23 分钟和 20 分钟；全周平均每天个人必需时间为 11 小时 32 分钟，占全天的 48.1%，比2016 年、2011 年分别少了 26 分钟和 3 分钟；全周平均每天家务劳动时间为 1 小时 51 分钟，占全天的 7.7%，比 2016 年多 4 分钟；全周平均每天休闲时间为 4 小时 12 分钟，占全天的 17.5%，分别比 2016 年、2011 年少 1 分钟、17 分钟。工作时间大幅增加的主要原因是疫情后社会经济复苏，就业率稳步提升，更多的人投入工作之中。另外，居民加班时间变长也直接导致工作时间增加。

表 2 居民四类生活时间分配

年份	工作时间	个人必需时间	家务劳动时间	休闲时间
2011	6 小时 5 分钟	11 小时 35 分钟	1 小时 51 分钟	4 小时 29 分钟
2016	6 小时 2 分钟	11 小时 58 分钟	1 小时 47 分钟	4 小时 13 分钟
2021	6 小时 25 分钟	11 小时 32 分钟	1 小时 51 分钟	4 小时 12 分钟

据国家统计局发布的《2018 年全国时间利用调查公报》，我国居民在一天的活动中，有酬劳动时间平均为 4 小时 24 分钟，占全天的 18.3%；个人生理必需活动平均时间 11 小时 53 分钟，占

49.5%；无酬劳动平均时间 2 小时 42 分钟，占 11.3%；个人自由支配活动平均时间 3 小时 56 分钟，占 16.4%；学习培训平均用时 27 分钟，占 1.9%；交通活动平均用时 38 分钟，占 2.6%。2021 年，北京市居民的时间分配状况较 2018 年全国平均水平有明显差异，体现为北京市居民平均每天的工作时间多 59 分钟；个人必需时间少 21 分钟；家务劳动时间少 59 分钟；休闲时间少 11 分钟。

统计结果显示，2021 年北京市居民的生活结构在工作日和休息日存在较大差异。工作日期间，居民平均工作时间、平均个人必需时间、平均家务劳动时间和平均休闲时间分别占全天的 35.4%、46%、5.7%、12.9%；休息日期间，居民平均工作时间、平均个人必需时间、平均家务劳动时间和平均休闲时间分别占全天的 5.2%、53.3%、12.7%、28.8%。经对比，休息日工作时间占全天的比重比工作日工作时间占全天的比重少 30.2 个百分点，而休息日的个人必需时间、家务劳动时间和休闲时间占全天的比重分别比工作日的多 7.3 个、7 个、15.9 个百分点。

（一）居民工作时间分配

根据调查的划分，工作时间既包括了制度内工作时间，即有效工作时间，也包括了上下班的通勤时间、工作时损失的时间（停电、停水等）、加班时间和从事副业的时间。2021 年，北京市居民全周平均每天的工作时间为 6 小时 25 分钟。其中，制度内工作时间为 4 小时 47 分钟；加班时间为 21 分钟；其他工作时间为 17 分钟；上下班通勤时间为 1 小时。居民在工作日的平均工作时间为 8 小时 30 分钟，其中制度内工作时间为 6 小时 29 分钟；加班时间为 24 分钟；其他工作时间为 17 分钟；上下班时间为 1 小时 20 分钟。在休息日，居民全周平均每天的工作时间为 1 小时 11 分钟，其中的四类时间大幅减少，依次为 32 分钟、14 分钟、18 分钟、11 分钟。国家统计局数据显示，2021 年全国企业就业人员平均每周的工作时间为 47.8 小时。根据调查结果，2021 年北京市企业就业居民平均每周的工作时间为 53.2 小时，高于全国平均水平。

居民工作时间受到外在和内在因素的影响。外在因素包括自然因素、社会因素、政策因素。自然因素包括资源供给、气候环境变化、流行病事件等。社会因素包括社会结构、社会安稳、经济发展、文化风俗等。由于社会因素涵盖的范围广,关系到人类生活的各个方面,因此它也是最直接影响人们工作时间的要素。政策因素指节假日改革、制度工作日调整、财政和货币政策等由政府制定、直接或间接影响工作时间的因素。工作时间的内在影响因素则为居民的个体特征。罗俊峰等采用有序多元回归发现年龄、受教育程度、性别、户籍状况、健康状况、就业和收入对流动人口的工作时间有显著影响。[①]

1. 有业者工作时间反弹,学生学业重

如表 3 所示,2021 年,北京市有业者在工作日平均工作时间为 10 小时 9 分钟。其中制度内工作时间、加班时间、其他工作时间、上下班通勤时间分别为 7 小时 45 分钟、28 分钟、18 分钟、1 小时 38 分钟,分别占总工作时间的 76.35%、4.6%、3%、16.1%。相比工作日,有业者在休息日的制度内工作时间大幅度缩短,加班时间和上下班通勤时间也有一定减少,其他工作时间没有变化,因为"其他工作"主要是兼职和零工,这些工作大多没有固定的工作时间且弹性较强,受工作制度的影响小。

表 3 按工作状态划分的工作时间

分类	工作日				休息日			
	制度内工作时间	加班时间	其他工作时间	上下班通勤时间	制度内工作时间	加班时间	其他工作时间	上下班通勤时间
全体	6 小时 29 分钟	24 分钟	17 分钟	1 小时 20 分钟	32 分钟	14 分钟	18 分钟	11 分钟

① 罗俊峰、童玉芬:《流动人口工作时间及影响因素研究——基于 2013 年流动人口动态监测数据的经验分析》,《贵州财经大学学报》2016 年第 3 期,第 66 页。

分类	工作日				休息日			
	制度内工作时间	加班时间	其他工作时间	上下班通勤时间	制度内工作时间	加班时间	其他工作时间	上下班通勤时间
有业	7小时45分钟	28分钟	18分钟	1小时38分钟	36分钟	16分钟	18分钟	13分钟
无业	28分钟	0分钟	3分钟	5分钟	3分钟	0分钟	3分钟	1分钟
学生	6小时33分钟	46分钟	1小时7分钟	42分钟	1小时23分钟	25分钟	1小时9分钟	13分钟

工作日，学生平均在学校学习 6 小时 33 分钟，加课时间为 46 分钟，其他学习时间为 1 小时 7 分钟，上下学路上耗费 42 分钟。在休息日，制度内学习时间包括写作业、复习和预习课程的时间，为 1 小时 23 分钟，加课时间为 25 分钟，其他学习时间包括上校外辅导班的时间，为 1 小时 9 分钟，上下学路途上耗费时间为 13 分钟。很多家长担心孩子成绩上不去，就给他们报了课外班，把休息日的日程安排得很满。根据 2018 年 21 世纪教育研究院发布的《我国中小学生"减负"问题研究报告》，我国学生的平均每周课外学习时间为 13.8 小时，加上校外辅导和私人家教，每周的校外学习时间达到 17 小时左右，远超 OECD 国家的平均值 7.8 小时，我国为全球校外补习时间最长的国家。但是，繁重的学习任务换来的并不一定是更好的成绩。一份关于上补习班前后成绩对比的调查显示，一些学生没有报补习班成绩依旧很优异，一些报了很多补习班的学生成绩也没有什么进步。这是因为后者去补习班大多由于家长逼迫，结果不但成绩没上去，浪费大量的财力，而且消耗了本属于孩子的周末休息时间。学生得不到足够的休息，就无法以最好的精神状态投入学习，反而对提高成绩有弊。

2. 制度内工时不足，加班时间久

2021 年北京市有业者制度内工作时间为 7 小时 45 分钟，比法定工时少 15 分钟。制度内工作时间不足意味着要用制度外的时间（剩余劳动时间）来弥补。一方面，必要劳动时间的减少不完全意味着闲暇时间的增加，由于固定制度工时的限制，即使员工用更少的时间完成工作任务也不能提前离开岗位去进行休闲活动。另一方面，剩余劳动时间的增加占据了更多的闲暇时间。典型的例子就是目前很多企业实行的"996"工作制，即早上九点到晚上九点，一周工作六天。还有的公司实行大小周工作制度和无休工作制度。这些制度不仅是对《劳动法》的无视，更是对员工身体健康的漠不关心。这些制度之所以依然存在的原因之一是企业会为此提供的更高的加班薪酬和额外福利（如报销打车费、免费晚餐等），许多人为此选择牺牲宝贵的休闲时间，其中不乏刚入职的年轻人和上有老下有小的中年人。

2021 年是新冠疫情得到全面控制后的第一年，根据国家统计局公布的《中华人民共和国 2021 年国民经济和社会发展统计公报》，全国平均失业率为 5.1%，低于 2020 年的 5.6%。随着经济稳定恢复，很多人开始更努力地工作。经计算，北京市有业者平均每周加班时间为 2 小时 52 分钟。按《劳动法》规定的 8 小时工作制，每周工作时间不超过 44 小时来看，北京市居民的加班时间占法律规定加班时间限额的 71.7%，居民加班时间久，其中一个原因是企业的生产规模增加，致使员工不得已去加班完成更高、更多的指标。

3. 工作日和休息日工作时间差异大

表 4 中的差异值为工作日工作时间减去休息日工作时间，正数表示工作日工作时间多于休息日，负数则相反。可以看出，在休息日，"制度内工作时间"和"上下班通勤时间"大幅降低，但"其他工作时间"反而增加 1 分钟。如前文所述其他工作时间指居民从事兼职、临时工等副职的时间，调查结果反映出这类工作的时间弹性高且基本不受工作日和休息日的影响，居民在休息日有更多时间做此类工作。居民从事副职一方面是为了充分利用制度外的工作时间实现更多的人生目标；另一方面，疫情导致一些行业的收入缩水，例如，住宿餐饮业平均工资下降 3.0%，教育行业

平均工资下降 4.6%，^① 因此，人们通过从事副职来增加额外收入。

表4　工作日和休息日工作时间差异

单位：分钟

	制度内工作时间	加班时间	其他工作时间	上下班通勤时间
工作日-休息日	357	10	−1	69

4. 有业者上下班平均通勤时间久，公交、地铁最受欢迎

调查结果显示，北京市有业者上下班全周平均每天的通勤时间为1小时14分钟，其中工作日为1小时38分钟，休息日为13分钟。有业者上下班通勤时间分布如表5所示。

表5　有业者上下班时间分布

单位：%

通勤时间	人数占比
<1 小时	58.9
1 小时~1 小时 30 分钟	10.6
1 小时 30 分钟~2 小时	12.1
2 小时~2 小时 30 分钟	11.0
2 小时 30 分钟~3 小时	4.5
≥3 小时	2.9

可见，大多数居民上下班通勤时间在1小时之内。首先，很多人会找离家近的单位就业或者在单位附近租房。缩短上下班通勤时间一来可以使人们有更多的时间休息，二来可以减少通勤带来的疲惫感。其次，交通工具的多样化使人们的出行有更多选择。北京城建设计发展集团交通研究中心发布的《数说·地铁上的北京》显示，截至2020年12月，北京已有24条地铁线路，428座车站，总里程达727千米。据国家统计局发布的《北京市2019年国民经济和社会发展统计公报》，2019年北京机动车保有量为636.5

---

① 参见国家统计局公布的2020年各行业平均工资数据。

万辆，比 2018 年末多 28.1 万辆，其中民用私家车有 497.4 万辆。除了公交车和私家车，共享单车也在近几年非常受欢迎。根据北京市交通委员会发布的数据，截至 2019 年底，北京共有 90 万辆左右的共享单车。共享单车的出现给人们提供了一个新的出行方式，离公司较近的居民可以选择骑共享单车通勤，不仅节能减排，还趁此机会锻炼身体。表 6 显示，超过一半的居民乘坐公交车和地铁上下班，其次是开私家车。最后，很多公司施行错峰上下班政策，很好地将人流量、车流量分流，避免了上下班高峰期扎堆出行。还有将近一半的居民通勤时间超过 1 小时，其中以 1 小时 30 分钟到 2 小时的通勤时间居多。一方面，北京市正向外扩张发展，但大部分大企业和政府办公室还在市区里，这使得一些家住郊区的居民不得不花费很多时间用于通勤；另一方面，北京的房价高，很多外来务工人员租住到离公司远但房租便宜的区域，这拉升了平均通勤时间。

表 6　交通工具的选择情况

单位：%

交通工具	使用人数占比
步行	9.2
私有自行车	4.4
共享单车	3.5
公交车、地铁	55.5
电瓶车、摩托车	8.2
网约车、出租车	1.5
私家车	17.1
其他	0.6

5. 居民工作时间分布呈 M 状

从一天的时间线中可以看出居民工作时间分布的峰值和谷值，图 1 描述了居民的工作活动频率，图上每个时间点之间间隔 1 小时，纵轴是处于各工作活动状态的人数与被调查总人数之比。可以看出，人们大约从早上 6：00 开始出门上班，6：40 后逐渐进入早高峰阶段，到 8：40 左右到达峰值并开始减弱，直到 10：40 大部分人已到达工作岗位，进入第一个工作高峰期。大约 12：50 很多企业员工进入午休时间。随后在 13：20 人们回到工作岗位，14：40 进入第二个工作高峰期。17：00 人们陆陆续续下班，下班晚高峰在 19：00 达到顶峰，之后开始放缓。在一部分人开始下班的同时，另一部分人开始了加班生活，一些人加班到了 24：00 左右。

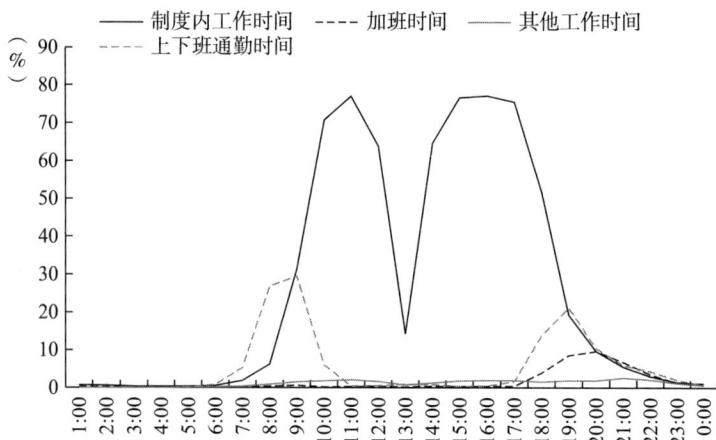

图 1　居民工作活动时间分布

（二）居民个人必需时间分配

个人必需时间指人们维持生理健康的必要时间，包括吃饭、睡觉、洗漱、就医和其他生活必需时间。根据《2018 年全国时间利用调查公报》，居民一天中用于生理必需活动的时间平均为 11 小时 53 分钟，其中工作日为 11 小时 45 分钟，休息日为 12 小时 12 分钟。居民睡眠时间平均为 9 小时 19 分钟，其中工作日为 9 小时 13 分钟，休息日为 9 小时 34 分钟。居民用于个人卫生护理的时间平均为 50 分钟。居民用于用餐时间平均为 1 小时 44 分钟，其中工作日为 1 小时 43 分钟，一天中休息日为 1 小时 48 分钟。

2021 年北京市居民平均个人必需时间如表 7 所示。对比 2018 年全国数据，2021 年北京市居民一天中平均总个人必需时间减少 21 分钟，由于《2018 年全国时间利用调查公报》只考虑睡眠、用餐和个人卫生护理时间，2021 年一天中平均总个人必需时间实际减少 10 分钟。一天中平均睡眠时间减少 42 分钟，其中工作日睡眠时间减少 1 小时，休息日睡眠时间增加 4 分钟。一天中平均用餐时间增加 4 分钟，其中工作日用餐时间增加 1 分钟，休息日用餐时间增加 10 分钟。一天中平均个人卫生护理时间增加 6 分钟。据《中国睡眠研究报告（2022）》，2021 年国民一天中平均睡眠时间为 7.06 小时，比 2018 年少 2.26 小时，比北京市民少 1.56 小时。不少学者对影响个体睡眠时间和睡眠质量的因素进行了探讨。龙鑫等指出，每天进行适当中高强度的体育锻炼有助于改善学生睡眠不足的情况。[①] 孙力菁等发现，学生的年级和体力活动与睡眠质量相关。[②] 陈琛等得出，性别、年龄、居住地、饮酒、健康自评、抑郁是睡眠时间的显著影响因素。[③] 王琪延等发现，收入、工作时间对睡眠时间有负向作用；女性、年长者、家中有需要照料者的睡眠时间相对较少。[④]

表 7　平均个人必需时间

类别	睡眠	用餐	个人生理卫生	就医保健	其他必需时间	总个人必需时间
全周	8 小时37 分钟	1 小时48 分钟	56 分钟	3 分钟	8 分钟	11 小时32 分钟

① 龙鑫、纪颖、张洪伟、张夏男、谢立璟：《北京市中高年级小学生睡眠时间现状及影响因素分析》，《中国卫生统计》2020 年第 5 期，第 704 页。

② 孙力菁、张喆、周月芳、周欣怡、罗春燕：《上海地区小学生睡眠时间睡眠质量及影响因素研究》，《中国学校卫生》2021 年第 3 期，第 354 页。

③ 陈琛、李江平、张佳星、赵媛、郭忠琴：《中老年人睡眠时间与认知、抑郁关系及影响因素》，《中华病控制杂志》2020 年第 8 期，第 919 页。

④ 王琪延、韦佳佳：《收入、休闲时间对休闲消费的影响研究》，《旅游学刊》2018 年第 10 期，第 107 页。

类别	睡眠	用餐	个人生理卫生	就医保健	其他必需时间	总个人必需时间
工作日	8 小时 13 分钟	1 小时 44 分钟	56 分钟	2 分钟	7 分钟	11 小时 2 分钟
休息日	9 小时 38 分钟	1 小时 58 分钟	57 分钟	4 分钟	11 分钟	12 小时 48 分钟

1. 休息日睡眠时间明显多于工作日

从周平均每天的睡眠时间来看，工作日平均睡眠时间为 8 小时 13 分钟，休息日为 9 小时 38 分钟，比工作日多了 1 小时 25 分钟。由于个体在生活习惯上的差异，不同人在工作日和休息日的睡眠时间差异与总体差异会有一定偏差。图 2 反映了北京市居民在工作日和休息日睡眠时间差异分布情况。其中，差异为负数表示工作日睡眠时间少于休息日，正数表示工作日睡眠时间多于休息日。可以看出，人们在休息日的睡眠时间明显多于在工作日，超过一半的人差异在 2 小时之内，但有 38.1% 的居民休息日睡眠时间比工作日多 2 小时及以上，21.4% 的居民多 3 小时及以上。

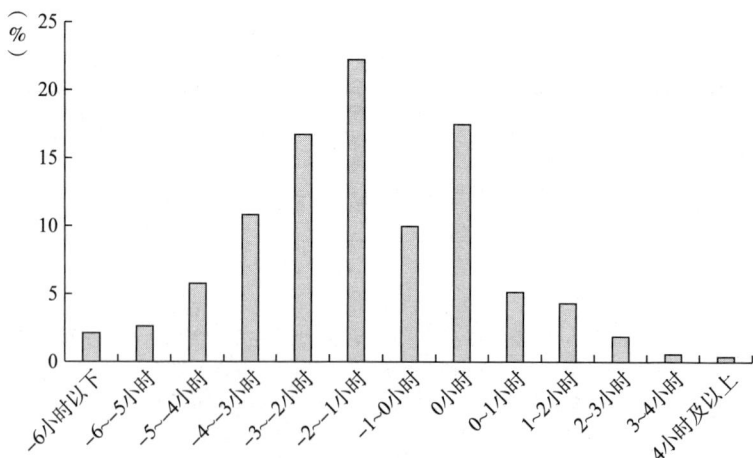

图 2　工作日和休息日睡眠时间差异分布

2. 居民起居时间差异大，普遍睡觉晚

如图 3 所示，6 点之前九成以上的居民还在睡觉，居民在 6 点逐渐起床。工作日和休息日的起床时间存在较大差异，体现为工作日有 16.9% 的居民 8 点还在睡觉，休息日 8 点有 59.42% 的人仍在睡觉；休息日居民午休的时间比在工作日久，工作日的午休时间比休息日提前一些；居民休息日晚上上床睡觉时间略晚于工作日。从图 3 中还看出，22 点，只有不到 13% 的人睡觉，甚至到了第二天 0 点睡觉的人也不足八成，说明居民普遍睡得晚。

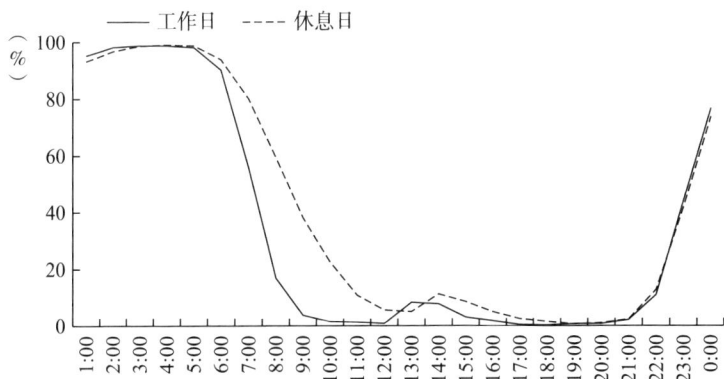

图 3 工作日和休息日居民睡眠时间分布

居民起床时间晚的原因有三点：第一，一些企业实行错峰上班或弹性工作时间，令上班时间不固定，因此人们就倾向于多睡一会儿；第二，一些企业实行在家办公，这些企业里的员工省去了上班路途的时间，从而把这些时间用于补充睡眠；第三，经过一周的工作，人们喜欢在休息日的早晨赖床。居民晚睡的原因首先在于加班导致回家晚，加之还要吃晚饭和睡前洗漱，使得上床睡觉的时间往后推迟；其次，随着夜生活的丰富，很多人下班之后去吃夜宵或者进行别的娱乐活动，从而导致睡眠时间推迟；最后，很多人喜欢睡前玩手机和看视频，导致入睡时间晚。根据《大学生睡前玩手机情况的调查与分析》的结果，42.2% 的被调查者睡前经常玩手机，41.2% 的被调查者睡前一直都玩手机，并且玩手机时间在 30 分钟到 1 小时和 1 小时以上的人数分别占到 39.45% 和 17.4%。据统计，77.06% 的被调查者睡前玩手机为了聊 QQ 和微信，51.38% 的被调查者在手机上看电影和电视剧，47.71% 的被调查者用手机浏览网页，37.61% 的被调查者用手机玩游戏。睡前玩手机会刺激大脑神经，引发睡眠问题。有实验表明，将一组睡前玩手机的人作为对照组，睡前不玩手机的人作为实验组，结果发现对照组的睡眠质量得分（PSQI）远高于实验组，证明睡前玩手机是影响睡眠质量的重要因素。[①]

3. 休息日用餐时间更分散

图 4 呈现出居民用餐时间不是很集中，工作日吃早餐的高峰期在 8：00，午餐在 12：30，晚餐在 19：10。除了午餐时间相对集中一些，早餐和晚餐的就餐时间都比较分散，这是由于以下几个因素导致：首先，错峰上下班制度使人们的日程安排有差异，上班早的就早点吃早餐，上班晚的就晚点吃早餐；其次，制度内工时的限制导致午餐时间有限，所以其时间跨度比早餐和晚餐要短；

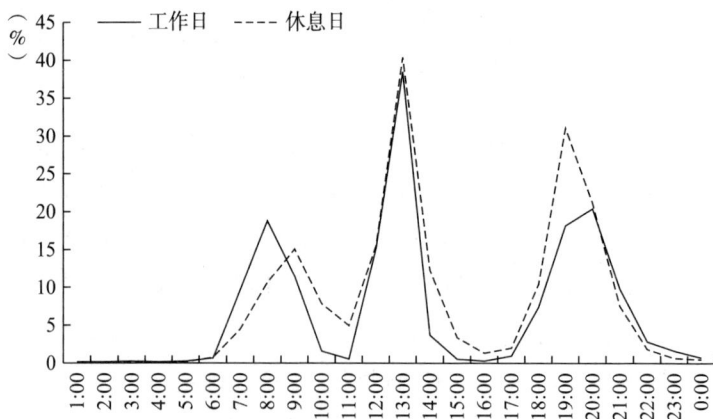

图 4　工作日和休息日居民用餐时间分布

———————

① 薛赛男、王小明、通格拉：《睡前玩手机是否对大学生睡眠质量产生影响》，《教育教学论坛》2016 年第 52 期，第 86 页。

接着，由于居民夜生活丰富且下班后的自由时间多，晚餐时间跨度在三餐中最长，将近 5 小时。在休息日，由于人们不受工作制度的限制，吃饭时间明显较工作日更分散。一方面是因为人们起床时间晚了，所以吃早饭的时间有所推迟；另一方面由于早午餐、下午茶等就餐形式的出现，人们的选择变多，就餐时间更灵活，从而使吃饭时间变得分散。另外，休息日的晚餐高峰在 19：00 左右，原因可能是休息日人们喜欢约亲朋好友聚餐，而 19 点左右正是合适的晚饭时间，人们就餐时间扎堆就形成了就餐高峰期。

（三）居民家务劳动时间分配

家务劳动指家庭成员在家庭日常生活中从事的一种无酬劳活动，是每个家庭成员为家庭这个小集体所尽的义务，包括购买商品、洗衣、做饭、打扫卫生、照料老人孩子等。家务劳动具有一定的教育和社会意义。例如，大扫除可以动员全家成员，通过交流分工和彼此之间的配合提升家庭凝聚力；照料老人和小孩可以拉近代际关系。由于家庭是社会组成的基础部分，因此，家庭成员的幸福感和归属感在很大程度上影响着社会整体的幸福感和凝聚力。

家务劳动的社会化对经济也有一定影响。以前，无酬劳的家务劳动不被记入在 GDP 之内，因而家务劳动一度被认为无社会经济价值。如今，随着家政服务的普及，家务劳动从私人性领域逐渐进入社会性领域，有酬的家政服务为经济发展增添了一份助力。此外，家务劳动为社会经济提供再生产力。带薪劳动者经过一天的忙碌回到家中，充足的休息和舒适的生活环境有助于体力的恢复，为再生产提供劳动力保障。

《2018 年全国时间利用调查公报》显示，一天中居民用于无酬劳动的平均时间为 2 小时 42 分钟。其中，工作日为 2 小时 34 分钟，休息日为 3 小时 4 分钟；城镇居民为 2 小时 45 分钟，乡村居民为 2 小时 39 分钟。家务劳动时间为 1 小时 26 分钟，其中工作日为 1 小时 24 分钟，休息日为 1 小时 32 分钟。陪伴照料孩子的平均时间为 36 分钟，其中工作日为 33 分钟，休息日为 42 分钟。陪伴照料成年家人的平均时间为 8 分钟，其中工作日为 7 分钟，休息日为 10 分钟。护送辅导孩子学习的平均时间为 9 分钟。购买商品或服务的平均时间为 17 分钟，其中工作日为 14 分钟，休息日为 25 分钟。看病就医的平均时间为 4 分钟。

2021 年北京市居民全周平均每天的家务劳动总时间为 1 小时 51 分钟。其中，购买商品、做饭、洗衣物、照料老人孩子、其他家务劳动时间分别为 16 分钟、29 分钟、14 分钟、31 分钟、21 分钟，分别占比 14.4%、26.1%、12.6%、27.9%、18.9%，如表 8 所示。

表 8　家务劳动时间

类别	购买商品	做饭	洗衣物	照料老人孩子	其他家务劳动	家务劳动总时间
全周	16 分钟	29 分钟	14 分钟	31 分钟	21 分钟	1 小时 51 分钟
工作日	9 分钟	24 分钟	8 分钟	25 分钟	16 分钟	1 小时 22 分钟
休息日	33 分钟	44 分钟	27 分钟	46 分钟	33 分钟	3 小时 3 分钟

1. 工作日家务劳动时间明显少于休息日

如表 8 所示，工作日家务劳动时间比休息日少了 1 小时 41 分钟。其中，购买商品时间、做饭时间、洗衣物时间、照料老人孩子时间、其他家务劳动时间分别少了 24 分钟、20 分钟、19 分钟、21 分钟、17 分钟。图 5 显示家务劳动高峰期在 12：00 和 18：00，工作日家务劳动时间远少于休息日，这与工作日做家务的人少有关，其原因有如下四点：首先，工作日人们大部分时间处于工作状态，如果碰上加班，一天基本没时间去做家务；其次，很多公司提供员工餐食，人们出于方便会选择在公司吃饭，减少了做饭时间；再次，由于工作时间变长，一些人选择把工作日的换洗衣服集中到休息日洗；最后，一些已经上班的人由于没有跟父母一起住，或孩子住校，又或家中老人有专人看护，工作日期间照顾家人的时间比休息日短。图 5 反映出，居民在工作日 8 点前和 21

点后的家务劳动参与度比在休息日高。8点前后是做早饭的高峰期，21点前后是照顾老人孩子的高峰期。前文提到居民在休息日吃饭时间更分散，而在工作日则需要上班前按时给家人做早饭，导致工作日家务时间较固定；工作日21点后居民大多下班回家，照顾老人孩子的时间增加，而此类家务劳动在休息日则比较分散。

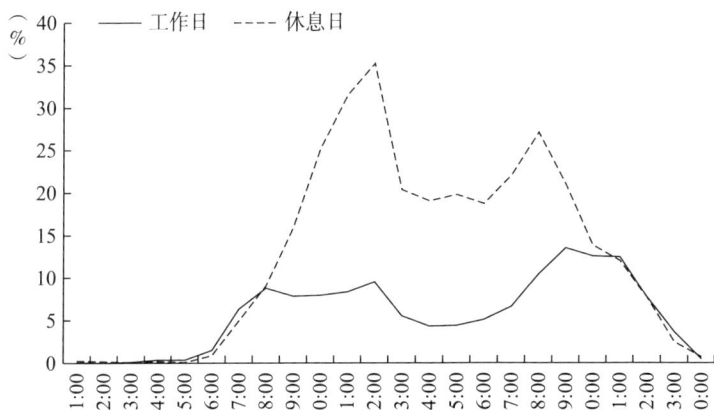

图5 工作日和休息日家务劳动时间分布

2. 不同家务劳动的高峰期不同

图6描绘出居民在不同时间进行不同家务的人数占比，可以看出，居民从事不同家务劳动的时间比较分散。其中，购买商品的两个高峰期在10：40和16：50，分别是午饭和晚饭之前；做饭的三个高峰期在6：50、11：50、18：30，分别对应着三餐的时间；洗衣物的三个高峰期在10：30、14：10、20：30，说明人们习惯于午饭前后和睡觉之前洗衣服；照料老人孩子的高峰时间在10：10、16：30、20：50。基于这些时间点，可以大概刻画出居民的家务劳动流程。5：10人们开始做早饭，6：50达到峰值，早饭后居民在家照料老人孩子的日常起居生活。人们在10：30清洗衣物，将衣物放进洗衣机后开始购物，或去超市购买食材或在手机订购商品。到了10：50居民陆陆续续开始准备午饭，11：50做饭达到

高峰，饭后有的清洗衣物，有的照料老人孩子，有的购物或做其他家务劳动。到了 16：50 人们开始做晚饭，在 18：30 达到做晚饭时间峰值，人们在晚饭前后照料家里的老人孩子。晚饭之后，居民清洗当天换下来的衣物，同时照顾孩子和老人晚上的起居生活。23：30 之后家务劳动基本停止，大部分居民准备上床睡觉。

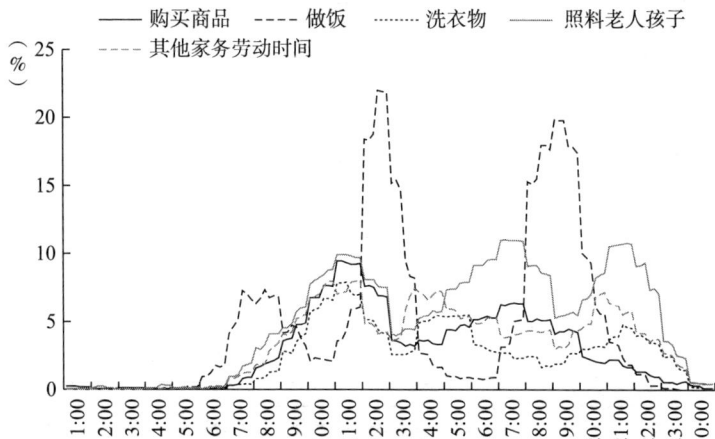

图 6　居民各类家务劳动时间分布

（四）居民休闲时间分配

休闲时间是人们进行休闲活动的载体。一些西方学者认为休闲时间包括在自由时间之中，自由时间是工作劳动时间以外的剩余时间，而休闲时间是用来进行消遣活动的时间。马克思认为休闲时间和自由时间是等价的。在此，将休闲时间统一定义为是除工作时间、个人必需时间和家务劳动时间之外的闲暇时间。

马克思认为，人们的劳动时间随着经济和科技的发展逐渐缩短，衡量当今和未来社会财富的尺度是休闲时间的多少。① 休闲时间不仅包括人们从事消遣娱乐活动的时间，也包括进行体育、学习、文艺鉴赏等活动的时间。进一步来说，休闲时间是人们的物

---

①　于俊文、张忠任：《马克思的自由时间理论》，《当代经济研究》2003 年第 1 期，第 14 页。

质需求得到满足之后，用于满足精神追求的时间，即进行休闲活动的时间。休闲活动可以分为五类：第一类为娱乐消遣类活动，包括看电视、玩游戏、K 歌等完全以娱乐为目的的休闲活动；第二类为体育类休闲活动，包括参加各种体育锻炼等，以强身健体为目的的活动；第三类为学习类休闲活动，如兴趣培养、专业深造等以提高自身文化素养为目的的活动；第四类为旅游类休闲活动，以放松身心为目的的活动；第五类为公益类休闲活动，如志愿活动、募捐、去敬老院等以社会公益贡献为目的的活动。

休闲活动对个人和社会有重要意义。对于个人来说，休闲活动有三方面意义。首先，它使人们身心放松，让人们从繁忙的工作中抽离出来，通过体育锻炼、旅游观光、娱乐消遣等方式，人们在大脑得到休息的同时改善精气神；其次，休闲活动可以陶冶情操，通过观赏画展、歌舞剧等艺术类活动，人们可以在享受艺术的过程中让心灵静下来；最后，人们可以通过参与学习类活动丰富知识储备、提升自己的专业能力。对于社会来说，发展休闲事业、建设休闲产业不仅可以提升国民的综合素质，也可以促进社会经济的发展。

《2018 年全国时间利用调查公报》显示，居民一天中自由时间支配活动平均用时 3 小时 56 分钟。其中，城镇居民 4 小时 10 分钟，农村居民 3 小时 33 分钟；工作日 3 小时 40 分钟，休息日 4 小时 34 分钟。

2021 年北京市居民全周平均每天从事休闲活动的时间为 4 小时 15 分钟。其中，工作日为 3 小时 5 分钟，休息日为 6 小时 56 分钟。相比 2018 年，居民全周平均每天的休闲时间增加 19 分钟。其中，工作日减少 35 分钟，休息日增加 2 小时 22 分钟。

1. 休息日的休闲时间比工作日多

从整体情况来看，居民在休息日的休闲时间比在工作日多出 3 小时 51 分钟。表 9 罗列出居民在 15 项活动中的时间投入，休息日与工作日的休闲时间差异显示居民在休息日从事这些休闲活动的

287

时间比在工作日多。其中，看电视、游园散步、其他娱乐活动增加的时间最多，说明居民在休息日更喜欢做些娱乐性的休闲活动。从弹性的角度分析，一方面，所有弹性系数都为正，说明居民在休息日从事各项休闲活动的时长均长于在工作日；另一方面，探亲访友、教育子女、观看影剧文体表演、学习文化知识的弹性系数高，归因于工作日人们下班时间较晚，一来不适合做这些活动，二来没有时间做这些活动。有些活动高弹性的原因是基数小导致，对于这些活动在工作日和休息日时间差异应谨慎分析，如观看各种展览（弹性系数高，但休息日仅比工作日多 2 分钟）。

表 9　工作日、休息日休闲时间对比

休闲活动	休息日	工作日	休息日-工作日（弹性系数）
学习文化科学知识	17 分钟	7 分钟	10 分钟（1.43）
阅读报纸	33 分钟	21 分钟	12 分钟（0.57）
阅读书刊	12 分钟	7 分钟	5 分钟（0.71）
看电视	1 小时 26 分钟	39 分钟	47 分钟（1.21）
听广播	4 分钟	3 分钟	1 分钟（0.33）
观看影剧文体表演	10 分钟	3 分钟	7 分钟（2.33）
观看各种展览	3 分钟	1 分钟	2 分钟（2.00）
游园散步	43 分钟	19 分钟	24 分钟（1.26）
其他娱乐活动	1 小时 29 分钟	31 分钟	58 分钟（1.87）
体育锻炼	16 分钟	7 分钟	9 分钟（1.29）
休息	35 分钟	24 分钟	11 分钟（0.46）
教育子女	13 分钟	4 分钟	9 分钟（2.25）
公益活动	1 分钟	0 分钟	1 分钟
探亲访友	17 分钟	2 分钟	15 分钟（7.5）
其他自己时间	37 分钟	17 分钟	20 分钟（1.18）
总计	6 小时 56 分钟	3 小时 5 分钟	3 小时 51 分钟

注：弹性系数=（休息日-工作日）/工作日。

2. 娱乐类活动为主要休闲方式

北京市居民全周平均每天休闲时间中，看电视、其他娱乐活动、阅读报纸和阅读书刊所占时间最多，分别为 53 分钟、47 分钟、33 分钟，各占 20.9%、18.4%、13%，其中在工作日分别占 21.1%、16.8%、15.1%，在休息日分别占 20.7%、21.4%、10.9%，如图 7 所示。居民的休闲活动以娱乐消遣类为主，特别是看电视和其他娱乐活动。值得注意的是，居民全周平均每天的休息时间为 27 分钟，占全周平均每天休闲时间的 10.59%，居民在这段时间内没有做任何活动，也就是说，这段休闲时间被空耗掉了，这是一种资源的浪费。休闲产业应重视这部分的空缺，优化供给，不断创新产品和服务，满足消费者对休闲活动的需求，从而弥补空耗掉的时间资源。

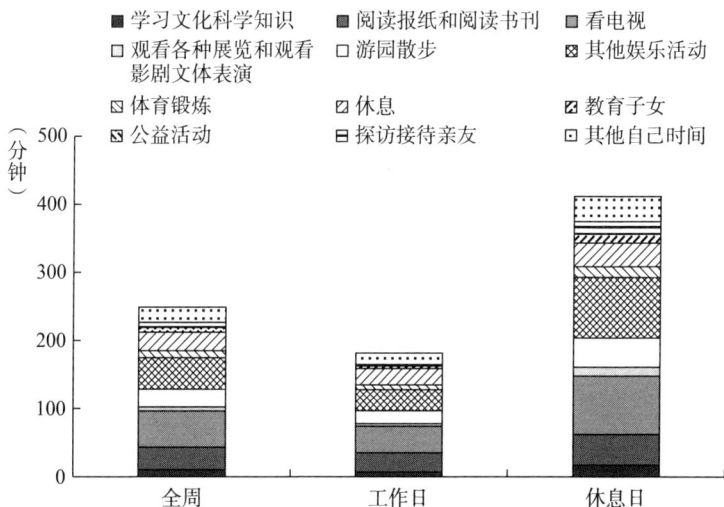

图 7　居民休闲活动时间分配

3. 工作时间越长，休闲时间越短

工作和休闲在人们的认知里往往是对立的，一方的时间增多，必然导致另一方的时间减少。表 10 反映了现实生活中，工作和休闲的这种对立显著存在，随着居民工作时间的增加，休闲时间逐渐减少。根据《劳动法》规定的每天工作 8 小时来算，符合标准的居民平均每天休闲时间为 3 小时 44 分钟。从表 10 中可以看出，每周工作时间 60 小时及以上的居民平均每天休闲时间仅有 2 小时 55 分钟，这些居民不仅工作时间严重超出法律规定，休闲时间也严重缺乏。休闲时间过少既不利于居民释放工作的压力，恢复精神和体力，更不利于居民实现对美好生活的追求。

表 10　居民工作和休闲时间

工作时间	休闲时间
无业	6 小时 25 分钟
≤34 小时	4 小时 5 分钟
35~42 小时	3 小时 44 分钟
43~48 小时	3 小时 43 分钟
49~59 小时	3 小时 27 分钟
≥60 小时	2 小时 55 分钟

四　不同组别居民的生活时间分配

（一）不同性别之间的差异

由于生理结构和社会角色与期望的差异，男性和女性在很早的时候就出现了生活方式的不同，例如农业社会普遍的"男耕女织"生活现象，至今依然存在。正是因为这些差异，男性和女性在生活上可以相互扶持。

1. "男主外，女主内"的生活模式依旧存在

如表 11 所示，2021 年男性全周平均每天工作时间比女性多 48 分钟，平均家务劳动时间比女性少 58 分钟。其中，有业男性比女性平均每天工作时间多 22 分钟，家务劳动时间少 26 分钟，说明即使有业者中也一定程度上存在"男主外，女主内"的现象，但由于工作时间变久，导致有业者花在家务劳动的时间变少，尤其是有业女性的工作时间增加和家务劳动时间减少，使得这男性与女性每天平均家务劳动时间差值缩小。对于无业者来说，男性比女性工作时间仅多了 5 分钟，但家务劳动时间却少了 2 小时 31 分钟，说明无业女性做的家务劳动比无业男性更多。其中，无业女性从事购买商品、做饭、洗衣物、照料老人孩子和其他家务劳动的时间比无业男性分别多 4 分钟、39 分钟、22 分钟、1 小时 6 分钟、20 分钟。做饭和照料老人孩子是无业女性从事家务劳动的主要事宜，两类活动分别占其家务劳动时间的 28.1% 和 33.4%。无业男性则将更多时间分配在除家务劳动以外的其他活动上。

表 11 男女每天工作和家务劳动时间

分类	工作时间	家务劳动时间
男性（全周）	6 小时 48 分钟	1 小时 24 分钟
男性（有业）	7 小时 48 分钟	1 小时 9 分钟
男性（无业）	31 分钟	3 小时 4 分钟
女性（全周）	6 小时	2 小时 22 分钟
女性（有业）	7 小时 26 分钟	1 小时 35 分钟
女性（无业）	26 分钟	5 小时 35 分钟

2. 女性睡得早，男性爱午睡

调查数据显示，2021 年北京市男性全周平均每天的睡眠时间为 8 小时 36 分钟，女性为 8 小时 39 分钟，相较 2018 年分别减少 40 分钟和 43 分钟。如图 8 所示，2021 年居民睡觉时间普遍偏晚，23：30 有 72.39% 的女性在睡觉，67.79% 的男性在睡觉，说明大部分女性睡得比男性早。13：30 有 12.66% 的男性在睡午觉，而此时睡午觉的女性只有 9.49%。

3. 男性更爱动，女性更宅更文艺

2021 年北京居民在工作日的休闲时间减少，但在休息日的休闲时间增加很多。图 9 描述了男女在工作日和休息日进行各项休闲活动的时间，可以看出，不论是男性还是女性，都在休息日进行更多的休闲活动，但活动偏好不同。其中，男性比女性更倾向于阅读报纸、游园散步、体育锻炼、其他娱乐活动、探访接待亲友，女性更倾向于看电视、观看影剧文体表演和教育子女。

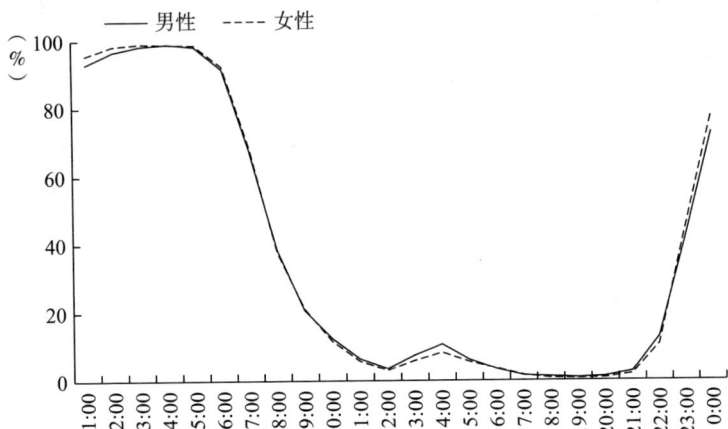

图 8　男女睡眠时间分布

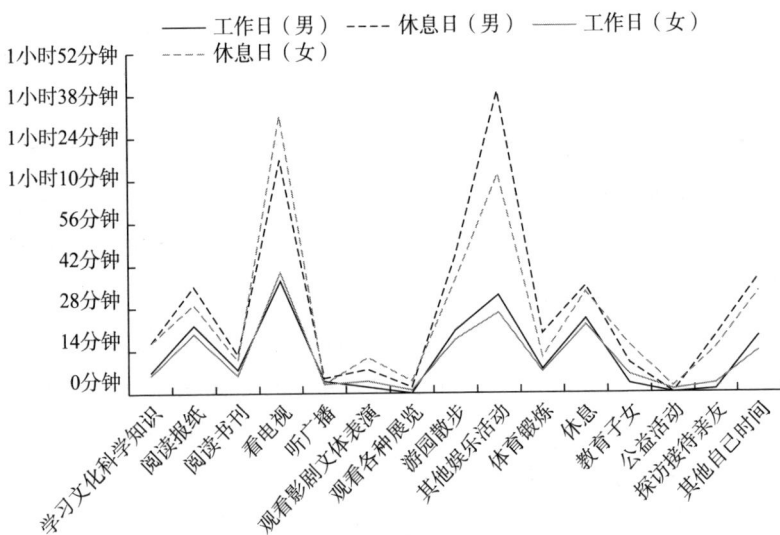

图 9　男女休闲活动时间对比

4. 境内旅游为主流，女性多游玩，男性多商务

根据图10，女性在从事短途旅行（当日返回的游玩）、和朋友一起国内旅行、国外观光旅行的比例均高于男性，而男性从事国内外业务出差、研修等的比例高于女性，说明北京市女性比男性更享受旅行的乐趣。从总体来看，我国居民的旅游形式更多的是短途游玩和跟家人朋友一起的国内旅行，只有极少数居民2021年去过国外游玩。一方面，因为国外疫情不稳定，大部分人或为了安全考虑选择只在国内游玩，或由于有些国家的旅游禁令无法出国。另一方面，国外旅游人数少也受人们旅游观念的影响，一些人认为国内旅游更省钱；一些人由于语言、文化等障碍不愿意去国外玩，或者有出国的想法但一直犹豫；还有一些人有一定的排外情绪，否认出国旅游的乐趣。排除疫情的干扰，出国旅游不仅可以使人们更多地了解国外的人文风情，且当人们处于一种全新的环境中时更容易放下心里的负担去享受生活。

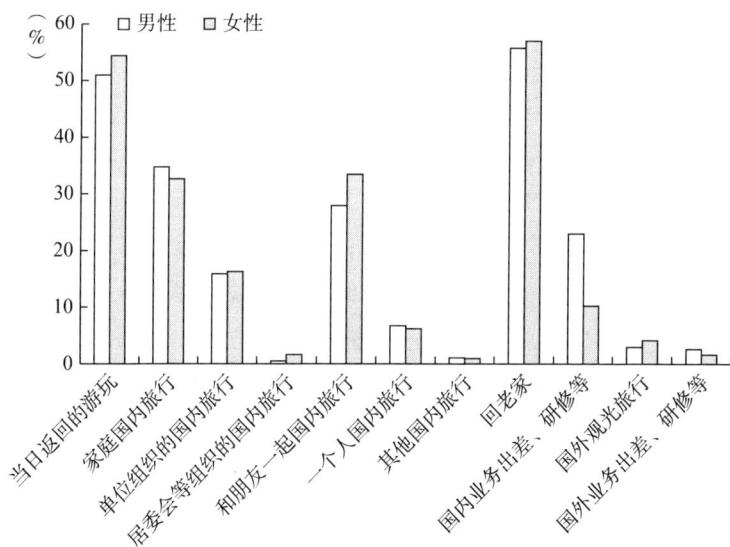

图10 男性、女性旅游活动参与情况

（二） 不同年龄层之间的差异

不同年龄层的居民对生活时间的分配不同，比如，19 岁以下的学生大部分时间是在学习中度过，30～59 岁的人多数时间在工作中度过，退休后的老人则有更多的闲暇时间去从事休闲活动。本研究将年龄划分为：19 岁及以下（多为处于义务教育阶段和高中阶段的学生）、20～24 岁［多为本科、高职（专科）学生］、25～29 岁（多为初入职场的年轻人）、30～39 岁、40～49 岁（多为上有老下有小的家庭中流砥柱）、50～59 岁、60 岁及以上（多为退休群体）。研究不同年龄层之间的时间分配差异可以发现年龄对人类社会活动结构的影响，并且可以解释如为什么不同年龄之间存在代沟、不同年龄层的消费特征有什么区别、谁是对社会经济做贡献的主要力量等社会学和经济学问题。

1. 学生最忙碌，中年人最辛苦

2021 年，最忙碌的莫过于学生群体了，如图 11 所示，19 岁及以下群体全周平均每天的学习时间 6 小时 29 分钟，此外，平均每天的加课时间为 54 分钟，其他学习时间为 1 小时 3 分钟，均多于其他年龄层居民的工作时间。学生除完成学校规定的课程和作业外，家长还会给他们报各种各样的辅导班和兴趣班。原因在于一是家长希望通过额外的教育让孩子在学校有更多的竞争力，上兴趣班或补习班可以使孩子发展得更全面；二是家长有攀比心理，不想让孩子输在起跑线上，对于成绩较差的孩子来说，课外补习是提升成绩的最直接办法；三是很多家长把孩子当成了"投资品"，有着"望子成龙，望女成凤"的心理。调查表明，中国学生上课外班的时间在全球位居前列，过重的学习压力也使现在孩子的闲暇时间变少。2021 年 7 月，中共中央办公厅、国务院办公厅印发了《关于进一步减轻义务教育阶段学生作业负担和校外培训负担的意见》，明确提出了"双减"目标，减少学生校内作业和校外培训负担。该意见的实施不仅有助于减轻学生课余时间的学习压力，也有助于减轻家长的支出压力。学习时间的减少伴随着闲暇时间的增加，因此，该意见也增加了学生进行更多休闲活动的可能性。

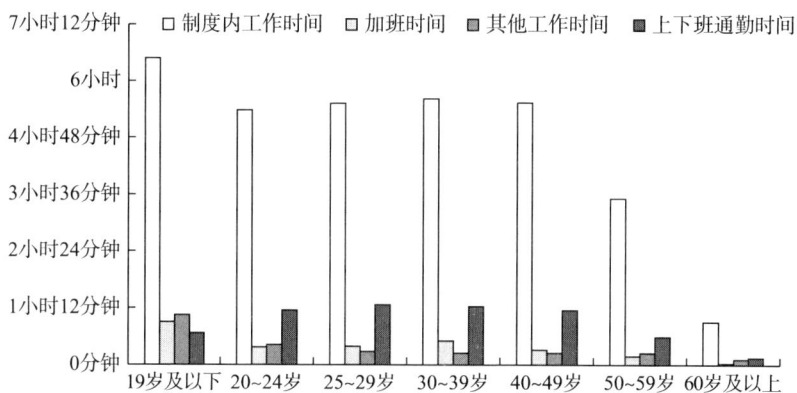

图 11 不同年龄层居民的每天工作时间

图 11 中，30~49 岁的中年人工作时间久且上下班通勤时间长。他们是社会经济的主要劳动力，同时，处于这个年龄段的人大部分是"上有老，下有小"的生活状态，是家里的顶梁柱。据统计，30~39 岁的人全周平均每天照料老人孩子的时间为 43 分钟，40~49 岁的人为 28 分钟。

2. 居民年龄越大，做家务越多

表 12 反映了北京市居民每天的的家务劳动时间随着年龄的增长而增加。19 岁及以下的居民大多跟父母居住，做家务的时间最少；20~24 岁的居民有的进入大学，有的步入职场，他们也有责任和义务去帮助家人做家务；25 岁以后，多数人已经就业，还有些人搬离父母家组建新的家庭，家务劳动只能自己动手；30~49 岁的居民很多已成为父母，有了要照顾的小孩，同时也要照顾自己的父母；50 岁之后人们陆续退休，工作时间大幅度减少，家务劳动时间增加。

表 12 不同年龄居民每天的家务时间

年龄	家务劳动时间
19 岁及以下	14 分钟
20~24 岁	52 分钟

年龄	家务劳动时间
25~29 岁	1 小时 7 分钟
30~39 岁	1 小时 47 分钟
40~49 岁	2 小时 5 分钟
50~59 岁	3 小时 7 分钟
60 岁及以上	3 小时 26 分钟

3. 中年人睡眠时间相对较少

据表 13，2021 年北京市居民每天睡眠时间最少的三个年龄层为 30~39 岁、19 岁及以下、40~49 岁。其中，19 岁及以下群体多为学生，他们不仅在校学习时间长，且做作业和上课外班的时间也很长，导致睡眠时间较短。而 30~49 岁的中年人不仅工作时间久，并且他们还要从事很多家务劳动，例如照顾老人小孩，他们的睡眠时间较其他年龄层居民较短。过了 50 岁，居民的工作时间减少，睡眠时间增加，可以看出工作时间是影响睡眠时间的关键因素之一。研究表明，每天 6~8 小时是健康睡眠时间，可以看出，2021 年北京市居民的睡眠时间很充足。

表 13　不同年龄居民每天的睡眠时间

年龄	睡眠时间
19 岁及以下	8 小时 15 分钟
20~24 岁	8 小时 45 分钟
25~29 岁	8 小时 47 分钟
30~39 岁	8 小时 26 分钟
40~49 岁	8 小时 10 分钟
50~59 岁	8 小时 38 分钟
60 岁及以上	8 小时 55 分钟

4. 老少皆爱散步

体育活动参与度得分反映了不同年龄层居民参加各项体育运动的情况，得分越高意味着参与度越高。从图 12 中可以看出，19

岁及以下群体体育活动总参与度最高。其中，球类运动（如篮球、羽毛球）的参与度随年龄增长明显减少。散步的参与度随年龄的增长而增加：19及岁以下群体的散步参与度得分为68.2分，中年人这一得分介于70分至80分之间，60岁及以上的老年人的散步参与度得分则为80.3分。图12明显反映出散步为北京市民体育活动的主要类型，其原因有如下几个方面。第一，散步比其他体育活动更容易进行，相比篮球、足球、滑冰等对活动场地和运动器材有要求的体育活动，散步不受这些因素的限制，所以更容易进行。第二，散步经济实惠，球类、游泳、滑冰这些运动一般需要在专门的场馆进行，很多场馆需要付费使用，而散步一般是在小区、公园这些免费场所进行。第三，中国人有散步的习惯，俗话常说"饭后走一走，活到九十九"，中国人习惯吃完饭后去散散步来促进消化。

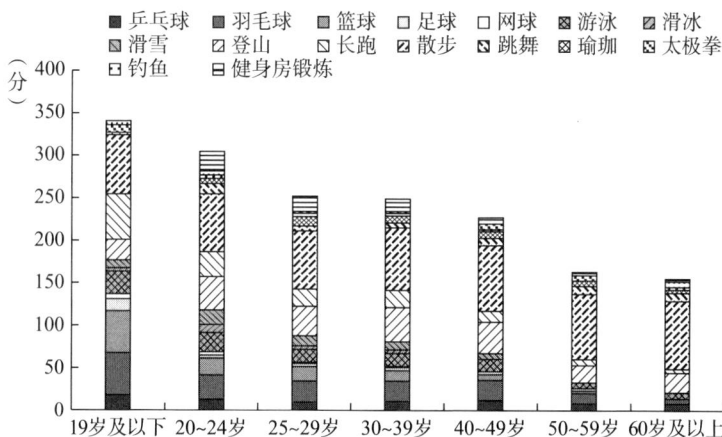

图 12　不同年龄层居民体育活动参与度得分

5. 青少年和老人参与公益活动的频率更高

图13反映出19岁及以下人群公益活动的综合参与度最高。其中，31.8%的人参与过对本地区居民的服务，4.5%的人参与过对福利机构人员的服务，13.6%的人参与过对老人、儿童、伤残人士的服务，18.2%的人参与过对灾区等地人民的服务。青少年公益参与度高的一部分原因和学校、其他社会组织等在学校开展的募捐、献

爱心、志愿者等公益活动有关。图 13 也反映出很多 60 岁及以上的老年人也较多参与了对本地区居民的服务和对灾区等地人民的服务，说明虽然老年人也属于需要被关照的人群，但他们仍比较在意身边群体和需要被帮助的人的生活状况，有较强的公益活动参与意愿。

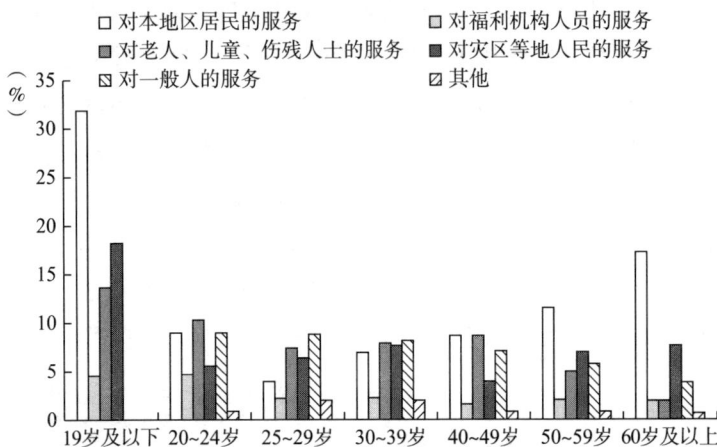

图 13　不同年龄层居民参与公益活动情况

6. 活到老学到老

表 14 反映了不同年龄层的人从事学习活动的方式，可以看出，不管哪个年龄层都有不少人从事学习活动，说明了北京市居民重视学习，学习普及率高。作为社会主要劳动者的中年人，他们之中很多人也会借助广播电视媒体学习，参与成人高等教育，在单位学习或自学等。学习活动的参与率到 50 岁之后有所下降，主要因为这个年龄段的居民面临退休，不需要继续参加专业培训。

表 14　不同年龄参与学习活动的方式

单位：%

年龄	在学校学习	职业训练	成人高等教育	借助广播电视媒体学习	在单位学习	在俱乐部学习	自学	其他
19 岁及以下	36.4	0.0	0.0	31.8	0.0	0.0	31.8	0.0
20~24 岁	10.7	5.6	28.6	47.9	32.9	1.3	31.6	0.4
25~29 岁	5.4	2.7	17.6	48.5	34.8	1.2	30.1	0.7

续表

年龄	在学校学习	职业训练	成人高等教育	借助广播电视媒体学习	在单位学习	在俱乐部学习	自学	其他
30~39 岁	3.7	4.0	18.5	49.4	41.7	2.7	29.6	0.5
40~49 岁	2.4	5.5	22.0	39.4	24.4	1.6	22.0	2.4
50~59 岁	1.6	2.9	1.2	17.2	11.5	1.6	13.9	0.4
60 岁及以上	0.0	0.0	0.0	14.0	1.3	1.3	8.3	0.6

7. 老年人爱旅游

2021 年北京市 60 岁以上的老年人全周平均每天的休闲时间为 7 小时 6 分钟。其中，工作日为 6 小时 58 分钟，休息日为 7 小时 33 分钟。由于老年人已经退休，他们的休闲时间受工作日和休息日的影响较小。如表 15 所示，老年人已远离工作环境，所以以工作为目的的商务旅行很少，大部分为当日返回的游玩和家庭国内旅行。值得注意的是，比起其他年龄层，老年人更享受和家里人或居委会组织的旅行，说明老年人喜欢和亲近的人或组织一起出游。此外，老年人国外观光旅行的比例比其他年龄层更高，一方面因为该年龄段群体有更多的休闲时间，另一方面说明老年人更享受自己的休闲时间，愿意走出国门出去看看。

表 15　不同年龄居民旅游活动情况

单位：%

年龄	当日返回的游玩	家庭国内旅行	居委会等组织的国内旅行	国内业务出差、研修等	国外观光旅行	国外业务出差、研修等
19 岁及以下	59.1	27.3	0.0	0.0	0.0	0.0
20~24 岁	59.0	29.9	0.4	9.8	4.3	1.3
25~29 岁	52.7	26.0	0.2	19.4	2.7	2.5
30~39 岁	54.3	39.5	0.0	26.7	3.7	3.2
40~49 岁	49.6	38.6	0.8	26.8	3.2	3.2
50~59 岁	47.1	34.0	1.6	10.2	3.3	1.2
60 岁及以上	48.4	41.4	5.7	1.9	5.1	0.6

（三）不同受教育程度的差异

1. 学历越高，工作时间越久

2021 年北京市居民全周平均每天的工作时间为 6 小时 25 分钟，如表 16 所示，相较北京市全周平均每天的工作时间，小学、初中及其他学历者少了 3 小时 12 分钟，高中学历者少了 1 小时 25 分钟，大学及研究生学历者多了 41 分钟。由此可见，伴随着居民学历的提升，工作时间也变得更长。很大原因是学历更高的人从事的工作比学历低的人更稳定。例如，很多国企、事业单位、公务员等的招聘要求上有最低学历条件，研究型单位则大部分要求博士学位。而一些相对不稳定的工作，如外卖员、快递员等，多数要求肯干且对地形熟悉，但对学历无严格要求。表 16 的第三列为在读生学习时间，其中，高中生学习时间最长，而大学及研究生由于专业课程的灵活性和在校期间的实习和兼职等因素，学习时间相对短一些。

表 16 不同学历者的工作时间

学历	已毕业	在读
小学、初中及其他	3 小时 13 分钟	9 小时 11 分钟
高中	5 小时	9 小时 34 分钟
大学及研究生	7 小时 6 分钟	7 小时 55 分钟

2. 学历越高，家务劳动时间越少

2021 年北京市居民全周平均每天的家务劳动时间为 1 小时 51 分钟。其中，小学、初中及其他学历者的家务劳动时间为 3 小时 16 分钟，高中学历者为 2 小时 8 分钟，大学及研究生毕业者为 1 小时 16 分钟，呈现出学历越高，家务劳动时间越少的现象。由于高学历者的工作时间最长，导致他们在家的劳动时间变短。在休息日，大学及研究生学历者洗衣物的时间最久（见表 17）。此外，不论是工作日还是休息日，大学及研究生学历者的家务劳动时间都是最短的，这也可能和家政服务消费有一定关系。图 14 反映了聘请保姆的受调查人群的学历占比情况。其中，62%的人有大学文凭，17%的人有研究生文凭，二者加起来占了聘请保姆人群的79%，这也解释了为什么高学历者家务劳动时间较短。

表 17　不同学历者每一天的家务劳动时间

学历	工作日					休息日				
	购买商品	做饭	洗衣物	照料老人孩子	其他家务劳动	购买商品	做饭	洗衣物	照料老人孩子	其他家务劳动
小学、初中及其他	16 分钟	1 小时1 分钟	15 分钟	1 小时15 分钟	48 分钟	35 分钟	1 小时3 分钟	21 分钟	55 分钟	49 分钟
高中	18 分钟	41 分钟	12 分钟	35 分钟	23 分钟	43 分钟	1 小时3 分钟	25 分钟	38 分钟	43 分钟
大学及研究生	6 分钟	15 分钟	7 分钟	16 分钟	10 分钟	32 分钟	39 分钟	30 分钟	51 分钟	30 分钟

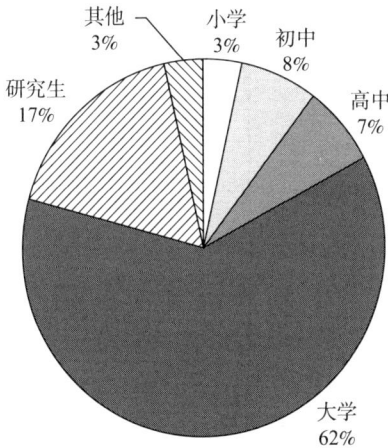

图 14　聘请保姆的受调查人群学历占比情况

3. 学历越高越爱学习

如表 18 所示，学历越高的人在休闲时间越爱学习，学历越低的人在休闲时间越爱看电视、散步和休息。这一结论在区分工作日和休息日后尤为明显。工作日中，大学及研究生学历者工作时

表 18 不同学历居民每天的休闲时间

学历	全周					工作日					休息日				
	学习	散步	看电视	休息	学习	散步	看电视	休息	学习	散步	看电视	休息	
小学、初中及其他	1 分钟	53 分钟	1 小时 30 分钟	39 分钟	0 分钟	48 分钟	1 小时 21 分钟	36 分钟	4 分钟	1 小时 5 分钟	1 小时 53 分钟	46 分钟
高中	2 分钟	44 分钟	1 小时 15 分钟	36 分钟	1 分钟	36 分钟	1 小时 7 分钟	32 分钟	3 分钟	1 小时 5 分钟	1 小时 34 分钟	45 分钟
大学及研究生	9 分钟	19 分钟	44 分钟	24 分钟	6 分钟	11 分钟	29 分钟	21 分钟	16 分钟	37 分钟	1 小时 23 分钟	30 分钟

间长，休闲时间短，但是他们的学习时间仍比其他学历者要长。在休息日，所有人的休闲时间都变长，学历低的人将这些时间用于延长散步、看电视等娱乐消遣类活动时间，而学历高的人除了娱乐消遣类活动时间变长之外，学习时间也明显增加。此外，学历越高的人用于休息的时间也越少，休息时间按学历从低到高依次为 39 分钟、36 分钟、24 分钟。可能的一部分原因是学历高的人在上学期间已经养成了自主学习的习惯，这使他们不论是休息日还是工作日都会主动学习。

五　居民时间分配的历史变迁

自 1995 年我国更新休假制度起，每周单休变为双休，法定节假日增加到 11 天，带薪休假制度也逐渐完善。2017 年，全国人大代表又提出了关于调整双休日休假制度的建议，指出在总休假时间不变的情况下，员工可以和企业之间协商弹性休假事宜。休假制度的完善一方面说明国家对居民的休闲生活更加重视，使国民通过劳逸结合使个人得到全面发展；另一方面，制度的完善体现出国家对休闲经济的重视，通过政策出台号召国民积极参与休闲活动，促进休闲经济的发展。

（一）居民制度内工作时间波动幅度变小，加班时间增加

1986 年，北京市有业者平均每天的制度内工作时间为 7 小时 33 分钟，随着 1995 年休假制度的调整，实行双休之后，平均每天的制度内工时在 1996 年降到自 1986 年以来的最低，为 6 小时 42 分钟。双休制对劳动者而言意味着更多的休闲时间，但对企业而言却可能意味着产出的降低，为了保证产量，增加制度内工作时间是最直接的方法。2001 年，有业者平均每天的制度内工作时间调整为 7 小时 46 分钟，但之后 2006 年、2011 年、2016 年分别为 7 小时 11 分钟、7 小时 40 分钟、7 小时 23 分钟，均低于 2001 年（见图 15）。随着社会的发展和技术的进步，机器将替代更多的劳动力，居民工作时间缩短是必然趋势。

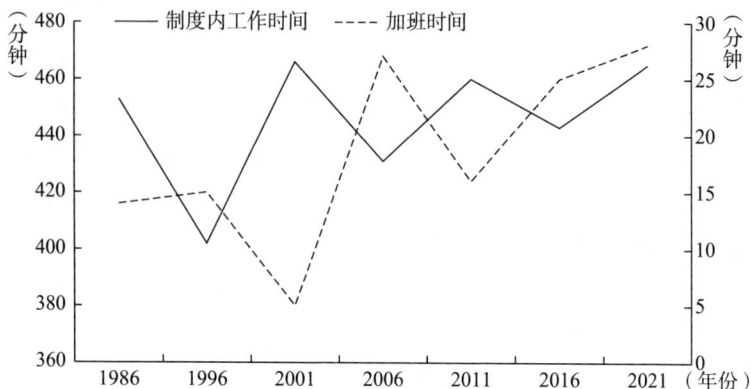

图 15 不同年份平均每天制度内工作时间和加班时间

2021 年平均每天的制度内工作时间较 2016 年增加 22 分钟，很大一部分原因是疫情后各企业开始大力恢复生产和服务，更多的人找到了稳定的工作，映射出居民从逸到劳的生活状态的转变。根据国家统计局对 2021 年一季度国民经济的统计结果，一季度 GDP 为 249310 亿元，受到上年基数较低的影响，同比增长 18.3%，比 2020 年四季度增长 0.6%，比 2019 年一季度增长 10.3%，两年平均增长 5.0%，表明我国经济恢复稳定。一季度我国城镇新增就业 297 万人，3 月城镇失业率为 5.3%，比 2 月下降 0.2 个百分点，比上年同期下降 0.6 个百分点。劳动力的增加是短期内 GDP 增长的关键影响因素之一。据统计，2021 年 1 月、2 月全国就业人员全周工作时间均为 46.3 小时，3 月为 46.9 小时，4 月、5 月均为 47.3 小时，6 月为 47.6 小时，呈逐渐增加态势。

（二）男女时间分配差异缩小

男女时间差异 = 男性平均活动时间-女性平均活动时间，结果为正表示男性从事该类活动的时间多于女性，结果为负则反之。时间分配的差异体现出男性和女性在生活结构上的不同，也反映出各类活动中男女平衡的程度。如表 19 所示，男性工作时间和休闲时间多于女性，而女性个人必需时间和家务劳动时间多于男性。由于工作和休闲多是家庭之外的活动，而个人必需活动和家务劳动基本都在家进行，因此，"男主外，女主内"的生活模式在当今社会中依旧存在。

表 19　男女四类时间分配差异

单位：分钟

年份	工作时间	个人必需时间	家务劳动时间	休闲时间
2011	57	−9	−70	23
2016	58	−21	−52	16
2021	48	−11	−57	21

通过对比发现，工作时间和家务劳动时间是男女时间分配差异最大的两部分，但从表 19 中可以看出，2021 年这两部分的差值与 2011 年相比都有明显降低。一方面说明男性和女性从事各类活动的时间日益接近，更多女性投入工作了，更多男性分担了家务劳动；另一方面反映了社会中男女平等的趋势愈发明显。

1. 男女工作时间差异先增后减

男女工作时间差异等于男性平均每天的工作时间减去女性平均每天的工作时间，结果为正表示男性平均每天的工作时间多于女性，结果为负则反之。从图 16 可以看出，北京市男女平均每天的工作时间差异均为正数，说明男性平均每天的工作时间从 1986 年起至 2021 年均多于女性。此外，相比 1986 年，1996 年受到新

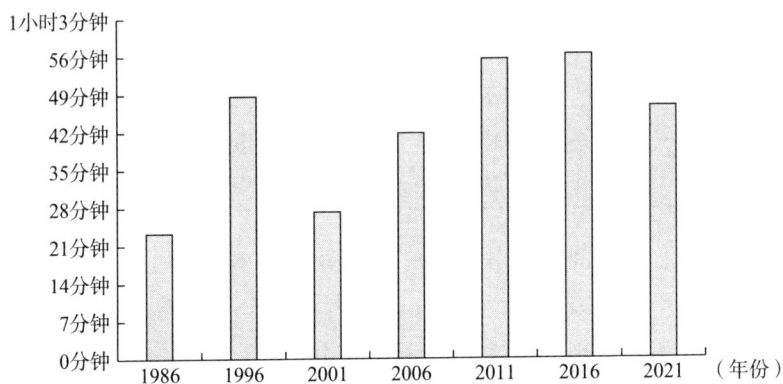

图 16　男女平均每天的工作时间差异

实施的双休制影响，男性平均每天的工作时间减少 1 小时 2 分钟，女性减少 1 小时 27 分钟，女性工时减少的更多解释了 1996 年男女工作时间差异变大的原因。除了 1996 年，图 16 还显示出男女平均每天的工作时间差异先增后减的趋势，且差异都在 1 小时以内。

2. 男女家务劳动时间差异缩小

随着洗衣机、洗碗机、吸尘器、扫地机器人等家用电器的普及，2021 年人们平均每天的家务劳动时间较 1986 年大幅度减少，尤其是 1996 年女性平均每天的家务时间比 1986 年缩短 54 分钟，科技的进步大大降低了人们家务劳动的辛勤程度，并且随着家务劳动的社会化，如家政行业的发展，人们的家务劳动负担得到进一步减轻。从表 20 可以看出，女性平均每天的家务劳动时间仍高于男性，但男女之间的时间差异在变小。一方面由于家用电器的普及，女性平均每天的家务劳动时间减少；另一方面，从 2006 年开始，男性平均每天的家务劳动时间逐渐增多，更多男性回家之后做家务，分担了一部分家务压力。

表 20　男女平均每天的家务劳动时间差异

年份	男性	女性	女性－男性
1986	1 小时 57 分钟	3 小时 10 分钟	1 小时 13 分钟
1996	1 小时 25 分钟	2 小时 16 分钟	51 分钟
2001	1 小时 23 分钟	2 小时 30 分钟	1 小时 7 分钟
2006	1 小时 9 分钟	2 小时 30 分钟	1 小时 21 分钟
2011	1 小时 11 分钟	2 小时 21 分钟	1 小时 10 分钟
2016	1 小时 18 分钟	2 小时 10 分钟	52 分钟
2021	1 小时 24 分钟	2 小时 22 分钟	57 分钟

男女工作时间和家务劳动时间差异的缩小，促进了男性和女性在社会中的平等分工。男性逐渐不再是工作上的绝对主导群体，而女性也不再是绝对意义上的家务劳动群体，传统意义上的"男主外，女主内"模式渐渐瓦解，更多男性开始做家务，更多女性

进入职场。同时，时间差异的缩小也反映出男女生活方式的日趋统一。

（三）居民上下班通勤时间久

如表21所示，2021年北京市居民上下班通勤时间比20年前久，原因可能为如下几个方面。首先，北京市人流量大且家用车多，造成上下班高峰期的交通拥堵。据第七次全国人口普查数据，截至2020年11月1日，北京市常住人口为2189.3万人，与第六次全国人口普查数据相比，10年增加了228.1万人，年均增长率为1.1%。根据《北京市2019年国民经济和社会发展统计公报》，2019年北京市机动车保有量已经达到636.5万辆，比2018年末增加28.1万辆。其次，北京市区面积的外扩使得很多居民住得较远。2001年北京五环路还在建设中，到了2021年六环已经通车。

表21 居民每天的上下班通勤时间

年份	工作日	休息日
1986	1小时2分钟	8分钟
1996	1小时23分钟	29分钟
2001	1小时14分钟	6分钟
2006	1小时43分钟	16分钟
2011	1小时36分钟	13分钟
2016	1小时34分钟	20分钟
2021	1小时38分钟	13分钟

（四）有业者的个人卫生时间长于无业者

统计结果显示，2011年、2016年、2021年北京市居民平均每天的个人卫生时间分别为47分钟、50分钟、56分钟。个人卫生时间的增加得益于各种家用电器和日用品的革新，居民更享受进行个人卫生活动的过程。例如电热水器的普及令千家万户洗澡更方便，不同功效的护肤品使居民的个人护理更精致。此外，受疫情影响，人们更加注意个人卫生，口罩已经成为人们的外出标配，居民回到家后也更注意消毒、洗手。2016年和2021年，北京市有业者的个人卫生时间超过无业者，如表 22 所示。一方面因为有业者结束一天的工作回到家后要清洗从室外带回来的灰尘和身上的汗渍，另一方面有业者上班前多要梳妆打扮，以整洁的精神面貌进入单位。

表 22　有业者与无业者每天个人卫生时间

年份	有业者	无业者
2011	47 分钟	49 分钟
2016	50 分钟	48 分钟
2021	58 分钟	55 分钟

（五）居民睡眠时间先增后降

北京市居民全周平均每天睡眠总时间从 1986 年至 2021 年呈现出先增后减的趋势，如表 23 所示。在工作日，自 1986 年至 2021 年虽然工作时间有增有减，但睡眠时间稳定上升，说明人们逐渐重视睡眠质量。国家统计局发布的《2018 年国民经济和社会发展统计公报》显示，2018 年居民平均每天的睡眠时间为 9 小时 19 分钟，而 2021 年较 2018 年少了 42 分钟，居民在休息日的睡眠时间较 2018 年的 9 小时 34 分钟增加了 4 分钟，工作日的睡眠时间少了 1 小时整。主要原因是疫情过后，企业加大生产力度，致使很多在职员工加班时间变长，直接导致睡眠时间缩短。

表 23　每天的睡眠时间变化

类别	1986 年	1996 年	2001 年	2006 年	2011 年	2016 年	2021 年
总时间	7 小时 52 分钟	8 小时 16 分钟	8 小时 33 分钟	8 小时 41 分钟	8 小时 47 分钟	8 小时 55 分钟	8 小时 37 分钟
工作日	7 小时 44 分钟	7 小时 58 分钟	8 小时 13 分钟	8 小时 21 分钟	8 小时 25 分钟	8 小时 39 分钟	8 小时 13 分钟
休息日	8 小时 43 分钟	9 小时 1 分钟	9 小时 21 分钟	9 小时 32 分钟	9 小时 42 分钟	9 小时 36 分钟	9 小时 38 分钟

（六）居民购物时间缩短

据统计，2021 年北京市居民全周平均每天的购物时间为 16 分钟。其中，工作日为 9 分钟，休息日为 33 分钟，均达到历史最低。如图 17 所示，居民购物时间从 2006 年开始下降，而 2006～2007 年正是中国电子商务崛起和高速发展的时期。2006 年，商务部发布了《关于网上交易的指导意见（征求意见稿）》，同年"中国互联网第一股"网盛科技在深圳上市。2007 年 6 月，国家发改委和国务院信息化工作办公室联合发布《电子商务发展"十一五"规划》，标志着我国对电子商务首次确立了国家级规划。同年 11 月，阿里巴巴在香港上市，12 月，商务部公布了《关于促进电子商务规范发展的意见》。随着互联网的迅速发展，网购逐渐成为当今主流购物方式之一，人们可以足不出户在线上购买商品。相较于线下购物，网购的优势在于如下几方面。首先，网购省时省力，人们只需下载手机应用程序或登录购物网站即可购物，无须花费时间去线下店。其次，网购便于比较和挑选商品，顾客可以看到同等价位、不同品牌的相似产品，也可以看到相同产品、不同卖家的不同价格，从而对商品的性价比有全面的认识。最后，如今的网购软件足够智能，可以根据浏览记录、购买记录等相关信息向顾客推荐他们可能喜欢的产品。线上购物的缺点在于人们不能立刻使用购买的产品，产品的退换流程可能相对复杂，对产品的实际外观和功能只能靠图片描述和产品介绍，存在更多个人信息泄露的风险等。

据中国互联网络信息中心发布的《中国互联网络发展状况统计报告》，截至 2020 年 12 月，我国网民规模达到 9.89 亿人，互联网普及率达 70.4%，较同年 3 月增长 5.9%。其中网购用户规模达到 7.82 亿人，较同年 3 月增加 7215 万人。据国家统计局发布的数据，2020 年，我国线上零售额达 11.76 万亿元，较 2019 年增加 10.9%，占 2020 年 GDP 的 11.57%。在"互联网+"的产业变革形势下，越来越多的企业通过互联网媒介提供产品和服务，促

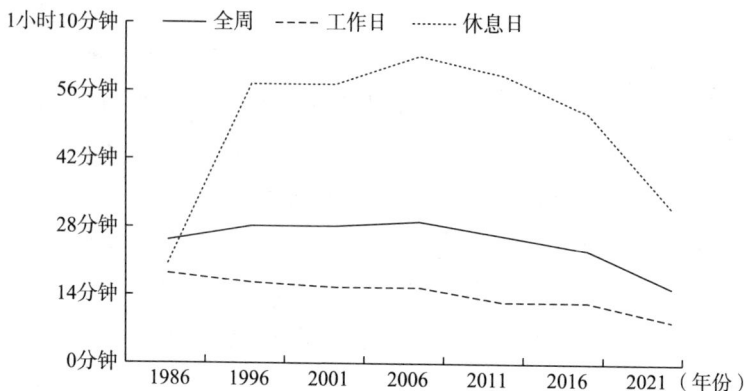

图 17　居民每天购物时间变化

进"全民互联"的实现。除了网购的普及，疫情带来的持续性影响也压缩了居民的购物时间。中国社会科学院经济研究所《经济研究》智库经济形势分析课题组指出，疫情使居民收入恢复力度偏弱，降低了边际消费倾向，提高了预防性储蓄动机。这意味着居民对于非必要性商品的购买需求力度减弱，消费市场较疫情前处于相对疲软的状态。

（七）忙碌的中国人

随着更多的更先进技术投入生产和服务过程中，市场对人力劳动力的需求将变得越来越少，人们的休闲时间将越来越多。图18描述了1986~2021年居民休闲时间的变化。2001~2016年，居民休闲时间一度减少，而工作时间却处于上下波动的状态，表明这段时期内，工作时间并不是影响休闲时间的主要因素，需考虑外界社会因素的扰动。例如，2003年国内非典蔓延，高失业率伴随着消费降级和低外出率，居民的工作和休闲时间同步减少；2007~2009年的全球金融危机导致我国出口规模大幅度下降，同时，外企裁员和外资减少对我国就业率和市场规模造成极大的挑战，此阶段居民的休闲时间虽无明显下降，但仍反映出人们处于保守时期，没有进行更多休闲活动。若不考虑外在因素，由于居民家务劳动时间和个人必需时间浮动不大，且休闲时间等于全天时间减去工

作时间、家务劳动时间和个人必需时间的剩余时间，休闲时间的
减少意味着工作时间的增加。2016 年是休闲时间变化的转折点，
到了 2021 年，居民全周休闲时间增加，虽然工作日的休闲时间
由于疫情之后的工作时间的增加而减少，但居民在休息日的休闲
时间大幅增加，说明在休息日越来越多的居民会去放松身心、享
受自己的生活。

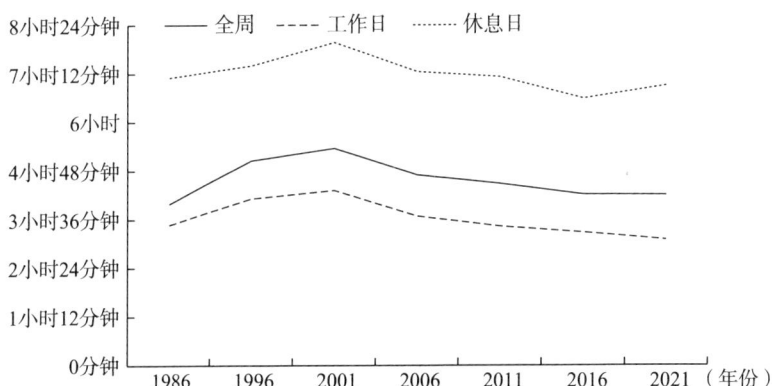

图 18　居民全周休闲时间的变化

六　北京市居民休闲消费支出

本部分从消费支出分布、组别差异、历史变迁三个方面分析
北京市民休闲消费支出。

（一）居民休闲消费支出分布

北京市统计局数据显示，2021 年北京市居民人均可支配收入
为 7.5 万元，同比增长 8.0%，是全国平均水平的 2.1 倍；全国人
均休闲消费支出估算值为 4914 元。调查显示，2021 年北京市居民
平均休闲消费支出为 17822.2 元，是全国平均值的 3.6 倍，说明北
京市居民消费力度大、消费需求广，也反映出北京休闲产业市场
广、潜力足的优势。

本调查将居民的休闲消费分为五个部分，分别为体育休闲、
娱乐休闲、学习休闲、公益休闲和旅游休闲（见图 19）。据统计，

首先，北京市民旅游平均消费支出为 10310.5 元，远高于 2021 年全国平均水平 2042 元，反映出疫情后北京市居民旅游的积极性高，拉动全国旅游消费水平的提升。其次，娱乐休闲、学习休闲活动的平均支出分别为 4200.3 元、1895.5 元，分别占总休闲消费支出的 24%、11%。最后，体育休闲、公益休闲的平均消费支出分别为 1273.7 元、142.2 元，分别占总休闲消费的 7%、1%。综上，居民大部分休闲消费集中在消遣和玩乐上，在自我提高（如学习休闲和体育休闲）和社会奉献（公益休闲）相关活动方面的消费支出少，也从侧面反映出现阶段休闲产业仍需进行供给侧结构性改革，以满足和激发居民更高层次的休闲需求。

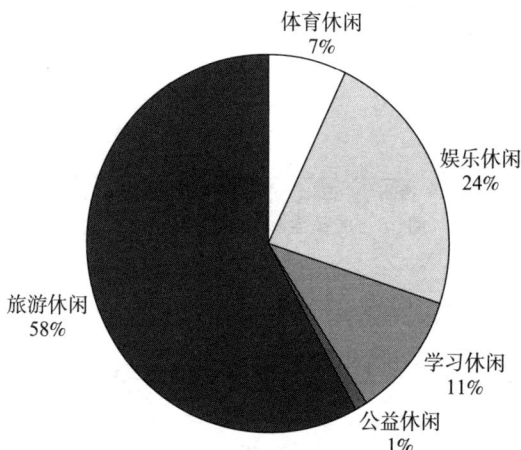

图 19　居民休闲消费分布

从体育休闲角度分析，图 20 显示出，北京市居民参与最多的前四项活动为散步、登山、羽毛球、长跑，这些活动较为大众化，且对运动场地的要求不高，居民可以很方便地进行锻炼；支出最多的前四项活动为健身房锻炼、登山、滑雪、游泳，这些活动需要参与者支付入场费和购买专业运动装备，健身房更是有私教、健身餐等付费服务，进而增加了此类活动的消费支出。可以看出，登山的参与度和消费支出都相对较高，深得居民喜爱。

从娱乐休闲角度分析，居民消费最多的前三项活动为烹饪、网上消遣、电子游戏，分别消费 1580.5 元、1088.1 元、367.5 元。娱乐是最基本的休闲方式，从图 21 中也能看出，北京市居民倾向于看电影、打游戏、打牌等大众化的娱乐方式，并且也更倾向于使用电子设备进行娱乐活动。

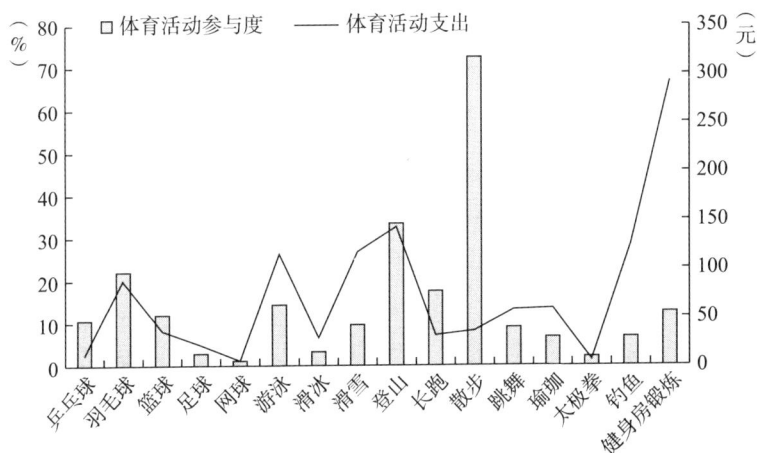

图 20　居民体育活动参与度及支出

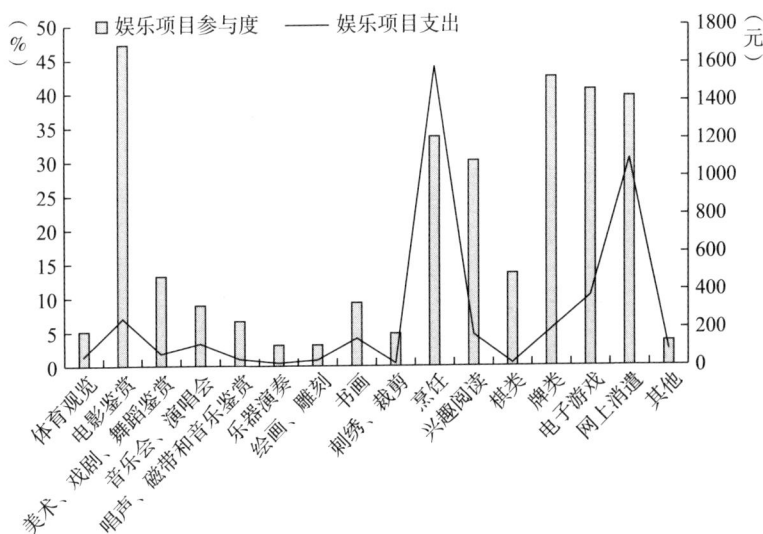

图 21　居民娱乐活动参与度及支出

相比起纯娱乐性活动，从事兴趣阅读、听音乐会、美术鉴赏等陶冶情操活动的居民要少得多，一方面是因为上述活动的资源少，如音乐会、美术展的门票量、活动时间和场馆受限。另一方面是宣传力度不够，很多居民要么不知道活动的相关信息，要么没有被宣传内容所吸引。但随着居民生活质量的提高，对高层次娱乐需求的增加，市场应相应扩大相关活动供给，优化活动内容，及时满足居民更高层次的休闲需求。

从学习休闲角度分析，如图 22 所示，北京市居民的学习途径较广，包括借助广播电视媒体学习、在单位学习、自学等。调查显示，2021 年居民借助广播电视媒体学习的参与度比 2016 年高 7.7 个百分点，而在学校学习和参加职业培训的比例比 2016 年分别低 2.7 个、0.9 个百分点，说明参与线上学习的居民比往年更多。成人高等教育、借助广播电视媒体学习、在学校学习的消费支出较高，成人高等教育和在学校学习的高消费是因为其可以提供职业必需的资历证书，通常学费高。借助广播电视媒体学习的支出较多，一方面是因为疫情使线上学习的人数增加，另一方面

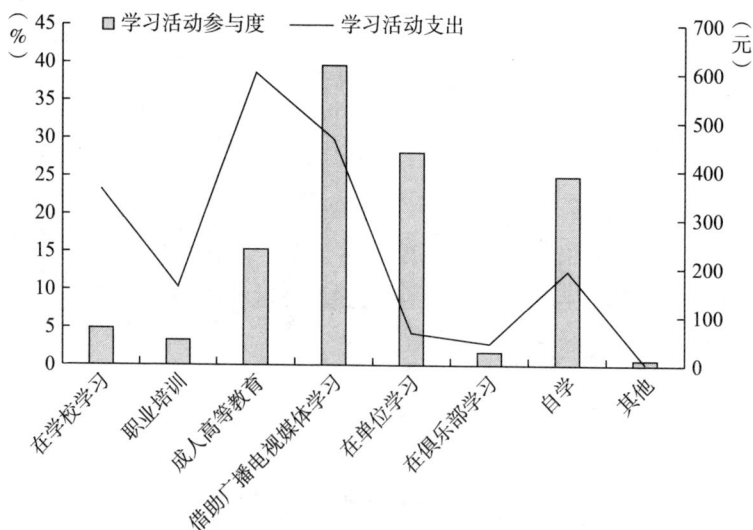

图 22　居民学习活动参与度及支出

是因为社会对知识产权的重视程度升高，一些专业课程、精品课程和进阶线上课程等都采取了收费的模式，增加了居民的线上学习支出。

从公益休闲角度分析，北京市居民的主要消费集中在对老人、儿童、伤残人士的服务和对灾区等地人民的服务，但数额都不大，分别为 54.7 元、50.1 元，如图 23 所示。公益类活动的支出只占整体休闲消费的 1%，说明公益领域尚未形成成熟的休闲产业链。此外，居民对公益活动的参与度不高。其中，对本地居民的服务参与度最高，占 8.6%，而对福利机构人员的服务参与度仅有 2.5%，说明居民更会去帮助身边的人。由于福利站中的人多多少少受到了社区组织和政府的援助，有了基本的生活保障，居民对他们的关注就相对较少了。

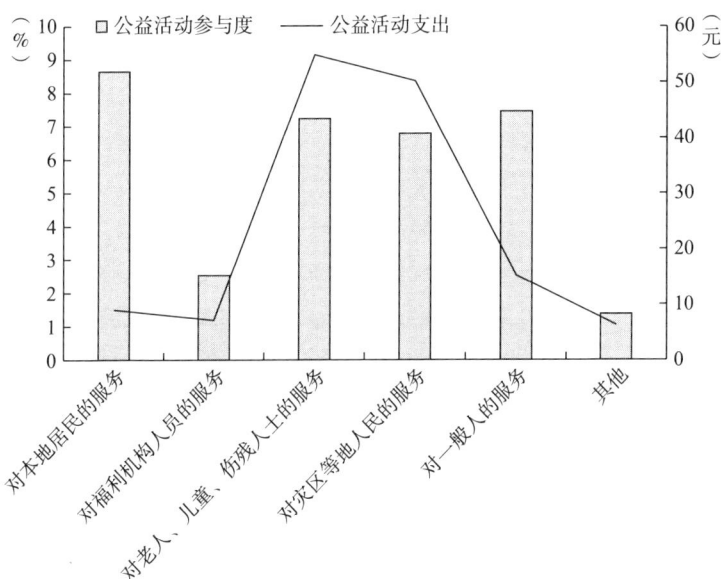

图 23　居民公益活动参与度及支出

从旅游休闲角度分析，如图 24 所示，北京市居民对回老家、当日返回的游玩、家庭国内旅行、和朋友一起国内旅行的参与度最高，平均支出分别为 1721 元、1359.4 元、2455.8 元、1213.9 元。可以看出，首先，北京市居民多数喜欢短途游玩；其次，由于北京市外来人口多，导致回老家的比例较高；最后，疫情使境外旅行变得困难，很多人选择在国内旅游。反观旅游支出情况，回老家和当日返回的游玩并不是消费最高的方式，部分原因是这两种旅游方式的弹性较大，如在交通工具和出行日期的选择方面比较灵活，并且这两种方式几乎不涉及酒店住宿费用和太多的用餐费用。家庭国内旅行一般涉及的人数多，因此如用餐、住宿等的支出会高。居民国内业务出差、研修等的平均费用为 1825.8 元，支出较高，一方面是因为出差或研修持续时间长，累计的用餐和住宿方面的开销相对较多；另一方面是因为有些商务出差对舱位和酒店的等级会有规定，也使得开销变多。

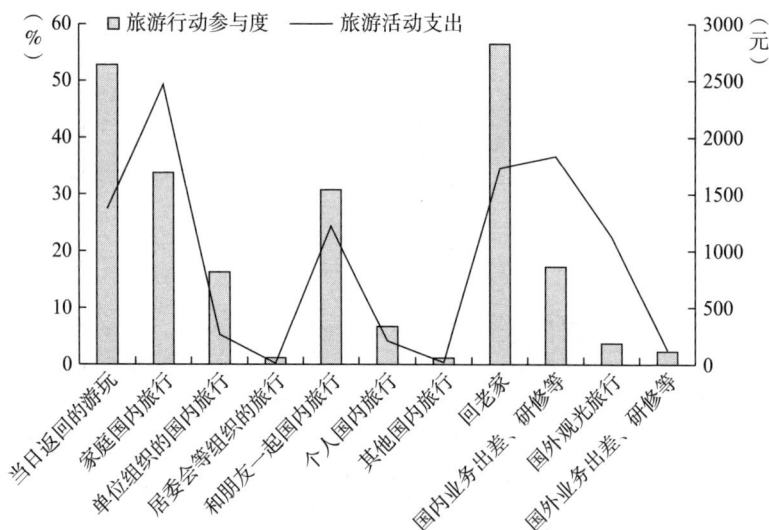

图 24　居民旅游活动参与度及支出

（二）不同人口组别的休闲消费差异分析

1. 不同性别居民休闲消费差异分析

如表 24 所示，在五类休闲活动中，女性比男性在娱乐休闲方面多花 725.6 元，在学习休闲方面多花 402.3 元。男性比女性在体育休闲、公益休闲、旅游休闲上分别平均多花 264.8 元、84.6 元、

4031.3 元。从表 24 中可以看出，男性和女性在同伴的选择上无明显差异。女性更倾向于学习外语、美术、美发美容、艺术文化等，比例分别比男性分别高 4.8 个、1.3 个、1.5 个、1.1 个百分点；而男性更倾向于学习工业技术、社会科学、自然科学、时事、计算机，比例分别比女性分别高 4.5 个、4.3 个、3 个、3.4 个、6.3 个百分点。此外，女性短途旅行（当天返回的游玩）、国内非出差旅行、国外非出差旅行的比例均高于男性；男性国内外商务旅行的比例高于女性，说明女性的旅游更偏享受型，男性的旅游则更偏商务型。从总体来看，北京居民的旅游形式以短途游玩和跟家人朋友的国内旅行为主，只有极少数居民在 2021 年出国旅游。

表 24　男性、女性休闲支出和同伴者

分类			男性	女性
体育休闲	同伴（%）	家人	32.5	35.8
		同事	10.2	6.4
		学校的人	2.4	1.9
		邻居	2.3	4.2
		朋友	30.5	30.6
		自己	20.7	20.0
		其他	1.2	1.0
	平均支出（元）		1397.8	1133.0
娱乐休闲	同伴（%）	家人	28.3	32.0
		同事	4.6	3.3
		学校的人	1.8	1.2
		邻居	1.8	1.6
		朋友	30.2	27.9
		自己	32.0	32.8
		其他	1.3	1.4
	俱乐部（%）		1.9	3.3
	平均支出（元）		3860.1	4585.7

续表

分类			男性	女性
学习休闲	学习内容（%）	外语	9.6	14.4
		美术	1.9	3.2
		工业技术	8.0	3.5
		医学保健	3.0	6.3
		美发美容	0.6	2.1
		教育社会福利	2.3	2.3
		社会科学	11.5	7.2
		自然科学	5.6	2.6
		艺术文化	5.4	6.5
		时事	8.3	4.9
		家政	1.4	2.0
		计算机	15.8	9.5
		其他	26.7	35.6
	平均支出（元）		1707.1	2109.4
公益休闲	同伴（%）	以社会服务为目的的团体	21.8	18.2
		居委会、俱乐部、青年团	22.1	19.8
		其他	9.4	10.5
		家人	7.6	8.6
		邻居	6.4	6.1
		单位或学校的人	9.7	10.5
		朋友	7.9	6.7
		自己	15.2	19.5
	平均支出（元）		181.8	97.2
旅游休闲	游玩（当天返回的游玩）（%）		23.6	25.9
	国内（%）	观光旅行	39.3	41.4
		回老家	23.8	24.8
		出差	10.1	4.8
	国外（%）	观光旅行	1.7	2.1
		出差、其他	1.6	1.0
	平均支出（元）		12198.4	8167.1

2. 不同年龄层居民的休闲消费差异分析

从图25可以看出，不同年龄层居民的休闲消费支出情况各不相同。19岁及以下和30~39岁居民的娱乐消费较多；20~24岁的居民娱乐支出相对较少，因为这一阶段的人初入大学或社会，没有足够的资金去承担较多的娱乐费用，同时，他们的工作或学习正处于忙碌阶段，会把更多的时间投入在自我提升上；老年人的娱乐支出最少。各年龄层居民的旅游休闲活动消费支出最高，60岁及以上的老年人旅游消费支出依然可观，甚至超过了25~29岁的青年。据统计，2021年北京市60岁及以上的老年人全周平均每天的休闲时间为7小时6分钟。老年人大多已远离工作岗位，所以以工作为目的的商务旅行很少，大部分为当日返回的游玩和家庭国内旅行。此外，老年人国外观光旅行的比例比其他年龄层更高（见表25）。

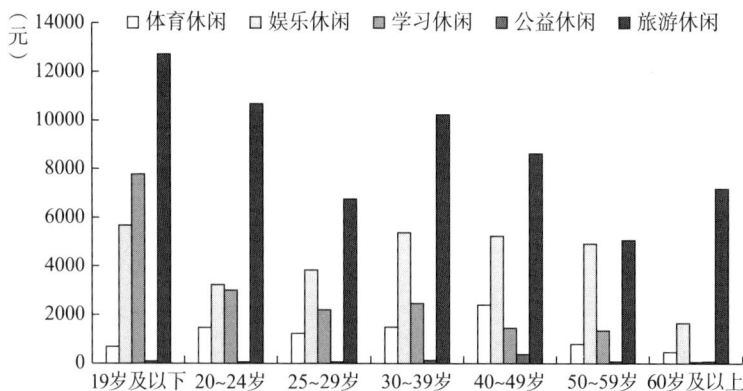

图 25　不同年龄层居民休闲消费分布

表 25　不同年龄层居民旅游活动分布

单位：%

年龄	当日返回的游玩	家庭国内旅行	居委会等组织的旅行	国内业务出差、研修等	国外观光旅行	国外业务出差、研修等
19岁及以下	59.1	27.3	0.0	0.0	0.0	0.0

续表

年龄	当日返回的游玩	家庭国内旅行	居委会等组织的旅行	国内业务出差、研修等	国外观光旅行	国外业务出差、研修等
20～24 岁	59.0	29.9	0.4	9.8	4.3	1.3
25～29 岁	52.7	26.0	0.2	19.4	2.7	2.5
30～39 岁	54.3	39.5	0.0	26.7	3.7	3.2
40～49 岁	49.6	38.6	0.8	26.8	3.2	3.2
50～59 岁	47.1	34.0	1.6	10.2	3.3	1.2
60 岁及以上	48.4	41.4	5.7	1.9	5.1	0.6

公益休闲活动上的支出在所有年龄层普遍较低，但并不意味着人们对公益活动的淡漠。图 26 反映出 19 岁及以下人群在公益活动的综合参与度最高。其中，31.8% 的人参与过对本地居民的服务，4.5% 的人参与过对福利机构人员的服务，13.6% 的人参与过对老人、儿童、残疾人的服务，18.2% 的人参与过对灾区等地人民的服务。

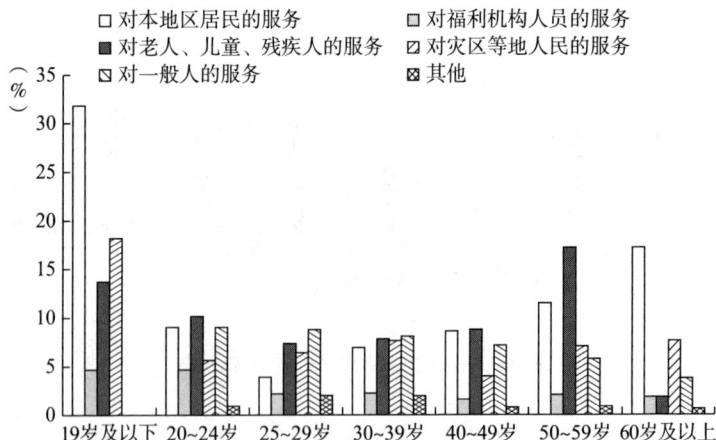

图 26　不同年龄层居民公益活动参与度

3. 不同学历居民的休闲消费支出差异分析

据表 26，学历越高，休闲消费越多。高学历者往往会有高收入，而收入和消费又有正相关性。

表 26　不同学历居民休闲消费总支出

单位：元

学历	总支出
小学、初中及其他	10330.9
高中	15798.4
大学	18143.8
研究生	35801.4

图 27 显示，各学历居民娱乐、公益休闲活动支出的差异不明显，一是因为公益休闲活动普遍支出较低；二是当前的娱乐项目供给多为大众化消费项目；三是居民的娱乐消费偏好多为基本的消遣、游戏等，高层次的娱乐消费较少。旅游、学习、体育休闲活动的消费随学历的上升而增加。部分原因是高学历的居民更注重自我提升，并且高学历居民工作时间更长，需要更多的锻炼或旅行去放松身心。

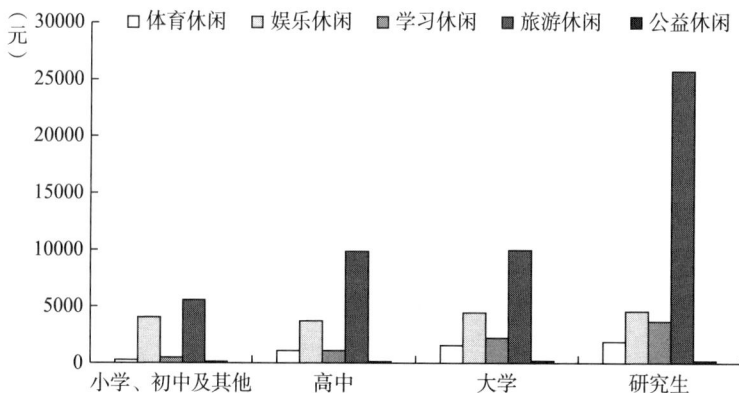

图 27　不同学历居民休闲消费支出分布

4. 不同收入居民的休闲消费差异分析

图 28 呈现出居民的休闲消费支出随收入的增加而增加。休闲消费占年收入的比重却并非如此。年收入 3 万元以下的居民休闲消费约占收入的 1/3，随着收入的提高，休闲消费所占比例在整体上有

下降趋势，意味着收入低的居民对休闲消费的投入程度甚至比高收入群体还高。

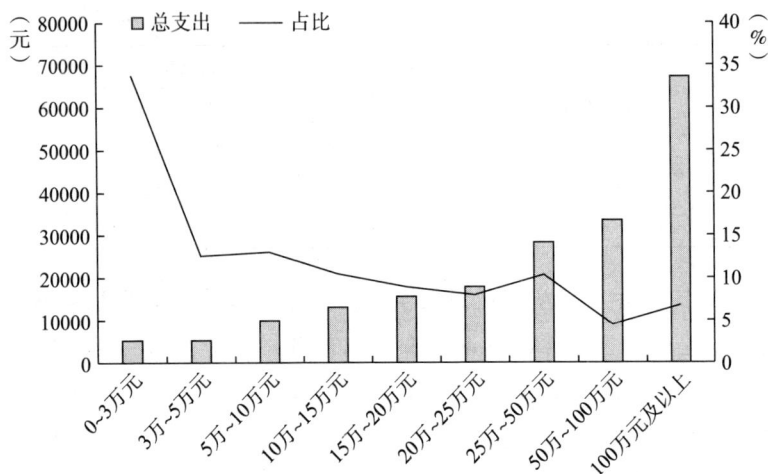

图 28　不同收入居民的休闲消费分布及占比

　　图 29 一定程度上展示了不同收入居民的休闲消费特征，本文将年收入 10 万元以下归为低收入、10 万 ~ 50 万元归为中等收入、50 万元及以上归为高收入。首先，中、高收入居民的体育和公益休闲活动支出相差不大；其次，低、中收入居民的学习休闲活动支出差

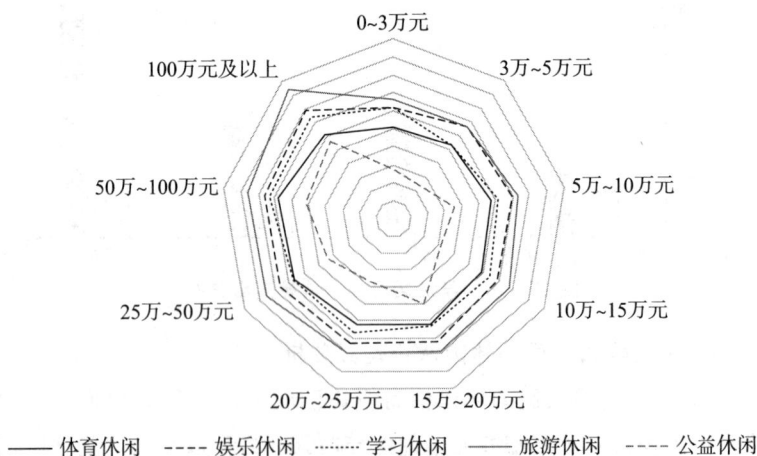

图 29　不同收入居民的休闲消费分布

异较小；再次，娱乐休闲活动占低收入居民休闲消费支出的比重比中、高收入居民要高；最后，各收入段居民之间的旅游休闲消费差异最明显。由于旅游休闲消费的弹性较大，收入高的居民受预算的限制较小。此外，数据显示，年收入 0~3 万元和 3 万~5 万元的居民休闲时间最多，每天分别为 5 小时 7 分钟和 5 小时 48 分钟。

（三）居民休闲消费历史变迁

从表 27 可以看出，2021 年北京市居民的休闲消费支出较 2016 年、2011 年分别增长 16.3%、51.3%。相较于 2016 年，2021 年娱乐休闲消费增长率最高，为 50.8%，占 2021 年增加值的 56.5%。公益休闲消费有所减少。体育休闲消费较 2011 年、2016 年分别增长 94.8%、23.8%，说明疫情后更多居民投入体育锻炼中，越发重视个人健康。学习休闲消费较 2011 年、2016 年分别增长 80.6%、28.8%。旅游休闲消费较 2011 年、2016 年分别增长 41.5%、5.5%，反映出居民在疫情后也参与了更多的旅游活动。总的来讲，北京市居民 10 年内的消费水平发生了天翻地覆的变化，体现出了居民生活水平的整体提升。

表 27　居民休闲消费支出变化

单位：元

年份	体育休闲	娱乐休闲	学习休闲	公益休闲	旅游休闲	总支出
2011	654.0	2494.7	1049.3	296.1	7288.3	11782.4
2016	1028.5	2784.9	1471.1	265.9	9768.5	15318.9
2021	1273.7	4200.3	1895.5	142.2	10310.5	17822.2

七　结论及建议

（一）结论

第一，从四类时间的变化来看，居民工作时间增加，表现为制度内工时变长，加班和通勤时间变久；居民睡眠时间足，但普遍睡得晚，休息日睡眠时间显著多于工作日，居民个人卫生时间增加；居民休息日家务劳动时间多于工作日，购物时间变短；居民休闲活动时间减少，主要原因是疫情后复工复产，工作日制度内工时变长。

第二，2021年北京市居民在体育类、娱乐类、学习类、旅游类休闲活动上的支出较2011年、2016年增长，体现出居民对休闲活动的重视度提高，这有利于休闲产业的发展。

第三，首先，2021年北京市居民旅游休闲活动支出在五类休闲活动里最多，居民短途游玩和国内旅游的频率最高，且大部分人喜欢跟家人一同旅游，说明旅游业发展现处于拐点，疫情后正逐渐恢复；其次，大部分居民的娱乐活动以游戏和看电视为主，而从事音乐、艺术鉴赏等高层次娱乐活动的居民相对较少，反映出当下休闲产品的供给有很大的改善空间；再次，居民的体育活动整体参与度随年龄增长而降低，多数居民喜欢散步、跑步等较为便捷的运动；最后，居民学习方式广泛，线上学习的参与度提高。

第四，从性别角度来看，男女时间分配差异缩小，表现为女性工作时间增加，男性家务劳动时间增加；男性更爱有挑战性、刺激性的休闲活动，女性则更偏爱文艺类、相对安静的休闲活动。

第五，从受教育程度来看，学历高的人工作时间长、家务劳动时间短；居民学历越高越爱学习，体现在高学历者休息日学习时间比低学历居民多、学习活动参与度和支出较高。

第六，从收入来看，收入高的居民休闲消费支出高，但娱乐休闲活动的支出占总支出的比重随收入的增高而降低。

（二）建议

针对上述结论，本文提出如下五点建议。第一，加大对企业的监管力度，确保其严格执行《劳动法》对工作时长的要求，保证居民不过度加班，保证居民工作和休息的平衡；第二，规范家政服务，提升家庭耐用品和电器的质量，进而减少家务劳动时间，让居民有更多的休息时间；第三，大力普及休闲理念，增强居民休闲意识，同时出台相关产业政策支持休闲产业发展，规范产业结构和服务标准；第四，增加体育场馆和文艺中心等相关基础设施，提升文体类活动的服务质量，让居民享受更高质量、高层次的休闲活动；第五，加快休闲产业与科技融合，打造"互联网+休闲"的智能化产业模式，提升居民休闲消费的体验。

（撰写人：王琪延，中国人民大学教授；
杨仕雄，中国人民大学博士研究生）

构建生活型社会视域下的城市形象
设计研究

　　城市是文明的容器，更是文明形态的重要表征。作为城市精神的重要载体和呈现，城市文明凭借其内在的浸润力和外在的辐射力，业已成为提升城市竞争力和实现城市可持续发展的关键所在，也在深刻诠释着文明形态演进中蕴含的深厚的生活底蕴。理解城市发展与人类文明新形态之间的关系意涵，首先需要明确的是人类文明新形态自身的演进发展逻辑与城市发展间的必然关系。"人类文明新形态"作为一项重大命题，是由习近平总书记在庆祝中国共产党成立100周年大会上的讲话中首次提出的，"我们坚持和发展中国特色社会主义，推动物质文明、政治文明、精神文明、社会文明、生态文明协调发展，创造了中国式现代化新道路，创造了人类文明新形态"。[①] 中国式现代化是创造人类文明新形态的基本路径，人类文明新形态也是走中国式现代化新道路所结出的文明果实，"是中华民族对人类文明发展的新贡献，昭示了人类文明发展的新趋势和新前景"。[②] 这一文明果实的取得，基于中国发展实际，既赓续传承了中华民族悠久灿烂的文明传统，也吸收了人类文明的先进成果，是在中国共产党领导下，在革命、建设、改革的伟大实践

[①]　习近平：《在庆祝中国共产党成立 100 周年大会上的讲话》，《人民日报》2021年 7 月 2 日，第 2 版。

[②]　陈金龙、蒋先寒：《人类文明新形态的由来、特征与价值》，《学术研究》2021年第 9 期，第 1 页。

中探索形成的，其中包含着以生活为目的诉求和强调整体性、系统性这两大鲜明特质。

人类文明新形态的形成得益于现代化这一强大动力，并以人的现代化和社会的现代化为主要依托，最终引向了以生活为目的诉求。现代化是世界性的历史过程，也是地方历史成为"世界历史"的过程，马克思曾将世界现代化的进程描述为全球化交往的过程，"过去那种地方的和民族的自给自足和闭关自守状态，被各民族的各方面的互相往来和各方面的互相依赖所代替了"。① 在全球"市场化"的过程中，人的存在方式发生剧烈变革。人的生命活动本身也是始于寻求和实现"意义"的"生活"活动，变革本身也并未撼动人作为社会性动物在各类交往中的意义诉求。现代化虽表征于生产力和生产方式的变革，但最终在根源上还需溯及如何确立人本身存在的意义。在某种程度上而言，现代化是为了更好地确立人之意义所在。但事与愿违的是，现代化所裹挟的利益驱动、技术依赖等因素反而"遮蔽"了意义的彰显，促使实然生活操演在各类极致化规则之下，偏离了生活作为诉求这一规定。正是面临以往工业文明发展当中所暴露的诸多问题，人类文明新形态虽仍以现代化为演变逻辑，但也在其"新"意中更为强调对工业文明中人之"物化"的超越，将"以物的依赖性为基础的人的独立性"指向了全面发展的人的本身，鲜明提出了社会现代化发展中生产、生活、人三者的新型关系结构，并具体体现在中国式现代化所强调的协调发展、和谐共生的理念当中，从而最终实现了对生活这一目的诉求的回归和凸显。

人类文明新形态更彰显为一种整体性的社会文明，是一个系统整体的全新文明形态，而非传统区分中的单一技术文明。马克思曾按照民族、国家、地域等维度来划分文明形态，但更为重要的依据是生产方式，"各种经济时代的区别，不在于生产什么，而

① 《马克思恩格斯选集》（第1卷），人民出版社，2012，第404页。

在于怎样生产，用什么劳动资料生产"。① 以此为据，区分农业文明、工业文明和信息文明三大历史阶段的重要依据在于生产方式及其生产资源、要素：在农业文明时代，人类依靠手工生产，土地成了重要且主要的生产资源和要素；在工业文明时代，大机器生产成为主要标志；而在信息文明时代，信息和知识成了核心的生产力要素。生产方式的革新也成为现代化演进和文明演变的重要标志。但从传统的文明演变逻辑来看，以生产方式及其生产资源、要素为依据划分的只是一种技术文明，虽是立足在社会框架下理解文明演变逻辑，但并未揭示文明的社会化属性，仅揭示出了其技术变革的一面。人类文明新形态是物质文明、政治文明、精神文明、社会文明、生态文明协调发展的一种文明。立足整体性层面，人类文明新形态的重要意义就在于，它并未止步于解决"生产为何"的问题，而是通过嵌入社会发展的各个领域、各个层面，将技术文明提升到了整体性社会文明的高度，从而回答了文明发展中"生产为何"的问题，将生活第一性和人的自由全面发展相联结作为文明形态发展的更高标准。

立足人类文明新形态这两大特质，对与文明同源的城市的未来发展前景应进行重新审视。在英文词源中，"civilization"一词源于拉丁文"civis"，本义指的是城市的居民，含义是人们生活于城市和社会集团中的能力，并进而引申为一种先进的社会和文化发展状态。② 在中华文明发展的历程中，城市也是一大枢纽，并发挥着重要牵引作用，是"中华文明形成和成熟的重要标志之一，是国家形成与发展进程中的支撑性节点网络"。③ 为此要理解文明形态的演变，我国城市面貌的更新、内在肌理的衍变提供了最为真

---

① 《马克思恩格斯文集》（第5卷），人民出版社，2009，第210页。
② 王文东：《人类文明新形态：生成逻辑与坐标体系》，《江海学刊》2021年第4期，第9页。
③ 武廷海、郑伊辰：《中国城市的体系性及其对人类文明新形态的价值》，《新视野》2022年第5期，第48页。

切直观的"生活现场",城市生活本身成为社会和文化发展状态的集中呈现。自农业文明到工业文明,城市同样也以现代化为主要动力,生产工具的革新触发了不同的生活样态,城市与文明形态在革变动力上同样"合而归一"。城市可被视为人类文明新形态的重要承载,革变动力和表义同源的结构关系也为城市圈定下了共通的发展诉求,即以构建生活型社会为宗旨和导向。这里言及的生活型社会源起于文明发展当中的"生活第一性"原则,同样以现代化为锚指向了一种新式的人的生存生活状态。学者王雅林在否定"消费社会"作为新发展阶段社会结构和生活发展模式的选项之后,就提出了这一新型的社会生活和社会文明模式,并将其界定为"为生活的逻辑所贯穿,通过创造日益丰富的物质、精神和生态财富不断满足人的真实生活需要,从而提高人们的生活品质,为人的全面发展提供良好生活场域和生活方式的社会"。[①] 区别于西方消费社会这一模式,生活型社会遵循生活人这一理论假说,讲求以人为本,将生活逻辑作为社会支配性力量,将人的尺度作为社会价值标准,进而不同于资本主义当中的人的异化,而是将人的生存状态指向了人的个性发展,同时着力构建生活与生态和谐的自然关系。[②] 这一关键取向具体到城市和城市文化发展当中同样适用,且更为强调将人本价值作为城市建设发展的出发点和立足点,在文化层面则体现为人基于生活对城市本身达成的认同。城市及其文化发展的结构性力量理应源自从现实中来的对人们生活理念的疏导和心灵的抚慰,它要求城市核心价值的构建和城市文化精神的确立首先要在文化上具有"及物性",要能够从变化了的表象世界出发,从老百姓日常生活的细节处切入,聚焦于"人性重建"及与人们生活息息相关的"人生形式"的重塑,并能

---

① 王雅林:《回家的路:重回生活的社会》,社会科学文献出版社,2017,第222页。

② 王雅林:《"生活型社会":人类文明新形态的重要呈现》,《哈尔滨工业大学学报》(社会科学版)2023年第1期,第67页。

够从生活态度、日常心理、生存方式乃至人性流变等层面对体现核心价值的文化要素进行深层结构的考察和挖掘，使时代精神、民族文化以及城市历史底蕴的结合更具及物特征、更有针对性，以达到这种文化支撑的价值观能够对人们的心灵建设具有贡献的目的。[①]

在数字影像技术快速发展的当下，影像基于信息空间业已结构出与现实之城不同的"赛博之城"，城市影像意象也成了透视城市是否能够朝向生活型社会建设迈进的重要窗口。一方面，数智技术的快速发展，从城市生活的影像化呈现到景观式展演，再到多维度沉浸体验，影像成为解读城市、呈现城市的普及化手段，尤其是短视频平台的快速兴起，为普罗大众打开了借由媒介快速走入城市的"绿色通道"。另一方面，广泛存在的影像语言既在解构城市，也在重新结构城市，如何让城市在同质竞争中脱颖而出、如何在影像交互中展现城市生活魅力等一系列当下需解决的问题均揭示出影像本身正在成为城市发展的另一重要逻辑，尤其是影像语言本身的结构正在与作为文明节点的城市渐进融合，促使"赛博之城"与现实之城的交相映现，呼唤着人们遵从影像结构逻辑对城市做出新解读。为此本文将以顺承人类文明新形态主线逻辑的城市影像意象塑造作为重要切入点，立足媒介发展和我国城市发展"双重现实"，透视城市形象设计当中存在的问题和困境，并以构建生活型社会为目的诉求，探讨如何充分发挥城市影像的结构性建设力量，形成诉诸生活本质的城市影像生成机制，还将结合现有案例分析得出相应的策略，为在城市发展层面践行好中国式现代化提供更为丰富的理解视角和实践路径。

---

① 王冬冬：《符号消费视域下的城市形象影像叙事研究》，《湖南社会科学》2018年第 1 期，第 157 页。

一 及城于象：城市及其意象塑造的现实困境

借助资本的扩张，城市强化了允纳和安置，却遮蔽了原有的"艺术之物"，使得这一种允纳和安置指向是非直接性的，进而遮蔽了生活的本真意涵。生活不仅为生产提供朴实质料，更在此基础上提出了"美"的要求。马克思特别强调，"人懂得按照任何一个种的尺度来进行生产，并且懂得处处都把固有的尺度运用于对象；因此，人也按照美的规律来构造"。① 换言之，人的生产不仅应是全面的，也应是和谐的和"诗性"的，"美的规律"就是和谐。而这些正是人把"固有的尺度"运用于对象的结果，也就是人的生活需要规定着生产什么、如何生产，生活赋予生产以全面性、诗性和价值导向，而离开了生活谈生产，片面地追求经济增长必然违背"生活的生产"的内在逻辑而成为异化的生产。② 城市形象建构与城市意象表达密不可分。在城市意象的表达层面，真正能让人产生印象的景观符号必须带有"人"的活动痕迹，即动态地体现经由人类历时态生活积淀和共时态生活行为相融合放射出的城市文化。而现今城市形象和发展出现的问题，则可主要归结为以下四个方面。

（一）对 GDP 的数字崇拜，城市现代化发展过程中忽略或放弃对原有文化的保护和传承，整体呈现趋同化

工业现代化进程的推进和建筑设计以及城市规划方面大规模的技术和艺术革新，推动了城市及建筑物的标准化和商品化，从而导致其原有特色消减或消失，地域文化的多样性逐渐衰微，城市文化出现趋同危机。典型如宁波，这个早在 7000 年前就创造了河姆渡文明，历史人文积淀丰厚，在地理风貌上兼具江南水乡特色与海港景观的城市，在 20 世纪 90 年代建设保税区和开发区的过

---

① 《马克思恩格斯选集》（第 1 卷），人民出版社，2012，第 57 页。
② 王雅林：《马克思"生活的生产"理论预设的当代意义——关于社会发展理论框架的新建构》，《学术交流》2005 年第 7 期，第 9 页。

程中，众多历史人文资源面临转型挑战，取而代之是千篇一律的现代化高楼。相对于悠闲而舒缓的乡村，"加速"已成为高楼林立的城市最显著的特征之一。这种"加速"不仅体现在日常生活本身的节奏韵律上，还体现在对各类数字变化的追求上，例如"唯GDP论"等论调的出现。从当下加以审视，效果显然适得其反。与"加速"裹挟着的技术进步、物质丰裕和城市规模的快速扩张等共存的是，生活在大都市当中人本身幸福感的下降。一方面是生产条件的进步导致了整个社会系统对于物的过度追逐；另一方面是在符号消费发展的不成熟阶段人们对消费品所带有的"炫耀式消费"符号象征的攫取和膜拜，两者共同导致了在生活资料更为丰足的如今，人们反倒普遍具有心理的不满足感，并由个体向集体蔓延，逐步形成了一种广泛共在的整体焦虑型社会心态。

（二）将文化作为"脸谱化"元素拼贴于景观中，未能将文化内涵渗透并构建具有辨识度的现代城市文化

"脸谱化"一词在此借指在城市文化发展建设中，城市文化被具象为某一简单元素而不加调整地强行套用创设为城市意象。与千篇一律的现代化城市相对的是千篇一律的古镇和仿古建筑，类似现象在各类"古镇"建设热潮中并不鲜见。许多城市为了拉动当地旅游，竞相模仿丽江、乌镇等的"古镇+商业街"的运作模式。一些古镇脱离历史语境，"粗暴"地从古书记载中摘取"只言片语"、单一元素等，以现代拼贴的方式将其糅合成系列意象，即使是统一呈现在建筑、人文景观甚至是商铺店招中，仍无法促使人产生时空上的共情，由此也称不上是有效的城市意象。

（三）感召力缺乏，城市意象与城市文化底蕴未能充分融合产生联动效应

以长沙为例，长沙古为"屈贾之乡"，具有优越深厚的城市文化底蕴。然而在城市意象方面，不少外地游客对于长沙的印象更多的是"美食"。赵情等基于携程和马蜂窝平台上的网络文本数据得出长沙游客游记中出现的高频特征词，发现除"长沙"外排名

第一的词是"臭豆腐",词频为 1057 次;而"历史文化底蕴"这一级类目下的特征词总频次占比仅为 5.29%。[①] 这一研究结果表明,长沙的城市意象与城市文化并未产生多方位联动,这不仅会造成城市文化无法深化,吸引力和辐射力弱化,还会削弱城市意象的感召力,使其因缺乏文化依托而极易受到时代潮流的牵制。

(四) 面临新的传播情境,未能从大众生活日常中找寻出意象表达的新途径,产生了"漂居于城"的定在感危机

随着新媒体浪潮席卷而来,"拍照打卡"促就了"网红"城市的诞生,短视频中"烟火味十足"的城市生活场景被发掘出来,城市意象的表达从"庙堂之高"遁入"江湖之野"。网络空间中有生活、有温度、有情感的生活场所成了城市新的"人设"。抖音、头条指数与清华大学城市品牌研究室共同发布的《短视频与城市形象研究白皮书 (2018)》就曾提出,重庆、西安、成都、南宁等城市借助短视频作品快速传播了时尚、有趣、美好的形象;城市音乐、本地饮食、景色景观、具备科技感的设施成了城市在短视频传播的主要符号载体。[②] 移动互联网的普及,为城市形象的塑造创造了新方式,但也让城市意象的传达方式更加碎片化。同时,突出强调城市形象中的奇观化因素,促使城市建设成了意象传达的"拥趸",更多为传播而建设,并非与当地人们的日常生活保持同步。列斐伏尔曾认为节奏是社会时间实际作用于日常生活的方式,并试图基于对日常生活的理解将节奏研究转化为一门学科、一个新的知识领域,认为节奏是与对时间 (尤其是重复的时间) 的理解密不可分的,是在各种固定和流动的空间中,在自然生物性的和社会性的时间尺度碰撞中身体和社会的节奏。[③] 现代的日常

---

① 赵倩、温彦平:《基于网络文本的长沙旅游目的地形象感知研究》,《湖北农业科学》2019 年第 19 期,第 104 页。

② 赵广立:《抖音联合清华发布城市形象白皮书》,《中国科学报》2018 年 9 月 13 日,第 8 版。

③ Henri Lefebvre, *Rhythmanalysis: Space, Time and Everyday Life* (London and New York: Continuum, 2004), pp. viii-ix.

生活被抽象的同质的量化的时间所支配，被钟表与手表的时间所操纵。当代日常生活日益趋向以时钟刻度为标准的抽象量化时间，也就是说日常生活时间被高度标准化、同质化与碎片化了。① 在媒介技术迅速的发展当下，时钟刻度存在于各种媒介中，时刻分割与支配着个体的日常生活。

总体而言，以上四点城市形象问题的实质可以归结为：个人生活上的主体性建构在城市治理深化转型的过程中，由于资本、技术和权力结盟，导致了利益失衡、社会分化和结构固化等方面的异化。所以对于城市形象的判断，既要看到历史合目的性的总体性，也要看到不同地区、不同领域、不同人群甚至不同个体的差异性。人的本质是社会关系的总和。人们生产生活方式的核心是社会关系。这种关系是一个历史变迁过程，并因为不同条件而有不同的表现形式。② 马克思指出，"我们越往前追溯历史，个人，从而也是进行生产的个人，就越表现为不独立，从属于一个较大的整体"。③ 英国法律史学家梅因认为："在以前，'人'的一切关系都是被概括在'家族'关系中的，把这种社会状态作为历史上的一个起点，从这一个起点开始，我们似乎是在不断地向着一种新的社会秩序状态移动，在这种新的社会秩序中，所有这些关系都是因'个人'的自由合意而产生的。"④ 面对新的传播情境，需要将研究视角回归城市发展属于谁、依靠谁和为了谁的"人本性"，以人民对美好生活的向往与期盼为导向，以生活本体作为标准，聚焦城市形象内容表述中城市精神的"及物性"要素，进行深层结构的考察和挖掘。尤其是在以不断满足人民美好生活需要为发展战略目标的新发展阶段，城市发展建设容易迷失方向。为此在这一时期，如何营

---

① 刘怀玉：《论列斐伏尔对现代日常生活的瞬间想象与节奏分析》，《西南大学学报》（社会科学版）2012 年第 3 期，第 19 页。

② 徐勇、张慧慧：《传统中国法律的家户性及当代价值》，《东南学术》2022 年第 1 期，第 110 页。

③ 《马克思恩格斯选集》（第 2 卷），人民出版社，2012，第 684 页。

④ 梅因：《古代法》，沈景一译，商务印书馆，1959，第 96 页。

造、把握新的发展机会，营造合适的城市文化，选择恰当的城市意象，对人的生活进行化育，构建生活型社会成为必答的社会之问。

二 回归生活：城市影像意象的建构理念

城市也是可以被称作"家"的地方。在这里，我们工作、休闲、繁衍生息，我们参与生产和再生产，我们为了满足生活舒适的需要把城市改造成与既往完全不同的新场所，它有着与以往不同的生息节奏。以商业文明和现代工业文明为支撑的城市本身就有着与生俱来的流动性特征。但我们仍旧能在古旧建筑外墙和街道上看到经年累月渗出的青苔和地衣，以及石板上留下的车辙或绳索勒刻的印痕。电影《逆光》（1982 年）中就有一段颇有意味的情节，业余科普作者、造船厂钳工廖星明在努力写作的同时与出身干部家庭的夏茵茵相爱，遭到了世俗门第观念的阻挠和干涉。后来，夏茵茵的母亲动用关系把廖星明调离工人岗位专门从事写作，可是在宾馆里冥思苦想的廖星明却始终写不出曾经那么鲜活的作品。扎根朴素而生动的社会现场是创作灵感生发地，也唯有回到现场才能品咂出生活滋味。

以农耕文明的观点，钢筋水泥是不易于生根的。但事实上，城市并不只有机械刻板和冷漠的数字。晨光中早点摊前忙碌的阿姨、蝉鸣间杂货店门前躺椅上听收音机的老店主、初秋广场上的翩然滑板少年、公园里提笼架鸟的老者、荡起双桨的情侣、追忆似水年华的伉俪……这些鲜活的城市风景同样铺展了人们自然生长的内在时间，形成了城市自在生活的基本语态，也是城市意象的重要表达内容。

凯文·林奇最早提出城市意象这一概念，在他那里城市中的实体空间划分可以归纳为五种：道路、边界、区域、节点、标志物。[①]

---

① Kevin Lynch, *Reconsidering the Image of the City* (New York：Springer Press, 1984)，p.151.

这五种要素综合到一起形成人们脑海中的地图，即城市意象，这些元素并非孤立存在的，而是相互交织在一起，在不同情况下，它们也会相互转换。

城市意象作为生活在城市之中的民众以身体所在的方式就日常生活所形成的主观认知与认同表达，其最终目的在于实现民众工具性或情感性因素的传递。为此，需要将人们在城市生活中的主观行为和情感进行客观化映射与再现，从而形成"市民"与"城市"之间的互动关系。人们城市生活中的主观行为和情感，即为城市文化的重要部分。城市意象的产生和建构往往以建筑和景观以及交通规划等内容作为实物基础，但它的建构不仅仅只是聚焦在能够让人们获得快餐式认知的城市外貌形态上，而是更要通过关注物理性空间中所弥漫的人文意味，来真正触动感受者。在城市意象中，最重要的就是基于视觉且综合了感官记忆与认知记忆的环境意象，其是"直接感觉与过去经验记忆的共同产物"。正如诺伯舒兹在《场所精神：迈向建筑现象学》中提及的，建筑是赋予人一个存在的立足点的方式，人的存在意义赋予建筑以场所精神的特征。在表达层面，真正能让人产生印象的事物必须带有"人"的活动痕迹，即经由人类生活历时态积累而形成的城市文化。当下城市意象不再简单地作为所在之地民众的在地化情感纽结，而是直接拓展到了线上线下复合空间中，成为线下空间与线上空间共同作用的产物。

尤其是进入媒介融合的时代后，数字化新媒体、5G、智能技术深刻地改变了以往城市文化以眼见为实的"在场"和以传统大众媒体为主的信息传播环境，线上空间的城市意象得到了更广维度的延伸。从前单向度的传播方式被打破，技术赋权使得人人都可成为信息发布者，城市中的每一位本地居民、外来人口、观光游客甚至是在媒介中介化技术支持下"虚拟在场"的云游客，都是城市文化传播中的一个节点，并可能在某一信息或话题中成为核心节点。这种以个体为核心的节点化特征，重塑了地点的关联结构，形成城市网络体系。在这个"万物皆媒"的时代，无论是真实漫步在城市中的人，抑或在媒介技术的帮助下实现"脱域"来了解这座城市的人，都会通过丰富多样、无处不在的媒介获得对城市文化的沉浸式体验，实现对城市文化精神、城市文化气质的认知，强化对城市的记忆。具体到城市影像意象上，它并非传统城市意象的简单化影像呈现，而是城市意象的影像化整合和重构。

城市的现实形象与影像形象两个集合间的关系不是一一对应的映射关系，影像在表现城市现实形象的过程中，会对其三个层次的内容进行整合和重构，即影视文本选择的意象可能直接指涉城市形象的物质层和管理层的内容；有些物质层的内容单独被摄入影像成为表达城市形象的符号，这些符号在整个影像结构中，与它们前后的其他符号发生作用关系，借此获得了表达城市理念、精神层面的意蕴的功能；现实的城市形象中，管理层和思想层的内容有些本身就是互相渗透的，在成为影像符号之后，那些现实中属于管理层形象的内容也会反映城市的价值观，上升为精神层面的表达。这是由影片的意识形态属性决定的。因为无论言说者还是受众，在对影像文本的编码和解码过程中，都会带有自己先验的理解性想象。传者和受众在影片中制造和获取的城市形象源自他们对于自身与生存环境之间关系的认知，是人们对于自身与客观世界之间关系的感觉和体验，这种感觉和体验不能准确和完整地反映现实。因此，影像文本在建构城市形象的时候，所形成的两个层次分别指向直观的视觉印象和内在的精神影响。① 城市影像意象不仅取自现实城市空间中的景观或生活片段，也可以是多年历史影像资料的整合、经过后期专业精心制作的影像。因此，城市影像意象是一个基于当下连接了历史和未来的时间表达，通达意义，是人与城市对话的媒介。也正是在意义这一共通象限内，

---

① 王冬冬：《城市形象影像文本建构中的城市精神提炼》，《社会科学研究》2013
年第 3 期，第 110 页。

朝向生活型社会建设的城市影像意象的"生活感"转化为了生活日常中人与城市的对话，重在唤起人对城的感知。在此过程中，城市景象意象呈现出四类基础样态。

（一）线上与线下的复合

以往人们对于城市意象的感知来自文学想象或者亲身经历，媒介融合的发展进程将想象通过影像更为"直接性"地呈现，而且纳入了整个社群交往传播当中。为此传统意义上，线下空间为线上传播单纯提供质料的模式被打破，两者虽渠道和承载形式不同，但已实现了资源互联互通。城市影像借由数字传播对人们的感召会触动线下的"打卡""游历"实践，而无处不在的数字媒介和无时不在的影像生产也将线下实践重新整合纳入"赛博空间"，由此后媒介时代下诞生的媒介空间改写了城市意象建构的格局，推动形成了线上和线下共存泛在的复合传播结构。

（二）个体与集体的嵌构

个体对城市意象的单向解读呈现碎片化特征，无法生成集体表达的组织性力量。但得益于当下媒介形态的演变，受众的个体表达能够轻易地被纳入集体当中，借助网络联结，形成舆情，被呈现出来，具备组织性力量后也变得更为复杂化和趋向不稳定性。在此过程中，互联网技术的发展，为群体的建立提供了无时不在的聚集与交流网络平台，但群体缺乏"天然的"管理者和把关人，为意见领袖的产生提供了前提条件。当意见领袖从其中产生后，集体表达就容易在意见领袖的引导下产生偏向，从正面影响上看能够为城市意象的生成与解读创造极大的赋权空间，例如淄博热、哈尔滨热等，但就负面影响而言，"众生喧哗"的发声也极有可能引起舆论的旋涡，而一旦产生也将对受众接受城市意象及其解读造成很难消除的阻碍。

（三）单向与沉浸的共在

线上线下等新媒体技术的融合和虚拟现实的介入，为城市意象影像传播带来新的可能。受众在沉浸式戏剧、艺术展、餐厅等空间中自然、无意识地运用电子媒介创建出全新媒介空间，而公共传播在通过互联网完成组织和整合的过程中又在城市空间内对文本进行再现，并实现跨地域和多元化的主体参与。人们可以通过征用某类城市空间和场所，脱离某种结构性身份而参与到感兴趣的公共传播中，由此形成单向传播与沉浸传播的共在形态。全新媒介空间作为城市意象影像传播的产物，能够有效推动受众对意象的多元化解读。

（四）实时交流和复述交流的交织

传播的目的、媒介的特点、观看的方式、文化的内涵决定了全球城市意象的新特点。学者廖梦夏就曾提出公共传播也是空间化的过程，不仅以空间作为载体，也在其中互构与重塑着空间。[①]

人们在了解一个城市意象影像时，不仅可以实时观看，还可以通过线下与他人交谈、线上媒体平台评论交流的方式，形成复述交流。这时，城市意象的表达不再单纯栖身于原有的媒介上的影视或文字文本，而是成了线上叙事、线下互动的多维传播介质。

对于实时交流而言，路径上各节点可以为影像资料、播放平台、观看屏幕、实时观看的观众等；复述交流则更为复杂，可以为影像资料、播放平台、观看屏幕、实时观看的观众、复述人、评论平台、评论区等。因此，在分析路径上各节点可能对传播效果产生影响的因素时，需要借助已有的媒介融合复合传播模型，整合线上、线下传播行为，进而设计不同类型的媒介相融合的意向内容表达形式。

关于城市影像意象的具体类型，根据城市影像意象符号所蕴含的价值观，可以简要分为三类：奇观化城市影像意象、及物化城市影像意象和从奇观化转为及物化的城市影像意象。

（一）奇观化城市影像意象

奇观化城市影像意象关注的是被传播的城市形象如何"第一

---

① 廖梦夏：《互构与重塑：公共传播的城市空间潜能与社会生产》，《浙江传媒学院学报》2017 年第 2 期，第 46 页。

眼"便抓住目标受众，以本地的独特风物使异地接受者产生奇观感受。城市形象片叙事设计围绕城市中具有奇观效果的独特风物、地标建筑等叙事对象展开，采取非线性叙事方式，镜头间以特效连接，形成以城市地标镜头为图像中心的他者视角和直接视听刺激，这无疑是获得受众注意力最快的方法。高楼林立、商贾云集、明星荟萃、车流如织、灯市如海等影像奇观会让人们目不暇接。然而，对于城市形象的推广来说，仅获得注意力是不够的，还应让受众感受到城市丰富的经济文化内涵和精神底蕴，这才是一座城市与其他城市相区别的独特标志。

（二）及物化城市影像意象

及物化城市影像意象是指以城市日常生活现场的内容为基本的意象符号，能够充分体现城市生活价值观和城市精神的影像意象。它要求城市记录的影像表达以人为本，从普通人的生活需求出发，观照到利益相关者的体验、感知、态度与行为等，紧贴当下生活，并对人们良好生活观念的树立做出贡献，即城市影像对城市文化呈现需要具有"及物性"。在此理念下，城市记录当中的故事类型及影像符号的选择更多地指向普通的生活场景，通过影像重绘，一方面彰显城市历史化、生活化、人性化的人文内涵；另一方面，观照当代过度城市化发展过程中的种种问题。此类意象最常见的形式是以人作为主体，从平凡大众身上抽取其所在城市的社会生活中的普适特征。对于普通市民形象的运用和生活细节的展示，能很容易引起观众的共情，让人们感受到这座城市厚重的人文气息，也能增进当地市民对这座城市的归属感和认同感。除了人以外，城市居民所熟悉的日常生活空间，街道、学校、广场，都是及物化的城市影像意象。

（三）从奇观化转为及物化的城市影像意象

在奇观化城市影像意象和及物化城市影像意象中间，有着一种从奇观化转为及物化的城市影像意象，这也是意象表达的整体发展趋势。近年来，城市形象片创作理念正逐步向着强调城市中人的主体地位和城市精神的及物性的观念靠拢，这种将人与城市的互动巧妙地展现出来、将地方特色奇观化景象与情感化叙事巧妙结合的城市意象，可以称之为从奇观化转为及物化的城市意象。物理意义上的城市标志在片中都退入背景，成为城市的主体——普通市民活动的空间交代，影片也不再以拍摄名人或在奇观性、不明确意义的空间中做不具有本身叙事意义所指功能的动作的普通人为重心，而是呈现普通社会角色的具有明确叙述所指的日常生活行为。削弱奇观化的表达方式，将人置为城市的重心，重视人与地点之间的相互连接而产生的意义，通过普通角色的生活场景把流淌在该地域普通人血液中的共性文化特征呈现出来，使城市形象片具有无法复制的文化附加值，从而使所宣传的城市具有强烈的形象扩张力。这样的平民视角有着亲和力，让观众能把及物化的城市意象与现实生活挂钩，使其对所推广的城市更加具有认同感。

至此可以总结得出，城市影像意象本身和以城市为枢纽的生活方式有着目的统合性：妥切的城市影像意象可以凝结当地生活经验，反映人的社会生活，而生活方式是一个城市风貌和精神的直接反映，也就成为城市意象的重要组成部分。以构建生活型社会为目的的城市形象设计，需要着重把握回归生活的城市意象的表达。

同时城市影像意象存在于从不同侧面体现城市形象的影像文本之中，通达意义，是人与城市对话的媒介。当前城市影像意象表达的整体发展趋势是由奇观化转向及物化的，以日常生活表达代替奇观化叙事，将人置为城市中心，重视人与地点之间相互连接而产生的意义，通过生活场景的建构展现共性文化特征。塑造及物化城市影像意象，着重提炼城市精神凸显在地化特征，传达日常生活图景，是达成生活型社会框架下城市形象设计的基本理路。

三　由案述理：当前城市影像意象塑造批判

影像作为高度凝练的艺术表达，同时也是一种大众流行文化，不仅能够传递关于当地人们生活的主流意识形态，引领都市时尚文化浪潮，同时也能够记录城市的发展和变迁，凸显城市发展的历时性。作为城市意象的重要组成部分，城市影像意象成了人们塑造城市认知和实现城市认同的重要途径。为更好地了解城市影像意象的认知作用机制，特选取部分代表性影像作品就其中反映传达的城市意象作以比较，从生活维度去衡量当代城市影像意象是否足以传递出人作为城市文化主体的生活感知体验，进而传达出独特的城市精神。

（一）与生活割裂的奇观化"视觉盛宴"

在当代中国无数乌托邦化般美好的城市意象建构过程中，部分影像意象恰恰忽略了对城市中人们生活的真实表达。许多传统的城市宣传片，往往在镜头选择上别样迷恋自然和人文景观呈现。为了给观众留下深刻的印象，许多城市形象宣传片以打造一场"视觉盛宴"为最终目的，堆砌大量的华丽镜头，如不断切换自然风光、人文景观、标志性建筑及现代化基础设施镜头，以其作为画面的主体内容，打造精美绝伦的视觉盛宴，同时借助高科技手段进行陌生化的影像处理。如通过航拍（上帝的视角）、延时拍摄（时间压缩）和超广角（画面畸变）等创作手法，给观众呈现出日常生活中肉眼难以捕捉的视觉奇观。[①] 再次，通过拍摄主体的夸张表演来实现城市文化要素的集中展现。武汉市文化和旅游局在2021年4月12日发布的《嗨！I AM 武汉》宣传片，以飞行视角近距离地对武汉各大地标性建筑进行了3D游历式展现。在城市生活的各种元素中，景观是最容易被人看到并记住、最容易被摄入城市影像意象的部分，因此从视觉体验上来说该作品无疑是颇具冲击力的。然而这种"奇观化"的创作手法，究其本质是"去生活化"或曰"超生活化"的，忽视了对市民生活中的故事、情感

---

① 李忠：《奇观化和平民化：城市形象宣传片的创作路径探究》，《中国电视》2019年第5期，第68页。

的表达，忽视对个体、微观的呈现。倘若只将城市景观视为物象的集合，那么城市的文化、生活表达便被遮蔽了，这是与城市意象所具有的文化意涵表达功能不相符合的。

（二）回归生活的及物化影像表达

近年来，城市影像意象作品表达中呈现出一种趋势，即奇观化在不断转向及物化。越来越多的城市影像作品呈现日益充盈的城市生活经验，展现出导向生活本体论的思考。城市形象片创作理念也正逐步向着强调城市中人的主体地位和城市精神的及物性的观念靠拢。

如《北京 2022 冬奥申办宣传片：不虚此行》作为冬奥的宣传片，全片取景都在冬季，从各个角度展现了白雪皑皑的北京。故事发展围绕从景色到地标到文化内涵这条主线，在其中不断插入视觉上能够前后匹配的冬奥项目镜头。这样既能够展示北京的风貌，也能体现冬奥会的元素。此片选用了最具中国特色的一些文化意象。但这也意味着，绝大部分用以表现中国的宣传片中都会使用这些元素，这些意象很有效、很正统，但却缺少独特点。不过对于外国观众来说，已有足够的奇观性。这些被大量运用的意象也的确能最快地展现北京最具特色之处。

《城市 24 小时》一片则有所不同，展现了成都最具代表性的一些人和一些生活方式。从熊猫饲养员的角度切入，体现这一意象对成都的重要性以及代表性；从茶馆老板和茶客真实的交流切入，展现成都的茶文化；从游戏测试员的日常工作切入，展现成都软件园区的产业现状；从熙熙攘攘长时间排队也要吃火锅的年轻人切入，表达成都人民对美食的重视和热爱……本片最大的特点是它深入了成都市民的生活，让观众去自行体会成都这座城市。对成都人来说，能够在片中人物的生活中找到共鸣；对外地人来说能够直观而真实地见到成都人独特的生活方式，了解成都人民的生活状态，对成都生活产生联想。

一度爆火的网剧《隐秘的角落》当中多次出现的以赤坎古商

埠为代表的老街区，是湛江市历史悠久的传统商业街区，也是这座城市的经典城市意象。它充分体现了湛江城市性格和气质，其不可再生的文化资产和不可复制的文化资源拥有独具一格的美学意蕴。剧中没有一句话在讲湛江，但置景和人物情节处处展现湛江。剧中展现出的湛江巷井文化，其魅力在于情节中表现出来的世俗生活的蓬勃生命力。与当代城市不同，传统的巷井生活以社区或家庭的整体价值为衡量标准。因此，与其他当代生活形式相比，传统的巷井生活具有更统一、更协调的社会价值取向，地理上更接近，人与人之间的感情更真挚，关系更和谐。

由此我们可以发现，削弱奇观化的表达方式，将人置为城市的重心，重视人与地点之间的相互连接而产生的意义，通过普通角色的生活场景把流淌在该地域普通人血液中的共性文化特征呈现出来，能够促使城市形象片具有无法复制的文化附加值，助推其所宣传的城市更加具有形象扩张力。这样的视角，让观众能把及物化的城市意象与现实生活挂钩，对其所推广的城市产生更强烈的认同。由此输出的城市价值观贴近人们的生活，能更好地起到宣传城市的作用。基于上文对回归日常生活的影像在表达效果上的论述，我们可以总结其三大特点。

1. 通过立体化的日常生活叙事表达城市文化

"人"是构成城市的主要元素，有人才有城市。单个市民所展现出来的个性汇集到一起，会交织成一个群体，这样的群体形象会成为整个城市精神的体现。每个普通市民的日常生活交织在一起，构成了城市的内在整体风貌。城市的外在形态是固定的且是清晰可见的。以平民化的视角展示公民与城市的互动，展示平凡生活细节，能有效地引起观众的情感共鸣，使其产生更广泛的认同感。每个平凡市民在日常生活的细节中，都能透露出自己的价值观念、行为规划，这些恰恰是一座城市文化在细节处的体现。这种以小见大的个体叙事方式，真实立体地展现了城市文化，既能提升当地市民对家乡的归属感和认同感，又能增进外界对这座城市的关注与认知。

生活方式是一个城市风貌和精神的最直接的反映，也就成了城市意象的主要内容。以哈尔滨的日常生活叙事为例，哈尔滨地区的饮食习惯深受俄餐和鲁菜的影响，锅包肉、酱骨、铁锅炖等是哈尔滨的常见美食，大列巴、格瓦斯、红肠、得莫利炖鱼等俄式餐品也常见于哈尔滨的食谱。一座城市内居民既典型又特殊的行为渗入生活，转化为具有仪式性的风俗文化，形成了文化符号，进而成了城市意象的一部分。作为网红城市的成都，其慢节奏的市民生活、随性的饮茶文化和丰富的夜生活、为了吃饭排队两三个小时的成都市民等都体现了成都人民的生活方式和精神状态，人们能从中最直观地感受到成都的特点和气质。其他地区居民对于该城市的认知也在一定程度上建立在对该城市居民生活方式和风俗习惯的认知上，该城市居民有共同的价值观认同，其他地区居民也对该城市形成了共同的印象。

2. 内省的融入式视角

内省是一种自我反省与自我思考，是对于自己的主观经验及其变化的观察。带着自身的价值观、生活记忆等与一座城市发生联系，融入式的视角也就由此产生。然而城市形象并不仅仅是这种外在的奇观化意象，只有当人与地点之间相互连接、产生意义，形成共性载体，才会有真正意义上的城市意象。当然，地标性的建筑不应该被屏蔽，它们可以在片中成为叙事的背景，成为城市的主体——普通市民活动的空间交代。当叙事主人公和所在的地点之间有了联系，其中伴随着的是主人公价值观的变化、生活记忆的生成等，叙事的意义指向了深层次的价值表达。由此，观众能更好地体会主人公的经历，更深切地感受每个地点所蕴含的深层意味。

西安作为一个旅游城市，其人气位于首位的旅游景点"大唐不夜城"曾走红于抖音平台。大唐不夜城以盛唐文化为背景，以唐风元素为主线，包含盛唐风格建筑、其他唐文化景观，结合绚丽的灯光秀、主题花灯、巡游彩车等，为游客提供"梦回唐朝"的沉浸式游览体验。除了博物馆、酒店、广场、购物中心等，其还聚集了一批古玩地摊以及来淘货的人群，正如贾平凹《西安这座城》中提及的，"去那嚣声腾浮的鸟市、虫市和狗市，或是赶那黎明开张、日出消散的露水集场，去城河沿上看那练习导引吐纳之术的汉子，去古旧书店书摊购买几本线装的古籍，去寺院里拜访参禅的老僧和高古的道长，去楼房的建筑工地的土坑里捡一堆称之为垃圾文物的碎瓷残片，分辨其字画属于汉的海风之格或属于唐的山骨之度，一切都在与历史对话，调整我的时空存在，圆满我的生命状态"。① 西安人对历史文物古玩的喜爱和收藏融入了日常生活，成了生活方式的一部分，也构成了当地人生活的一种圆满状态。上海更是坐拥众多人文观光类意象的国际都市，除了思南公馆、衡山路·复兴路历史文化风貌区、马勒别墅等老洋房建筑，还有田子坊、新天地等商业区，以及具有"万国博览建筑群"视觉奇观的外滩等城市地标。这些城市地标几乎融入了上海所有的城市宣传片中，成为上海城市宣传的主体，增强了人们的场所认同感并成为普通市民活动空间的背景。以市民生活为主线对众多人文观光类意象进行再演绎，可以体现出上海市民更深层次的生活记忆与价值观。

3. 包容性的地方表述

真实的城市意象不是一成不变的，也不是仅凭官方视角来构建的，而应该是富有地方特色的。早期城市形象宣传片虽展示了城市生活的方方面面，却不能深入观众的内心。其问题在于没有挖掘出一个城市的独特之处，无新意的城市形象广告语、模式化的拍摄方式、千篇一律的解说词，都不利于城市形象的有效传播。

由此可见，包容性的地方表述对于城市形象的宣传是有着重要作用的。强调城市形象宣传片的"在地性"表达，就是要以某

---

① 贾平凹：《西安这座城》，《西部大开发》2018 年第 5 期，第 140 页。

个地点上的事件和人的生活经历为素材，使影视创作实实在在地与地方发生联系，并在全球文明对话中以地方文化对人生、人性进行观照，发挥其作为文化媒介的共享价值。随着时代的发展，如今各地的城市形象宣传片都有了自己的特色，每个城市都有着属于自己的与众不同的标签。市民开始自发地拍摄自己城市的形象宣传片、纪录片。他们所选择的题材、阐释主题的方向以及表现主题的手段和形成的影片风格都呈现出鲜明的城市精神的特征，故事的物理空间场景和叙事空间场景都具有鲜明的地方特点。这种视角非官方，有着很强烈的个人主义色彩，但是因为它足够真实且是地方文化孕育的结果，对观众了解一座城市的真正风貌也很有帮助。

北京的城市宣传素来以正统、高效地传递出最具中国特色的一些文化意象为目标，向中国和世界构建出大气沉稳的城市形象，但也正因如此，北京一些很独特的烟火生活气息没有被展现出来。近现代时期对北京空间的文学描述相当丰富，如林海音关于北京平实的生活之味的描写——北京过去由千百万大大小小的四合院背靠背、面对面、平排并列有序地组成，为出入方便，每排院落间必要留出通道，这就是胡同。在《我的京味儿回忆录》中，她发生在珠市口、椿树上二条、新帘子胡同、虎坊桥、西交民巷的童年故事，还有其他铺展开来的零碎地点如琉璃厂一带的南柳巷、永光寺街，上学的厂甸附小、师大附中，天安门的华表等，都区别于传统主流的地点景观，成为20世纪30年代北京风貌的有力佐证。人的感知和记忆在很大程度上取决于地方环境本身的特点，在地方发生的真实经历都将成为日后个体记忆的触媒。

影片《少年的你》在重庆当地取景，电影并没有选择大量的重庆官方地标，而是选择了重庆更具有烟火生活气息的现代元素：轻轨、火车、跨河缆车、立交桥、驳船、码头，高档大厦、精致住宅区、繁华广场和大型购物中心，建筑工地、装修中的公寓，等等。这种空间不仅展示了时尚多变的都市形态，也反映了现代城市的流动性、噪声和混乱。同时，另一类图像空间与上述空间并置。混乱的市场，轰鸣的汽车，废弃的铁轨；潮湿的小巷和低矮的屋顶；夜市的喧嚣和破碎的石板路；旧书库、旧茶馆、棚户区等。这两类不同的空间共同处于同一个整体中，相互兼容，相互融合，与城市社会进程密不可分，更是从具有个人主义色彩的视角向观众展现出了整个城市的风貌。

综上所述，这些融入式的、具有强烈地方色彩的视角，都与一座城市的城市文化有着密不可分的关系。一座城市中，人们眼中所看到的大都是文化的产物，人们从出生之时起就在感知一座城市的过去与现在，随着时间的推移，慢慢形成对这座城市的记忆和印象。文化通过各种潜移默化的方式影响并改变着人们对于城市意象的认识。只有长期被城市文化所渗透，才能真正感知当地居民眼中的城市，才能看到这个城市最真实的样貌。有了这样的基础，城市意象的表达自然而然会拥有不同的视角，因此，城市意象的表达方式最终要归到城市文化之列。

四　生活共鸣：生活型社会构建下的城市形象影像生成策略

为塑造以人为主体，注重生活本体的城市价值观，必须将概括城市中人的日常生活、精神面貌、价值取向的城市意象组合起来形成利于传播的城市形象。基于上述研究越发鲜明的核心观点是，要建构"先解决内部凝聚，后完成外部感召"的城市文化和城市意象，就需要基于媒介化视角，充分借助多种媒介与地点、人形成互构主体的形式以表现城市文化内涵以及探寻城市意象表达方法。因此，顺应全媒体时代的复合传播网络进行城市意向表达，必须"以人为目的"，充分考量城市历史、设施、居民特点和传播方法之间在文化表达上的互动关系，整合城市生活诸要素，建构具有时间感、地点感、认同感和归属感的城市文化内涵。由此应从当代城市影像意象塑造及传播机制模型入手，着重针对解决城市形象传播中的痛点提出具体化、可行化的策略。

（一）当代城市"及物性"影像意象塑造方式

在城市影像意象的塑造过程中，应当加快城市地点营造，打造有温度的城市意象表达。内部唤醒城市居民集体记忆，提升凝聚力；外部提升受众认同感，增强感召力。其首要任务是在该城市的文化精神中寻找调整社会生活观念的适合表述，使更多的人成为该城市的利益相关者，或言之序参量人群，① 扩大刺激性群体的范围和规模以实现驱动发展。另一侧面则应该在表达上以人为本，从普通人的生活需求出发，观照到序参量人群的体验、感知、态度和行为等，紧贴当下生活，并对人们改进生活观念做出贡献，使得城市文化在影像意象的呈现过程中展现出生活属性和及物性。

1. 挖掘文本故事中的细节意味

从故事层面来看，好的影像意象塑造要倾向于展现和挖掘在地市民的惯常行为中的那些有意味的细节，能够从变化了的表象世界出发，从老百姓日常生活的细节处切入，聚焦于"人性重建"及与人们生活息息相关的"人生形式"的重塑。作为影像符号的所指能够反映城市文化的某个方面，并且与其所在的影像语义段在结构中形成具有城市文化张力的新的所指。于是，在题材选择上，要多以当地重大历史变迁事件为叙述背景，通过日常生活中的典型故事，呈现和表述城市社会生活的现实问题，关注现实、关注人在生活实践中的感知体验。

2. 形成意象符号之间的矛盾共鸣

在言说层面，城市影像内容中呈现的日常生活片段和构成悬念的矛盾冲突使符号本身及符号间的关系具有了故事的复杂性，并由此触及人性，引起共鸣。就城市形象宣传片而言，需要在外在生活轨迹和内在精神世界形成高度统一的基础上，促使最能体

---

① 王冬冬：《城市精神建构过程中的序参量人群法验证分析——以杭州城市精神提炼为例》，《湖南社会科学》2021年第2期，第118页。

现城市文化的细节成为推进影片叙事的"核心冲突"，从而将颇带有戏剧冲突意味的内容设置为主线，达成引人入胜的实际效果。

3. 塑造现场呈现和进程之中的风格

在风格层面，城市意象传达的及物性叙事方式决定了它更多地依赖于对现场的呈现，需将冲突放置在生活状态或事件进程之中。例如在故事场景的描绘中，海派纪录片相对注重长镜头的运用，以此结构影像既能够保持客观存在的时空连续性，又能充分地体现协调镜头内部因素的组织能力。

（二）城市意象借助传播达成价值认同方式

在城市品牌的塑造中媒介发挥着重要的作用。影响城市品牌塑造的，不仅仅是媒介所承载的内容，还包括媒介形式及其丰富度本身。很长一段时间我国城市把城市宣传片当作形象传播的几乎唯一途径，而各类城市宣传片在意象选取上又存在只注重奇观化物理空间、传播途径单一的问题，其背后反映出的实质仍是对城市文化丰富性的片面化理解。当下人们愈发关注物质背后所承载的可以给予生活启迪和满足人们美好向往的城市文化，而城市文化的传播则会进一步影响人们未来的生活方式选择，当前单一的媒介传播已经无法完成城市形象原本应承载的时代使命。其中的破局之路就在于，城市必须选取差异化，可以体现特质的城市意象，构建丰富的渠道和平台，整合协调各种传播手段，积极改善和丰富传播形式，最终以聚能增效的方式开展形象传播活动。

1. 提炼城市文化内核，形成在地化、及物化、日常化城市意象表达，以核心标识打造"城市形象记忆点"，提升城市形象竞争力

城市形象传播生发于影像意象及其组合关系，对文化内核的解析也藏于影像叙事表达当中。如上分析，意象不仅在选取上需满足在地化、及物化和日常化要求，还要在组合表达上遵循在叙事中埋下线索、设置悬念乃至制造"记忆点"这一原则。这一本质逻辑与品牌营造类同，城市文化的打造本质上也是在将城市作为品牌进行营造和传播。对品牌最终达成的吸引和认同效果进行反溯，可将城市形象传播划分为"引发关注"和"产生兴趣"两个阶段，前者强调城市表达中核心标识的差异化，后者则强调受众在影像体验和城市生活中产生愉悦感、舒适感的过程。两者相互作用，通过吸引力的发挥不断指引人们向着打造美好城市的目标行进，并凸显出城市的生活意蕴。

这就要求相应的策略实施也是高度在地化、及物化和日常化的。在地化要求要充分利用和展现城市的本土资源和特色，以此凸显城市的独特性和不可复制性，而且将元素表达置于本土语境、发展语境、数字技术语境三者的交叉地带。及物化则强调通过具体、实在的方式传达城市的魅力，不仅需要具象的城市景观、公共设施等物质载体，更要有以城市标识性建筑为发生背景的事和人之经历等内容载体，通过增强体验的"现实感"和"体量感"来展现城市的文化内涵。日常化则是要让城市的形象元素提取于市民的日常生活，同时也让传播内容本身融入市民的日常生活。意象本身集聚着城市生活者的体验和经历，因而能够通过共情话语的表达、普遍价值的传递等进入新的日常生活创造当中，扩大媒介本身的触达范围，提升其触动性，达到增强市民对城市的归属感和自豪感，让人之生活、人之情感在媒介演绎下成为城市发展的核心标识。

2. 注重结合受众群体偏好，深入了解目标受众并根据传播圈层等进行受众细分，结合算法生成等进行定制化、智能化的城市形象传播

成功的城市品牌形象塑造必然要建立在对目标受众的深入了解的基础之上。只有深入剖析受众群体的需求、偏好和价值观，才能更好地定制城市形象传播内容，确保其能使受众产生共鸣。如同广告制作一般，打造优秀的城市传播案例离不开市场调研和分析。在以往媒介资源较为匮乏的环境下，城市传播更多地在于凭借"掌握的资源量"实现广范围的强覆盖，但在现有媒介资源日益丰富、算法智能技术正在为人们构筑出不同信息世界中的当下，这一规则并不全然适用。算法智能技术为城市形象传播提供了更多"私人定制"的可能性，在增强传播本身的关联度和针对性方面具有积极意义。

为此，推动城市形象传播更为智能化，需要发挥算法智能技术在精准把握受众人群需求上的独特优势，如可利用大数据技术收集和分析关于目标受众的海量数据，包括社交媒体互动、搜索行为、消费习惯、关注热点等。通过算法对数据的处理和分析，深入了解受众对应的需求、兴趣和偏好，从而为定制化的城市形象传播提供精准决策支持。进而根据受众的喜好和行为特征，为其定制符合其需求的城市形象传播内容，还可结合媒介使用习惯和信息接收习惯，形成内容传播矩阵，分时段、递进式推送相应内容，从而达成"全天候"定向传播的目标。

算法智能技术还可辅助于实时监测和分析城市形象传播的效果及受众反馈。根据数据反馈调整和动态优化传播策略，包括渠道选择、内容创作和投放策略等，将相应反馈调整"中台化"。最后还可借助算法技术整合不同传播平台的资源，实现"多屏共时、分屏共在"式的个性化传播，通过算法分析不同平台的特点和受众分布，制定适合各平台特点的传播策略，聚合不同平台，形成渠道矩阵，进而提高城市形象传播的覆盖面和影响力。总而言之，要通过对受众群体的把握，更好地与其建立情感连接，塑造独特的品牌形象，进而有效规避同质化竞争。

3. 根据城市影像作用机制，依托全媒体时代媒介融合的复合传播网络，构建线上线下综合互构的城市意象传播体系，整体增进对城市形象的认知体验

人们对于城市影像的认知遵循着二维平面经验结构的范式，无论是怎样丰富的感知维度经由人脑的结构作用，关于城市的经验性认知都会以二维平面图式的方式"呈现"于大脑当中，这种结构决定了，通过联结达成的关系类信息是值得关注的内容，换言之，理解城市最为重要的是理解当中的关系网络。而全媒体所达成的复合传播网络本质上也是一种关系网络的样态。当下我们所理解的全媒体，实则是"融媒体"思维下的全媒体，更多的是从生产结构或者是传播的视角展开研究，并在这一思维下泛化开来，最终旨归仍然是媒介形态的一种融合，其不仅包含了媒介本身，还包含了附着在媒介之上的文本，同时在隐性层面还纳入了文本的组织生产系统。

为此要更加强调对媒体形态、媒体内容生产、媒体营销手段等之间的整体融合。概而言之，借助全媒体传播体系建设优化城市形象传播需要在整体意识下把握"城市—文本内容—生活者"的复合关系。所有关于城市的体验、创作和认知都以文本形式存在，而虚实相衬的城市则以平台的样貌出现，重在促进文本创造优化，通过呈现城市的生活意蕴推动更多生活在城市当中的人——生活者成为积极的参与者，促进原本的文本参与到再生产过程之中。这一再生产具体融嵌在场景重构、主体塑造和文化涵养三大层面。

对应到策略提出上，其中场景重构层面主要探讨全媒体环境下城市文本如何链接各类生活场景并予以重构，进而了解生活场景的多元特征，需要了解城市生活场景如何经由媒介终端被重构，并充分了解认知体验基于不同场景形成的规律。主体塑造层面则重在把握处于全媒体环境中的生活者在媒介化社会所呈现出来的生活特征，把握受众本身的多元化特质，畅通文本触及人并触动人的过程。文化涵养层面则要着眼于营造媒介化社会形态下的社会文化整体并加以传播，为城市文化的建设和持续滋养提供内生循环的持续动力和丰富资源。

4. 通过战略、策划、设计、建设、商业、运营等多维度构建与经营，建构政府有决心、专家有信心、建设者有匠心、经营者有初心等多方力量维系的城市文化建设系统化工程

城市即城市形象，城市形象的意象来自城市社会生活的现场。在城市这个"生活世界"的场域，城市人的向往和活动赋予了城市物理设施以社会美。城市为人民服务，城市的营造与更新都需要回到以人为中心，以人的好的生活为中心这一目的，人与城市环境合一，才能生成城市美的意象。活动的城市意象是城市设计的蓝图，城市建设是这个好的意象的实现，当所有的社会实践围绕人的美好生活向往与在地化的独特底蕴展开，一城一品的独特而深入人心的城市形象便得以形成。这是城市文化力量的彰显，是一个城市系统化建设的核心，是城市管理者规划日常生活和品牌活动的起点和归宿。

落实到形象传播的过程设计，需要建立城市形象传播的系统性和长效化机制。城市形象的传播和城市品牌的塑造是一个长期的过程，不可能只通过一部城市广告宣传片就取得永久的成功，也不可能依靠一两个名人的代言就可达成宣传目的，而是需要介入战略、策划、设计、建设、商业、运营等多维度进行设计，将政府、专家、建设者、经营者乃至生活者等多元主体纳入其中，激励共创、众创的源头活力。在实施推进过程中，要明确建设的轴心和主线所在，明确阶段性进程及其目标设定，保证阶段性推进的贯彻执行力。此外还需发展出一套科学完善的传播效果评估机制，通过科学合理的指标设计及其评价运用帮助城市传播主体及时评估、衡量城市形象的传播效果，并适时调整相应传播策略，真正在时间限度上将城市形象传播建设为与生活同行、与时代同步的"民心工程"。

城市影像意象是人与城市对话的媒介。作为人们塑造城市认知、实现城市认同的重要途径，当前城市影像意象表达的整体发展趋势是由奇观化转向及物化的，以日常生活表达代替奇观化叙事，视角由仰视、俯视转为平视，并注重以人作为城市的重心，关注人与地点的交联过程，在这一系列转变的交相配合下生活的意义得以显现，进而影像的组合方才得以映现出对生活型社会的构建。随着城市影像意象在时代变迁中量变的积累，如前文所言的《嗨！I AM 武汉》的乌托邦视角、《城市 24 小时》中熊猫饲养员的生活、《隐秘的角落》里作为故事背景的湛江巷井文化、胡同里的北京、火锅里的成都、冰天雪地里的哈尔滨……城市影像意象的生活化视角更容易将城市日常细节带入叙事表达的"中央"，城市的典型实体空间也能够与日常生活互为背景，一个个意象描摹出城市形象的轮廓，细观其内里，是生活的自在填充了城市形象的内涵。

在新媒介融合的大环境中，城的阐释疆域被打开了，形象内涵被拓展，意象之城与现实之城相互映衬，组合氤氲出人们关于城市的生活想象。时间总在向前走，城市如何在发展的路途中抓住每一刻，丰满城市形象，提高城市在全球化时代背景下的竞争力？综合上述的分析，回答这一问题关键仍在于观照生活在城市各处的人，观照他们在所居之所的日常生活、感知记忆，通过在细节叙事和品牌塑造中提炼城市文化内核，以及物性的影像意象设计方式，进行深化、多元的城市意象表达，由此达到实体与话语交织，城随人动、人育城中，在多屏共联的数智技术语境中构建起生活型社会。

（撰写人：王冬冬，同济大学艺术与传媒学院教授、博士生导师；
甘露顺，同济大学设计创意学院博士研究生）

居安思美：居住便利性的社区分异

随着党的十九大提出"带领人民创造美好生活，是我们党始终不渝的奋斗目标"，"更加突出的问题是发展不平衡不充分，这已经成为满足人民日益增长的美好生活需要的主要制约因素"，[①]新时代城市发展的重要目标之一，应当是努力解决城市居民日益增长的美好生活需要和不平衡不充分的发展之间的矛盾。显然，解决这一矛盾意味着实现城市居民生活机会的均衡与充分发展。而谈及生活机会，必然绕不开生活便利性问题。事实上，2015年在中央城市工作会议上的讲话中，习近平总书记就明确提出，"城市工作做得好不好，老百姓满意不满意，生活方便不方便，城市管理和服务状况是重要评判标准"，[②]这就指明了城市居民"生活便利性"是衡量城市居民生活是否美好、城市治理工作成效如何的重要基础性指标。为此，有必要清楚摸底城市居民的生活便利性现状，掌握不同住宅区生活便利性的差异，从而有的放矢地制定生活便利性均衡化与充分化的发展方略，更进一步从民生层面开展城市治理工作，推动城市发展。

一 问题提出

"生活便利性"是衡量城市居民生活是否美好的重要基础性指

---

① 《习近平谈治国理政》（第3卷），外文出版社，2020，第9页。
② 《习近平著作选读》（第1卷），人民出版社，2023，第412页。

标，它决定了城市居民依托住宅展开生活活动的可能性与效率水平，在一定程度上影响着城市居民的生活活动范畴与生活感受。[①]新时代的城市治理必须关注城市住宅"生活便利性"的社区分异问题。首先，住宅"生活便利性"的社区分异状况直接体现了城市居民生活机会在空间上的均衡程度。新时代的社会主要矛盾规定了必须关注城市居民日益增长的美好生活需要和因居住空间不同而出现的生活机会不平衡问题。已有研究表明，以社区类型为城市居住空间分类依据，进而讨论城市居民生活机会的分异，是切实可行的路径。[②]又因为无论在何种社区，人们的生活都是以住宅为依托点展开的，或是在住宅内部展开家庭生活活动，或是在住宅外部展开社会生活活动，因此，住宅"生活便利性"的社区分异，是能够真实展现城市生活机会均衡水平的重要指标。其次，住宅"生活便利性"的社区分异数据，能够分社区地展现各居住区生活机会在"充分性"方面存在的问题，尤其显现各社区的居民依托住宅开展生活活动时，在哪些方面存在便利水平不高的问题，经由这些信息，城市治理工作能够更高效地开展，有的放矢地对不同城市空间制定行之有效的治理策略，提升每个社区的生活机会水平，进而提升城市的综合治理成效。

也就是说，透过城市社区间的住宅"生活便利性"分异，深入揭示生活机会的区隔问题，为我们深刻理解城市内的空间不均衡、不充分发展情况提供了有效而客观的依据；为我们探寻如何对城市资源在空间上进行更加有效的配置，体现居住层面的公平原则，以给予不同居住空间的城市居民均等的创造美好生活机会

---

① Michelle Norris, Patrick Shiels, "Housing Inequalities in an Enlarged European U-nion: Patterns, Drivers and Implications," *Journal of European Social Policy* 1 (2007): 59 - 70; Alan Murie, *Housing Inequality and Deprivation* (London: Heinemann, 1983).

② 卢汉龙:《单位与社区：中国城市社会生活的组织重建》,《社会科学》1999年第2期，第52~54页；张鸿雁:《论当代中国城市社区分异与变迁的现状及发展趋势》,《规划师》2002年第8期，第5~8页。

的外部支持提供了参照；为后续提出更有效的围绕城市住宅条件展开城市治理的策略奠定必要基础。因此，要客观提出清楚摸底城市的住宅"生活便利性"在不同社区间的分异现状的要求，为有针对性地制定生活便利性空间均衡化与充分化发展的方略，更进一步从民生层面开展城市治理工作，推动城市发展做好充分准备。

显然，清楚摸底城市的住宅"生活便利性"社区分异，不仅需要描述现状，更要诊脉，明确内因。以上背景，表明了深入把握我国城市住宅"生活便利性"社区分异现状，探讨其形成机制的必要性。

二　文献综述与研究假设

（一）社区分异是城市空间分异的重要维度

自斯宾塞借用生物学的思维提出"分异"一词，"分异"的含义经历了系列变迁。具体落实到"空间"视角，作为社会发展与经济结构变更带来的结果之一的"空间分异"，[①]从不同群体空间分布的优劣势差异角度，呈现了"空间隔离"下的生活各领域的不同。[②]在理解这一不同时，基于卢曼对斯宾塞的"分异"概念的发展性阐释，[③]一方面分异意味着空间的复杂化和差异化；另一方面不同空间内存在着属性相同的系统，对空间分异的研究往往是从宏观、中观或微观的某一系统进行跨空间的比较。应当说，空间分异现象普遍存在于全球的城市之中，也塑造着城市特征。[④]在我国，40多年的改革开放带来了城市居住区分

① Gerhard Wagner, "Differentiation as Absolute Concept?: Toward the Revision of a Sociological Category," *International Journal of Politics, Culture and Society* 11 (1998): 451-474.

② Roxanne Connelly, Vernon Gayle, Paul S. Lambert, Robert Blackburn, eds., *Social Stratification: Trends and Processes* (London: Routledge, 2012).

③ Niklas Luhmann, "Differentiation of Society," *Canadian Journal of Sociology* 2 (1977): 29-53.

④ Benjamin L. Saitluanga, "Vertical Differentiation in Urban Space: A Case of Aizawl City," *Singapore Journal of Tropical Geography* 38 (2017): 216-228.

化。无论是按照特征和功能将城市空间区分为改造区、旧宅保留区、近建居住区和新辟居住区，① 还是依据社区经济、社会结构、规模等多种因素，把社区分为传统式街坊社区、单一式单位社区、混合式综合社区、演替式边缘社区、新型房地产物业管理型社区、民族宗教式文化社区、"自生区"或移民区，② 这些社区都对城市空间进行了区隔。可以说基于社区类型探讨空间区隔与分异是必要且可行的。

（二）住宅"生活便利性"是探讨城市社区空间分异的有效且重要的切入点

对于住宅"生活便利性"，可以从住宅外部公共服务设施可达性与内部设施齐备性来评价。乌尔曼将便利性界定为令人愉悦的生活条件，它包括了地方特有的、居民可以使用或享受的服务的水平，③ 以及各种设施与环境的舒适程度、愉悦程度。④ 已有研究表明，便利性会影响人们的区位选择，形成住区的分异。⑤ 无论是戈特利布对求职者选择就业区位时便利性因素的作用分析，⑥ 还是布吕克纳等对不同收入群体居住区位选择的研究，⑦ 抑或拉巴波

---

① 卢汉龙：《单位与社区：中国城市社会生活的组织重建》，《社会科学》1999 年第 2 期，第 52~54 页。

② 张鸿雁：《论当代中国城市社区分异与变迁的现状及发展趋势》，《规划师》2002 年第 8 期，第 5~8 页。

③ Paul D. Gottlieb, "Amenities as an Economic Development Tool: Is there Enough Evidence?" *Economic Development Quarterly* 8（1994）: 270; Paul D. Gottlieb, "Residential Amenities, Firm Location and Economic Development," *Urban Studies* 32（1995）: 1413-1436.

④ David M. Smith, *Human Geography: A Welfare Approach* (New York: St. Martin's Press, 1977).

⑤ R. Wenting, Oedzge Atzema, K. Frenken, "Urban Amenities and Agglomeration Economies?: The Locational Behaviour and Economic Success of Dutch Fashion Design Entrepreneurs," *Urban Studies* 48（2010）.

⑥ Paul D. Gottlieb, "Amenities as an Economic Development Tool: Is there Enough Evidence?" *Economic Development Quarterly* 8（1994）: 270.

⑦ K. J. Brueckenr et al., "Why Is Central Paris Rich and Downtown Detroit Poor?: An Amenity-Based Theory," *European Economic Review* 43（1999）: 91-107.

特对人口居住区迁移的研究，[1] 都表明这一点。那么从空间视角探究住宅"生活便利性"时，住宅的便利性应当包含什么维度呢？研究指出，城市的空间结构应当由两部分构成：空间的社会位置和空间内的生活方式。[2] 其中，社会位置可以视为对外部公共服务资源的可达性水平。学界对公共服务设施可达性空间不平等在生活安全水平差异方面的意义的探讨表明了这一点。[3] 公共服务设施包括了学校、图书馆、公园、商业中心、公共交通等，它们的可达性直接影响着居民的生活质量，而"可达性"可以用居住空间到达公共服务设施的距离（时间）来衡量。[4] 事实上，可达性在某种意义上也可以描述为交通的便利性。空间内的生活方式则可以在一定程度上视作该空间中住宅内部公共实用设施的齐备性。不同收入水平、受教育程度和职业类型的居民居住在城市的不同空间，而他们的住宅中所拥有的各类设施齐备状况也是有显著差异的。[5] 这类设施的齐备性情况决定了人们日常生活中对空间的使用状况，也决定了日常生活的可靠性程度和住宅内部生活条件的令人愉悦水平。[6] 而令人愉悦的生活水平本身就是便利性的表征。[7]

[1] Jordan Rappaport, "Moving to Nice Weather," *Regional Science and Urban Economics* 37 (2007): 375-398.

[2] Lennart Rosenlund, "Class Conditions and Urban Differentiation—Applying Distinction's Methodology to the Community," *Bulletin of Sociological Methodology/Bulletin de Méthodologie Sociologique* 135 (2017): 5-31.

[3] Zhao Meifeng et al., "Spatial Differentiation and Influencing Mechanism of Medical Care Accessibility in Beijing: A Migrant Equality Perspective," *Chinese Geographical Science* 28 (2018): 353-362.

[4] G. Shen, "Measuring Accessibility of Housing to Public-community Facilities Using Geographical Information Systems," *Review of Urban & Regional Development Studies* 14 (2010): 235-255.

[5] Z. Šafář, "Different Approaches to the Measurement of Social Differentiation of the Czechoslovak Socialist Society," *Quality & Quantity* 5 (1971): 179-208.

[6] De Certeau, *The Practice of Everyday Life* (Berkeley: University of California Press, 1984).

[7] E. Ullmanel, "Amenities as a Factor in Regional Growth," *Geographical Review* 44 (1954): 119-132.

可以看出，空间的社会位置和空间的生活方式分别从空间居民生活的外部资源获取便利性和住宅内部日常生活展开便利性两方面呈现了城市不同空间居民生活的便利程度，既体现了戈特利布的便利性含义中所指涉的居民可以使用或享受的服务水平，[①]也体现了史密斯谈及便利性时所提到的各种设施与环境的舒适、愉悦程度。[②]也就是说，对于城市居民的生活而言，以住宅为承载点，城市居民开展的生活活动可以区分为住宅内的生活活动和住宅外的生活活动，其便利性包括外部的可达性和内部设施的齐备性。由此可以使用住宅"生活便利性"这一概念，将公共资源和日常生活整合至一起。这个概念符合乌尔曼所界定的便利性概念，即令人愉悦的生活条件。当然不能否认，这种便利性所体现出来的，是受到公共政策影响的人造便利性。[③]

基于以上理论基础，提出假设 1 与假设 2。

假设 1：我国城市居民住宅的外部便利性存在社区分异，即不同社区居民其住宅的外部公共服务设施可达性有显著差异。

假设 2：我国城市居民住宅的内部便利性存在社区分异，即不同社区居民其住宅的内部设施齐备性有显著差异。

（三）处于不同社区空间的住宅其便利性的优势或劣势是整体性的

透过空间的分异，能够发现社会功能的分异和阶层的空间分化，换言之，空间分异呈现了不公平，在这些分化背后，隐含的是

---

① Paul D. Gottlieb, "Amenities as an Economic Development Tool: Is there Enough Evidence?" *Economic Development Quarterly* 8 (1994): 270; Paul D. Gottlieb, "Residential Amenities, Firm Location and Economic Development," *Urban Studies* 32 (1995): 1413-1436.

② D. M. Smith, *Human Geography: A Welfare Approach* (New York: St. Martin's Press, 1977).

③ J. I. Carruthers, G. Mulligan, Human Capital, Quality of Life, and the Adjustment Process in American Metropolitan Areas, US Department of Housing and Urban Development Working Paper, 2006.

对生活机会的剥夺与排斥。① 再结合空间一方面是社会的产物，另一方面也是塑造社会实践的重要元素②的判定来看，空间分异带来的是生活实践机会的差异化。这些差异化既体现在社会公共资源分配与使用的不平等方面，③ 也体现在日常生活水平的分化方面。④ 目前学者们从社会分层⑤、房价差异⑥、资源配置差异⑦和权力距离⑧等方面探讨了城市空间分异、隔离问题。这些探讨背后都暗含这样一种判断方式，那就是从整体上来判断，社会弱势群体所面临的整体生活条件都是相对差的，其居住空间为其提供的生活机会是有限的，为其提供的社会公共资源是相对欠缺的。那些能够接近优势资源，居住在优势空间中的群体，在生活空间中拥有的生活资源配置、生活选择机会、生活实践条件都将是较好的。

将这一判断延伸到住宅"生活便利性"方面，可推论出本研究的假设3。

假设3：城市居民住宅的外部便利性与内部便利性存在正相关的关系。在单个样本层面住宅的外部便利性高，其内部便利性也

---

① Sonia Arbaci, "Ethnic Segregation, Housing Systems and Welfare Regimes in Europe," *European Journal of Housing Policy* 7 (2007): 401-433.

② C. Kim, "Social Production of Space," in R. Hutchison, ed., *Encyclopedia of Urban Studies* (London: Sage, 2010).

③ Sónia Alves, "Spaces of Inequality: It's Not Differentiation, It Is Inequality! A Socio-Spatial Analysis of the City of Porto," *Portuguese Journal of Social Science* 15 (2016): 406-431.

④ Richard A. Smith, "The Measurement of Segregation Change through Integration and Deconcentration, 1970-1980," *Urban Affairs Review* 26 (1991): 477-496.

⑤ E. T. V. Kempen, "The Dual City and the Poor: Social Polarization, Social Segregation and Life Chances," *Urban Studies* 31 (1994): 995-1015.

⑥ 王松涛等：《公共服务设施可达性及其对新建住房价格的影响——以北京中心城为例》，《地理科学进展》2007年第6期，第78~85页。

⑦ 周春山等：《城市公共服务社会空间分异的形成机制——以广州市公园为例》，《城市规划》2013年第10期，第84~89页。

⑧ J. Brodie, "Imagining Democratic Urban Citizenship," in E. F. Isin, ed., *Democracy, Citizenship and the Global City* (London: Routledge, 2000).

高；在社区空间层面，住宅外部便利性高的社区，其内部便利性
也高。

（四）"政府—市场"是有效分析城市生活便利性社区分异何
以生产的框架

针对以上提出的三条假设，逻辑顺延下来的问题是：城市居
民住宅"生活便利性"社区分异成因的解释框架是什么？空间具
有社会性而非单纯的地理空间，因此研究城市空间分异，必须看
到的其是社会、经济、政治、自然等因素的综合体。[①] 城市居住空
间分异背后所隐藏的，是机制力量、主体欲望和特定环境相互作
用下决定的不同群体生活机会扩大的可能性，它真正构造了城市
社会的秩序状态和运行轨迹，揭示了城市社会结构的真实样态和
社会矛盾的根源所在。[②] "社区作为一定地域范围内人们的社会生
活共同体，既是满足居民日常生活和交往需要最基础的平台，也
是各类社会组织和机构活动的场域，渗透着复杂的权力和利益关
系。"[③] 空间分区中，政府通过空间管制，作用于道路建设、房屋
建设等一系列空间内的生活要素，影响空间区隔；[④] 而市场作为营
利性主体，则基于资本增值积累需要，对作为资源的空间的配置
发挥作用，在对城市空间进行建设的同时，也造成城市空间区
隔。[⑤] 当然，在社会分层与排斥客观存在的背景下，政府与市场也

① Miguel A. Fortuna, Carola Gómez-Rodríguez, Jordi Bascompte, "Spatial Network Structure and Amphibian Persistence in Stochastic Environments," *Biological Sciences* 273（2016）：1429–1434.

② M. D. Certeau, F. Jameson, Carl R. Lovitt, "On The Oppositional Practices of Everyday Life," *Social Text* 281（1980）：3–43.

③ 陈伟东、舒晓虎：《社区空间再造：政府、市场、社会的三维推力——以武汉市 J 社区和 D 社区的空间再造过程为分析对象》，《江汉论坛》2010 年第 10 期，第 130~134 页。

④ 王国恩、伦锦发：《市场与政府双失灵背景下的城乡空间管理范式演变——从"管制"走向"管治"》，载中国城市规划学会编《城乡治理与规划改革——2014 中国城市规划年会论文集》，中国建筑工业出版社，2014。

⑤ 王富海等：《空间规划—政府与市场》，《城市规划》2016 年第 2 期，第 102~103 页。

在相互作用中，影响不同社会阶层择区而住，形成不同群体的隔离。① 同时，作为使社会有效运转并得以快速发展的两只"巨臂"，政府与市场在城市住宅建设和居住区规划上，都起着重要作用，政府的作用主要体现在保障房的建设上，而市场的作用则更多体现在商品房的建设方面，在任何形式的住宅建设中都存在政府与市场互动。②

已有的理论基础表明，对城市空间的分异研究应当落入社区维度并从生活层面切入，而且以社区类型为空间的分类依据是可行的；鉴于生活对住宅的依赖并以住宅为节点，住宅"生活便利性"的城市空间分异研究是能够直接揭示城市居民生活条件的空间分异现状的；"政府—市场"的互动为解释住宅"生活活动便利性"社区分异的生产机制提供了分析框架。已有研究显然为本文的立论和展开分析奠定了基础，提供了支持，是本文理论假设的来源。但是，已有研究还留有一些有待补充和进一步拓展的空间，这也为本文的研究提供了切入点。目前诸多关于住宅"生活便利性"空间分异的研究是从外部公共服务设施可达性的角度开展的，而且多是探讨不同的行政区划的可达性水平。一方面从社区类型层面进行的住宅外部公共服务设施可达性研究并不多，对城市社区空间分异的研究甚为鲜见；另一方面在探讨住宅外部公共服务设施可达性的同时，忽视了住宅内部生活设施的齐备性。在此基础上，更是缺少对住宅内、外部便利性的社区空间分异水平的比较。对住宅内、外部便利性的社区空间分异水平的比较，有利于我们理解城市社区空间分异的变迁，发现不同社区的问题。当然，目前也缺少对住宅"生活便利性"社区分异形成的"政府—市场"

---

① 叶贵仁、何艳玲：《政策性隔离社区生产中的政府、市场与社会——以广州市P限价房社区为个案》，《西北师大学报》（社会科学版）2012年第1期，第95~100页。

② 张屹山等：《政府与市场在解决我国住房问题中的作用》，《工业技术经济》2007年第7期，第12~13页。

作用机制的探讨，这不利于未来解决住宅"生活便利性"水平在不同社区空间之间不均衡发展的问题。综上，得到本文研究框架如图 1 所示。

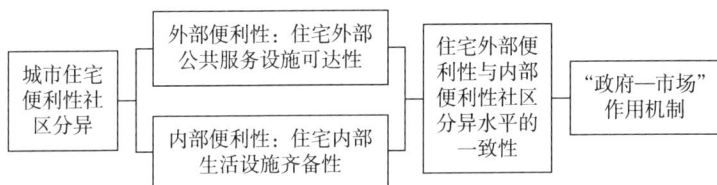

图 1　本文研究框架

三　数据来源、指标确定与研究工具

(一) 数据来源与指标确定

本文所用数据来自中山大学中国劳动力动态调查 2014 年数据 (CLDS 2014)。剔除乡村住户后，原始城市居民样本数为 6183 个。剔除存在缺失值的个案、填答不符合实际情况的个案等，最终得到可用样本 5478 个。基于前文文献综述部分的已有理论研究成果，本研究确立如下指标变量。

用于社区分异状况组间比较的社区类型指标。选择 CLDS 2014 中城市住户社区类型这一变量作为社区分类依据，将社区分为未改造的老城区 (街坊)，工矿企业单位住宅区，机关、事业单位住宅区，保障性住宅小区，普通/中档商品房小区，高档商品房/住宅/别墅区，村改居住宅区，移民社区，棚户区，其他社区共 10 类社区。

每个社区内部组内分异比较的群体分类指标：恩格尔系数。长期以来，家庭经济状况被认为是衡量是否为弱势群体的重要标准，且是空间分异的重要影响因素，而恩格尔系数是衡量家庭经济状况的重要指标。在本文中为了能够探索社区类型在生活便利性的空间分异中的影响程度是否超过了经济条件状况，确立了恩格尔系数这一指标作为每个社区内差异测度的群体划分指标依据。根据 CLDS 2014 的家庭年消费性支出和家庭食物消费性支出，计算恩格尔系数，然后按照恩格尔系数大于 60% 为贫穷，50%~60% 为温饱，40%~50% 为小康，30%~40% 属于相对富裕，20%~30% 为富足，20% 以下为极其富裕的标准，确立恩格尔系数的 6 个等级，并进一步将每个社区依据恩格尔系数区分为 6 个群体。

住宅"生活便利性"指标。基于前文的理论回顾，本研究以住宅为依托点，将住宅"生活便利性"划分为：住宅外部便利性，即外部公共服务设施可达性；住宅内部便利性，即内部生活设施齐备性。

1. 住宅外部便利性指标的确立

根据学者们的研究，[①] 将社区生活必需的公共服务设施分解为八大类，包括日常购物、教育设施、餐饮设施、交通设施、医疗设施、便民服务、金融服务和休闲娱乐，结合 CLDS 2014 的调查指标项目，本研究选择以"到最近的公交站的距离"、"到最近医疗点的距离"、"到最近商业中心的距离"和"到最近学校的距离"为衡量住宅外部便利性的指标。为了能够对住宅外部便利性水平的社区分异状况进行综合计算，利用主成分分析将四项单项公共服务设施可达性指标降维。主成分分析 KMO 值为 0.606，在 0.6 至 0.7 之间，巴特利球形检验的卡方值为 1173.384，自由度为 6，显著性为 0.000（小于 0.05），这表明可以进行主成分分析。

对于主成分提取的原则，一般是提取特征值大于 1 的主成分，但这并非刚性原则。研究者也需要对累计贡献率大于 60% 的成分进行裁决。本研究在考量累计贡献率的基础上，指定提取 2 个住宅可达性主成分。表 1 表明，住宅外部公共服务设施可达性降维为 2

---

① G. Shen, "Measuring Accessibility of Housing to Public-Community Facilities Using Geographical Information Systems," *Review of Urban & Regional Development Studies* 14 (2010): 235-255；崔真真等：《基于 POI 数据的城市生活便利度指数研究》，《地理信息世界》2016 年第 3 期，第 27~33 页。

个公因子，在这 2 个公因子上的各项指标的因子载荷可见表 2（3次迭代中的旋转收敛）。

表 1 住宅外部公共服务设施可达性成分解释的总方差

单位：%

成分	初始特征值			提取载荷平方和			旋转载荷平方和		
	总计	方差占比	累计占比	总计	方差占比	累计占比	总计	方差占比	累计占比
1	1.580	39.492	39.492	1.580	39.492	39.492	1.274	31.847	31.847
2	0.926	23.145	62.637	0.926	23.145	62.637	1.232	30.790	62.637
3	0.828	20.701	83.338						
4	0.666	16.662	100.000						

表 2 住宅公共服务设施可达性正交旋转后的因子载荷矩阵

指标	成分	
	1	2
到最近的公交站的距离	0.775	0.034
到最近医疗点的距离	0.763	0.171
到最近商业中心的距离	−0.040	0.860
到最近学校的距离	0.300	0.679

从表 2 结果可以看出，住宅外部公共服务设施可达性凝练成的 2 个公因子中："到最近的公交站的距离"和"到最近医疗点的距离"，为 1 个公因子，这个因子可以命名为"社区普及性公共服务因子"；"到最近商业中心的距离"和"到最近学校的距离"为 1 个公因子，这个因子可以命名为"行政片区共享性公共服务因子"。结合因子负载值，可以得出两个住宅外部公共服务设施可达性的因子赋值方式。

社区普及性公共服务因子 =0.775×"到最近的公交站的距离"+0.763×"到最近医疗点的距离"

行政片区共享性公共服务因子 = 0.860×"到最近商业中心的距离"+0.697×"到最近学校的距离"

2. 住宅内部便利性指标的确立

参照吴良镛[1]和李王鸣等[2]的研究指出的，住宅中的各种实用设施齐备性也会直接影响居民的生活方便程度，适当住宅不仅是指头上有一片屋顶，还包括供水、卫生和垃圾管理等适当的基础设施，房屋中的各种实用设施（包括供水设施、卫生间、燃气设施等）也存在社区分异，结合 CLDS 2014 的调查指标项目，本研究选择"现在住的地方是否有自来水"、"现在住的地方是否有电"、"现在住的地方是否有自家室内厨房"、"现在住的地方是否有互联网端口"、"现在居住地方是否有管道煤气或天然气"、"现在住的地方是否有自家室内浴室"及"现在住的地方是否有自家室内厕所" 7 个变量作为住宅内部设施齐备性的衡量单项指标，用以衡量住宅内部便利性。其中，指标"现在居住地方是否有管道煤气或天然气"是对 CLDS 2014 原变量中"现在居住地方是否有管道煤气"和"现在居住地方是否有天然气" 2 个变量的合并。对所有的室内设备进行重新编码录入，0 为无，1 为有。同样为了能够对住宅内部的便利性水平分异状况进行综合计算，将利用主成分分析对 7 个单项生活设施拥有状况指标降维。KMO 值为 0.769，介于 0.7 至 0.8 之间，巴特利球形检验的卡方值为 4163.183，自由度为 21，显著性为 0.000（小于 0.05），这表明可以进行主成分分析。

考虑到累计贡献率问题，指定提取 3 个主成分。表 3 表明，住宅内部生活设施齐备性各变量凝练为 3 个公因子，这 3 个公因子上的各项指标因子载荷可见表 4（4 次迭代中的旋转收敛）。

---

① 吴良镛：《"人居二"与人居环境科学》，《城市规划》1997 年第 3 期，第 4~9 页。
② 李王鸣等：《城市人居环境评价——以杭州城市为例》，《经济地理》1999 年第 2 期，第 38~43 页。

表 3   住宅内部生活设施齐备性成分解释的总方差

单位：%

成分	初始特征值			提取载荷平方和			旋转载荷平方和		
	总计	方差占比	累计占比	总计	方差占比	累计占比	总计	方差占比	累计占比
1	2.303	32.898	32.898	2.303	32.898	32.898	1.972	28.172	28.172
2	1.045	14.927	47.825	1.045	14.927	47.825	1.195	17.071	45.244
3	0.860	12.292	60.117	0.860	12.292	60.117	1.041	14.873	60.117
4	0.816	11.660	71.777						
5	0.751	10.723	82.500						
6	0.694	9.917	92.417						
7	0.531	7.583	100.000						

表 4   住宅内部生活设施齐备性正交旋转后的因子载荷矩阵

指标	成分		
	1	2	3
现在住的地方是否有自家室内浴室	0.770	0.069	0.035
现在住的地方是否有自家室内厕所	0.701	0.237	0.101
现在住的地方是否有自家室内厨房	0.668	0.093	0.082
现在住的地方是否有互联网端口	0.613	0.097	-0.113
现在住的地方是否有自来水	0.087	0.756	0.313
现在居住地方是否有管道煤气或天然气	0.237	0.736	-0.232
现在住的地方是否有电	0.052	0.037	0.927

从表 4 可以看出，住宅内部生活设施齐备性变量可降维为 3 个因子。从因子所负载的变量看分别可以命名为：生活提升类基础设施，管道类设施，电力资源设施。基于因子负载状况可以得出 3 个因子值的计算公式。

生活提升类基础设施 = "现在住的地方是否有自家室内浴室"×0.770+ "现在住的地方是否有自家室内厕所"×0.701+ "现在住的地方是否有自家室内厨房"×0.668+ "现在住的地方是否有互联网端口"×0.613

369

管道类设施＝"现在住的地方是否有自来水"×0.756＋"现在居住地方是否有管道煤气或天然气"×0.736

电力资源设施＝"现在住的地方是否有电"×0.972

（二）研究工具

1. 单因素方差分析

通过单因素方差分析，判断不同社区在外部公共服务设施可达性因子上与内部生活设施齐备性因子上是否存在显著差异。

2. 泰尔指数

为了进一步判断住宅内、外部便利性的差异是否是调查对象自身的经济能力所造成的，在单因素方差分析的基础上，本研究以泰尔指数作为进一步测度城市居民生活便利性社区分异程度的工具。虽然该指数最初是由泰尔利用熵概念计算收入不平等时提出，但是目前其应用领域已经扩展到卫生资源、能源消费和空气污染等的不平等问题研究领域，其在区域不平等分析方面具有较好实用性。在本研究中，共有 5478 个城市居民家庭的样本按照城市社区类型被分为 10 组，每组分别为 g_i，其中 $i=1，2，\cdots，10$。i 所代表的社区顺序为前文"社区类型指标"处所列出的社区的顺序。第 i 组 g_i 中的个体数目为 n_i。生活便利性泰尔指数的计算公式如下。

$$T = T_b + T_w \tag{1}$$

公式（1）中，T 为城市居民住宅"生活便利性"（住宅外部公共服务设施可达性或内部生活设施齐备性）因子差异测度的泰尔指数；T_b 为组间差异测度的泰尔指数；T_w 为组内差异测度的泰尔指数。

$$T_b = \sum_{i=1}^{10} y_i \ln\left(\frac{y_i}{n_i/n}\right) \tag{2}$$

$$T_w = \sum_{i=1}^{10} y_i \cdot T_i \tag{3}$$

公式（3）中，y_i 表示第 i 组的某一住宅"生活便利性"因子总和占全部样本该因子值的总和的比重。T_i 为第 i 组的组内差异，且 T_i 可以表示为：

$$T_i = \sum_{j \in g_i} \frac{y_j}{y_i} \ln \frac{y_j / y_i}{n_j / n_i} \tag{4}$$

公式（4）中，$j \in g_i$；y_j 表示每个社区内部的恩格尔系数处于第 j 等级的人的某一住宅"生活便利性"因子的总和占该社区全部样本该因子值的总和的比重；n_j 表示第 i 组内每个恩格尔系数组的个案数。进一步可以计算出第 i 组组内差距的贡献率 D_i 和组间差距的贡献率 D_b。公式表示为：

$$D_i = y_i \cdot \frac{T_i}{T}, i = 1, 2, \cdots, 10 \tag{5}$$

$$D_b = \frac{T_b}{T} \tag{6}$$

四　内、外部生活便利性的社区分异测度检验

（一）住宅外部公共服务设施可达性的分异程度测度

1. 单因素方差分析

为了判断在不同的社区之间，住宅外部公共服务设施可达性水平是否存在显著差异，进行单因素方差分析，结果可见表5。

表5　住宅外部公共服务设施可达性单因素方差分析

		住宅外部公共服务设施可达性因子			
		社区普及性公共服务因子		行政片区共享性公共服务因子	
		F 值	sig.	F 值	sig.
群组之间	合并	15.401	0.000	30.811	0.000
	线性	49.045	0.000	40.978	0.000
	线性偏差	11.196	0.000	29.541	0.000

结合表5的结果可以看出，2个住宅外部公共服务设施可达性

公因子在社区群组之间都存在显著的差异，说明住宅外部公共服务设施的可达性存在显著的社区分异。

2. 泰尔指数

进一步基于式（1）-（6），测度住宅外部公共服务设施可达性的差异程度，所得结果见表6。

表6 基于泰尔指数的城市居民生活外部公共服务设施可达性社区分异程度测量结果

			社区普及性公共服务因子		行政片区共享性公共服务因子	
			值	贡献率	值	贡献率
组间		T_b	0.211116027	0.659537606	0.25269241	0.74746824
组内		T_w	0.108981	0.340462394	0.085372	0.25253176
各社区组内分不同恩格尔系数组的组内泰尔指数 T_i×该社区对应的 Y_i	未改造的老城区（街坊）	$T_1 \times Y_1$	0.028227	0.088182637	0.025207	0.07456271
	工矿企业单位住宅区	$T_2 \times Y_2$	0.004522	0.014126967	0.00423	0.01251241
	机关、事业单位住宅区	$T_3 \times Y_3$	0.014193	0.044339681	0.010466	0.03095860
	保障性住宅小区	$T_4 \times Y_4$	0.003289	0.01027501	0.003346	0.00989752
	普通/中档商品房小区	$T_5 \times Y_5$	0.025612	0.080013239	0.01408	0.04164887
	高档商品房/住宅/别墅区	$T_6 \times Y_6$	0.002843	0.008881682	0.006167	0.01824209
	村改居住宅区	$T_7 \times Y_7$	0.011545	0.036067189	0.009758	0.02886432
	移民社区	$T_8 \times Y_8$	0.004983	0.015567155	0.00262	0.00775000
	棚户区	$T_9 \times Y_9$	0.00328	0.010246893	0.001986	0.00587460
	其他社区	$T_{10} \times Y_{10}$	0.010487	0.032761941	0.007512	0.02222062

对于城市居民住宅外部公共服务设施可达性而言，单因素方差检验结果初步表明存在显著的社区分异状况。泰尔指数的测度结果进一步证明，不同社区住宅外部公共服务设施可达性的组间差异程度明显大于各社区内不同经济水平群体的居民其住宅外部公共服务设施可达性的差异程度。在解释住宅外部公共服务设施可达性的差异上，社区分异的解释力明显高于经济水平分异的解

释力。这表明，前文提及的"假设 1：我国城市居民住宅的外部便利性存在社区分异，即不同社区居民其住宅的外部公共服务设施可达性有显著差异"得到验证。

（二）城市居民住宅内部生活设施齐备性的差异程度测度

1. 单因素方差分析

同样为了判断不同的社区之间，住宅内部生活设施齐备性水平是否存在显著差异，进行单因素方差分析，结果可见表 7。

表 7　住宅内部生活设施齐备性单因素方差分析

		住宅内部生活设施齐备性因子					
		生活提升类基础设施		管道类设施		电力资源设施	
		F 值	sig.	F 值	sig.	F 值	sig.
群组之间	合并	70.847	0.000	40.333	0.000	0.550	0.838
	线性	38.513	0.000	34.105	0.000	1.191	0.275
	线性偏差	74.889	0.000	41.112	0.000	0.470	0.878

结合表 7 的结果可以看出，3 个内部设施齐备性公因子中，有 2 个公因子"生活提升类基础设施"和"管道类设施"在社区群组之间存在显著的差异，而"电力资源设施"不存在显著的社区间差异，说明住宅在大部分内部生活设施齐备性方面存在显著的社区分异。

2. 泰尔指数

进一步基于公式（1）~（6），测度城市居民住宅内部生活设施齐备性的泰尔指数，结果见表 8。由于电力资源设施在单因素方差分析中并不存在显著的社区差异，因此此处对该因子不做考虑。

表 8　基于泰尔指数的城市居民住宅内部设施齐备性
社区分异程度测量结果

		生活提升类基础设施		管道类设施	
		值	贡献率	值	贡献率
组间	T_b	0.090589743	0.074591455	0.074591455	0.73456222

续表

		生活提升类基础设施		管道类设施	
		值	贡献率	值	贡献率
组内	T_w	0.027777	0.026954	0.026954	0.26543778
各社区组内分不同恩格尔系数组的组内泰尔指数 $T_i \times$ 该社区对应的 Y_i	未改造的老城区（街坊）$T_1 \times Y_1$	0.004598	0.006262	0.006262	0.06166696
	工矿企业单位住宅区 $T_2 \times Y_2$	0.003521	0.003008	0.003008	0.02962220
	机关、事业单位住宅区 $T_3 \times Y_3$	0.00244	0.002058	0.002058	0.02026679
	保障性住宅小区 $T_4 \times Y_4$	0.00122	0.001598	0.001598	0.01573679
	普通/中档商品房小区 $T_5 \times Y_5$	0.003214	0.004587	0.004587	0.04517189
	高档商品房/住宅/别墅区 $T_6 \times Y_6$	0.000676	0.001214	0.001214	0.01195524
	村改居住宅区 $T_7 \times Y_7$	0.005743	0.003437	0.003437	0.03384691
	移民社区 $T_8 \times Y_8$	0.001384	0.001684	0.001684	0.01658371
	棚户区 $T_9 \times Y_9$	0.002147	0.001002	0.001002	0.00986750
	其他社区 $T_{10} \times Y_{10}$	0.002834	0.002105	0.002105	0.02072963

结合单因素方差检验的结果和泰尔指数的测量结果，可以发现对于城市居民而言，住宅内部生活设施齐备性存在显著的社区分异，并且与社区间差异的泰尔指数相比，社区内部不同经济水平家庭间的住宅内部生活设施齐备性方面的差异解释力相对而言是很弱的。这说明存在显著的城市居民住宅内部生活设施齐备性的社区分异。那么前文提及的"假设2：我国城市居民住宅的内部便利性存在社区分异，即不同社区居民其住宅的内部设施齐备性有显著差异"在大部分层面得到验证，除电力资源设施外，房屋内的生活提升类基础设施和管道类设施配备状况均存在显著的社区分异。

（三）住宅外部公共服务设施可达性与住宅内部生活设施齐备性的相关性水平

为了检验城市居民住宅外部公共服务设施可达性和住宅内部生

活设施齐备性的社区分异状况是否一致，进行二者的相关性检验，结果见表9。

表9　住宅外部公共服务设施可达性和住宅内部生活设施齐备性的
相关性检验结果

指标		社区普及性公共服务因子	行政片区共享性公共服务因子	生活提升类基础设施	管道类设施
社区普及性公共服务因子	皮尔逊（Pearson）相关	1	0.225**	-0.096**	-0.064**
	显著性（双尾）		0.000	0.000	0.000
	N	5478	5478	5478	5478
行政片区共享性公共服务因子	皮尔逊（Pearson）相关	0.225**	1	-0.066**	-0.059**
	显著性（双尾）	0.000		0.000	0.000
	N	5478	5478	5478	5478
生活提升类基础设施	皮尔逊（Pearson）相关	-0.096**	-0.066**	1	0.701**
	显著性（双尾）	0.000	0.000		0.000
	N	5478	5478	5478	5478
管道类设施	皮尔逊（Pearson）相关	-0.064**	-0.059**	0.701**	1
	显著性（双尾）	0.000	0.000	0.000	
	N	5478	5478	5478	5478

注：** 表示相关性在0.01水平上显著（双尾）。

从检验结果可以看出，整体来说，生活在不同类型社区的城市居民，其外出可达性越好，室内设施的齐备性也越好，而外出可达性越差，其内部的设施齐备性状况也越差。事实上，从表10所呈现的不同社区外部公共服务设施可达性和内部生活设施齐备性水平上的排序结果也表明了这一事实。根据表10，可以将城市居民居住的社区区分为如下几类：内、外部生活便利性水平双高社区，包括普通/中档商品房小区，高档商品房/住宅/别墅区；内、外部生活便利性水平双低社区，包括村改居社区、移民社区、棚户区和其他社区；内、外部生活便利性水平居中偏上社区，为工矿企业单位住宅区，机关、事业单位住宅区和保障性住宅小区；内、外部便利性水平不一致社区，包括未改造的老城区（街坊）。这部分研究结果表明，从整体上来看，"假设3：城市居民住宅的外部便利性与内部便利性存在正相关的关系"得到验证，即外部生活便利性水平高的社区，其内部生活便利性水平也高。但是进一步细化到不同的社区，对于未改造的老城区（街坊）而言，内、外部便利性水平并不一致，即假设3在社区水平上得到部分验证。

表10　不同社区住宅在外部公共服务设施可达性和内部生活设施齐备性水平上的排序

社区类型	社区普及性公共服务因子		行政片区共享性公共服务因子		生活提升类基础设施		管道类设施		内、外部双重便利性水平一致性情况总结
	均值	排序	均值	排序	均值	排序	均值	排序	
未改造的老城区（街坊）	1.3085	5	2.2357	1	1.9345	8	1.0891	6	内、外部便利性水平不一致社区
工矿企业单位住宅区	1.1392	2	3.1875	5	2.2142	4	1.2030	5	内、外部便利性水平居中偏上社区
机关、事业单位住宅区	1.3190	6	2.7114	4	2.3079	3	1.2175	4	
保障性住宅小区	1.1950	4	3.5917	6	2.1586	5	1.2236	3	
普通/中档商品房小区	1.0301	1	2.5014	3	2.4218	1	1.2855	1	内、外部便利性水平双高社区
高档商品房/住宅/别墅区	1.1847	3	2.3012	2	2.3865	2	1.2371	2	
村改居住宅区	1.9175	7	4.7506	9	2.0247	6	1.0706	8	内、外部便利性水平双低社区
移民社区	2.0146	8	4.8304	10	1.9737	7	1.0842	7	
棚户区	2.3225	10	3.7088	7	0.6228	10	0.7284	10	
其他社区	2.2548	9	4.2073	8	1.8964	9	1.0378	9	

五　城市居民生活便利性社区分异形成的"政府—市场"作用机制分析

通过前文可以看出，以住宅为单位节点的居民生活便利性存在社区分异。对我国城市居民生活便利性空间分异的形成机制，可以从经济体制转轨和城市化推进带来的社会变迁与市场转变中寻找答案。自1978年我国改革开放起，计划经济在向市场经济转变的同时，社会政策与市场也在交互作用中促使城市住宅区的空间分异。

（一）"政府—市场"机制的理论解析

第一，具有早期建设中政府投入优势，但缺乏后继发展市场吸引力的社区，出现了住宅内、外部便利性水平不一致的状况。城市规划建设的政策导向是建新区、开拓新空间，市场资本跟随政策导向进行流动，于是造成因拆除成本高或规划中没有被纳入拆迁重建规划的老城区改建相对滞后，又因老城区规划建设时受到当时社会背景条件的限制，虽然在其始建之初具有优越性，然而到了今天，其内部的配套设施出现不足，于是未改造的老城区（街坊）出现了内部便利性水平低的问题。但不可否认的是，由于早期建起的老城区在城市发展的进程中，"在较长一段时间内是各种现代城市功能的集中地，集聚了城市最重要的商业、文化、医疗和教育等资源"，[①] 其长期的积累效应，使其外部公共服务设施便利性水平较高，尤其在教育和商业便利性上具有突出优势。

第二，具有政府或单位托底建设的社区，在住宅内、外部便利性水平上处于居中偏上的水平。计划经济时期类似福利制社区的机关事业单位住宅区和工矿企业单位住宅区，其在改革开放后

---

① 杨明等：《老城区交通特征、问题解析与改善对策初探》，《现代城市研究》2012年第4期，第82~86页。

依旧有"公"的保障或"单位"保障。就工矿企业单位住宅区而言，虽然其建设时间早，但因有"单位"保障，随着社会的发展，能够得到持续的改建或迁移，[①] 因此其生活的内部便利性能够得到一定保障。就外部生活便利性而言，随着改革开放的推进，工矿企业单位住宅区或向市内迁移，或遵循市场经济的思路，以需求为导向配置公共服务设施，于是其外部便利性相对尚可。基于以上原因，工矿企业单位住宅区的内、外部便利性均呈现居中或偏上的水平，而不是偏低水平。

保障性住宅小区，由于受到成本约束限制，选址会受到一些影响，但是由于这部分居民本就是城市中的居民，对他们的住宅保障还是要在城市中，因此其外部公共服务设施便利性不会太差。又由于相对于老城区或棚户区而言，保障性住宅小区在我国兴建伊始时期，住宅建设相关方就已经开始关注内部设施的配套性设计问题，因此其内部生活设施的配备水平不会太低。

第三，市场原则下，商品房住宅区的内、外部便利性水平均较高。从房地产的需求方来看：一是城市居民住宅由以往依靠单位获取慢慢转变为通过市场交换获取，城市居民选择住宅的自由程度提高；二是随着市场经济的发展与推进，劳动力市场发生变化，促使就业结构转变，收入水平差异扩大。这些因素都促使城市居民对住宅的需求更加多样化和对住宅要求的提升。从房地产的供给方来看，改革开放为城市商品房市场的发展打开一扇窗，自1981年深圳和广州商品房试点开始，商品房市场逐步发展起来，该市场为满足城市居民多样化的住宅需求，开发建设满足不同阶层需要的商品住宅，并将其出售给具有购买能力的城市居民。《国务院关于印发在全国城镇分期分批推行住房制度改革实施方案的通知》的下发，尤其是1991年《关于全面推进城镇住房制度改革

---

① 苏晓雯、张建孝：《大型工矿企业住区的可持续发展》，《山西建筑》2012年第16期，第15~16页。

的意见》的出台，极大推动了商品房市场的发展。开发商为了吸引买方购买，无论高档住宅区的建设，还是中档、普通住宅区的开发，都注重选址的便利性，并在建设当下的社会背景下尽可能地齐全配备内部生活设施。如若由于条件限制无法选址在便利区域，随着商品房的建成，各种市场主体也会慢慢向有市场前景的新建住宅区靠拢，于是商业、医疗、交通等越来越便利。这就有了高档商品房/住宅/别墅区和普通/中档商品房小区在生活便利性方面的双高结果。

第四，伴随城市化形成的边缘化社区，其住宅内、外部便利性水平双低。城市化"双轨制"下政策与市场互动，推进城市空间外部扩张和旧有空间的改建滞后。在推动城市化进程中，在产业结构升级和土地财政政策的共同作用下，村改居住宅区形成，且规模不断扩大。[①] 无论是城市扩张型、新城开发型还是土地流转型的村改居住宅区，其在地理位置上或是位于城郊地区，或是位于远离城市的原有农村村址（就地转变为社区），这就决定了其外部公共服务设施可达性上的先天弱势。同时，"'撤村建居'后的'村改居'社区并没有改善其基础设施和生活环境，依旧是昔日那种匮乏的状态"。[②] 所以村改居住宅区在生活便利性上呈现内、外部便利性水平双低的状况。

就棚户区而言，从其形成历史看，其原初就是低收入者栖居的简易住宅，或是在城市发展中被包围却并未被建设的村庄，它原本就是"抗灾性差、居住拥挤且功能差（几辈同室、无上下水、更无供气供热）、居住环境差（粪便垃圾无序排放、无道路等）的房屋集中的地方"。[③] 从而在城市建设过程中，针对棚户区的改建

---

① Ma et al., *Restructuring the Chinese City: Changing Society, Economy and Space* (London and New York: Routledge, 2004).

② 田金娜：《组织化视角下"村改居"社区社会秩序研究——以昆明市彝族 Z 村为例》，博士学位论文，云南大学，2017。

③ 李乃胜：《城市棚户区防治的思考》，《城市发展研究》2000 年第 1 期，第 32~34 页。

往往是以拆建为主，但是系统改建并不充分，因此遗留下来的棚户区内外部条件没有得到很好改善，依旧为内、外部生活便利性水平双低状态。

出于社会发展需要，在相关政策导向下，移民安置不按照市场原则。移民社区建设的初衷并不是在于提升市场吸引力，在政府主导的政策背景下，基于基础建设（水利、发电等）或防治灾害需求形成的移民安置社区，在建设过程中虽然会考虑人们基本生活需求，考虑到室内厨房、卫生间等的配套，但是对于网络和管道天然气（或管道煤气）的配备早期并没有明确规定，因此，其内部便利性水平同样不高。

至于其他无法划归任何一类社区的其他社区，往往是在城市建设规划或城市房地产市场开发建设中被忽略的空间地带。一方面没有公的单位的保障，另一方面又缺乏私的自我选择能力或选择余地较小，再加上居民的整体消费能力对市场资本吸引有限，导致其无论是在内部便利性上，还是在外部便利性都较低。

（二）"政府—市场"作用机制模型

政府与市场的相互作用，是促使城市居民生活便利社区分异的重要原因。其作用机制如图2所示。

六 突发公共卫生事件下的住宅便利性社区分异反思

（一）问题提出

2020年，新冠病毒引发的疫情席卷全球。这场疫情在使全球陷入严重危机的同时，也以一记重锤提醒在城市治理中必须深刻认识与时刻谨记，"'城市让生活更美好'的第一前提是安全与健康，是公共卫生"。① 这场突发公共卫生事件，尤其促使人们

---

① 李迅：《防范重大风险，构建韧性城市》，http://www.cidn.net.cn/show.asp?id=53065。

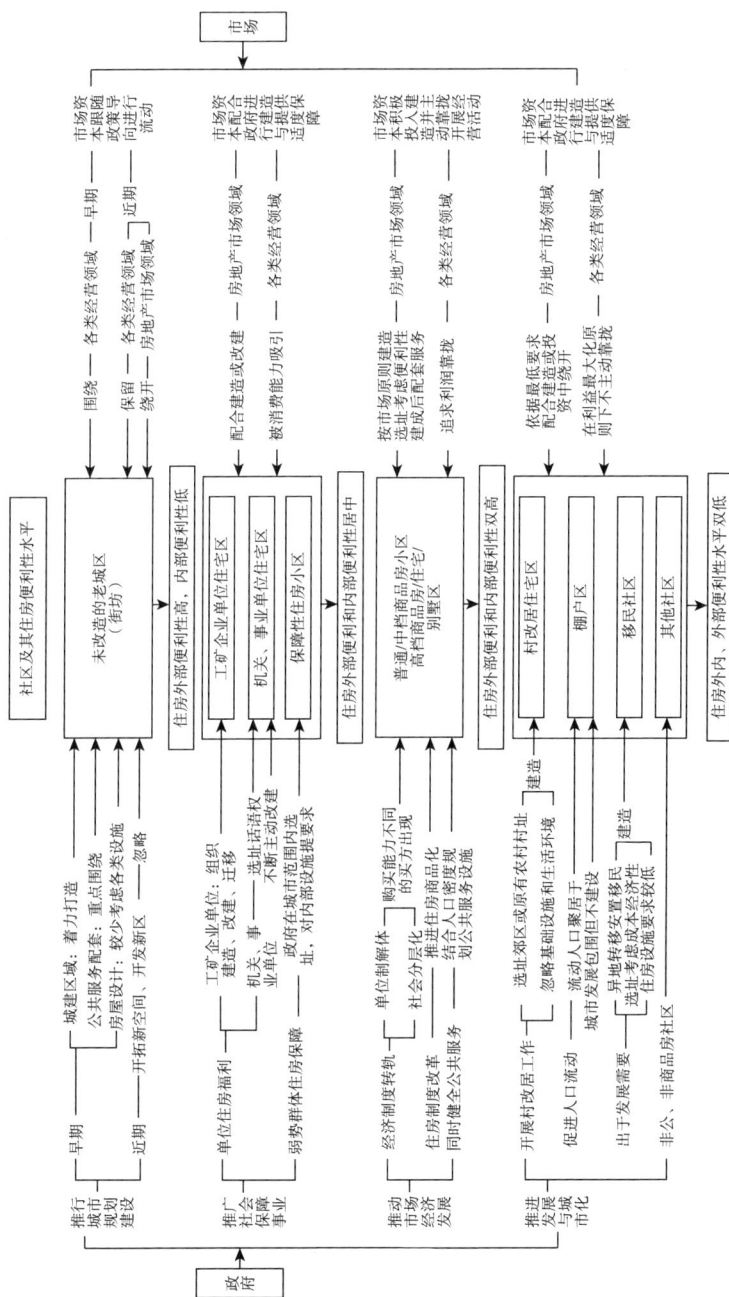

图 2　城市居民生活便利性社区分异形成的"政府—市场"作用机制

在公共卫生安全视角下重新反思城市居住质量。居住质量作为住房品质的综合反映，[①] 涉及住房内部状况与住房外部环境两个维度。[②] 城市居民的生活满意度在很大程度上受住房条件影响。[③] 新冠疫情防控治理中，围绕住房形成的疫情感染风险和防疫工作在一定程度上重塑了人们对住房质量的评判标准。从突发公共卫生事件的防控看，住房外部居住质量应限定在住房外部空间的感染风险方面，内部居住质量则体现在住房内部设施配备对居家隔离与防疫生活的影响以及开展居家活动所产生的感染风险方面。对住房外部环境质量的判断与过去主流观点有所不同。长期以来的观点认为，外部公共服务设施可达性是住房居住质量的首要因素。城市居民更喜欢居住在距离商业中心、学校等近的人流量大、人群易聚集的区域。[④] 但是，高可达性地区伴随高聚集度，在新冠疫情防控期间直接成为公共卫生安全劣势。[⑤] 于是，如何从公共卫生安全视角重塑居住质量，就成为城市治理的关键问题。

① 刘伟丽等：《国内城镇住房质量指标体系研究——基于北京、上海和深圳统计数据的分析》，《财经问题研究》2014 年第 8 期，第 59~65 页。

② 王洪：《提高居住质量 创造舒适空间》，《中国房地产》1999 年第 2 期，第 32~34 页；Mikyoung Ha, Margaret J. Weber, "Residential Quality and Satisfaction: Toward Developing Residential Quality Indexes," *Home Economics Research Journal* 3 (1994): 296-308。

③ Yiping Fang, "Residential Satisfaction, Moving Intention and Moving Behaviours: A Study of Redeveloped Neighbourhoods in Inner-City Beijing," *Housing Studies* 5 (2006): 671-694; D. Oakley, Erin Ruel, L. Reid, "Atlanta's Last Demolitions and Relocations: The Relationship between Neighborhood Characteristics and Resident Satisfaction," *Housing Studies* 2 (2013): 205-234.

④ Paul D. Gottlieb, "Amenities as an Economic Development Tool: Is there Enough Evidence?," *Economic Development Quarterly* 8 (1994): 270-285; J. Brueckner, Jacques-François Thisse, Y. Zenou, "Why Is Central Paris Rich and Downtown Detroit Poor?: An Amenity-Based Theory," *European Economic Review* 1 (1999): 91-107; J. Rappaport, "Moving to Nice Weather," *Regional Science and Urban Economics* 3 (2007): 375-398.

⑤ 王伟：《疫"镜"相鉴，国土空间规划治理如何作为?》，www. sohu. com/a/3713 89265_657688。

（二）突发公共卫生事件、住宅便利性和社区分异的逻辑链条

1. 突发公共卫生事件下居住质量的内、外部双重结构

（1）住房外部环境的突发疫情感染风险应纳入居住质量衡量要素。住房公共服务设施可达性（到达商业中心、学校等的距离）是衡量居住质量外部环境的重要指标。[①] 此次新冠疫情，将人们的视线拉回健康视角下的空间区位审视。城市中心等高便利性的空间区位，由于住房和工作场所的聚集，高密度公共交通的普及，以及其他商业等因素的聚集，病毒的传播可能性会提升。[②] 住房所处空间的高外部公共服务设施可达性，在带来高度便利性的同时，也带来了较高的健康风险。因此，从公共卫生安全角度看，高外部公共服务设施可达性、人口易聚集、流动性大，成为影响居住质量的劣势因素。

（2）衡量居住质量，住房内部设施设备状况（如是否有炊事燃料、洗澡设备、自来水、独立卫生间等）是重要指标。[③] 新冠疫情下的居家隔离与居家防疫，直接证明了重大公共卫生危机下，住房内部设施的配备状况对居住质量有重要影响。对于居家隔离的病患和居家防疫的大众而言，住房内部生活条件（如是否有电、网络等）直接影响居家生活的身心愉悦水平。住房内部设施是否齐备，也影响疫情之下的感染风险的高低。房屋不合标准、缺乏安全饮用水、没有热水洗涤、缺少厕所设施等问题，长期以来一直被认为是传染病传播原因。[④] 在疫情之下，如无法于室内完成烹煮食物、洗浴、使用卫生间等必要活动，在外出完成这些活动过

① Emmanuel D. Fiadzo, Jack E. Houston, Deborah D. Godwin, "Estimating Housing Quality for Poverty and Development Policy Analysis: CWIQ in Ghana," *Social Indicators Research* 2 (2001): 137-162.

② Benjamin D. Dalziel et al., "Urbanization and Humidity Shape the Intensity of Influenza Epidemics in U. S. Cities," *Science* 6410 (2018): 75-79.

③ 边燕杰、刘勇利：《社会分层、住房产权与居住质量——对中国"五普"数据的分析》，《社会学研究》2005 年第 3 期，第 82~98、243 页。

④ J. Krieger, D. L. Higgins, "Housing and Health: Time Again for Public Health Action," *American Journal of Public Health* 5 (2002): 758.

程中，也会增加被感染风险。

2. 居住质量双重结构社区分异的理论逻辑

从我国目前空间布局看，感染风险与住房的外部公共服务资源可达性水平相关联。居住质量的内、外部双重结构要素，直接影响城市居民在高风险状况下的生活活动范畴与感受。[①]

根据已有研究，内、外部居住质量均存在社区分异。在经济、文化和社会资本约束下，人们进入不同城市空间居住，形成城市空间分异。空间分异体现为社会公共资源分配与使用的不平等和住房内部设施齐备水平的空间分化。由此，可以建立突发公共卫生事件、居住质量和社区分异的逻辑关系，如图3所示。

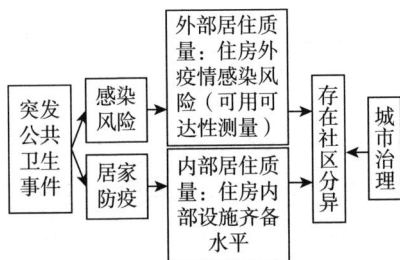

图3 突发公共卫生事件、居住质量与社区分异逻辑关系

七 研究发现与未来展望

（一）研究发现

本文以住宅为节点，以社区类型为空间划分依据，在将城市居民的生活便利性区分为外部便利性和内部便利性的基础上，基于单因素方差分析和泰尔指数，对城市居民生活便利性的空间分异现状做了分析，并基于"政府—市场"的关系探讨了空间分异

[①] M. Norris, P. Shiels, "Housing Inequalities in an Enlarged European Union: Patterns, Drivers and Implications," *Journal of European Social Policy* 1 (2007): 65 – 76; L. Rosenlund, "Class Conditions and Urban Differentiation—Applying Distinction's Methodology to the Community," *BMS: Bulletin de Méthodologie Sociologique* 1 (2017): 5–31.

形成的机制。通过上述研究可以得出如下几点结论。

第一，城市居民生活便利性的社区分异是客观存在的，这从两个方面得以验证。一是我国城市居民住宅的外部便利性存在社区分异，无论是住宅到达社区普及性公共服务设施的距离，还是到达行政片区共享性公共服务设施的距离，在不同社区间都存在显著差异。二是我国城市居民住宅的内部便利性存在社区分异，即对不同社区居民而言，其住宅的内部生活设施齐备性有显著差异，这同时体现在生活提升类设施和管道类设施的配备上。然而，也可以发现，在电力资源设施的配备上，不存在社区分异。就城市居民住宅的外部便利性与内部便利性间是否一致的问题，需要从两个方面来看。从个案层面二者存在显著相关，但是在社区层面，细化到不同的社区比较结果表明，对于未改造的老城区（街坊）而言，内、外部便利性水平并不一致。这一研究为城市治理部门提供了清晰的城市住宅生活便利性空间图景，为精准城市治理描绘了住宅条件的失衡现状以及不同空间住宅条件的短板之处，有利于城市治理提升针对性以及治理效果。

第二，泰尔指数计算结果表明，无论是住宅外部便利性的社区分异，还是住宅内部便利性的社区分异，都是由空间差异造成的，居民家庭的经济能力对住宅生活便利性的影响相对社区类型的影响而言是非常有限的。这表明了住宅条件空间分异的刚性特征，也表明以带领城市居民创造美好生活为目标的城市治理，必须着手以外力介入的方式改善住宅条件，居民通过提升个人的经济水平而就地提升自身住房便利性水平的可行性是微弱的。

第三，"政府—市场"机制解释了在住宅生活便利性水平上社区分异的形成原因。综合比较可以发现，完全按照市场交换原则建设与获取的普通/中档商品房小区、高档商品房/住宅/别墅区，内、外部生活便利性都是最好的；延续了计划经济体制下"福利性住宅"特征的单位住宅，包括机关、事业单位住宅区和工矿企业单位住宅区，由于具有单位保障，其内、外部生活便利性水平都相对比较理想，而且由于市场拆迁进入难，市场所发挥的作用就是在跟单位合作中对该类住宅进行改建，保持其生活便利性的居中偏上优势；具有兜底性质的保障性住宅区，其对其他市场主体的吸引力有限，但在政府保障卜，内、外部生活便利性水平都不低；具有安置功能的移民社区，在选址上由于成本限制并没有选在外部公共服务设施可达性很好的地点，且建成后因消费能力较低，所以周围的商业等配套设施并没有及时跟上，又由于建造过程中对其内部生活设施的考量有限，因此出现内、外部便利性均较低的状况；作为城市发展中政策涉及较晚的棚户区、村改居社区和其他社区，市场又缺乏对其进行改建的主动性以及在其周边开展各种经营活动的兴趣，导致其在住宅的内、外部生活便利性水平上均很低；比较特殊的是未改造的老城区（街坊），由于历史原因，外部便利性水平较高，但由于规划较早，其内部设施并不完善，且由于早期规划的限制，导致后天改造面临一定困难，因此住宅内部的生活设施齐备性很差。沿着"政府—市场"逻辑，所得到的启示是未来的城市住宅"生活便利性"空间均衡化与充分发展，也需要借助政府与市场的互动机制。

（二）讨论与展望

1. 如何基于其形成机制解决城市住房便利性社区分异问题

本文对城市居民生活便利性社区分异的现状及其形成机制做了研究，但限于篇幅还留有这样一个问题值得深入探讨，如何基于其形成机制解决城市住房便利性社区分异问题？换言之，如何在社区治理中改善城市居民住房便利性的社区分异状况，促进城市发展在生活层面的充分与均衡？

基于对城市管理的反思，城市治理理念得以提出，在世纪之交，联合国开始推行城市治理理念并启动了全球善治运动。城市管理向治理的转向，使得"生活"进入了城市治理视野。提升城市居民的"生活质量"成为城市治理目标，治理作为一个综合与多主体参与的规则与进程，需要关注土地使用规划、城市分区、住宅、交通、服务提供、福利事业发展等各层面。也可以说，城市治理可以通过促进地域、空间、规模及人造环境间的相互作用，提升城市内公平性水平。在我国 21 世纪以来的很长一段时间，对城市治理模式、评价体系、概念界定等的研究往往从提升城市竞争力和促进城市发展角度展开，2015 年及以前城市治理直接落实到生活层面的研究都是基于环境治理视角所做的关于生活垃圾处理的研究。而 2016 年尤其近两年以来，城市治理研究开始以"生活"作为理论内核，出现了城市治理的生活维度转向，包括：提出了城市治理关注日常生活实践的重要性；讨论了如何在城市治理中改善人们的生活体验；提出了城市内各区域间相对均衡的发展应当成为城市治理的目标；提出了城市治理需要解决城市公共产品供给不均衡、公共服务不充分的问题。那么如何在城市治理中促进城市不同社区间住房便利性的均衡发展和充分发展，这应当也必然成为学界关注点，是未来值得也需要深入讨论的问题。

2. 新冠疫情防控下的居住生活便利性社区分异再审视

新冠疫情的暴发，提出了在公共卫生视角下从健康层面认识居住质量的迫切要求。回到城市治理角度，问题即为：过去的城市治理中，对居住质量的建设符合公共卫生安全要求吗？对城市居民而言，发生突发公共卫生事件时，防疫视角下的居住质量是否存在分异？拥有何种治理特征的住房会带来更具优势的防疫条件？而拥有何种治理特征的住房会带来的防疫条件缩减？对城市治理而言，进行高风险社会管控、应对突发公共卫生事件冲击、精准制定有效治理策略、降低城市居民生活风险、提高城市居民生活质量，有赖于对上述问题的明确回答。从便利性视角看，居住质量包括内、外双重维度。新冠疫情的应急过程充分表明，社区是公共卫生事件应急的一线堡垒。将健康层面的居住质量置于社区空间，发现其在不同类型社区间存在显著分异。未改造的老城区（街坊）是居住质量双重劣势社区；商品房社区外部居住质量低；"单位"兜底社区内、外居住质量均不理想；缺少市场、单位或政府支持的社区，如棚户区、移民社区等，内部居住质量差。未来的城市治理，一要精准解决不同社区居住质量的具体问题，尤其紧急的是要解决老城区居住质量劣势问题；二要逐步实现中心城市区域功能疏散，打造公共卫生突发事件"源头控制、源尾留白"的良好空间布局。

过去的城市治理中，对居住质量的建设未系统纳入公共卫生安全需求，突发公共卫生事件使其成为衡量外部居住质量的重要价值判断依据。过去的城市规划与治理中，未对突发公共卫生事件进行充分考量。无论在何种社区的建设中，都没为公共卫生治理预留足够的空间，也没能在应对公共卫生事件冲击的韧性建设上做好规划设计。疫情感染点分布状况表明住房外部便利性高，则伴随高突发公共卫生疾病感染风险，意味着低居住质量。外部居住质量的衡量依据，刷新了人们对住房外部便利性的优劣认知，打破了传统对高住房外部便利性水平等于高住房质量的认知，这提出了城市治理在居住质量层面的转向要求。尤其老城区，呈现聚集感染风险高和居家生活条件差的双重劣势，要针对老城区进行人口空间分流与住房改建，为城市中心区的公共卫生危机预留应急空间。

在未来城市规划中，要改变突发公共卫生事件层面被动规划的城市治理问题。要重新审视"密度"管理的问题，从空间规划上为突发公共卫生事件处置做好前置性空间留白与防疫准备。对于未来市场投资的新建居住区，政府需要做好对其空间位置的规划与住房内部生活设施配备的监督管理，确保未来所建设的居住区都能为突发公共卫生危机应对预留足够的外部应急空间，避免高度人口聚集带来的风险。在公共服务设施的配备上也应当考虑到人群流量的限制，应该基于完整社区建设的思想确定其位置、规模与数量，规划其空间布局，构建安全生活圈。

总之，住房条件是影响人的健康状况的关键要素。为了能够在城市治理中，真正做好城市公共卫生安全的源头、源尾留白，需要对城市住房的空间布局以及住房内部生活设施配备进行全面规划与治理，既要解决可达性、便利性的社区分异问题，更应该重塑未来城市规划。

（撰写人：赵丽娜，江苏科技大学人文社科学院副教授）

从行动者到生活者

—— 共享出行的实践逻辑与绿色生活方式建构

　　人如何通过行动建构社会，是行动理论甚至是社会学的核心议题。正如布迪厄所言，"社会行动者不一定是遵循理性的，但总是'合情合理'的，这正是社会学得以成立之处"。① 这里需要说明的是，所谓理性行动不是以观察者的角度而言的，而是基于行动者自身对行动的理解。本文的目的不是对社会行动理论的各种观点做出辨析与整合，而是在梳理社会行动关键性特征的基础上，说明共享出行这一现象何以能够作为社会行动进行考察，进而分析共享出行的行动者互动结构所建构的经验世界与绿色出行之间的逻辑悖论，并从行动者过渡到生活者，探讨作为生活方式的绿色出行何以成为一种可能。

一　共享出行：作为一种社会行动的实践逻辑

　　分享经济的起源与存量资源的供给缺乏直接相关。被公认为全球最早成立的分享经济企业美国优步公司（Uber），其成立初衷正是改善纽约出租车数量短缺所带来的出行困难，因此其最初被命名为 UberCab。同时，供给短缺又使得有限的出租车牌照被以高价租赁，而更多人则不得不购买私家车。在这种情况下，借助互

---

①　皮埃尔·布迪厄：《实践与反思——反思社会学导引》，李猛、李康译，中央编译出版社，1998，第179页。

联网应用技术的发展，Uber 推出了第一款联结乘客和司机的移动终端应用程序。人们可以通过谷歌地图查看离自己最近的车在哪、司机的评级信息，以及车辆行进的位置等。

Uber 打破了传统出租车行业的垄断地位，改善了乘车体验，使得越来越多的私家车主加入。Uber 网约车的主要特点包括：网约车呈现比较明显的私家车日常出行的特征，且网约车车主主要是在闲余时间兼职赚取额外收入；平台的扩张带来大量的车辆供给，并且在出行高峰会有大量的顺风车出现从而起到调峰作用。分享经济在客观上达到了节能减排的效果，并因此进一步推动了分享经济在其他领域的发展。

自 2010 年 Uber 推出网约车平台以来，以协同消费（collaborative consumption）作为实现形式的分享经济（sharing economy）开启了一场新技术时代的消费革命。协同消费是"一个或多个人在联合活动中与其他人一同消费产品或服务的行为"。[①] 在众多有关分享经济的研究中，对其核心内涵的基本共识是"私人财物的使用权与所有权的分离"，[②] 人们分享的是某种资源的使用权，而非所有权。[③]

在分享经济何以可能，以及是否愿意让他人分享使用权方面，涉及更为深层的文化观念和社会建构。王宁认为，在西方自由主义产权观念的支配下，私人财物的"剩余使用容量"（excess capacity）并不构成一个问题，即闲置仍然证明我对它的所有权、支配权和排他权；而在消费主义的叙事框架里，不但不会揭露这种闲置所造成的负外部性，反而鼓励人们增加这种"浪费"。[④] 当消

---

① M. Felson, Joe L. Spaeth, "Community Structure and Collaborative Consumption: A Routine Activity Approach," *American Behavioral Scientist* 21 (1978): 614-624.

② R. Belk, "Why Not Share rather than Own?" *The Annals of the American Academy of Political and Social Science* 611 (2007): 126-140.

③ R. Botsman, R. Rogers, *What's Mine Is Yours: The Rise of Collaborative Consumption* (New York: Harper Collins Business, 2010).

④ 王宁：《分享经济的社会建构》，《中国社会科学》2021 年第 11 期，第 166 页。

费主义对社会产生了支配性影响，过度的生产、占有和浪费就必然引起严峻的环境问题。西方社会也因此开始出现反消费主义文化和反消费运动。但是要让人们去改变甚至放弃已经适应了的消费主义生活方式具有非常大的难度，同时也将对市场和经济发展造成不利影响，分享经济就成了消费主义和反消费主义之间的一种调和方式①，学者们将其视为是实现"环境友好"②、"环境可持续"③和"可持续城市"④的途径。

同样，在 20 世纪 70 年代的美国，环境问题所导致的环境运动也催生了环境社会学研究。在古典社会学的理论预设中，生态环境只是作为社会行动展开的背景和情境因素，而不是一个发生互动的对象。直至 1978 年，环境社会学者开始将自然环境纳入社会学视野，将环境常量转变为环境变量，加入对社会现象和变迁的分析中，并注重对环境与社会之间相互关系的研究。⑤ 而分享经济作为在消费社会推动实现环境可持续发展的一种尝试，其深层结构亦是对环境与社会关系的建构，甚至是重构。

由此，在分享经济的话语体系下，共享出行就与绿色出行成为一对共生概念。共享出行作为协同消费浪潮的开端，在很大程度上推动了人们出行方式和观念的变迁。共享出行既有对存量资源（如网约车）的分享，又有对增量资源（如共享单车、共享汽车）的分享。而要理解共享出行是如何参与环境与社会相互关系

① L. K. Ozanne, Paul W. Ballantine, "Sharing as a Form of Anti-Consumption? An Examination of Toy Library Users," *Journal of Consumer Behaviour* 9 (2010): 485-498.

② K. Leismann et al., "Collaborative Consumption: Towards a Resource-Saving Consumption Culture," *Resources* 2 (2013): 184-203.

③ H. Heinrichs, "Sharing Economy: A Potential New Pathway to Sustainability," *GAIA-Ecological Perspectives for Science and Society* 22 (2013): 228-231.

④ C. Boyko et al, "How Sharing Can Contribute to More Sustainable Cities," *Sustainability* 9 (2017): 701.

⑤ W. R. Jr. Catton, R. E. Dunlap, "Environmental Sociology: A New Paradigm," *The American Sociologis* 13 (1978): 41-49.

的建构的，及其与绿色出行之间建立联结的社会机制，则有必要从社会行动的视角对共享出行的实践逻辑进行深入分析。

意义与筹划是行动理论分析社会行动的两个核心概念，"使行动理论有别于其他社会学理论的核心表述在于，可以在某一事件的参与者赋予此事件的意义当中发现该事件的原因"。[①] 个体行动的"社会性"，涉及行动者与他人的关系以及由此生成的互动结构。所以在韦伯看来，"外在的行动如果只是指向事物性对象引起的行为期望，便称不上是'社会的'。至于内在的行为意念也只有在指向他人行为时，才属于社会行动的范畴"。[②] 而舒茨则将筹划视为行动的核心特征，"正是通过筹划，行动者将其行动的意义指向他人，对他人产生影响"。[③] 也就是说，行动者出于一定的动机将意义赋予行动，并经过筹划将行动的意义指向甚至影响他人。在社会行动的各种关键性要素中，如何筹划涉及行动选择的情境、条件和限制因素；指向和影响他人则涉及社会行动的再生产，即社会互动和社会结构的形成。

共享出行的过程同样涉及社会行动的各个关键要素。本文所分析的共享出行是指借助互联网预约或租赁平台，共同使用机动车或非机动车完成出行的行为。具体形式包括互联网租赁自行车/电动自行车（共享单车）、互联网租赁汽车（共享汽车）、网约车和私人小客车合乘（如顺风车）等。由此可以看出，共享出行的行动者涉及乘客、司机（共享单车除外）和互联网平台。在乘客选择共享出行这一方式之前，其就已经产生了做出这一选择的动机，而选择某一平台并认可其相关协议的过程则可被视为对行动发生的约束条件的认可。乘客赋予这一出行过程的意义，不仅参与到

---

① 马尔科姆·沃特斯：《现代社会学理论》（第2版），杨善华、李康等译，华夏出版社，2000，第20页。
② 马克斯·韦伯：《韦伯作品集Ⅶ：社会学的基本概念》，顾忠华译，广西师范大学出版社，2005，第29~30页。
③ 刘少杰主编《国外社会学理论》，高等教育出版社，2006，第234页。

和司机的互动过程而且以信息数据的形式"留痕"成为平台规模数据的一部分，同时平台也在通过"契约"和"算法"影响着司机和乘客及其未来行动的展开，并共同参与到这一社会行动的意义建构中，这是伴随当代数字和通信技术革命而来的新型互动结构。从社会行动的视角对共享出行进行研究，不仅有助于反思消费主义如何"异化"共享出行实践中的环境观照，而且这种数字化时代新的互动结构也将对行动理论的推进有所启发。

二　共享出行与绿色出行的逻辑悖论

消费社会的再生产机制颠覆了需求产生供给的逻辑关系，通过对欲望的刺激和满足使需求成为一种不断生成且日益增强的推动力，"供应创造他自己的需求。……生产者在引起、形成和创造需要方面起着主要的、首创性的作用"。① 虽然分享经济以一种相对理性的方式，力图通过分享闲置资源的使用权而达到资源节约和供给减少的目的，但分享经济并不是一个有着内在统一逻辑的现象。其内部千差万别的类型和运作方式，在与资本不断磨合的过程中，也在生成一种新的"绿色的异化"，即以对环境的友好来彰显资本的正当性，从而增加产品的供给和销量，并带来更多的需求和生产。

共享出行作为分享经济的一部分，同样也有着差别多样的类型，而与其相对应的调和消费主义和环境主义的话语就是"绿色出行"。绿色出行的核心内涵是指在出行过程中降低甚至不产生能耗和污染，因此共享出行被自然而然地认为是实现绿色出行的重要途径，甚至其本身就是绿色出行。这种立场实质上是以个体能够完全自主地决定出行这一"事实"作为基本假设的。在经验世界中，这种自主只是一种理想状态，人所拥有的只是相对自主和有限理性。由此，我们认为，共享出行与绿色出行之间的逻辑关

---

① 乔治·吉尔德：《财富与贫困》，储玉坤等译，上海译文出版社，1985，第54页。

系并非自然而然产生的，而是消费社会谋划和建构的结果。这种建构的过程涉及以下逻辑悖论。

（一）目的理性选择与环境主义动机假设

韦伯基于社会行动的决定因素，将社会行动分为"目的理性行动"、"价值理性行动"、"感情行动"和"传统行动"四种理想类型。其中，目的理性行动指的是行动者以目的、手段和后果为指向，并同时在手段与目的、目的与后果，以及各种可能的目的之间做出理性权衡的行动；而价值理性行动是指行动者不考虑能否取得成就，仅仅为实现他向自己提出的义务、信条、要求或者任何其他一种重要性的信念而采取的行动。① 根据韦伯的分析，在手段上是目的理性的行动，其在取向或动机上既有可能是目的理性的，也有可能是价值理性的。可见，行为选择并非价值取向的充分必要条件。

社会行动内在地指向一种整体观，是在情境与结构中既具体又综合的实践逻辑。行为选择是在观念、情境、条件和规范等各种可能因素的影响下做出的，对行动者自身而言具有"权宜性"或"合情合理性"。具体到共享出行，我们同样可以区分出作为目的理性行动的共享出行和作为价值理性行动的共享出行，即基于对出行目的、手段和后果之间的权衡而采取的行动和基于环境主义的信念而采取的行动。在对共享出行的考察中，手段和动机上的区别往往容易被相对地淡化或忽视。共享出行与绿色出行之间最基本的逻辑悖论，即为因目的理性的行为选择推论出价值理性的行动取向。在这一推论中，出行工具的选择和政策效用机制成为主要建构因素。

出行工具提供了一种行动选择的可能，但是否选择某种工具，则受到诸多因素的影响。这些因素包括环境意识、经济状况、天气因素、出行距离、道路情况、安全系数，甚至行动者的身体状

---

① 马克斯·韦伯：《韦伯作品集Ⅶ：社会学的基本概念》，顾忠华等译，广西师范大学出版社，2005，第32~33页。

况、社会阶层、习惯和面子等。正是由于受到诸多外在因素的影响，往往看似行动者自主做出的行为选择，本质上却是被动的或有限自主的。在此，纯粹的价值理性行动者，应该以环境保护主义作为唯一的信条，而不是在权衡上述诸多因素之后做出个体利益最大化的选择。选择使用共享单车的人未必是不想买私家车，或者是秉持某种环境保护主义的信仰，而可能仅仅是因为目前的经济状况不允许或者不方便停车。同样地，选择使用顺风车或者网约车的人，也可能仅仅是出于经济理性的考虑或者将其视为出租车的同等替代物，而不是出于通过资源共享而减少社会供给的宏大关怀。因此，并不能说一个行动者做出了使用绿色出行工具的选择就自然而然地成了绿色行动者，更无法以此推论其是否秉持某种环境保护主义的立场。将绿色出行工具的使用等同于绿色出行本身，实际上是将手段的选择等同于社会行动的整体，本质上是犯了还原论错误。

公共政策是作为规范或制度而存在的一种规训生成机制，其所创建和提供的同样是某种行为选择和习惯形成的条件。通过公共政策对绿色出行比例、慢行交通系统建设、新能源和清洁能源公交车占比等提出量化建设指标，的确在客观上能够增加选择这一出行方式的人口比例，但并不能因此将客观指标的达成等同于行动者主观信条的具体实践。在个性化消费、炫耀性消费与绿色消费理念并行的情况下，同样一种行为选择可能出于完全不同的价值取向。与此同时，"地方性政权"（local states）作为公共政策的执行者也同样要对可能面对的相互竞争和冲突的利益做出权衡。[①] 在绩效考核和巡视检查机制的推动下，各级地方政府的政策执行和社会治理同样要在目标、手段和后果之间做出轻重缓急的排序和利益最大化的权衡。

---

① Elizabeth J. Remick, *Building Local States: China during the Republican and Post-Mao Eras* (Cambridge: Harvard University Press, 2004), pp. 5-6.

（二）资源占有量与分享替代占有假设

分享经济的目的是通过对闲置资源的使用权分享或租赁来替代私人购买和占有，从而减少资源浪费，实现环境的可持续发展。那么，在共享出行的实践中是否真正实现了分享替代购买和占有？共享出行通过对存量和增量资源的分享，是否真的减少了私人财物的实际占有量？

从中国私人汽车拥有量的历年数据来看（见图1），私人汽车拥有量从2000年到2020年增长了近38倍。从增长率来看，2001年至2012年保持年均24.7%的增速；在2013年至2020年年均增速则低于20%且整体呈下降趋势。[①] 增速降低是否意味着共享出行以分享替代占有的逻辑发挥了实际效果？对此，可以通过比较"潜在购买力"和"替代"这两个概念来做进一步分析。各地为治理城市交通拥堵而出台的小客车增量指标调控和限行等措施在一定程度上有效降低了私人汽车增长率。但公共政策的引导作用只是对购买需求的抑制，巨大的潜在购买力被置于等待牌照摇号、竞价购买的规则之下，实际上是延迟了购买行为，而非替代或者放弃购买。在购买需求被抑制时，行动者不得不通过理性权衡寻求一种"权宜之计"，这种理性选择既可能是对其他资源的购买和占有，也可能是以共享出行暂时替代购买，这应该是共享出行在中国语境下更为接近现实的解释。从2014年至2020年全国居民平均每百户年末主要耐用消费品拥有量的统计来看（见图2），除摩托车拥有量呈逐年下降趋势外，家用汽车与电动助力车平均每百户拥有量均逐年增长。其中，电动助力车平均每百户年末拥有量从2014年的43.8辆增加到了2020年的66.7辆。[②] 这正说明人们对电动助力车的购买在一定程度上替代或推迟了对私家车的购买。共享出行作为一种替代方案，其在中国的增长期与私人汽车增速的减缓期是吻合的。

---

① 国家统计局编《中国统计年鉴2021》，中国统计出版社，2021。
② 国家统计局编《中国统计年鉴2021》，中国统计出版社，2021。

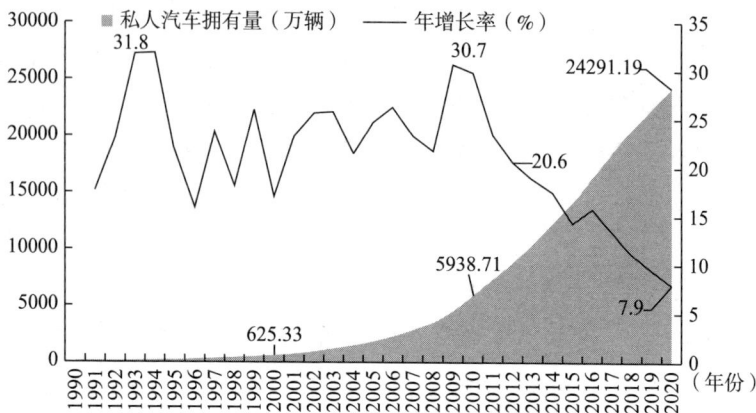

图1　1990~2020年中国私人汽车拥有量及年增长率

资料来源：国家统计局编《中国统计年鉴2021》，中国统计出版社，2021。

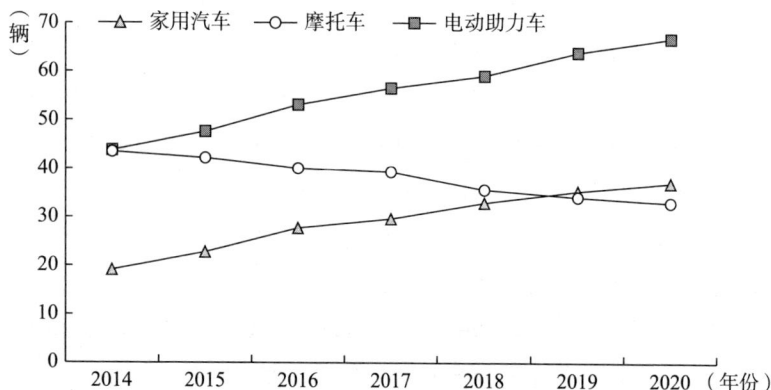

图2　2014~2020年全国居民平均每百户年末主要耐用消费品拥有量

资料来源：国家统计局编《中国统计年鉴2021》，中国统计出版社，2021。

（三）隐性增量与能耗减少假设

与共享出行推动构建可持续发展环境相关的一个问题是，在共享出行的实践中是否真的实现了能耗与污染减少？由于分享经济不仅包括存量资源的分享，也包括增量资源的分享。因此对增量资源的概念分析有助于回答这一问题。

共享出行过程中所分享的"增量资源"有两种形式。第一，显性增量。它体现为以共享为目的而生产出来的资源，包括共享单车、平台企业所拥有的网约车和租车服务等。第二，隐性增量。它体现为在共享出行的实践中，原本的存量资源以某种形式被转化为增量资源。在反思共享出行与绿色出行之间的关系时，尤其需要注意隐性增量。从共享出行的初衷来看，如果某人要驾车去某个目的地，其他人也有同样的打算，且恰好车上有空余的座位，那么让其免费搭乘或通过平台匹配以较低的价格乘车，就可以使同一趟行程满足了多个人的不同出行需求，且未额外增加机动车出行数量和能耗。在这个意义上，任何公共交通工具（如公交车、地铁、火车等）都具有共享性。而兼职网约车司机原本可能没有驾驶出行的需求，但由于经济利益驱动和平台规则控制，反而增加了驾驶行为；乘客出于经济理性的计算和考虑，原本可以乘坐公共交通出行的行为可能被乘坐网约车替代。

根据《2020 年中国网络预约出租汽车发展形势分析》，在网约车所替代的交通出行方式中（见图 3），公交或地铁占比 48.9%，私家车占比 21.7%。也就是说，如果不使用网约车，有一半的调查

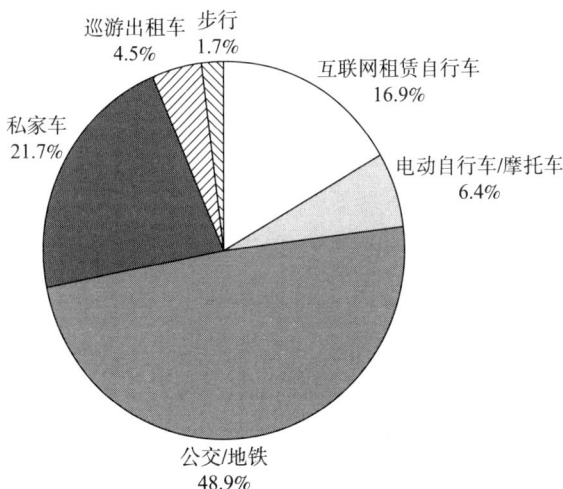

图 3　网约车替代的交通出行方式分布情况

资料来源：中华环境保护基金会绿色出行专项基金等主编《中国共享出行发展报告（2020~2021）》，社会科学文献出版社，2021。

对象最有可能选择的出行方式是公共交通，而所谓代表绿色出行的互联网租赁自行车、电动自行车/摩托车和步行合计占比 25%。

清华大学社会科学学院企业责任与社会发展研究中心等发布的《2021 年中国一线城市出行平台调研报告》指出，"专职司机占据网约车市场的绝大多数，占比约 77.51%，而兼职网约车司机占比 22.49%。……55.52%的网约车司机驾驶车辆为非自有车辆，其来源来自所属公司或者租车公司"。而在兼职与专职身份的选择方面，"大部分网约车司机均认为平台抽成过高，兼顾油费、电费、租车费等费用总和下来驾驶网约车成本过高，为了适应平台的规则，补贴日常成本，不少兼职网约车司机选择成为专职（司机），每日出车时间大幅增长"。[1] 而当原本为了分享闲置资源的兼职网约车司机成为专职司机，那么其行为是否还属于共享出行的范畴，本身也是值得商榷的。此外，在有关分享经济劳动控制的研究中发现，网约车平台"对劳动者的工作过程产生了实质的控制，使劳动者的认可多于不满，合作多于反抗，从而实现了资本的再生产"。[2] 正是共享出行中的这种"隐性增量"，不仅抵消了一部分存量资源分享而无法实现节能减排的目的，而且相当一部分存量资源在资本的作用下也被转化为了增量资源，从而回归到供给带动需求的消费主义逻辑框架。

（四）资源冲突与公共责任假设

共享经济得以可能的另一个理论假设是通过制度约束和责任承担应对集体非理性的发生。一些开放性公地资源，由于不具有排他性，免费使用，且使用者无须承担责任，人们无节制地追求个人利益的使用甚至占用，从而导致公共利益的损害，即哈丁所说的"公地悲剧"。公地观念的核心矛盾就在于个体理性行动的集

---

[1]　清华大学社会科学学院企业责任与社会发展研究中心等：《2021 年中国一线城市出行平台调研报告》，http://www.199it.com/archives/1246525.html。

[2]　吴清军、李贞：《分享经济下的劳动控制与工作自主性——关于网约车司机工作的混合研究》，《社会学研究》2018 年第 4 期，第 160 页。

合所形成的集体非理性，这同样也是消费主义及其环境后果的生成逻辑。分享经济的兴起就是为调和这一矛盾而形成的社会实践，其调和方式就是通过引入恰当的制度安排和公共责任分担，从而试图避免公地悲剧。① 与之相伴随的新公地观念，"强调人们要对自己行动的负外部性有足够的认识，并自觉地采取负责任的行动来防止或减少这种负外部性。人们既可以通过技术创新或技术替代来达到'节能减排'的效果，也可以通过居民观念和行为的改变，来减少自身经济行为对环境所造成的负外部性"。② 然而，在共享出行的实践中，分享资源使用权的同时，由于没有建立完善的承担公共责任和生成集体理性的机制，从而使得公地悲剧并没有被避免，而且在资源竞争和冲突关系下还产生了其他非预期后果。

公共责任是相对于私人利益而言的，深层结构是公共领域与私人领域的关系问题。对于存量资源的分享经济，事实上是对私人领域资源的再商品化，并使其进入社会网络。对于增量资源的分享经济，其本身就是为分享而生产的商品，具有一般商品交换的属性。在资源使用出现竞争和冲突时，如果缺乏有效监管和治理，仍然会出现私人性的扩张和对公地资源的侵占或破坏。而且，无论是存量资源还是增量资源的分享，在资本的改造力量下都将成为以可持续消费之名行消费主义之实的行为。

不同形式的共享出行，所体现出的公地状态和公共责任也不相同。以网约车为例，对闲置座位的租赁，实际上是对私人空间的租赁或商品化。对于自有车辆且兼职的网约车司机，车辆本身的所有权和控制权仍然由本人掌握，只是临时租让私人空间，车辆本身对于司机和乘客都是半公开的状态，一旦共享行为结束，私人性便重新回归到司机一方。在这一过程中，司机和乘客之间的关系空间同样可视为一种公地状态，正是平台对于司机和乘客的合规性约束和

---

① E. Ostrom, *Governing the Commons: The Evolution of Institutions for Collective Action*, (Cambridge: Cambridge University Press, 1990).

② 王宁：《分享经济的社会建构》，《中国社会科学》2021 年第 11 期，第 168 页。

相关协议（如经营许可、车内录音、实时导航、行程分享等），使这一公地具备了低成本的排他性和全流程的约束性，行动者之间的信任关系也因此得以建立，这也是为什么只有在数字和通信技术时代分享经济才成为可能的原因。而对于使用租车公司车辆且专职的网约车司机，车辆本身就是一种公地资源，虽然司机和乘客同样都是在分享资源的使用权，但这种分享和传统出租车并没有本质区别，更无法在共享出行与绿色出行之间建立联结，甚至还会引入资源使用的竞争性。如网约车对传统出租车行业的冲击、各网约车平台之间的利益冲突等，从而衍生出破坏合规性约束和躲避监管以寻求更多经济效益的行为。此外，还有可能出现路权冲突，如在客流集中的区域由于没有足够的共享车辆停放点而大量占用人行道等。

上述通过对共享出行在价值理性动机、分享替代占有、能耗减少和公共责任假设上的经验性批判，揭示出其与绿色出行之间的逻辑悖论。在这一逻辑关系的建构过程中，通过对环境友好、可持续消费和绿色出行等理念的利用，资本得以建构起自身的环境正当性并掩盖了其逐利本性，使以环境可持续为目的的共享出行本身成了新的环境问题的制造者。当生态文明上升为政治意识形态，为实现环境可持续发展而出现的分享经济就更加成为资本青睐的对象。其结果是，共享出行市场本身在某种程度上也成了一种公地。资本之间的竞争就是为了尽可能地在其中抢占市场份额和实现利益获取最大化，这也正是隐性增量出现的主要原因，并由此导致分享经济成为一种新公地悲剧的风险。相比生态和环境效益，资本市场更关心的是分享经济作为一种商业创新实践的市场估值和投资回报率。对环境效益的强调只是这种创新的附带结果和迎合政治导向以提升其商业价值的手段，"尽管它披上了'共享'的外衣，但它的实质依然是资本的营利"。[①] 共享话语实

---

① 王宁：《共享经济是"伪共享"吗？——共享经济的社会学探析》，《学术月刊》2021 年第 4 期，第 137 页。

际上成为资本掩饰逐利本性①和维护正当性的一种意识形态辩护②。

三　绿色生活方式的建构：生活者视角下的绿色出行

共享出行与绿色出行在行动理论上的完全统一，意味着行动者要秉持环境保护主义的信条并采取纯粹价值理性的行动。让人们采取全面而彻底的绿色生活方式，和让人们完全放弃已经适应了的消费主义生活方式一样，都是非常难以做到的。那么，如何在行动者的经验实践层面调和纯粹价值理性与目的理性，或者说生活实践中的绿色出行何以可能？对于这一问题，可以通过引入"生活者"的概念对行动结构做进一步考察，并探讨在生活者视角下绿色生活方式如何建构。

（一）生活者、生活方式与生活逻辑

从行动者向生活者的过渡，并不是为了对社会的行动建构提出质疑，而是要以生活作为考察行动展开和社会建构的逻辑起点。从生活的逻辑③出发，思考社会何以以某种方式而非其他方式形成和运转。正如法国年鉴学派的德拉布拉什针对地理环境决定论所指出的，自然只是提供了一种可能性，一个社会兴许会将一条河流视为障碍，而另一个社会可能把它当作航道。归根结底，决定这一集体选择的不是自然环境，而是人类、他们的生活方式及他

① D. Arcidiacono et al. , "Sharing What? The 'Sharing Economy' in the Sociological Debate," *The Sociological Review* 66 （2018）：275-288.

② A. Karatzogianni, J. Matthews, "Platform Ideologies：Ideological Production in Digital Intermediation Platforms and Structural Effectivity in the 'Sharing Economy'," *Television & New Media* 21 （2018）.

③ 本文所称的"生活的逻辑"，不同于日本学者广田康生提出的以生活者"日常实践"作为考察社会的逻辑起点的"生活论"研究范式，虽然二者关于"日常实践"在社会秩序和制度安排中的能动性，以及揭示生活逻辑和制度逻辑的关系方面是一致的，但本文在使用这一概念时，不仅指日常生活实践，也包括非日常生活实践。在这个意义上，生活者也不仅仅是指家庭和社区中的个人，同样也包括构成政府、企业、组织和某种利益集团中的个人。生活方式同样不是单纯地指衣食住行，而是生活者采取的行动选择的集合。

们的态度。这包括了"宗教的态度"。①

人的社会行动不会不间断地一直持续下去，但生活会，这也是生活者与行动者的一个最主要区别。社会是人们不断满足自身生活需要的产物，"人与人共同生活才有社会，社会学看人与人怎样组织起来经营共同生活，形成社会结构"。② 在这个意义上，可以说社会就是群体生活本身。人们采取什么样的行动取决于他怎么生活和如何继续生活，这两个问题既关涉人"为了活下去"的生物性，也关系到人与人如何共同生活的社会性，同时还指向一个社会如何传递生活方式和长期生平筹划的文化性。从生活的逻辑看待社会行动，首先要明确的一点是，行动者必然首先是且一直是一个生活者，但生活者并不必然一直采取某种社会行动。换言之，生活世界是社会行动的前提，而社会行动是生活世界形成和维系的方式。

如果说社会行动是行动研究的核心，那么生活方式就是生活逻辑考察的重点。生活方式是生活者在社会关系网络中为满足自身生活期望而采取的行动逻辑，是个人与社会、行动与结构关系建构的重要纽带。在此，可以将生活方式视为行动选择的集合或行动系统，并"通过'主体间性'的活动建构起主客体之间互动生成的生活世界和关系网络"。③ 生活方式研究的课题就是"社会建构和生活者自我建构的统一过程"。④

生活根植于经验世界，是兼具私人性与交互性、建构性与结构性、稳定性与过程性的统一体。从家庭生活到经济行为、政治行为，以及科学、文学、艺术、娱乐等，可以说都是在生活逻辑

---

① 彼得·伯克：《法国史学革命：年鉴学派，1929—1989》，刘永华译，北京大学出版社，2006，第9页。

② 费孝通：《文化与文化自觉》，群言出版社，2010，第286页。

③ 王雅林：《生活方式研究40年：学术历程、学科价值与学科化发展》，《西北师大学报》（社会科学版）2019年第3期，第67页。

④ 王雅林：《生活方式研究40年：学术历程、学科价值与学科化发展》，《西北师大学报》（社会科学版）2019年第3期，第65页。

影响下的行动选择的集合。同时，生活在时间上的无限连续性，又使得无数社会行动不得不彼此关联发生；生活世界不仅是社会交往的发生情境和生成结果，更重要的是作为参与行动展开和社会形成的建构因素。由此，有必要指出的是，本文所指的生活方式展开的生活世界，既包括"实用的、边界模糊的、非正式的和习惯性的"[①] 日常生活世界，也包括那些强制性的、正式制度的和"为生活提供意义的"[②] 的非日常生活领域；在社会结构和制度安排中的生活者是作为居民、利益者、决策者和权力代理人等各种社会角色存在的，各种角色关系的互动集合就形成了一个社会的运作方式。制度结构的稳定性与生活者的能动性之间的相互再生产是社会建构的动力，这种互动关系对于思考某种生活方式的形成或解决某种社会问题同样重要。

此外，在当代社会，即使最具日常性的衣食住行甚至其他私人行为，也无法完全摆脱社会系统和制度体系而发生。尤其随着数字和通信技术的日益发展，社会制度和国家权力对全部日常生活领域的建构和渗透，已经如福柯所言，弥散在社会的日常运作过程或毛细血管之中，这是在考察当代生活方式的社会建构时不可忽视的现实。

（二）作为生活方式的绿色出行

在探讨如何建构绿色生活方式之前，首先需要厘清的是，什么样的生活方式可被称为绿色生活方式？什么又是作为生活方式的绿色出行？如前文所述，生活方式是生活者行动选择的集合，也是社会建构和生活者自我建构的统一过程。从这个意义上来说，理想情况下的绿色生活方式，应该是人们在生活中采取的关涉生态环境任何行动，其内在价值认同和外在行为表现之间对环境具

---

① 肖瑛：《从"国家与社会"到"制度与生活"：中国社会变迁研究的视角转换》，《中国社会科学》2014 年第 9 期，第 92 页。

② 阿格妮斯·赫勒：《日常生活》，衣俊卿译，黑龙江大学出版社，2010，第115 页。

有高度的正向一致性，同时这种一致性又是不刻意的、习惯性的和被视为理所当然的一种生活状态。其类似于舒茨所说的"自然态度"，即"人们在其普通的日常生活中自然而然具有的态度，对生活所持的最初的、朴素的、未经批判反思的态度"。① 也就是说，人们在其生活中与生态环境相关的各个方面，都能将生态环境价值视为最优先的价值取向，而且这种价值取向在群体内被共同接受为理所当然的最基本常识。当一种生活状态成为理所当然的时候，即生活在其中的人不会思考为什么要这样做，因为与生俱来就是如此，社会成员也都是如此，不这样做反而成了一种问题，我们就可以说一种生活方式真正形成了。

具体到作为生活方式的绿色出行，则意味着人们在出行的过程中，会自然而然地将环境价值置于出行选择的最优先位置。然而，要求人们在生活中达到这种理想状态显然是极其困难的。更接近现实的是，我们如何能趋近于这样一种生活状态。由于消费主义是对人类欲望的刺激、满足，甚至放纵，而绿色生活方式则相对是一种对欲望的约束、克制，甚至压制，因此，从生活者的视角来看，要使共享出行成为一种真正的绿色生活方式，应该遵循三个建构策略：以交通工具和基础设施完善为核心的行为选择引导策略，以土地使用、交通系统和出行行为三者互动关系为核心的社会行动规训策略，以地位物品弱化和心理成本提高为核心的价值理念内化策略。

1. 行为选择引导策略

生活者行为选择的客观效果是建构绿色出行生活方式的切入点。要使人们在客观行为上普遍做出绿色出行的选择，单纯依靠道德自律是很难实现的，需要通过对交通工具和基础设施的完善来构建行动的外部环境，从而引导人们最大可能地选择绿色出行方式。

---

① 杨善华主编《当代西方社会学理论》，北京大学出版社，1999，第18页。

在工具选择方面，保证共享出行和公共交通工具全面且充分的环保，是引导公众出行行为在客观上达到环保效果的基础。根据前文关于隐性增量的分析，要实现绿色出行的外部环境建设，前提是共享出行工具本身应该是环保的。也就是说，无论是存量资源还是增量资源的共享出行工具，其本身必须全部是绿色交通工具，只有这样才能抵消隐性增量带来的环境负外部性，这也正是对资本逻辑下的共享出行实践与绿色出行目标之间的一种调和。根据《北京市低碳出行碳减排方法学（试行版）》列出的不同交通方式的碳排放因子可知（见表1），小汽车的碳排放量分别是公交车的4.63倍，是共享电单车的20.83倍，共享单车的碳排放则是0。当前，共享单车/共享电单车已经在很大程度上融入了生活者的日常出行，但在本研究的逻辑框架下，还并不能说其已经成了一种生活方式。这里需要补充一点，温室气体排放并不是交通运输系统产生的唯一环境外部性，同时还存在空气、水和噪声污染等问题，交通基础设施对土地利用的变化也可能会破坏关键的生态系统。

表1　不同交通方式的碳排放因子

单位：$kgCO_2/PKM$

共享单车	共享电单车	公交车	小汽车
0	0.012	0.054	0.250

资料来源：《北京市低碳出行碳减排方法学（试行版）》。

在基础设施方面，交通枢纽和慢行交通系统是否健全和完善直接影响人们能否便捷采取绿色出行方式。作为高频、短时决策行为的日常出行，生活者在选择交通工具时，便捷和廉价往往是最基础的考量因素。相比之下，交通工具是否环保可能并非其考虑的重点，这就有必要在外部环境的建构中使出行工具本身成为绿色工具。而与此相关联的另一个外部环境因素，是交通枢纽和基础设施的建设。对于部分可能原本通过步行、骑行等就可以到达目的地或者到达公共交通枢纽的出行者，由于人行道、自行车道等慢行交通基础设施的缺陷（这里同样包括交通工具本身的缺陷），其出行交通工具选择不得不转变为乘坐私家车、网约车和出租车等。此外，在推动电动自行车和电动小汽车发展的同时，充电设施是否供应充足和便利也成为人们是否愿意选择二者的重要考虑因素。

外部环境的完善是使人们在客观行动效果上做到绿色出行的必要措施，但外部环境同样只是提供和增加了行为选择的可能性。同时，外部环境的建设也需要通过制度安排和行为约束等规训策略来保证，从而使引导策略的目标得以实现。

2. 社会行动规训策略

绿色出行不仅关系到生活者自身的行动选择和生活意义的塑造，而且涉及绿色交通、低碳城市、生态城市如何建设的问题。归根结底，是一种新的生活方式如何建构和生活者的行动如何塑造的问题。根据现行国家标准《城市和社区可持续发展 低碳发展水平评价导则》（GB/T 41152—2021）的定义，低碳城市（low-carbon city）是指"经济发展以低碳为发展模式及方向，市民以低碳生活为理念和行为特征，政府公务管理层以低碳社会为建设标本和蓝图的城市"。健康低碳出行（healthy and low-carbon travel）是"在满足人们日常出行效率与品质需求的前提下，减轻居民对机动车的依赖，以缓解交通拥堵、减少环境污染、促进社会公平、合理利用资源为目的的出行方式，包括步行、乘坐非机动车和公共交通工具等"。从减少能耗和污染的角度看，这里对"健康低碳出行"的界定与绿色出行的含义是一致的。但出行方式还只是生活方式的一部分，我们对绿色生活方式的理解应具有一种整体观，即在出行过程中，人们可能选择了步行、共享骑行、公共交通或新能源汽车等绿色出行工具，但出行过程中仍有可能乱扔垃圾、产生噪声和做出其他对环境不友好的行为，这些伴随出行而发生的非绿色行为同样应被纳入绿色出行这一整体过程来考虑，这样才能充分理解作为生活方式的绿色出行的内涵。

生活环境主义研究范式认为，生活者"意识到保护环境对自身有利，就会主动采取行动。这些为改善环境进行的努力并非来自政府强制、教育以及不断提高的环境意识"。① 这种研究范式对考察居住区自然环境的破坏问题是有效的，但未必适用于解释出行方式的环境问题。出行作为一种移动式或流动性的社会行动，其所导致的环境问题又与那些在某条河流、某条铁路沿线、某个社区产生的环境问题不同。在出行过程中，沿途的公共环境都有可能成为一种公地，交通工具产生的碳排放、噪声等污染既是无形的又是即时的，可能不会立刻显现出环境后果，加上没有明确的责任主体和受害主体，这使得绿色出行的意义很难被人们所重视。在环境问题没有明显地损害到具体的个人利益时，要求其承担环境保护的公共责任显然是困难的。但为了保护环境而采取极端的限制或全面禁止私家车出行的措施显然也是不现实的（社会两难的环境问题）。同时，人们既是现代出行方式的受益者，又是这种方式所带来的环境后果的受害者（重叠式受益圈/受害圈的问题）。

构建规训策略的另一个难点在于人口和存量资源的基数。中国人口数量的庞大及其带来的城市公共交通的拥挤现实，使这种出行方式很难不成为人们的权宜之计（如便宜、不堵车、准时等），一旦经济条件允许或能够选择其他更舒适的交通工具时，人们很可能会放弃公共交通出行。相关研究指出，"名誉、地位、品位、享乐等符号意义均会正向影响居民的非绿色出行选择意向"。② 具体而言，以私家车作为交通工具，人们可以享受随开随停的快乐和自由。同时，相较于拥挤的公共交通工具，乘坐私家车可以拥有相对舒适的私人空间，这是私家车优于公共交通工具的显著特征。这也是为何即使面临交通拥堵日益严重的问题，人们依然倾向于选择拥有私人汽车的重要原因。同时，私人汽车数量的庞

① 王书明等：《建构走向生活者的环境社会学——鸟越皓之教授访谈录》，《中国地质大学学报》（社会科学版）2014年第6期，第113页。
② 白凯等：《符号消费视角下西安城市居民绿色出行方式选择意向研究》，《陕西师范大学学报》（自然科学版）2017年第4期，第111页。

大又严重影响了道路空气质量，使选择步行和骑行等绿色出行方式的人承担了其环境后果，从而造成了社会成员之间环境权利和环境责任不对等的问题。因此，要使绿色出行成为一种生活方式，必须在解决上述困境的过程中来实现。

具体到绿色出行行动的建构手段，需要综合考虑土地使用、交通系统和出行行为三者之间的互动关系（见图 4）。在土地使用方面，通过科学合理的城市交通规划，协调布局车行交通、慢行交通和轨道交通等系统，通过行政手段提高燃油税、控制或减少停车位使用、提高停车费、征收拥堵费等，以及通过有盖连廊道建设，便于人们在各种天气都能实现步行或骑行到达地铁站、换乘站，打造"门到门的便捷"服务。在交通系统建设方面，优先发展公共交通，鼓励环保车辆，同时限制小汽车购买量、提高小汽车购买成本、限制公务用车，以减少或控制小汽车的出行率；

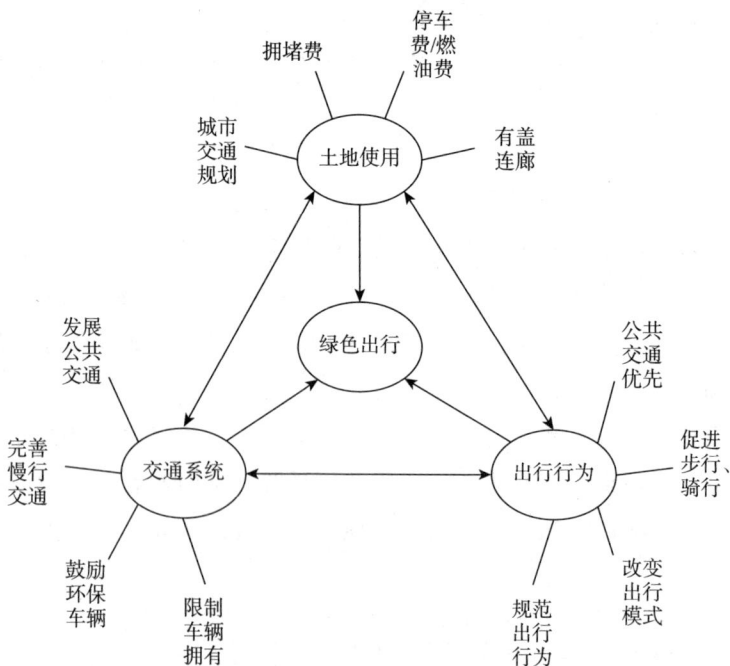

图 4　绿色出行行动建构示意

积极推进智慧交通建设，优化公共交通资源调度和配置，如优化站点设置、行驶路线，保证车次运力等；在出行行为方面，通过前述各类限制措施，促进步行、骑行和公共交通出行，并使车主做出以下行为选择，"付费享受顺畅交通；更改出行时间以少付费或不付费；更改出行路线至无收费道路；更改出行模式（搭乘公共交通）；更改目的地；放弃出行"。① 同时，严格监督各类出行过程中的不文明行为和环境不友好行为，将出行行为纳入社会规范和群体约束框架。

3. 价值理念内化策略

任何生活方式都指向某种生活态度或价值理念，要实现绿色生活方式的构建就必然要使绿色生活理念成为社会共识并普遍内化。绿色出行价值理念涉及社会群体对待拥有私家车的普遍态度、对待使用共享单车和公共交通的人的普遍态度，以及对自身生活状况和环境影响与自身关系判断的社会心态。因此，价值理念的内化策略要建立在对社会心态的深刻把握的基础上。

绿色出行价值理念内化的关键，在于实现地位物品的弱化和心理成本的提高。英国经济学家赫什（Fred Hirsch）在《增长的社会极限》一书中提出"地位物品"的概念，他认为物品的稀缺性不必然产生于供给缺乏或经济匮乏，也可能来自社会的限制。既然稀缺意味着难以获得，那么能够获得和占有稀缺物品就代表了自身的财富、地位和声望。人们对"地位物品"的客观需要，"至少部分取决于供给不足、获取受限、高价格，以及由此带来的社会名誉或地位"。② 由此可以看出，为限制小汽车拥有量而实行的配额、竞价、限购等做法，由于使其获取受限，反而提高了私人汽车的地位价值。这并非否定限制措施对控制汽车拥有量的实

---

① 罗兆广：《新加坡公共交通升级转型一体化——向"轻"车的新时代》，https://www.sohu.com/a/203051239_748407。

② 迈克尔·贝尔：《环境社会学的邀请》（第3版），昌敦虎译，北京大学出版社，2010，第52页。

际作用，而是从社会心态的角度来看，限制措施同时也在塑造着人们对待是否拥有私人汽车、拥有什么价位的私人汽车的态度。私家车成为"个体私有财产及个体身份的一种表达，是个体的一种社会化劳动能力、消费能力及其社会权力的一种再现性物质"。[①]要力图践行绿色出行和生活理念，就必然要弱化这种对私家车作为地位物品的消费观念，以及"视公交和自行车为低收入人群和非成功人士的交通工具的出行观念"。[②]

群体效应带来的心理成本是实现价值理念内化的另一个重要方面，其形成同样建立在某种社会心态之上。对潜在购买者而言，社会对私家车的普遍追求本身就是一种群体效应。在生活理念转变的过程中，同样需要关注群体效应的建构作用，尤其是公民认同和参与的建构作用。以日本的垃圾分类为例，日本作为践行垃圾分类领域绿色生活方式最为成功的国家之一，除了在于法律、政策和制度等强制措施的执行外，最重要的原因在于公民认同和参与。有关日本垃圾分类成功经验及其重要性程度的实证研究指出，在参与垃圾分类的最主要动因方面，超过41%的受访者选择了"公民责任"，37%选择了社会风气促使自己实施垃圾分类，仅有9%的受访者选择政府要求，这些数据说明日本的垃圾分类宣传教育是相当成功的，既提高了公民的环保责任心，又营造了普遍进行垃圾分类的社会风气，从而对公民形成了一定的约束力。[③]

心理成本作为社会成员之间的非正式制约，使人们将对待环境的态度纳入对社会关系的思考，这对于维持和传递绿色生活方式同样十分重要。要使其成为一种普遍的社会生活方式，就意味

---

① 白凯等：《符号消费视角下西安城市居民绿色出行方式选择意向研究》，《陕西师范大学学报》（自然科学版）2017年第4期，第111页。

② 杨冉冉、龙如银：《国外绿色出行政策对我国的启示和借鉴》，《环境保护》2013年第19期，第69页。

③ 吕维霞、杜娟：《日本垃圾分类管理经验及其对中国的启示》，《华中师范大学学报》（人文社会科学版）2016年第1期，第47页。

着要形成这样一种普遍观念：自己的行为要时刻考虑到他人，自觉地以为他人提供卫生的环境而感到自豪，而以任何破坏绿色生活规则和可能给他人带来环境麻烦的行为为耻。

对于作为自然人的普通公民，重罚和税收这样的经济政策，成本是极其高昂的，甚至得不偿失；反而是公民个体因环境保护行为而在邻里同事同学群体之间建立的高素质声望，以及附带来的尊敬等社会激励手段相对更有效，成本也更低。[①]

通过上述建构策略所要实现的绿色出行，并非在价值取向和行动选择上完全秉持环境保护主义而不计任何后果的行动，而是从生活的逻辑出发，塑造以价值理性为行动取向，同时以目的理性对行动动机、手段和后果做出权衡的行动，也可称之为"绿色目的理性行动"。这种行动的核心内涵不在于完全基于行动者自身的理性选择，而是以制度化的公共责任承担为基础的理性选择，是从利己主义理性过渡到互利主义理性，以此实现环境和社会的良性互动。

四 结论与讨论

绿色生活方式的研究有助于我们思考行动研究与生活逻辑的区别。在行动研究的视角下，我们可以观察到人们会做出步行或使用共享单车的行为，做出从兼职网约车司机转为专职网约车司机的选择，或者故意破坏共享单车和违背网约车合规性约束的行为，我们可以通过对人口学特征进行统计分析，推断总体特征和规律。这些结论对于我们评估相关关系，思考绿色交通的建设都具有重要意义。但与此同时，在生活逻辑的立场，我们还应看到，生活者选择使用共享单车，成为专职网约车司机，甚至是做出破坏共享单车和违背平台规则的行为，是基于他们内心真正认同的

---

① 吕维霞、杜娟：《日本垃圾分类管理经验及其对中国的启示》，《华中师范大学学报》（人文社会科学版）2016 年第 1 期，第 48 页。

价值理念，还是迫于"活下去"的压力而不得已做出的行为。那些在生活中可能非常铺张浪费或习惯乱扔垃圾的人，仅仅因其选择了使用共享单车，就被客观指标界定为绿色出行者；相反，那些在生活中非常乐于助人、节俭朴素，可能更接近于绿色生活的人，如果单纯分析上述行为选择，则有可能被定义为是远离绿色生活方式的行动者。由此，我们对绿色生活方式或者对生活方式的研究，应深入具体的生命历程和生活经验中去思考，通过不断地对那些浮于表面的和想当然的见解进行纠偏，来得出最符合现实生活逻辑的结论，这既是生活逻辑所蕴含的方法论意义，也是从行动者过渡到生活者的价值所在。

对绿色生活方式内容之间的关联性研究将进一步加深对生活者的理解。通过对共享出行与绿色出行之间逻辑悖论的分析，我们可以看到，如果将绿色出行视为一个单一行为进行分析，往往会得出和现实相悖的结论，所以应将其作为生活者基于生活现状和外部环境而做出的行动选择的集合，这些行动既可能是权宜之计，也可能包含内心真正认同的价值观，但行动的深层结构是遵循着"为了生活和继续生活"的逻辑。一方面，以整体主义看待绿色生活方式，我们可以假设生活者在出行方面做出环境友好行为，同时也会在其他生活方面重视环境价值。另一方面，如果我们没有忽视生活者的能动性，那么就应该注意到绿色出行与人们生活中的其他方面（如是否乱扔垃圾、是否在餐馆打包多余饭菜、是否过度购物、是否节约水电、是否使用一次性餐具等）是否具有关联性以及具有何种关联性，各种环境行为之间是否具有同一的价值取向，生活者面对的不同处境（如社会阶层、经济社会地位、生活圈等）又会如何影响绿色出行和各类生活行为。对这些问题进行深入细致的分析，将对反思生活方式甚至环境社会学的理论范式大有裨益。

对绿色出行更为完整的思考，需要扩展到生活环境和社会结构的整体性状况。其不仅涉及城市和交通规划，还涉及阶层分化、贫富差距、劳动移民，以及住房可负担性等问题。根据亚洲开发银行发布的《2019 年亚洲发展展望》主题报告，大量实证研究显示了城市发展对出行过程的复杂影响。如在子女教育与出行的关系方面，通过研究北京交通出行数据发现，父母开车送子女上学的出行行为占高峰时段所有驾驶出行行为的 15%，而在学校放假期间，工作日的交通拥堵可以缓解 20%。① 在住房可负担性与出行的关系上，住房负担对个体家庭的影响非常大，如果住房负担大，家庭要么不得不降低居住标准或住在较远的地方，从而大量增加出行需求和出行时间；要么"必须减少其他支出，包括教育和医疗支出，其代价是健康和学业受影响"。② 其结果都同样会带来劳动力和资本的错配，城市化的收益受限和社会经济福利的损失。对于生活者而言，生活方式的选择是在综合的生活策略框架下进行的。对绿色出行和绿色生活方式的建构和研究也同样应该以此为基础，回归生活者生活逻辑和制度结构的互动中，思考社会建构和生活者自我建构的统一过程。

在更加理论化的层面，可以说生活方式建构所涉及的是"生活政治"③ 问题。所谓"生活政治"，是在后匮乏型经济时代，综合考量财富积累和生活质量之间的关系，重新选择生活方式、实现内心自我认同的微观层面政治。通过审视现代性带来的各种人为风险和生态灾难，在环境和社会的建构关系上应以"我们应当

---

① M. Lu et al. , "Congestion and Pollution Consequences of Driving-to-School Trips: A Case Study in Beijing," *Transportation Research Part D: Transport and Environment* 50 (2017): 280-291.

② R. Bentley et al. , "Cumulative Exposure to Poor Housing Affordability and Its Association with Mental Health in Men and Women," *Journal of Epidemiology & Community Health* 66 (2011): 761-766; S. J. Newman, C. S. Holupka, "Housing Affordability and Investments in Children," *Journal of Housing Economics* 24 (2014): 89-100; S. J. Newman, C. S. Holupka, "Housing Affordability and Child Well-Being," *Housing Policy Debate* 25 (2015): 116-151; S. J. Newman, C. S. Holupka, "Housing Affordability and Children's Cognitive Achievement," *Health Affairs* 35 (2016): 2092-2099.

③ 安东尼·吉登斯：《现代性的后果》，田禾译，译林出版社，2000。

如何生活"为原则，"调整人类对自然和传统的态度，使人类生活重新道德化，培养对自然的敬畏之情，感受传统的神圣意义"。[①]从行动研究过渡到生活逻辑，正是对如何生活和生活方式建构问题的理论关切，同时对思考环境与社会的互动关系也将具有方法论的启发意义。

（撰写人：唐国建，哈尔滨工程大学副教授；杨金龙，深圳市标准化协会助理研究员）

---

① 郭忠华：《现代性·解放政治·生活政治——吉登斯的思想地形图》，《中山大学学报》（社会科学版）2005 年第 6 期，第 94 页。

基于地点制造的乡村新生活方式
建构路径研究

在人们的记忆当中，乡村是淳朴民风、山水田园、诗意生活的代表，兼具亲近自然的属性和慰藉心灵的特质。乡村文化也是我国传统文化的内核和标志，是乡村社会的精神纽带。在我国乡村几千年的历史演进中，来自民间的文化秩序一直在地方建设中彰显着蓬勃的力量，并在不同历史阶段都得到了重视。自1982年起，党中央开始以中央"一号文件"的形式对农村改革和农业发展做出具体部署。21世纪以来，党中央已连续21年发布以"三农"为主题的中央"一号文件"。在2023年中央"一号文件"中就提出，必须坚持不懈把解决好"三农"问题作为全党工作重中之重，举全党全社会之力全面推进乡村振兴，加快农业农村现代化，并将"宜居宜业和美乡村"作为建设目标提出，其中还强调要加强农村精神文明建设，注重家庭家教家风建设，深入实施农耕文化传承保护工程，加强重要农业文化遗产保护利用等。①2024年发布的《中共中央 国务院关于学习运用"千村示范、万村整治"工程经验有力有效推进乡村全面振兴的意见》延续了这一目标导向，提出要"打好乡村全面振兴漂亮仗，绘就宜居宜业和美乡村新画卷，以加快农业农村现代化更好推进中国式现代

---

① 《中共中央 国务院关于做好2023年全面推进乡村振兴重点工作的意见》，ht-tps://www.gov.cn/zhengce/2023-02/13/content_5741370.htm。

化建设"。① "和美乡村"的提出反映了乡村文化建设在乡村振兴全局当中的重要地位，同时从"美丽乡村"到"和美乡村"的一字之变，也深刻总结出了中国式现代化进程中不断推进乡村建设的经验实践，即要将"和美"这一中华优秀传统文化的重要特质作为乡村现代化的内在价值追求，为此则要统筹处理好人与人、城与乡、生产与生活、人类与自然等多维主体之间的关系，以人与地、人与人的"关系之和"最终造就地方之"和"。这一由人地关系推动而成的振兴路径实则指向了对乡村和乡村振兴的定位更新，乃至乡村生活方式本身的更新塑造。

一　以和塑美：社会学视阈下的乡村和乡村振兴

社会发展视角下，乡村并非单一的经济生产体，而是兼具自然、社会、经济特征的地域综合体，其发展融嵌在人们的农业生产和交往生活当中。着眼于乡村文化本身的传承绵延，乡村可被视为守护、传承传统生活方式的社会场域，其文化依托于中国乡土生活方式并表征这一生活方式。乡村振兴的实质在于通过乡村社群主体的行为和建构，对乡村社会场域进行集中化、标识化，借由文化动力塑造主体在地化、日常化的生活方式，实现东方家园文化的回归，最终寻求其整体内生性可持续发展。这种发展外化形式为乡村生产方式的进步和建设面貌的更新，但本质上是人地关系在地化的重塑。立足于生活本源和目的，乡村是人的在地化经验集聚的社会场域。经验介于其中生成的过程可被概括为"空间"向由经验集合而成的"地方"转化的过程，是依地而成、在地而生最终向情感认同和依附转变的过程，引鉴人文地理学所言，即地点制造（place-making）的过程。

---

① 《中共中央 国务院关于学习运用"千村示范、万村整治"工程经验有力有效推进乡村全面振兴的意见》，https://www.gov.cn/zhengce/202402/content_6929934.htm。

（一）理解地方：乡村文化发展的动力源泉

"地方"这一概念最早由地理学者怀特（J. Wright）等于1947年提出，认为地方是承载主观性的区域，是连接人与世界的一种方式。[①] 20世纪70年代，以段义孚（Yi-Fu Tuan）为代表的人文主义地理学学者将"地方"引入人文地理学的研究中，强调地方是社会与文化意义的载体，[②] 是被赋予意义的空间。普莱德（A. Pred）就曾指出一个地方人的经历、思想、经验及人们赋予该地方的意义和价值，总是在不停地变为该地方的一部分，它们的产生是地域的宏观和微观因素互动的结果。[③] 不同的地方为人们提供了不同的居住环境，也阈限了人们的生活水平和相互关联的可能，从而形成了地方的独特性。如果把作为地方的乡村看成一个集合的概念，则它与城市形成了鲜明的差异性；如果把乡村看成一个具体的空间场所，则不同地区之间也具有鲜明的差异性。这里所言的差异性是和人的身体紧密联系的，为生活者提供了一个非均质的认识世界、定位自我的情境。有界而感性的乡村将生活者放置在了以农耕为基础，以乡俗关系和伦理为纽带的特定场域之中，既揭示了人自身存在的外部关系，又揭示出其所拥有的自由的深度。与其他地方一样，作为地方的乡村更多地生成于经验的、个人历史的层面，"充分的经验使地方的具体性从空间中显现，在无差异的风景中得以区分，从而使地方具备可见性"。[④] 这一过程实际上就是以乡村生活实践活动作为叙事，使其成为一个向感知主体（包括域内或域外）敞开的表意空间，可见的形式外显为乡村生活方式的

① John K. Wright, "Terrae Incognitae: The Place of the Imagination in Geography," *Annals of the Association of American Geographers* 37（1947）: 1-15.

② Yi-Fu Tuan, *Space and Place: The Perspective of Experience*（Minneapolis: University of Minnesota Press, 1977）, p. 47.

③ Allan Pred, "Place as Historically Contingent Process: Structuration and the Time-Geography of Becoming Places," *Annals of the Association of American Geographers* 74（1984）: 279-297.

④ 韩伟、高渊圆：《"晦暗"在场：地方的构形、隐匿与逃逸》，《西南民族大学学报》（人文社会科学版）2023年第2期，第166页。

当下图景。其背后的发展背景则关涉了乡村这一特定空间的历史活动积淀，即活态的乡土传统文化。它是乡村这一具体社会空间产生的独特性激励，既是乡村生活图景表征出的可见性主题，也制约着乡村生活的存在与未来更新。

当下的乡村振兴实践，瞄准的是乡村现下的现代性危机，但强调的是人推动乡村从空间向地方转化的生活实践，即以生活为目的的地方营造的过程。地方营造意味着"一个理想的、也许从未实现的联合体，对地方加以掌控并将自我认同附加其上"。① 它既包含与物质世界、感知空间相关的行为，也包含符号建构。人们在空间上规律性的、仪式性的生活形式赋予了所在空间特殊意义，使其具有历史文化内涵。在具体过程上，地方营造通常被划分为两个阶段：把价值观、感知、记忆、传统植入在地景观并赋予该空间以意义；有计划地、自上而下地影响人的在地行为并最终形成地方感，"以生活世界为根基，在直接体验、感受和把握这个真实世界中实施设计"。② 列斐伏尔（Henri Lefebvre）的空间生产一说也有阐释人对空间意义生成的影响。詹姆斯·威廉·凯瑞（James William Carey）则借鉴米德（Mead）的符号互动论提出人类行为皆为仪式，是符号的互动。乡村的生活方式作为生活者在乡村的日常生活实践行为，就在其体现乡村环境的独特性层面呈现出仪式意义。仪式有助于维护历史意义，保证世界经验的持续与稳固。作为仪式的生活方式意义生产恰恰定义了空间中影响行为的各个要素在场所精神建构和更新过程中的相互关系。因此，场所精神最直接的标志方式就是"创设"与所在空间特征和发展适应性的生活方式。

生活方式的"创设"并非抛却过往传统的"荒地建高楼"，亦

---

① 谢静：《地点制造：城市居民的空间实践与社区传播——J市"健身坡"的案例解读》，《新闻与传播研究》2013年第2期，第116页。

② 张震：《场所精神：城市健身空间的建筑现象学研究》，《体育与科学》2017年第5期，第77页。

不是城市建设经验在乡村空间中的简单挪用，而是要超越"无地方性"的已有要素，挖掘、接纳和重新整合。人文主义地理学代表人物之一的爱德华·雷尔夫（Edward C. Relph）曾将现代化发展过程中涌现的"迪士尼化""博物馆化""未来化""乡村都市化"统合于"无地方性"，批评这些突出特征反映出了地方本真性的流失，从而塑造出了同质化、非本真化的"无地方"（place-lessness），意指"人对地方的深度象征意义缺乏关注，也对地方的认同缺乏体会"。① 区别于简单保存古物的"博物馆化"和重拾单纯的"人性返归"期待，他提出更为切实的途径在于"超越无地方"，重新整合淹没在同质空间里的人文要素，挖掘特定地方里人们日常生活的丰富经验，并以此为基础开展地方营造。以此为基础开展的地方营造本身就要求经历一个"回归—更新—再造"的过程：首先要回归相应空间的历史发展传统，从产业发展积淀、日常生活底蕴和已有的基础设施等各方面入手，厘定出能适应新发展条件的人文要素；其次要统合现实条件与发展愿景，将具体要素进一步接纳、整合，完成"在地式"更新，直至最终沉淀入地方自身的发展价值体系当中，依托其形成对人的存在本真和意义归属的询唤；最后要解决的则是可持续发展的动力问题。这一动力涵盖市场化、技术化带来的外在动力和社群交往、意义交换带来的自组织动力两个方面。与爱德华·雷尔夫更为强调全球性与地方性共在不同，以生活方式赋能的地方营造更多地关注文明传承的民族性和生活交往的周遭。在爱德华·雷尔夫那里，地方被纳入了全球网络中的节点，为此他将对地方要素的挖掘放置在了全球性和地方性的对比发展情境中。关切我国幅员辽阔的乡村发展实践，囿于地域区位、技术壁垒等因素，并非所有乡村都能得以全然接洽进入全球发展网络，反而是传统生活方式的赓续和

① 爱德华·雷尔夫：《地方与无地方》，刘苏、相欣奕译，商务印书馆，2021，第131页。

与周遭区域建立起的交往联系发挥着更大作用。在追求人的生活定在上，过分强调这些乡村的"全球性"反倒是"去近求远"，忽视了传统文明传承和周遭生活交往的突出作用。

愈是在文明变革备受拷问之际，追本溯源的意义愈是可以彰显出来，传统文明传承的主体性也会愈发得到强调。在这一宏观背景下，地点制造本身作为乡村文化发展的有效路径也更受关注。确立出这一文明传承定位，再度审度乡村全面振兴，可以发现当中存在的必要内涵就在于，要对传统自然经济条件下的田园生活实施现代化改造，建设工业文明乃至知识文明条件下的现代田园生活，使乡村成为人类理想生活的栖息地。推进乡村全面振兴这一进程，要充分尊重农民生活习惯和乡村文化传统，因地制宜发挥农民的主体作用，以美好生活营造为本体，以传统乡土文化更新为引领，整合资源、资本和技术等要素，重新塑造出人与人、人与地的平衡自治关系，建构符合在地化特质、具有现代化特征的乡村新生活方式。

地点制造正是通过物理意义上和精神层面中环境的改变和事件的组合"发酵"，寻回"地方"精神，构建并培育人与环境、人与人的相互关系，让生活的空间变成产生情感和依恋的"地方"的过程。

人类文化起源于土地，农耕的出现为人类的定居以及繁衍更多的人口提供了稳定的衣食之源，[①] 中华民族的诞生与发展始终离不开"土地"，由此造就了数千年的农耕文化。乡土农耕文明成了一个生于斯、死于斯的社会，常态的生活是"终老是乡"。[②] "乡土中国"由费孝通提出和界定，其核心在于"土"，即"土地"。共同地域内"社会成员平均具有的信仰和感情的总和，构成了他

---

① 冯蕾：《中国农村土地制度变迁中的乡村文化发展探析》，《长春师范大学学报》2019 年第 11 期，第 18 页。

② 费孝通：《乡土中国》，北京时代华文书局，2018，第 18 页。

们自身明确的生活体系",① 中国乡村的集体意识来源于土地上的日常生活,且由"历史感"和"当地感"构成,二者以土地使用为黏合剂构建了"乡土中国"的意义世界。这种以土为生、拜土为尊的观念也深深反映在农民的生产生活方式上,而后者恰恰是乡村文化的核心要素,由其所构筑出的乡土空间不仅仅是生活方式的制约因素,也是建构因素。着眼于乡村生活方式的建构,作为生活活动客体环境要素的乡村地域是乡村生活者感知并为其所约束的主观性空间,即最终建构的"地方"。进一步来说,好的乡村生活方式一定能够适应乡村社会发展的特点,符合发展愿景的诉求,对于协同乡村发展构成诸要素,焕发乡村活力具有能动作用。为此面向当下中国乡村社会发展新现实,围绕乡村振兴建设、创造美好生活这一目标,乡村新生活方式应当以田园牧歌式的节律式生活为基底,秉承传统乡土生活关于天、地、人三位一体的整体思想,克制一己欲望来迁就外在的有限资源,并根据具体乡村的人文地理、产业特点及社会交往方式因地制宜地与现代科技文明相融合,充分激发人的主体自为性,开展富有智巧的创造性劳动,塑造人与自然、人与人之间的和谐关系,形成自然、简适、文明而富有活力、自得其乐的怡情生活形式,能够满足现代人们的精神需求与审美追求。

(二)现实困境:乡土文化流失的失衡断裂

乡村文化发展问题是多元且复杂的,上述所言在理论路径上以生活为本源,将地点制造作为路径桥接,重新厘定了社会学视域下乡村全面振兴和乡村新生活方式建构的本质内涵、价值遵循和内在逻辑,但落定于现实当中,则要处理好两方面的问题:一是乡村文化现实发展中的零散化、日常化问题,作为发展主体的乡村住民缺乏较为强烈的发展自觉意识,尤其是在血缘关系淡化、

---

① 埃米尔·涂尔干:《社会分工论》,渠东译,生活·读书·新知三联书店,2000,第42页。

"断亲"现象出现后，原有形成自组织的凝聚因素进一步被削弱；二是小区域性的文化衰落和广区域内的同质化发展并行，发展错位程度不一、境遇不同等因素造成了不同乡村文化发展的多维情境。目前，我国的乡村建设工作已经实现了从脱贫攻坚到全面推进乡村全面振兴的历史性转变。在消除了绝对贫困之后，乡村的未来建设该何去何从成了当下必须思考的问题。为此，党中央对于"建设怎样的乡村"出台了一系列政策，党的十九大提出的乡村振兴战略，包括乡村产业振兴、人才振兴、文化振兴、生态振兴和组织振兴的全面振兴，为新时代解决"三农"问题提供了总抓手，是实现"两个一百年"奋斗目标的重要路径。早在 2021 年中央"一号文件"就提出全面推进乡村振兴，文件提出要加强新时代农村精神文明建设，争取实现到 2025 年乡村文明程度得到新提升的目标。2024 年中央"一号文件"则提出要繁荣发展乡村文化，推动农耕文明和现代文明要素有机结合，书写中华民族现代文明的乡村篇。即使一系列政策先后出台对乡村发展加以支持，但仍不可否认的是，随着中国进入工业文明和后工业文明社会，由于现代化、工业化和城市化进程的不断加快，乡村社会的经济模式、社会关系和生产结构也随之发生巨大改变，伴随城乡结构转型，乡村文化生活的发展进入了阵痛转型期，一度存在的乡村文化"衰落"论调在一定程度上也反映出了乡村文化的当下状态和客观发展困境。乡村人口大量流失、乡村呈现"空心化"趋势、乡村本土文化断层、"千村一面"等一系列乡村问题接踵而来。

首先，乡村数量减少，乡村呈现"空心化"趋势，滋养乡村文化的场域和语境逐渐消失，"谁来种地""谁来建设乡村""谁来守护乡村文化"的问题日益突出。城乡发展不平衡引起人们的不安定感和失衡感，这种不安定感和失衡感使得他们抛却自己的身份和居所。据我国住房和城乡建设部 2022 年发布的统计年鉴，与 1990 年村庄的数量相比，2022 年我国共减少村庄

144.1万个。① 2021年发布的第七次全国人口普查数据显示，近30年间乡村人口减少约3.2亿人，人口占比达37.45%。② 村庄减少、乡村"空心化"致使乡土文化断层。乡土文化环境已发生巨大变化，依附于乡村物质载体所形成的价值观念、行为规范、生产生活方式等也随之消失。场域和语境的消失，造成乡村居民文化自信出现迷失与消解。其次，乡村面临孤寡留守加外来文化挤压的突出问题，本土文化的生存空间逐渐缩小，乡村文化呈现凋敝的景象。在大量人口流失与乡土公共生活退场的环境下，许多乡村文化存在空间被外来文化所占领，本土文化的生存空间越来越小，本土知识不能被流传，本土的仪式濒于灭亡。乡村生活的意义是建立在乡村文化基础上的，失去了乡村文化，乡村生活就会失去意义。乡村价值和传统乡村文化价值被舍弃的同时，在城镇化的冲击下乡村文化发展同质化的问题日益凸显，"土洋风"受到追捧导致当前部分乡村文化发展的畸形状态。乡村社会目前仍处在新老文化交替的转型期，经济固然得到了一定程度上的发展，却并未带来与之相匹配的文化繁荣。社会大环境的超速发展导致乡村价值与传统乡村文化价值被舍弃，传统乡村文化的缺位和盲目追求变现导致乡村景观"千村一面"、乡村特色文化建设方向趋同，乡村文化同质化现象愈演愈烈。

习近平总书记曾提出，"乡村振兴既要塑形，也要铸魂"。③ 乡村振兴，离不开乡村文化振兴，文化是当前乡村振兴的最强大的动力之一。生活方式是文化发展状况的集中体现，同时又制约着文化需求，对文化发展的方向具有重要影响。生活方式具有建构意义。因此，在乡村振兴的实施中，亟待运用顺应村落真实生活

---

① 《中华人民共和国住房和城乡建设部建设统计年鉴》，https://www.mohurd.gov.cn/gongkai/fdzdgknr/sjfb/tjxx/jstjnj/index.html。

② 国务院第七次全国人口普查领导小组办公室编《2020年第七次全国人口普查主要数据》，中国统计出版社，2021，第6页。

③ 习近平：《论"三农"工作》，中央文献出版社，2022，第231页。

方式的文化空间营建的思想，延续乡村文化。生活方式是人的生活活动的方式，是人的生存方式，是人对生活的赋形与创造。通过活动、通过生活，人得以完善。也就是说，生活方式是人的存在的展开方式，是人显现自我的方式，是人经验存在的方式。[1]在我国，"生活方式"的提出是与"以阶级斗争为纲"到"以经济建设为中心"的社会发展重心的转变相关的。在改革开放以前，人们关注的是阶级斗争，而不是生活方式。改革开放以后，随着工作重心的转移与思想的解放，生活方式成了受到人们关注的议题，人们开始大胆地谈论生活、享受生活、美化生活、追问如何生活得更好更美。至此"乡村新生活方式"的提出，一方面缘于技术文明下生活方式异化问题的出现，另一方面缘于城市化过程中所导致的人的生存困境的产生。

在当今乡村振兴背景下，深入挖掘农耕文化蕴含的优秀思想观念、人文精神、道德规范，构建"乡村新生活方式"，本质上体现出对宜人生活的美好追求、对田园牧歌式乡村图景的期望。因此，着眼于乡土生活传统的传承与更新，探讨乡土社会如何以地点制造这一过程为依托实现乡村文化振兴，并最终立足乡土构建生活型社会对于提出乡村新生活方式具有重要的意义。将乡村纳入浩大且持久的地点制造过程，缘起于文化社会学当中对乡土的系列研究，反映出立足我国社会发展现实的系列研究已从凸显出"日常生活"的焦点转变为更加关注乡村振兴等社会转型的具体情境，也更加关注乡村文化建设当中的主体建构作用，讲求通过人们在地点上规律性的、仪式性的交往活动来赋予地点以特殊的意义，使其具有历史文化底蕴，实现乡村新生活方式的赓续传承。

在这基础之上，从文化社会学和生活本体论出发，将乡村地点视为文化更新与活跃的对象，重在突出作为象征意义的文化空

---

[1] 赵红梅：《建设崭新的乡村生活方式》，《湖南社会科学》2004 年第 3 期，第 20 页。

间对乡村地点当中行动者的询唤作用，围绕明确化的主体分析地点制造的生成性过程，从更深层次和丰富性上揭示地点中各传播发展要素在人的意义建构和回归美好生活愿景实现过程中的关系以及内部具体的内在联系。具体从以下两个层面加以展开。一是从明晰乡村社区建设主体的实际需求和未来愿景出发，在信息交换体系更迭和制度文化环境变迁的时代背景下，解释乡村社区原有依靠血缘、地缘的发展动员机制所发生的改变，以社会关系的交往更新动员机制，阐释主体行为活动与地点精神的互构过程，建构以生活本体论为基础的地点制造对应框架，将实体空间与虚拟空间的传播要素整合成意义建构的系统。二是在对于地点文化更新机制的研究上，以创新构建的宏观学理和研究框架为基础，结合国内外发展实际和中国保持乡土特色的发展语境，具体探讨乡村社区营造作为一个开放系统的传播机制，并以此来引导更多经验研究。

二　基于生活型社会构建的乡村地点价值营造路径

（一）重回"生活"本体

马克思在《经济学手稿》导言中，从人的生命活动的社会形式及生存状态角度提出社会形态演进的"三形态说"。人的依赖关系是最初的社会形态，在这种形态下，人的生产能力只是在狭窄的范围内和孤立的地点发展着。以物的依赖性为基础的人的独特性是第二大形态，在这种形态下，才形成普遍的物质变换、关系、多方面的需求以及全面的能力的体系。建立在个人全面发展和他们共同的社会生产能力成为他们的社会财富这一基础上的自由个性，是第三阶段。[①] 关于人的生活方式，其中核心的就是"人生产什么与怎样生产"。现实生活的生产和再生产是人类文化不断得以发展的主题，同时也是马克思新唯物主义的理论基础。马克思所

---

① 郑莉：《"生活本体论"建构的理论基石及其意义》，《哈尔滨工业大学学报》（社会科学版）2017 年第 6 期，第 10 页。

创立的理论方法恰恰是以研究人的生活方式作为起点的，从人的生产和交往的关系及其变化来分析和廓清社会历史现实。[①] 在我国，费孝通先生的"社会生活论"认为，社会和生活是连为一体、密不可分的，社会就是"许多个体用分工合作方式生活"，"社会就是群体生活"。[②] 社会和生活是包容一体的，即一个人只有在群体中通过社会的方式才能"得到"自身生活。社会就是满足"一个个人"生活需要的群体结构方式。社会是由人的生活需要满足行动连接起来的生活和分工合作之间互动生成的体系。日本学者广田康生的"生活结构论"则指出，生活结构论构建出了生活主体—生活结构—社会结构的结构图，从生活逻辑出发，看生活者通过"日常实践"是如何结成"个人关系网络"，进而在同正式制度的勾连中如何组织起"自己的社会"的。[③] 他的理论打破了生活逻辑和制度逻辑之间的壁垒，提出了并不存在一个比生活逻辑更为强大或凌驾于生活逻辑之上的制度逻辑的理论观点。

王雅林教授在其著作《回家的路：重回生活的社会》中在综合分析马克思唯物主义"三形态说"、费孝通的"社会生活论"以及广田康生的"生活结构论"的基础上提出了"生活本体论"的观点。[④] 他指出"生活"在很大程度上是一个凝聚着中国经验、中国智慧、中国意识形式的概念。强调"生活"的概念特性虽然具有"日常性"，但不能将"日常性"作为"生活"概念的全部，其实质是作为个体的人所承载的特有生命形态的社会性存在、展开、实现形式及意义追寻的行动集合，[⑤] 它构成一切社会事物的本

---

① 梅敏君、潘于旭：《论文化对生活方式的建构作用》，《浙江社会科学》2012年第5期，第120页。

② 费孝通：《文化与文化自觉》，群言出版社，2010，第34页。

③ 广田康生：《移民和城市》，马铭译，商务印书馆，2005。

④ 王雅林：《回家的路：重回生活的社会》，社会科学文献出版社，2017，第132页。

⑤ 叶南客：《"生活本体论"的回归与重构》，《哈尔滨工业大学学报》（社会科学版）2017年第6期，第8页。

源和本体。同时，正因为生活是社会的本体和人们从事包括生产在内的一切活动的根本出发点，生活才具有了本体论的地位。

在社会生活方式研究的方法论上，西方的结构论和建构论影响深远。大多数西方学者将20世纪下半叶的社会称作"风险社会"或"消费社会"等。其中，法国学者鲍德里亚在《消费社会》一书中进行了系统论述，其意在用消费社会来表明西方社会已经进入一个崭新的历史时期。与之前马克思所提出的生产社会不同，消费社会对个体身份的确定依据的是他的消费，是他的品味，而不是他对生产资料的所有权。然而，无论是生产社会还是消费社会，都是一个异化的社会，一个贯穿资本逻辑的社会；只是两者所表征的发展阶段不同，前者是资本主义早期阶段，后者则是资本主义高度发达的时期。同时，这也是社会学研究中结构论的体现，强调在社会世界自身中存在各种客观结构，作为建构论的代表人物，美国学者加芬克尔指出，具有资格能力的社会行动者通过"日常生活里有组织的、富于技巧的实践"持续不断地建构他们的社会世界，而社会现实就是这些"持续不断的权宜行为所成就的"。① 他们强调在社会分析中要考虑行动者的感知、思想和行动的模式的社会生成过程，以及社会结构的生成过程。人是一种社会性和关系性的存在，社会的本质归根结底是围绕生活而以不同的方式组织起来的关系和结构。只有从关系论出发，才能融通制度逻辑与生活逻辑，进而提出构建"生活型社会"的新型社会模式。"生活型社会"概念的提出将为人类走出"物支配人"的现代社会模式提供一个全新的发展模式。其中就要求将人置于社会生活的中心。因此，生活方式作为社会不断形成和变化着的环境，也要求生活在其中的人们随着社会结构和文化的发展，不断地实现主体性的自觉变化，即马克思所强调的环境的改变和人的自我

① H. Garfinkelh, *Studies in Ethnomethodology* (Cambridge: Polity Press, 1967), p. 10.

改变的一致性。因此，现实社会中的人（生活者）同样也是生活方式的重要影响因素。

（二）乡村营造的地点价值肌理

在列斐伏尔看来，空间并非透明、客观的，而是一种媒介或政治工具。地点则是空间研究中一个非常有价值的概念，与那些以物质或者感知来认识空间的方式有所不同，地点不仅隐含了我们"在此"的状态，也呈现着我们身份所属及其相应位置。地点是一个结合媒介中的影像、地点中的媒介，人和建筑互构形成的另一层现实，是立体的、沉浸式的主体，是意识表征空间。地点背后折射的是地点文化，并且与地点文化之间形成互构关系，它不再仅仅是对于地点风貌的反映，也不再是单纯的静态的影像，正是它的主体性质，决定了我们在观照地点形象的问题时可以将它视作符号，整合媒介文化的相关理论进行思考。从人文地理学角度来看，地点与物理的空间、场景有着十分密切的关系。地点结合了可观看对象和观看方式，既是可观看的视觉对象，也是一种具有强烈主观意向的视觉观念。①

与此同时，在一定意义上地点既可以被看作世间事物，也可以被看作蕴含人与环境互动的情感依附，附着了特定的意义、经验和价值。而且，在与地点相关的诸多研究当中更多的还是去强调人的主体性，人作为当前地点上的行动者，其个人的主体性尤为关键。如果将人作为地点的主体，那么人们在为地点赋予特定意义的时候，往往会将自我对于地点的认同进行耦合和附加，因此在一定意义上这也是获取自身认同的过程，对个体而言具有重要的意义。因此"地点"是有象征性的，人们的空间实践与传播行为使其具有特殊意义，而"意义"就是两个行动者附着时间的相遇，其中一个行动者是人，另一个行动者就是地点。乡村原有

---

① 刘晓春、贺翊昕：《唤醒、共享与意义再生产——黔桂边界返乡青年"回归地方"的实践》，《广西民族大学学报》（哲学社会科学版）2021年第2期，第84页。

的生活活动形式也正是在"人—地"两大行动者之间的日常"相遇互动"中形成的，并通过治理制度、村居文化、人情格局、文艺创作等方式表征出来。对照作为意义交流系统的乡村，市场、资本等外力输入的确改善了乡村原有的生活条件，更新了乡村原有的生活状态，但也因此打破了原有的人与地、人与人基于生活的平衡，造就了生活交往当中的"泊居"和"漂浮"状态，超脱出原先的地理区隔而卷入更为宏大的意义交流系统，推动原有的平衡进入了新的外向"失衡"阶段，亟待找寻到新的平衡循环点（见图1）。

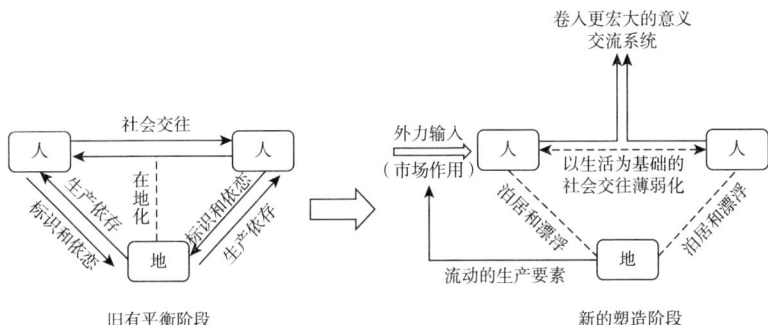

图1 乡村以"人—地—人"关系为基础的生活方式呈现状态转变

（三）生活本体论视角下乡村地点价值的营造路径

马克思曾指出，人们自己创造自己的历史，但是他们并不是随心所欲地创造，并不是在他们自己选定的条件下创造，而是在直接碰到的、既定的、从过去承继下来的条件下创造。[①] 这个条件，不仅仅是资金、技术和生产力等构成的物质条件，同样也涵盖了以价值观念为核心的文化表现。因此，在一定的社会发展阶段中，文化是影响人们生活方式的内在因素。作为一种互动进程，地点制造的过程有赖于空间实践和区域传播，而空间实践与乡村传播又相互关联、相互影响。根据学者王斯福（Stephan Feuchtwang）的

---

① 《马克思恩格斯文集》（第2卷），人民出版社，2009，第470页。

分析，地点制造可以被认为是人们对一个地点进行集中化、标识化的过程，换句话说，地点制造既包括与具体的物质世界、感知空间有关的行为，也包括符号的建构。人们往往通过身体在场实现对于某一场所和地点的标识，于是地点及其特性就逐渐转化为人生活记忆情感的触发点，人们在长效的体验之中逐步实现对于地方的认同。

因此地点制造是透过环境的改变和事件的发酵，以"文化"为主要着眼点，实现对于"文化"层面深层次的挖掘，并在此进程当中逐渐寻回"地方"精神，构建并培育人与环境、人与人的相互关系，找到地点和人相遇所具有的"意义"，让生活的空间变成产生情感和依恋的"地方"的过程，从而实现对于乡村本身"生活方式"的回归。

1. 解构地点文化

地点文化是一个复杂的体系，是地点人群生存状况、行为方式、精神特征及地点风貌的总体形态，是居民在长期的生活过程中，共同创造的、具有地点属性的文化模式。而地点意象，是地点形象赖以更深刻表达地点文化的概念，是地点内在历史底蕴和外在特征的综合表现的抽象，体现地点总体的特征和风格，是在地点功能定位的基础上，将地点的历史传统、地点标志、经济支柱、文化积淀、市民行为规范、生态环境等要素塑造成可以感受到的表象和能够领会的内涵。地点文化传播之于地点发展所具有的社会、经济和文化功能，是区域差异化竞争的核心竞争优势，是强化地点个性，提高区域可辨识度的内在动力。有学者认为，"族群是对某些社会文化要素认同，而自觉为我的一种社会实体"。[①] 因此在一定意义上，族群或是地点上生活的"人"，他们可以被认为是具有共同的谱系，或是尊崇某些共同文化风俗的人群。换句话说，对于一个特定群体的判别，往往会基于对现有群体文化的认识与

---

① 徐杰舜：《论族群与民族》，《民族研究》2002 年第 1 期，第 15 页。

理解，从群体交往当中可以提取共同的文化特点和具体的表征。因此，乡村地点上文化的提炼是实现文化认同最重要的途径，也是指回归到人们生活的本身，从中提取文化的"共同属性"。

2. 构筑地点记忆

现象学相关论述中，"人"是场所的节点，场所反映了"人"的意愿和情绪，间接形成了精神与价值。在乡村地点中，"人"与空间互构为一个意义整体，形成了乡村地点的地点精神。受海德格尔的影响，诺伯舒兹特别强调"人"在场所中的"方向感"（orientation）和"认同感"（identification），即"人"一般能对所在场所有清晰的认知，并能找寻到自身与地点空间的关联。这种关联可以体现在对于地方的"集体记忆"当中，空间虽然在大多数情况下是被看作一个物理场所，但是在某种意义上也可以被视为一套意义与符号系统的再现。不同的群体和地点上的人群，往往都会出于一种共同的心理，把一个容器或是空间，作为集体回忆的共同体的象征。因此，乡村地点在某种意义上也融入了对于集体意义的回溯意涵，在地点价值营造的过程当中，要依托地点文化展开，在当中逐步彰显出地点记忆，进而在置身情境中形成对于地方的"依恋"，即慢慢形成"地方感"。诺伯舒兹就认为场所精神是"人"在生活中对特定的地点场所产生的情感共识。通过上文论述可总结得出，依托乡村本地的文化完成意义的提炼，在具体地点实现意义表达（价值的形成），归根结底仍旧是"人"与空间相互作用的结果，为此在乡村等情境中的"人"越活跃，作为能承载地点精神的乡村空间产生的价值和意义也将会更加集中，所形成的地点价值也将更加符合乡村中行动者的集体诉求，其将通过影响行动者来最终生成人之主体对于乡村地点的情感共鸣和价值认同，这在一定程度上影响着行动者对于地点的认同和依恋。

3. 重构地点符号

地点价值的体现可以融入对于地点符号的建设与重构当中，

尤其是乡村地点的符号。地点形象是人与场景的关系，文化产品是人与场景关系的衍生品，在一定意义上，地点符号成了连接记忆、召唤重逢的重要工具与媒介形式。在乡村地点当中，一些文化元素借由媒介生成得以成为代表地点的符号。由此给予的启发是，在表现乡村地点价值的同时，要逐步运用具体的事物或是文化元素来代替抽象的乡村意象，将文化精神融入这些文化元素当中，形成特定的表达符号。沿循这一路径重构完成后的乡村地点符号应满足大众的价值认同，并充分参与到乡村地点价值的构建与再现的过程当中。这样的构建与再现是需要受众通过不同的媒介形式，进而来整合线上线下的资源来共同完成的。

4. 创建复合传播机制

互联网技术的发展，让作为意义系统的地点中各要素相互作用的关系凸显了出来。社交网络的脱域与肉身栖居的在地交合在一起，使以人为中心的线上、线下网络特征得以鲜明起来。地方意义系统中各要素的作用，究其实质仍是地方生活价值观的传达，而人正是在这个以自己为中心与其他节点基于生成性连接的过程中，借由生活定位自己与世界的关系。于是，人—物作用、物—物联通，就使地方的营造映射于媒介融合的传播网络之上。

在当前媒介融合的大背景下，技术的发展突破了传统媒体的单向度传播模式，应以融合的视角来看待各种媒介形式在意义表达和相互沟通过程中的作用关系。这一运作的实质就是实现各种媒介形态的融合，但这种媒介形态的融合并非排除掉各媒介形态之间的差异，而是在保留各媒介形态差异的基础之上，实现介质层面的融合发展，实现对于不同介质的组合。

乡村地点营造的激励来自地方独特而对人的生活有贡献的价值观对人的询唤，人即为地方。换句话说，地方中的各个节点皆为媒介，它们结构于以人为核心的网络中，通过相互之间的作用使乡村活化，使地方活跃起来，在地的人、景、物等都可以成为表征地方价值的符号标识，成为连接记忆、召唤重逢的重要工与媒介形式。这带来的启示在于：一是在表现乡村在地价值的同时，需要运用具体的事物或是文化元素来代替抽象的乡村意象，将文化精神融入这些文化元素当中，形成特定的表达符号，便于线上媒介内容的整合、接纳和演绎；二是需要整合线上线下两类形式和渠道，借助人、景、物等标志性符号复合化打造乡村空间的多元形象，进而实现大众的个体化价值认同，在与受众的互动中搭建起新生活方式的实体平台，既为乡村住民寻求到在地化生活的新商机、新可能，也为外地旅人寻求到个性价值抒发的新渠道、新形式。在这一新形式的带动下，乡村地点的动员始于生活方式，经由媒介融合网络的作用，体现在更新的生活方式生成当中。因此，在媒介融合和未来数智环境中，乡村地点的发展更是要着眼于媒介的进步，借助于媒介的发展，在特定需求的驱动下形成网络共时态层面的多重复合系统，使线上线下的互动成为可能，使文本与实物整合在一个系统范围之内。

三 案例剖析：基于美好生活理念的乡村地点价值营造

在这一部分，将围绕"人—地"关系相融互构这一主题展开，通过对各地典型案例的剖析，展现各地地点制造的具体举措和塑造过程。案例部分主要选取了我国东部和中部不同地区的 4 个乡镇地方，分别是东部的上海浦东新区新场镇、江苏溧阳龙峰村、浙江诸暨十四都村，中部的河南三门峡兰草村。这 4 个案例涵盖了当前我国地方文化与人之间关系的探寻、地方传统文化与现代产业的相融、没落乡村文化的延续与传承、商业进驻地方后的地点更新等方面的问题。具体而言，这一部分将通过新场镇的案例来研究异质化的乡村文化、被城市包围的乡村文化如何依托海派文化焕发活力；通过龙峰村的案例来探索在商业开发路径中地点更新面临的挑战；通过十四都村的案例来分析乡村文化的"空巢"问题；通过兰草村来探寻偏远山区中没落的文化和断裂的序参量人群之间的矛盾解决路径等。

（一）上海市浦东新区新场镇：寻迹求新的海派文化活力重焕

新场镇位于浦东新区中南部，东连宣桥镇，南与奉贤区奉城镇接壤，西邻航头镇，北傍周浦镇，距上海市中心36公里，全镇面积53.86平方公里；古镇风貌保护区面积1.47平方公里，是一个傍海而生、因盐而兴的千年古镇（见图2）。新场古镇因盐兴市，因盐衙门而设镇，自唐代以来，盐民、盐商就在此繁衍生息，煮盐产盐、运盐卖盐，逐渐形成特有的盐文化。新场盐业起步于唐，发展于宋，鼎盛于元，衰退于明。元代盐业鼎盛时期，两浙盐运司署设在新场。明清时期，浦东流传着"十三牌楼九环龙，小小新场赛苏州"的说法，这便道出了昔日盐场的繁华。

图2 上海市浦东新区新场镇古镇风貌保护区俯瞰
资料来源：笔者带领的调研团队拍摄。

盐碱滩涂地是新场的发源地，新场的得名就源于宋代下沙盐场的南迁。如今的新场是江南文化、海派文化、红色文化的汇集地，更拥有丰富的国家级、省市级非物质文化遗产和旅游资源。但一直以来新场在全国的知名度不高，尚未形成强势流量IP，对地方文化的挖掘多停留在文创产品的开发、售卖上。新场古镇存在关注量不足、文化资源开发利用不够、商业化发展模式不成熟、旅游产业链较薄弱等现实困境，宣传力度不足、宣传形式单一、文化主题活动的吸引力不足、居民主体和游客对当地的历史文化了解程度较浅等也都是当前新场面临的主要问题。

1. 由盐业孕育的新场人——地点文化的提炼

人具有定向感与身份特征，一个地方的精神文化的形成具有主要的影响人群，在这个群体身上，我们可以找到历史底蕴的显性痕迹，可以找到地理之于人性格的影响，可以从他们的生活方式上看出某一地域人群的性格特征的稳定性，这个影响地方文化的人群就是序参量人群。乡村文化的提炼需要找到乡村的文化与精神的序参量人群，[①]在他们身上提取历史参量与当下结合。

纵观新场漫漫历史长河，盐的地位不容小觑。傍海而生、因盐而兴，人们在这块土地上生生不息，创造出了一段繁荣、灿烂的历史。但随着盐资源的消失，繁荣的新场盐业历史也随之告一段落。盐文化是历史的积淀，也是独有的地理风貌形成的文化产物，盐文化造就了过去的新场，更影响着新场世世代代的人民。

依靠漫长的海岸线以及广阔的滩涂，海边晒盐的生产活动从几千年前便在神州大地上出现。海盐生产与海水的关系十分密切，一是要靠近海岸，便于引海水晒盐；二是要有足够面积的滩涂用作晒制场地。由于长江入海口带来的大量泥沙淤积以及杭州湾水体的潮汐作用，南汇边滩滩涂不断向外扩长，南汇二字就有"扬子江水出海后受海潮顶托，折旋而南，与钱塘江水在此交汇"之含义。因此，上海制盐的主要分布地区便在今天的南汇地区。

盐场的兴盛带来了巨大的财富，但同时给盐民的生活带来了前所未有的压力。《熬波图》曾有记载："夏日苦热，赤日行天，则血汗淋漓，严冬朔风，则履霜蹑冰，手足皲裂，悉登场灶，无敢闲惰。"古时候新场百姓制盐相当辛苦，却没有换来相匹配的收

---

① 参见王冬冬《城市精神建构过程中的序参量人群法验证分析——以杭州城市精神提炼为例》，《湖南社会科学》2021年第2期，第118页。

入，《熬波图》的写作目的也是悯民资政。

新场人民吃苦耐劳、勤劳踏实的精神也从古时候延绵至今。就以新场的大户闵氏为例，新场一带素有"东莞南笋里倪仓盛，叶闵张朱又一周"（《南汇竹枝词》）的说法。其中"闵"便是1500年迁入新场的闵氏，在新场繁衍了20多代子孙。闵氏一族子孙大多习武，进行武业考学。其家族中出过3位文举人、3位武举人。其族人闵电是抗击倭寇的英雄人物。新中国成立后，闵氏诸多后人，如闵有家、闵有鸣等人，都曾投入新场地区建设工作。新场傍海而生、因盐而兴，千年前海边熬波制盐，不仅使其繁盛一时、富甲一方，更滋养出古镇生生不息的文脉精髓。

2. 盐滩人民的轶事——地点叙事提取

历史的车轮滚滚向前，经过了时光的流转，上海新场盐文化在新时代也有了许多现代的内涵。上海新场盐文化反映出了我国古代人民的勤劳与智慧，体现出了一个地域的历史文化传承。在艰辛的创业过程中，上海新场的先民们走过了近代上海传统城镇的演变之路，新场的盐文化在今天也体现出了"海纳百川、追求卓越、开明睿智、大气谦和"的上海城市精神。正所谓"一方水土养一方人"，上海新场优越的地理位置铸就了其独特的盐文化，而这一地区也在文化的发展过程中留下了许多的故事和名人，追忆这些故事和名人，能够更加深刻地感受到上海新场盐文化的人文内涵，感受这一地区的风土人情，感受"盐"和"水"对于该地深远持久的影响。任沧海桑田，任历史变迁，上海新场盐文化定会在时代中继续闪光，诉说时代印记，体现时代精神，讲述时代故事，彰显时代精神。

在新场盐文化发展的漫漫历程中，许多名人的优秀品质值得被世世代代歌颂。战时，像叶映榴那样为报国不惜牺牲自己生命的人物有千千万万，他们的爱国精神和事迹流传至今，仍是佳话。在日常生活中，有许多的新场盐民对生活有着一颗淳朴炽热的心，默默地帮助着他人。"石头湾"的故事是盐民生活的代表，在长期的劳动中，盐民想尽办法用自己勤劳的双手创造果实，对生活的热情从未消逝过。在面对困难时，像小剃头这样挺身而出，英勇无畏的英雄人物更不在少数。

新场盐文化反映出了我国人民的勤劳与智慧，从古至今，新场人民对生活饱满热情，充满希望，创造出、碰撞出无数新场火花。只要活着，就要面对千姿百态的生活。生活就像影子紧随着自己，不论身在哪里，不论行至多远，新场盐民们的生活都体现着"好好生活，享受生活"的理念。

在上海的新场文化发展的过程中，那些英勇无畏，坚韧不拔的人们一直长存于新场人心，如倪十万、闵彪、小剃头……他们信念坚定、意志顽强、坚强不屈，他们的故事彰显着时代印记、彰显时代精神。当下的新场建设则要着重围绕挖掘出人们在地化的行动轶事，以人为媒、以事载地，丰富地域文化建设的深刻内涵，以"人迹""事迹"等作为地点叙事的有效载体，寻迹而求新，借助地点制造在文脉传承中谋求可持续发展。

（二）江苏溧阳龙峰村：讲求生活韵律的村落地点更新

江苏省南部的溧阳市上兴镇龙峰村（见图3），位于苏浙皖三省交界处，有着丰富的自然资源和文化资源。相传在很早以前曾

图3　江苏省溧阳市上兴镇龙峰村俯瞰

资料来源：笔者带领的调研团队拍摄。

是藏龙栖凤之地，所以在古时候享有"龙凤村"的美名，龙峰村也是由此得名。此外龙峰村水资源丰富，水质优良。水库扩容、除险加固和坝塘改造等水利工程的实施使该区域灌溉能力明显提升，为农业生产提供了良好的条件。村内有鸡笼坝水库、新冲坝水库、邵家坝水库、乌龟塘水库等库容10万立方米以上水库。龙峰村内常住人口远低于户籍人口，人口老龄化程度较高，面临着人口吸引力不足、发展活力不足的问题。

龙峰村是上兴镇重要农业村与服务业村，以第一产业、第三产业为主导，其中电子商务受惠于政策扶持，发展势头良好，在充分利用村内自然条件的情况下具有较大的发展潜力。第三产业建设时间较短，目前一定程度上存在外来游客数量不足、游客驻留时间短等问题。从游客的角度出发，龙峰村的历史文化资源存在缺乏典型特征的问题，需要更进一步挖掘能够代表龙峰村的物质和非物质文化要素。同时，由于历史原因及地方居民缺乏保护意识，村内也有大量历史文化资源遭到破坏。

1. 传统乡村的地点更新——景区开发

上兴镇曹山景区提出"一轴三区"的发展战略，其中一个重要发展区以位于龙峰村域内的鸡笼坝水库为核心，以采摘、科普和亲子互动为主题发展旅游业。曹山景区规划以"诗乐曹山，经途慢旅"为主题，打造慢城生态文化修养旅游区，目标人群为追求"慢生活"体验的都市人群，具体空间划分为"风、雅、颂"三片区。

龙峰村位于三区中的"风"片区，以乡野体验为目标，打造草药研识游赏、农耕生活体验、传统文化研习的功能体验区。龙峰村的特色策划项目包括依托龙峰书院遗址的传统文化项目以及依托特色产业的美食文化项目；其下属的自然村李家庄则依托传统农事体验农庄等农家乐项目。为实现地点更新，当地在村委班子的带领下制定出"三步走"措施：第一步，抓住曹山国家级田园综合体建设契机，发展特色经济林果；第二步，整合山水人文资源平台，成立龙峰村旅游公司，以民宿建设为引导，创建农旅示范村；第三步，以农产品、农业观光旅游为基础，以农业电商为手段，以户为节点，以村为站点，打造龙峰村联合体，坚持"请进来（游客）、送出去（产品和服务）"，宣传和经营龙峰村，做到双增双收（村集体、村民增产增收），由此逐步打造出富有当地特色的乡村"慢生活"体验景区。

2. 第一产业向第三产业的跨越——地点特色产品设计

地点产品"设计升级"，是实现从以农业生产为主的乡村经济转变为以服务业为主的景区经济的重要方式。龙峰手工艺发达，先后推出了田园家居、花艺灯具、吉祥物、饰品等系列创意农产品。未来的产品设计可在创意农产品的基础上强化包装叙事设计，例如可以利用包装盒阐释特色手工吉祥物的文化内涵，包装盒的形状可以设计成龙峰村的特色建筑，在包装内可以附小册子讲述龙峰村的历史人物故事，最好能使这些故事与目标客户自身产生一定勾连。

除了手工艺品之外，龙峰村农业企业的经营面积达 9000 多亩，占全村山地面积的 90%，主要种植蓝莓、葡萄、圣女果、枇杷、桂花、杨梅、白茶、优质红心火龙果、猕猴桃、梨、油桃、黄桃、冬枣、榉树等经济林果，并开展农产品深加工。为此可以设计龙峰村特色果篮，对经济林果进行组合销售，以地点叙事为指导，在包装上讲述龙峰村的历史文化故事。对特色农产品白茶等，更可以寻找它的历史渊源，结合当今时代的文化特色，对其进行重新阐释。

（三）浙江诸暨十四都村：以和美乡村生活增强情感认同

十四都村（见图 4）位于浙江龙门山脉东麓诸暨市五泄镇东南部，始建于明正德十五年（1520 年），有着 500 多年的悠久历史。村中古迹众多，大屋高低林立，巷弄曲折萦回，传统村庄肌理保存完好。村中至今保留多处清代台门建筑，很好地反映了浙中丘陵地区传统村庄风貌。

图 4　浙江省诸暨市五泄镇十四都村俯瞰
资料来源：笔者带领的调研团队拍摄。

十四都村整体上而言传统经济基础好，但作为支柱产业的第二产业缺乏进一步发展的动力。现主要着力于进行经济产业结构转型，扩大第三产业占比，并以旅游业作为第三产业经济增长的突破口。但在当前该村仍面临游客数量较少，旅游资源开发有限，资金不足等诸多问题。

十四都村实际常住人口少于户籍人口，大量青壮年劳动力选择外出打工或经商，以镇上或省内其他城市为主要外出工作的目的地，村内同样面临着人口老龄化严重、活力不足等问题。结合这一现实问题，当地注重通过和美乡村建设，用诗意的生活吸引劳动力回流，重新焕发发展活力。

1. 十四都村的诗意生活——生活诗意的深挖与打造

在十四都村的民俗文化中最为突出的是饮食文化。"西施团圆饼"发源于此，它既是一道美食，也蕴含一个典故，已融入了诸暨的历史和文化之中。将对传统饮食文化的保护与旅游休闲产业相结合，不仅可以丰富游览内容，更可以切实起到保护传承当地文化的作用。当地将"西施团圆饼"作为特色餐饮产品，同时带动其他土特产品的开发和生产，在制作销售过程中不仅可以增加村民的经济收入，也可以推动传统技艺的传承和发展。

十四都村 500 多年的历史中涌现出诸多突出人物，为此该村在宗祠展示中结合各个台门的修复，在建筑内部增加台门的历史及相关人物事迹的介绍，展示相关的诗词歌赋等，注重文化环境的布置和营造。当地还充分挖掘十四都村"莲"文化，在村文化礼堂、主要道路等地展示名言警句、廉政小故事，将文明新风、廉政文化直观地展现到群众面前，建成了颇有特色的廉政文化宣传阵地。结合村内传统建筑保护和赏莲区规划，当地以物象积聚较好地描摹出了人们所向往的江南乡村生活，不断地通过意象的物产化实现文化的具象可感，同时将其融入当地居民的生活日常中，融入日常饮食和社群交往中，由此深挖打造出上有传承、今有承载的特色诗意生活。

2. 江南水乡的诗意——旅游体验类产品设计

现有的旅游体验类产品包括线上和线下两种形式。比如敦煌的数字博物馆，就可以看作一个线上体验产品。十四都村目前在建的旅游景点主要有二。一是马鞍山古民居，马鞍山古民居（又称谦德堂）是诸暨现存的最大的单体古建筑。二是百亩荷塘，即百亩荷花景观带建设项目。以藏绿周氏宗祠始祖周敦颐的《爱莲说》一文为出发点，在村级公路沿线种植荷花，种植面积至 100 亩。当地目前已开展五届荷花节旅游活动。

未来，十四都村线上旅游产品打造可以基于当地历史建筑开发游戏小程序，例如可参考现有游戏，进行古建筑搭建，设计故事型、探索型等各类游戏。在游戏中穿插介绍十四都村古建筑的建筑风格以及和建筑相关的历史故事。而线下体验产品的设计更可以充分展示地区风土人情。"相沿成风，相染成俗"，当一种固定的生活方式显示出审美价值时，便可称之为"风情"。线下体验产品的设计应当围绕当地独有的生活方式展开，例如可设计十四都村百亩荷塘体验一日游，将历史故事演绎讲述、莲花观赏、饮食体验、节庆活动等以时间线索加以串联，形成整合型的旅游体验类产品。在此基础上还可进一步增加线上线下的叙事联动，将更多的反馈延伸至线上，实现地点体验向地点记忆的转化，完成在生活之上建构而成的意义交流。

（四）河南省三门峡市兰草村：地理沟壑中的红色文化集散地

兰草村（见图5）隶属于河南省三门峡市卢氏县官坡镇，位于官坡镇西部，与卢氏县徐家湾乡、陕西省洛南县接壤。该村主要以红二十五军军部旧址作为爱国主义教育基地进行红色旅游项目等的开发。兰草村地处陕西省和河南省交界处，在集市贸易方面有较为久远的历史，之前在逢集逢节时期的两省之间的经贸往来比较频繁。

图 5 河南省三门峡市卢氏县官坡镇兰草村

资料来源：笔者带领的调研团队拍摄。

由于兰草村受山区地理位置和交通条件制约，林果业、食用菌等当地特色产业的品牌传播度受到一定程度影响。红军文化资源的挖掘不充分、文化产品品质与竞争力不足、特色农副产品的运输成本高等问题也都限制着兰草村当地特色产业的发展，兰草村的特色产业要想"走出去"需要经济资源和基建条件的配套。此外，兰草村的青壮年群体外流情况十分严重，村内经济发展较为缓慢，村民家中主要收入也大多为外来务工收入。村子留不住青年人，兰草村的本地文化的实践主体与实践场景双重缺失使得其找不到附着的载体，由此当地的文化振兴也陷入了文化传承与发展难的困境。

1. 红色文化润养的人与村——序参量人物的叙事探寻

能够通过建构仪式影响所在区域其他群体的主导社群就是序参量人群。就兰草村而言，当地的序参量人群主要为当地掌握某一方面资源而又热心参与公共事务的人群。如调研采访到的马龙相校长就是当中一员。

马龙相是兰草小学的前任校长，与不少同辈人纷纷走出村庄、向外界探寻不同，他毅然决定留下帮助兰草村的孩子们，带领兰草小学成功申办为中国工农红军鄂豫陕根据地红军小学。申办红军小学的这一路并不容易，马龙相校长同兰草村和兰草村民之间的历史过往生动地诠释了兰草人民的紧密团结、患难与共、艰苦奋斗的红色精神。

如马龙相校长般的故事不仅仅代表着他自己，更象征着兰草村的每一个艰苦奋斗、不懈努力、患难与共的村民。他们身上汇集着革命年代的精神品质。数十年前，兰草村民帮助了红军将士。战士们英勇奋斗，打败了侵略者。数十年后，红军的后代们回到曾经的起点，帮助这些仍然贫困的村民，为孩子们创造一个更好的未来。与之相关的序参量人物故事不仅仅是个人的拼搏历史，更代表着受红色文化润养的兰草村和人，彰显着兰草村的人文价值与精神内涵，是属于兰草村的独特的地点叙事。

2. "红白绿" 发展模式——文旅融合发展规划

在文旅融合发展的整体设计上，反哺是当中主要的思想。90多年前，兰草乡亲为红二十五军提供了一个栖身之地，而在90多年后的今天，红色文化依然在这里滋养村庄，构筑着兰草的未来。因此，兰草村旅游项目的开发立足于红色文化与当地特色产业，以"红白绿"为设计的主题结构，致力于打造一个极具特色的红色文旅胜地。

"红色" 即为红色文化，这是兰草村旅游开发的核心，也是该村的重要特色和最具市场吸引力的要素。红二十五军军部旧址纪念馆是三门峡市的"爱国主义教育基地"，同时也是河南省的重点文物保护单位。此外，红军在该地进行过的一系列战役也为该村奠定了深厚的红色文化基础。比如1934年12月，红二十五军长征途中，统一领导开辟鄂豫陕革命根据地的斗争等一系列史实故事都可以成为兰草村文旅项目开发中能够加以融入的核心要素。因此，用"红色文化"联动兰草村其他相关产业，能够成为具有相对竞争吸引力的触点。

"白色"指的是当地特色的菌菇产业。兰草村食用菌的种植历史已有20年，是当地百姓赖以生存的传统产业之一，也有着较强的产业竞争力。但由于技术等条件的不足，其种植季节和产量都受到了诸多限制。因此，对于食用菌进行技术和设备的引进是官坡镇兰草村现阶段重点实施的发展规划。对兰草村的菌菇产业来说，品牌传播度不高、品质竞争力不足等都是目前对其发展有一定限制的重要因素，故菌菇产业要与当地红色旅游业结合，并进行先进技术与设备的引进，提高生产效率与产品质量，促进产业链升级，与此同时，做好品牌推广，为当地带来更高的收益。

"绿色"指的是生态果园。兰草村具有利于林果种植的自然条件，但由于地理位置和交通条件的限制，农产品销售范围受限，故兰草村以传统模式进行林果种植的竞争力较差。因此，在项目设计上要对当地生态果园的建设进行规划，根据"产地即销地"这一规划方针，借助旅游业促进林果产品销售，以此降低运输成本。

总而言之，兰草村的文旅融合开发设计应以红色文化为主题，立足当地实际，实现"红白绿"三色融合，展现出红色旅游和乡村旅游相结合的多样色彩，从而助力兰草村的长远发展。

四　生活本体论视角下乡村新生活方式营造路径与策略

在乡村具体建设和生活营造上，国内外均有可供参考的实践案例。这些案例大多遵循着"人""地"要素更新的路径。一是强调突出"地"的独特属性，通过地域特色的愈发彰显，服务于文旅产业的发展。例如美国纳帕谷小镇依托葡萄酒文化、庄园文化，打造葡萄酒、葡萄酒+休闲养生、葡萄酒+商业艺术项目等"一镇一特色"，实现"产业变景区"。英国海伊小镇通过"旧书救镇"将小镇空间打造为独特视觉体验的艺术场所，造就了全新的地域文化而驰名国际。二是强调突出"人"的承续作用，通过聚才引人活化乡村建设的主体要素。例如日本昭和村开启了"继任者计划"，招募当地热爱苎麻文化的人士成为相关的从业者，通过制度带动吸引更多人员加入文化传承当中。

我国较具代表意义的乡村建设运动一是民国时期梁漱溟、晏阳初等人推动的乡村建设运动，二是自21世纪初兴起的中国当代新乡村建设。前者出现于因"政治属性、经济属性和文化属性三类破坏力"而致使乡村破坏的背景之下。在梁漱溟看来，乡村破坏的根源在于"极严重的文化失调"，"其表现出来的就是社会构造的崩溃，政治上的无办法"。[1] 为此他提出要构建乡村新社会组织，涵盖组织规范秩序的革新和乡农学校等具体组织的建设两方面。近期国内学者也关注到了具体个案的转型实践。例如郭占锋等通过对陕西省袁家村"社区再造"的案例研究，提炼出了"空间开放—自主规划—组织理性—利益联结—内外联动"一体的再造框架；[2] 张龙等以四川战旗村为考察样例关注到了在乡土社会、国家和市场递进式赋权的特定背景下，村社组织通过自我赋权和反向赋权强化乡村资源利用开发和带动社区治理的普适性机制。[3] 这一系列实践洞察和研究提炼，集中体现了通过产业发展和机制

---

① 梁漱溟：《乡村建设理论》，载《梁漱溟论东西文化》，商务印书馆，2023，第10页。

② 郭占锋、田晨曦：《从"村落终结"到"社区再造"：乡村空间转型的实践表达——对陕西省袁家村的个案分析》，《中国农村观察》2023年第5期，第48页。

③ 张龙、张新文：《村社赋权何以提升乡村治理能力？——以四川战旗村村社组织再造过程为例》，《华中农业大学学报》（社会科学版）2023年第5期，第117页。

构造来复苏乡村社会的努力和尝试，但正如前文所述，造就乡村社会本源的"人—地—人"始于生活交往之中，不仅涵盖了经济的、政治上的要素，更蕴含着价值观、行为方式和精神风貌等文化因素。仅从属地的或者是属人的某一要素切入并不能为乡村的空间转向赋予自组织式的动能体系，也解决不了自治意义上村民自觉性和能动性发挥的问题。因此才需要落定于乡村在地生活者在长期性、日常性交往中共同创造、具有在地属性的系统性营造当中去更新调适现有乡村生活方式。这影响着从产业兴旺"前半篇文章"到和美生活"后半篇文章"的关键转向。

归根结底，营造乡村新生活方式的要义在于以乡村传统文化为基点，在更新地方价值的动态过程中，通过乡村生活主体的行为达成乡村地理要素与价值理想的协调统一。沿循这一主线，结合上述所言的乡村建设案例，以实现全面振兴为导向的乡村新生活方式营造可从基于下步骤展开。

（一）塑造具有生命力的独特地方价值，明确乡村新生活方式营造的价值基础

乡村生活的意义是建立在乡村文化基础上的，具体乡村文化所体现的地方价值是乡村作为"地方"生息的基础，也是乡村新生活方式焕发活力的源泉。地方价值是一个地方内在历史底蕴和外在特征的综合表现的抽象，体现该地方总体的特征和风格。它不仅是一个乡村长期社会实践的积淀和升华，也是这个地方面向未来发展的价值理想。它通过具体的空间和场所将意义世界向人们敞开，将具体空间的历史传统、独特标志、经济支柱、文化积淀、市民行为规范、生态环境等要素塑造成可感官的表象和可领会的内涵。地方价值之于其发展所具有的社会、经济和文化功能，是区域差异化竞争的核心竞争优势，是强化在地化个性、提高区域可辨识度的内在动力。正是有了独特的地方价值，每一个具体的乡村才有了辨识度，每一种生发于具体乡村的新生活方式才有了更加独特的魅力。

以上述提及的浙江诸暨十四都村为例，该村有着历史积淀深厚、保存较为完好的藏绿周氏宗祠，是浙江省最大最完整最具代表性的明清时期宗祠建筑之一。当地依此还修复保护了耕读堂、佑启堂、光霁堂等多处古建筑，形成了独特的建筑集群意象符号。另外该村有着鲜明的宗族文化，以周姓为主体并以周敦颐为始祖，呼应其《爱莲说》，将荷花作为家族标志，匹配形成了对应的饮食文化、节庆仪式、主题景观、活动项目等。紧扣这两大符号意象，结合在当地开展的调研和访谈后可将其地方价值概括为"勤耕固本、诗书达理、齐家养廉"三大特质。检验这一地方价值特质的重要标准就在于如下两方面：一是由历史传统延续而来的价值内涵是否还能在当地居民的日常生活中得到体现；二是该价值内涵是否在当下发展中有新的符号载体。洞察当地发展实践，建筑集群既是当地住民举行周期性节庆仪式活动的聚集地，也是外地旅人前来"打卡"和深度体验的独特景观。而与"荷"相联系的宗族制度也体现在了现有的治理制度上，构成了当地人交往联系的一大支撑。这进而揭示了地方价值的生命力来源：厚植于历史文化当中，在当下有适时更新的载体，指向集群交往的组织结构和意义诉求。

在当前社会日新月异的进程中，乡村集群的地方价值与生活要义也面临着诸多问题，比如，地方文化未能被充分挖掘并有效利用；文化衍生品核心竞争力不足；地方特色产业传播与发展受限；青年主体外流、乡村孤寡留守，加之外来文化冲击导致文化传承主体"青黄不接"，文化凋敝现象严重；等等。究其根本，仍是人、地方、生活之间的相融互构未能达成，因此，从生活本体论出发，探索乡村的地方价值是重中之重。

（二）重构表征地方价值的标志性符号载体，搭建乡村新生活方式的实体平台

具象地点和空间既隐喻和投射着地方文化，又与地方文化之间形成互构关系，它不再仅仅是对于空间风貌的反映，也不再是

单纯的静态影像，而更是意识表征的主体。正是它的主体性质，决定了我们观照地方形象的问题时可以将它视作符号，并整合媒介文化的相关理论加以思考。人们往往通过身体在场实现对于某一场所的在地化标识，使其成为日常生活行动轨道上的导引。以身体为媒介，空间场所及其特性就逐渐会转化为人生活记忆情感的触发点，并在长效的体验之中逐步实现对地方的认同。

根据抖音发布的《乡村文旅数据报告》，2022 年抖音平台上乡村内容数超 4.59 亿个，播放量更是达 23901 亿次。[①] 曾被感慨为"悄悄地逝去，没有挽歌、没有诔文、没有祭礼"[②] 的乡村正在数字媒介平台上重新"出圈"。以传统古村落——西江千户苗寨为例，当地独特的自然风光和苗族"原始生态"文化的深厚人文底蕴，经由数字媒介的再造和演绎，聚合景、人、事等符号造就出独特的线上版"西江千户苗寨"。这一内容并不仅仅是对苗寨实体空间的线上"搬移"，而是以媒为介造就了连接记忆和情感的可感知主体。一方面人们通过这一数字化空间寄托着对诗和远方的向往、对过往乡村社会图景的眷恋，数字再现后的"村庄"成了人们多元情感的内容寄托；另一方面这一数字化空间也与各类有类同特征的乡村实体空间相复合，作用于人们的线下生活和实践，进而带动乡村文旅实体的发展。源于实体空间的"苗寨"等标志性符号载体在媒介内容的呈现演绎中，泛化为了人们改变当下生活方式、寄托安然自适憧憬的典型情感标识和载体。

为此乡村地方价值的体现可以融入地方符号的建设与重构当中，而在地的人、景、物等都可以成为表征地方价值的符号标识，成为连接记忆、召唤重逢的重要工具与媒介形式。这带来的深远启示在于：一是在表现乡村在地价值的同时，需要运用具体的事

---

① 《抖音发布〈乡村文旅数据报告〉：十大火爆乡村景点出炉》，https://mp.weixin.qq.com/s/IuHSx0ZMgBZtr1EKzvctiw。

② 李培林：《从"农民的终结"到"村落的终结"》，《传承》2012 年第 15 期，第 84~85 页。

物或是文化元素来代替抽象的乡村意象，将文化精神融入这些文化元素当中，形成特定的表达符号，便于线上媒介内容的整合、接纳和演绎；二是需要整合线上线下两类形式和渠道，借助人、景、物等标志性符号复合化打造乡村空间的多元形象，进而满足大众的个体化价值认同，在与受众的互动中搭建起新生活方式的实体平台，既为乡村住民寻求到在地化生活的新商机、新可能，也为外地旅人寻求到个性价值抒发的新渠道、新形式。

（三）面向现代化乡村新产业形态，夯实乡村新生活方式的物质基础

在面向中国式现代化的乡村和美生活建设中，乡村生活方式本身就是乡村产业振兴中最核心的"产品"。乡村对外输出的不仅是农作物产品和土特产品，更重要的是一种具有本真性的生活方式。因此，现代乡村的"产品"不单单指向农作物、农副产品等具体指代物，也指向附着在具体指代物上的符号价值。基于此，乡村产业应围绕乡村文化的构建和更新展开。在这一层面上，乡村现代产业体系本身也是乡村地方营造的基础结构。

乡村振兴之下的地方营造要求对传统自然经济条件下的田园生活实施现代化的更新再造，将其建设成为工业文明乃至知识文明条件下的现代田园图景，促使乡村成为人类理想生活的栖息地。为此一方面强调要依托农业农村特色资源，开发乡村的多种功能、挖掘乡村的多元价值来创造产业价值，向第一、第二、第三产业融合发展要效益，依山傍水来做好"土特产"文章；另一方面要因地制宜，既要从现代性生活中的普遍问题入手，也要洞察到具体地域个例发展中亟待解决的特殊性问题，在立足原有资源禀赋的基础上谋求进一步发展，加速实现从低水平的传统田园生活向高质量的现代田园生活的跃升，在城乡不同表征的生活方式交融中逐步形成城乡一体的现代文明生活。这两方面在地方营造过程中是相辅相成的，乡村产业从乡村新生活方式中来，家庭田院的绿色农副产品、蕴含巧智的朴拙手工生活用品、现代与传统相融

合的创意文化产品、寄情山水的绿色休闲方式等皆可成为现代田园产业的输出"产品"，而这些产业化的事件本身又恰恰内嵌于乡村生活方式当中，并营造、活化着乡村新生活方式。

（四）以乡村生活者的实践自觉建构乡村新生活方式的美好样态

推进乡村生活现代化，要贯彻落实"发展为了人民、发展依靠人民、发展成果由人民共享"的理念，始终尊重农民主体地位，维护农民根本利益，满足农民对美好生活的向往，实现生活现代化与人的现代化齐头并进。诺贝特·埃利亚斯认为，社会关系中的复杂不平等状态存在的原因在于具有优势地位的群体往往认为自身行为方式更具"文明"特征并以此保障自身优势和权力地位。[①] 在乡村的现代化过程中，外来资本以及城市现代化文明的介入，不可避免地会因乡村地方性"知识"和"共识"遭遇"现代大都市生活方式"，而产生矛盾和冲突。无论是外来者以新知识和资本为优势在冲突中形成的自信，还是定居者群体出于保障既有群体的权利优势考虑所具有的高度群体凝聚力，都要求在社会互动展开的过程中，确立农民的主体地位，赋予其生活者的身份实现自身生活的建构自为，由此以乡村传统生活为基础实现对现代文明的创造性吸纳，以及在具体的仪式化互动实践中融合传统与现代文明，将乡村生活作为文明传承的节点呈现出中华民族现代文明的深远力量。

文明总归是关乎人的，处于书写进程中的文明归根结底还是人之生活承载。正是在生活和意义这一层面，城市与乡村作为异质的经验场域得到了统合，人与地的互存、互依也在文明传承中得到了统合。过往的乡村文明筑就了我们历史上的一次次辉煌，也为现代人的生存提供了精神意义上的"根"。我们民族的历史是书写在广袤大地上的，在面向现代化的发展进程中，乡村不应成

---

① 诺贝特·埃利亚斯：《论文明、权力与知识——诺贝特·埃利亚斯文选》，刘佳林译，南京大学出版社，2005。

为现代文明遗落下的"明珠",更不应站在城市文明的对立面。以地方营造构建乡村新生活方式的尝试,最终解决的既是新时代乡村文明在地化、适应性的现代化发展问题,也是在新的发展条件中人与地、人与人的再度自洽与平衡问题。唯有以此才能循承乡村文明上千年的发展传统,并促使其更具现代力量,更具生活力量。

(撰写人:王冬冬,同济大学艺术与传媒学院教授、博士生导师;
甘露顺,同济大学设计创意学院博士研究生)

深圳专业化志愿服务与深圳新兴
生活方式研究

一 研究背景和研究方法

（一）时代背景下深圳生活方式变革的社会需求

志愿服务是指志愿者、志愿服务组织和其他组织自愿、无偿向社会或者他人提供的公益服务。志愿服务是社会文明进步的标志。20世纪80年代以来，深圳作为一座新移民城市开始崛起，同时借助毗邻香港的地缘优势，借鉴社会服务经验，率先在内地开展志愿服务工作，其独特的经济、文化和社会环境孕育了内地最早的志愿服务事业。到2023年底，深圳市志愿者总数已达到381万人。[①]

从生活方式变革的角度来看，新时代背景下深圳生活方式的变革反映了以下几个方面的社会需求。

一是社区互助的需求。随着深圳作为一座新移民城市崛起，越来越多人脱离原有的"熟人社会"和"乡亲邻里圈"来到深圳。社区居民身份的切换和流动，熟人社会关系的变迁，使社区内部出现了更加多样的互助需求，独立的个体单元之间在客观上需要快速建立起互帮互助、友好关爱的人际关系，而志愿服务可以满足居民的这一需求，构建起新的社区互助关系。

---

① 数据来源于"志愿深圳"网站，https://v.sva.org.cn/。

二是个人成长的需求。随着深圳城市化进程的加快,个人追求实现自我价值的需求日益强烈,志愿服务可以成为个人实现自我价值、满足人际沟通需求、获得社会肯定的重要途径,参与志愿服务的个体能在服务他人的过程中实现自我锻炼、自我成长以及自我进步。

三是社会创新的需求。在新发展阶段,深圳作为最具活力的创新城市之一,在基层社会治理中,社会生活方式创新的需求显得尤为重要与急迫,志愿服务本身就具有典型的社会创新意义,此外,还可以借助志愿服务推动相关政策与机制等方面的创新。另外,经济社会的快速发展使得公益事业也面临着新的机遇、挑战和发展空间,志愿服务可以充分调动社会人力、动员社会资源,进一步满足公益事业可持续健康发展的需求。

综上所述,从志愿服务视角来看,新时代深圳生活方式的变革所反映的居民互助需求、个人成长需求以及社会创新需求等多方面的需求相互交织、相互叠加,推动志愿服务和专业化志愿服务(专业志愿服务)应运而生。志愿服务作为一种社会资源,能够在一定程度上满足这些需求。

(二)深圳专业化志愿服务生活方式的社会价值

在志愿服务30余年的发展历程中,深圳志愿服务先后经历了初创发展、规范化发展、专业化发展、信息化发展和高质量发展五个阶段,并且在多个领域获得了全国第一,"诞生了国内第一个法人志愿者组织、第一批国际志愿者、第一张电子义工证,首个系统性提出建设'志愿者之城'的城市"。① 当前,深圳正朝着建设中国特色社会主义先行示范区的方向前行,努力创建社会主义现代化强国的城市范例。在新发展阶段,面临新形势、新任务,深圳志愿服务的发展已经不再局限于开展基础性的公益类服务,

---

① 深圳市志愿服务基金会、深圳国际公益学院主编《深圳志愿服务发展报告(2020)》,社会科学文献出版社,2021,第1页。

志愿服务不仅是做"锦上添花"的事情，而是努力实现"雪中送炭"，充分凝聚社会共识，实现向上、向善生活方式的最广泛传播和普及。

从生活方式的研究角度来看，专业化志愿服务生活方式的社会价值具有多重性。

一是专业化志愿服务可以增进社会包容。它带动不同社会群体的交流与互动，为弱势群体提供机会重构自信，也有效推动专业志愿者自身的成长与价值观转变。首先，专业化志愿服务生活方式可以激发不同社会群体的公民意识和社会参与动力。许多专业志愿者通过志愿服务认识社会问题，理解弱势群体，提升参与公共事务和公益事业的热情。其次，专业化志愿服务促进不同社会群体之间的交流与互动，增进相互理解。专业志愿服务活动汇聚来自不同阶层和领域的志愿者，在服务过程中彼此接触和交流，分享生活经历，这有助于化解偏见，建立信任关系。这种跨群体交流的增加，有利于社会包容性的提高。再次，专业化志愿服务为弱势群体创造机会，让他们也可以成为专业领域服务的享有者和参与者。一些专业性的志愿服务项目专门面向弱势群体开展，让他们通过自己的力量帮助更多人，重建自信和获得认可。这也可以让社会其他成员更加理解这些群体，促进社会包容。最后，专业化志愿服务也为志愿者自己创造成长机会。志愿服务使他们在生活的其他方面展现出更加包容和慷慨的一面，从而在潜移默化中影响周围人，使整个社会生活的包容性水平得到显著提高，产生强大的包容力量。

二是专业化志愿服务生活方式的兴起促进新生活方式的产生。首先，专业化志愿服务生活方式本身就是一种新的生活方式选择，它丰富了城市生活的内涵与外延。许多人通过参与专业志愿服务活动获得新的生活方式体验，使城市空间焕发新的生机与活力。这种新的生活方式让生活更有意义，也使城市生活更加丰富多彩。其次，专业志愿服务生活方式衍生了相关服务周边。这些专业化志愿服务周边的拓展，丰富了城市生活方式，为城市发展提供了新的动能。最后，专业志愿服务生活方式的推广，体现了一座城市的包容开放与开拓进取精神。新生活方式的产生也会吸引更多专业化志愿者对城市生活产生好奇与向往，推动人才与资源向城市聚集，增强城市影响力与吸引力。所以，专业化志愿服务生活方式的发展，不仅丰富了城市的生活方式，也促进了各种类别的专业志愿服务出现，这充分体现了城市的包容性与竞争力。专业志愿服务生活方式是新生活方式发展的重要组成部分，值得被重视与扶持。

三是专业化志愿服务全面增强社会公益意识。专业化志愿服务生活方式的兴起可以增强社区公益意识，满足公益需求，助力公益项目与组织发展，具体如下。首先，专业化志愿服务生活方式的推广可以提高社区居民的公益意识，让更多人了解公益需求与社会问题，产生参与公益的动力与热情。其次，专业化志愿服务生活方式可以满足社会日益增长的公益需求。许多人通过接触专业化志愿服务活动和项目，增进对社会弱势群体的理解，从而选择定期参与或开展自发的公益活动。专业化志愿服务可以发挥专业志愿者的作用，缓解公益机构人员与经费短缺压力，使更多需求得到满足。最后，专业化志愿服务生活方式还可以为公益组织带来新的发展机遇。一些专业化志愿服务项目会逐渐转变为公益组织的重要项目与品牌，成为其发展的新动力。

综上所述，深圳充分运用现代公益理念，发展专业化的志愿服务队伍，运用专业化的社会工作手法来打造升级版"志愿者之城"，保持在全国的领先地位，这可以为全国志愿服务事业、培养友爱互助的生活方式提供参考。

（三）主要研究方法

从生活方式的两大系统构成理论来看，第一类构成系统是心灵意识系统（信念系统、精神系统、心灵系统），也就是软件系统，包括人们所受的教育、对这个世界的意识层面的理解，也包括意识理解不了的潜意识深层背后的因素。第二类构成系统是人们生活的物质生活系统（物质条件、社会及个人生活环境），即硬件系统。意识系统是生活方式的核心和内在程序，生活方式和生活环境是心灵意识系统的外在表现形式。研究生活方式的核心，主要是研究意识系统，研究生活方式的内在程序，研究什么样的意识系统是最接近人类生活需要的、是对社会大系统有益的、是对个人及家庭身心健康有益的。

在此，我们从生活方式的研究视角出发，聚焦深圳专业志愿服务，以上述的心灵意识系统为研究维度重点展开，探讨和挖掘其对人的全面发展和主体性成长的积极性推动作用。鉴于深圳志愿服务生活方式的专业性和特殊性，本文主要通过以下研究方法展开论述。一是文献研究法。对深圳专业性志愿服务的相关文献材料进行查阅、整理和借鉴，查阅的范围涉及 30 多年来深圳志愿服务的相关研究文献，从中梳理志愿服务发展历程和专业性发展路径，从中汲取养分为专业志愿服务发展的研究奠定基础。二是案例分析法。本文将选取 4 个类别的专业化志愿服务领域热点，对典型个案进行剖析、思考，由此探讨和挖掘深圳进行专业化志愿服务的现实生活基础条件，同时，以生活中个人或社会组织在社会关系网络中为实现自身生活期望的目标所采取志愿服务的行为逻辑为分析主线，开展实证考察与理论解释。三是个案访谈法和调查问卷法。采用访谈、调查问卷等形式，进入被观察和研究对象的"心态结构"分析层次，对选取的专业化志愿服务主体进行观测和研究，在主客体"同感共鸣"中生发出可供理解的新兴生活方式概念。

二 理论框架和概念解析

(一) 生活方式的理论视角和内涵分析

第一，专业化志愿服务不再被视为业余时间的活动，而是一种重要的生活方式与价值追求。在深圳，许多志愿者选择将较长时间和较多精力投入志愿服务中，甚至改变职业方向从事全职志愿服务工作。志愿服务已经成为他们实现自我价值和获得成就感的重要途径，嵌入日常生活之中。第二，专业化志愿服务的兴起丰富了城市生活样式。不同机构与项目的专业志愿服务活动遍布在城市的各个角落，志愿者们可以随时随地体验与参与，让生活方式变得更加多姿多彩，这也增进了专业化志愿服务者之间的知识交流与互动。第三，专业化志愿服务已经在一定程度上影响和改变了人们的闲暇模式。越来越多的人选择通过参与志愿服务来满足精神层面需求，这相当于一种新生活方式的选择。同样，专业化志愿服务也融入环境保护、医疗、心理治疗、城市旅游与休闲体验等中，专业化志愿服务项目和活动以及相关的培训与交流，已成为许多志愿者重要的生活方式和实现自我价值的路径。这些志愿者将参与志愿服务作为生活方式的内容嵌入自己的生活，并获得心灵层面的满足感与成就感。

可以看出，专业化志愿服务在深圳已经不再单纯是一种业余活动，而是已融入城市生活，正在影响和改变人们的生活方式与消费选择，促进相关的生活服务链条的延伸和拓展。专业化志愿服务生活方式的兴起，可以展现出深圳生活方式的多元化发展态势，及城市的包容性和活力。

（二）专业化志愿服务生活方式的概念界定

专业化志愿服务是一个与时俱进的概念，目前的相关研究还比较少，也没有形成通说，尚处于开放性探讨阶段。参照国内外对专业志愿服务的内涵、外延界定，结合志愿服务实践以及理论研讨，本文对专业志愿服务的界定如下：专业化志愿服务指由具有专业技能、专业水平的人（组织）基于自愿原则、无偿原则，为有需求的社会群体提供符合职业标准或行业标准的专业服务。

提到专业化志愿服务组织，不得不提到现代专业化志愿服务发展的引领机构美国 Taproot 基金会。该基金会认为，专业化志愿服务的项目设计和实施需要非营利组织与不同行业的专业人才共同合作开展。[①] 在很多国家和地区，对专业化志愿服务的界定比较宽松，比如法国专业志愿服务实验室提出，人们为了社会性目标，对无法获得专业服务的个人或机构，通过所在工作单位委派或者利用个人时间，无偿或几乎无偿发挥个人技能专长提供服务的志愿行为，均可被视为专业化志愿服务。虽然对专业化志愿服务的界定在不同国家存在差异，但是，国际社会普遍认为，专业化志愿服务是基于专业知识、专业技能为公共福利事业提供服务的。专业化志愿服务的出现源自被服务对象的需求，换言之，传统的志愿服务与专业化志愿服务的对象没有宏观意义上的区别，主要有社会组织、弱势群体以及针对特定社会问题发起的公益类项目或相关公益类活动。其区别之处主要在于被服务的对象的需求涉及何种专业领域。

专业化志愿服务在全世界范围内仍属于新兴事物，不能将专业化志愿服务简单等同于一般志愿服务。专业化志愿服务包含五个方面的要素：第一，专业精神，强调志愿服务是依照专业领域标准或行业标准进行；第二，运用专业技术，针对被服务对象的需求提供一项或多项技术支持；第三，以公益性为目的，不是为了赚取利益；第四，无偿服务，这是专业化志愿服务最重要的要素，以此区别于其他为获取酬劳提供专业服务的行为；第五，自愿性，基于自愿原则展开。

三 深圳志愿服务的发展历程

（一）深圳志愿服务的源起与发展历程

1. 初创发展 （1989~1995 年）

深圳是一座充满魅力的移民城市。在 20 世纪 80 年代末 90 年代初，一批又一批的外来务工人员涌入深圳寻求发展机会，作为

---

① 张晨光：《专访 Taproot 基金会创始人亚伦·赫斯特》，http://www. gongyishibao.com/html/renwuzishu/107. html。

独立的个体单元，他们常常会面临"人生地不熟"的窘境，在适应本地工作、文化、生活等方面遭遇了种种困难，义务咨询、热心带路、免费介绍等志愿服务由此而生，随之而来的则是权益维护、情感倾诉、压力排解等问题与需求，这些社会需求逐渐被一些富有青年工作经验的热心人士观察到，他们于1989年成立了一支热线电话服务队伍，我国内地志愿服务由此发轫。

1989年9月20日，为了帮助来深青少年，19名青年志愿者以青少年心理服务热线的形式，组建了内地第一支青少年志愿者队伍，主题为"关心，从聆听开始"。1990年4月，一个致力于推动志愿服务发展的社会团体——深圳市青少年义务社会工作者联合会在市民政局正式注册成立，这代表深圳在内地率先成立了志愿服务法人团体。而后，其逐步健全相关规章制度，优化内部治理结构，搭建了一个运作规范、机构健全、组织网络完善的义务工作体系。1995年4月2日，深圳市青少年义务工作者联合会第一次代表大会召开，将该联合会更名为"深圳市义务工作者联合会"（以下简称"深圳义工联"），标志着一个全市性的志愿服务组织开始形成。[①]

2. 规范化发展（1995~2005年）

自1995年，深圳志愿服务进入全面推广和规范化发展阶段，深圳义工联不断优化内部组织架构，新成立了法律援助中心、义工讲师团、义工艺术团等二级服务机构，推动深圳市各个行政区成立区级义工联。1997年，深圳义工联第二次代表大会通过了《深圳市义务工作1997—2000年发展规划纲要》，明确了阶段性发展目标和方向，强调了各级志愿服务组织要进一步扩大义务工作的参与面、持续开拓服务领域、加大志愿者培训力度、完善管理机制等重要任务。2005年7月1日，《深圳市义工服务条例》

---

① 深圳市志愿服务基金会、深圳国际公益学院主编《深圳志愿服务发展报告（2020）》，社会科学文献出版社，2021，第2~3页。

正式实施，标志着我国内地第一部志愿服务领域的地方性法规出台，也标志着深圳志愿服务向法治化方向发展。图 1 为深圳义工联标志。

图 1　深圳义工联标志

3. 专业化发展（2005~2011 年）

在前面两个发展阶段，深圳的志愿服务以基础性志愿服务为主，技能性志愿服务和专业性志愿服务较少，并且志愿服务的质量具有较大提升空间。从 2005 年开始，深圳市志愿服务更加强调专业化发展，提倡对服务时数多、服务内容专业、服务效果好的志愿者给予精神方面的表彰和鼓励。深圳志愿服务开始逐步深入环境治理、公共安全、社会服务等各个专业领域。例如，积极参与汶川地震等灾区重建工作，得到人民群众的广泛赞誉。2007 年，为了表彰先进志愿者，深圳市政府设立了义工服务市长奖，这是深圳志愿服务领域的最高奖项，也是全国第一个志愿服务"市长奖"，这些举措充分体现了深圳这座城市对志愿者及志愿者专业性的认可和重视。

4. 信息化发展（2011~2017 年）

2011~2017 年，深圳志愿服务依托"志愿者之城"建设进入快速发展阶段，在短短 7 年里，深圳"志愿者之城"建设实现了从 1.0 向 2.0 的跨越式发展，多终端的智慧型"志愿者之城"信息化体系正式形成，初步建成志愿服务信息大数据库系统"志愿深圳"信息平台，推出全国首张多功能电子义工证，注册志愿者和志愿服务组织的发展速度和规模前所未有。2015 年 12 月，深圳市委、市政府印发《关于进一步加强"志愿者之城"建设的意见》，并提出："推动志愿服务专业化发展，推动志愿服务法人注册工作，重点培育和发展专业志愿服务组织。"2017 年 3 月，首届深圳志愿文化峰会成功举办，为深圳"志愿者之城"2.0 建设建言献策，这意味着在政府指导下，社会各界人士从实践行动、建言献策、互动参与等方面为"志愿者之城"建设添砖加瓦，持续推动"志愿者之城"建设更新迭代。①

5. 高质量发展（2017 年至今）

2017 年，深圳全面推动"志愿者之城"建设进入 3.0 阶段，并向 4.0 阶段跨越发展，即推动志愿服务从提供社会服务向参与社会治理、凝聚社会共识跨越，在 2022 年提出实施深圳志愿服务 10 项创新举措，包括实施推进深圳志愿服务立法、打造志愿者博物馆、建立国际化志愿服务队伍，积极发挥志愿服务在疫情防控、生态环保、公共卫生、食品安全、国际交流等领域中的重要作用。2022 年全年，深圳累计 28.9 万名志愿者投身疫情防控，立足一线岗位开展志愿服务活动 30.2 万项，参与人次逾 280 万，服务时长逾 1143 万小时，② 构建起联防联控、群防群治的"爱心防线"和"流动爱心"，汇聚起众志成城、共克时艰的磅礴抗疫合力。③ 图 2 为《深圳晚报》报道深圳"志愿者之城"进入 4.0 阶段。

---

① 深圳市志愿服务基金会、深圳国际公益学院主编《深圳志愿服务发展报告（2020）》，社会科学文献出版社，2021，第 8 页。
② 数据来源于"i 深圳"微信公众号，《深圳故事丨深圳：志愿者之城》。
③ 《280 万"红马甲"：标注深圳文明新刻度》，https://baijiahao.baidu.com/s? id=1744362079795720840&wfr=spider&for=pc。

图 2　深圳"志愿者之城"进入 4.0 阶段

（二）专业化志愿服务的运行逻辑

1. 队伍建设和组织架构

20 世纪 90 年代，深圳志愿者的管理是相对松散和无序的，服务记录完全靠志愿者们自己手动整理，志愿者的招募与培训是无固定教程的，志愿者入门条件低、身份无法识别，服务专业性关联度也相对较低。提升志愿者专业化水平任重道远，而志愿者队伍的建设、志愿者的专业化水平的提高以及志愿者组织管理的专业化、规范化，关键在于培训。深圳义工联高度重视培训工作，建立了完善的培训机制，专门成立了培训服务组，完善培训机制，涉新义工培训、专业服务项目培训、骨干的领导能力培训、特殊服务项目培训等，力图以优质的培训打造高素质、专业化、规范化的志愿者队伍。

2008 年，深圳义工联义工服务组得到了进一步优化和重组。2001 年之前，义工服务组主要包括环保组、松柏之爱组、学生组、生命之光组、与你同行组、培训组、热线组和社会调研组等。优化重组后，2000 多人的环保组被分成两个组，生命之光组剥离出病人服务组（后改名为关爱探访组）和生命关爱组，学生组改名为快乐成长组。目前，深圳义工联包括热线服务组、与你同行组、快乐成长组、松柏之爱组、重症病人探访组、义工艺术团、拥抱阳光组、网络服务组、宣传期刊组、消防安全组、慈善公益组等共 20 个大组，广泛吸纳专业人才参与专业志愿服务，推动文化、助残、助老、生态环保、公共安全等领域组建了超过1000 支专业志愿服务队，为广大市民提供专业服务。[①]

为了提升志愿者服务的专业化水平和质量，深圳义工联还对新招的志愿者进行培训，并组织志愿者在岗培训。在志愿者注册与服务记录管理中，《深圳市义工服务条例》成为志愿者的日常注册、培训、服务、嘉许和处罚的参考。相比之前仅靠感情维系的义工团队，如今深圳义工联已成为一支有组织、有制度可依、有规则可循的专业性高、管理有效的队伍。

2. 专业志愿者队伍的"组织化+项目化"运作方式

深圳市专业化志愿服务由深圳义工联牵头运作，推动志愿服务队伍与项目发展更加专业化，并注册成立了以"做百万红马甲的坚强后盾"为使命的深圳市志愿服务基金会，除由财政支持 500万元作为启动资金外，面向社会募集资金累计超过 6000 万元，[②]支持志愿服务组织通过承接公共服务项目、积极参加公益创业和公益创投，以"直营"的方式推动直属的各志愿服务组发展，以"加盟"的方式吸纳团体会员单位，广泛联系社会各类公益性社会组织。该基金会妥善解决志愿服务运营成本问题，致力于为各类专业志愿服务组织成立、运营和持续发展提供动力。例如，2013年 12 月，"深圳市公益救援志愿者联合会"（以下简称"深圳公益

---

① 方琳主编《深圳义工改革发展实录》（第一辑），社会科学文献出版社，2020，第 78 页。

② 方琳主编《深圳义工改革发展实录》（第一辑），社会科学文献出版社，2020，第 157 页。

救援队")注册成立，发挥山地救援、水上救援、城市救援、心理辅导等专业优势开展救援工作，成为政府社会应急救援力量的重要补充。2017年5月深圳市食品药品安全志愿服务总队成立，该组织以食品药品安全为抓手，围绕培训体验、宣传科普、志愿服务、社会监督四个方面，全面参与推动社会共建共治共享格局的打造。此外，借助项目化运作平台，对志愿服务内容进行专业化分类，逐步建立起长短项目齐头并进、不同领域项目各具特色的专业化志愿服务项目库，实现了志愿服务的"菜单化"管理，打造出了"募师支教"、关爱脑瘫儿童"快乐成长"、"保护红树林"等一批专业化志愿服务品牌项目。

（三）专业化志愿服务的典型案例

1. 公益救援：充分诠释服务专业性

目前，社会风险的产生具有较强的不可预知性与不确定性，在应对应急治理等社会实践中，虽然政府能够发挥一定的主导作用，但是仅仅依靠政府的力量是不足以有效应对的，这也在一定程度上推动了志愿服务领域的常态化应急救援专业化队伍建设。

公益救援志愿服务，是深圳志愿服务专业化发展探索的一类典型代表。以深圳公益救援队为例，它的前身为深圳山地救援队，于2008年5月汶川大地震时发起，2013年12月在深圳市民政局注册成立，为民间自发组织、成员均为民间专业救援队成员，其定位是政府救援系统的辅助、补充、后备力量，对人员实行准军事化管理，是首支通过国家社会应急力量能力分类分级测评的城市搜救二级测评队伍。该志愿队现有行动队员637人，志愿者1470人，目前下设山地救援、高空救援、城市搜救、水上搜救、医疗辅助、大鹏公益救援、应急通信救援等专业行动队，建队以来参加了湖北水灾、伊朗地震、老挝溃坝、山竹台风、印度尼西亚苏拉维西地震、新冠疫情、江西水灾等各种大型自然灾害的救援、救助工作，累计参与山野环境的救援行动和大型自然灾害救灾行动 200 余次，帮助和营救身处困境的群众千余人。[①]

作为一支公益志愿者队伍，深圳公益救援队日常工作重心除了救援、救灾以及自身队伍救援技能训练之外，还非常重视在市民中开展安全知识宣导工作，内容包括户外基本常识，野外环境下各种危险识别、预防及自救互救知识，地震安全急救知识等内容，并通过各项宣导活动向市民派发自行编制的《山野安全知识手册》等资料。队长石欣，被深圳市人民政府授予"深圳市应急管理专家"称号，荣获"全国应急管理系统先进工作者"、广东省首批五星级义工、广东省志愿服务银奖、特区四十周年致敬人物等荣誉。经访谈，2021 年河南水灾，石欣也作为社会应急力量参与到了救援工作中："我们承担了很多险重任务，包括对泄洪区一些村民进行疏散、紧急转运，而且水下情况不明，整个转运距离很多时候需要超过 6~7 公里，一个来回甚至达到 3 个小时。队员们每天忙完这些需要高度集中注意力的救援任务之后，回到驻地还要做好当天的灾情信息反馈。有的群众和朋友不是特别理解，我们救援都这么辛苦了，还做这种灾情调查干什么呢？其实，我们去救援不光做表面上看到的工作，我们还要实际了解灾区灾民的需求在哪里，他们还有什么样的困难。"石欣的讲述，充分反映了深圳公益救援队在志愿者的专业性、志愿服务的专业性、运营管理的专业性。志愿者们通过与当地应急管理部门配合，第一时间了解到灾区受灾综合情况和物资需求，第一时间把后方平台力量发动起来，发动深圳市的一些爱心企业、基金会共同联合发起紧急物资采购，第一时间发到灾区去。

随着专业化志愿服务组织分级分类进一步精细化，以深圳公益救援队、蓝天救援队为代表的专业应急救援志愿服务组织，为深圳应急救援系统孵化培育了一批应急救援后备专业力量，有力推

---

① 方琳主编《深圳义工改革发展实录》（第一辑），社会科学文献出版社，2020，第 82 页。

动了深圳志愿服务事业在专业化、社会化发展的道路上行稳致远。

2. 心理疏导服务：精准"靶向"解决问题

专业的心理疏导志愿服务可以改善受助者的心理认知机制，调整其心态，抚平其心理创伤等。心理疏导专业性志愿服务，强调的是精准聚焦问题，对症下药、对症施策，有效解决关键问题，修复个人的精神和心理创伤，强调被服务的受众和提供服务的专业志愿者们的双向精准匹配、合作互动。

深圳义工联在 1989 年开通青少年心理服务热线的基础上，于 2017 年将其升级为 12355 青少年综合服务平台，招募培训专业心理咨询师、律师、社会工作师、人力资源师等专业人才，建成了整合心理咨询、法律援助、普法宣传、困境帮扶 4 项职能的青少年综合服务平台总枢纽，每天 9：00~21：00 为全市青少年提供"咨询—跟进—转介—回访"的全流程"线上+线下"心理健康服务。聚焦持续关注、全面服务深圳青少年心理健康，广泛吸纳优秀心理咨询师志愿者，建设了专业的心理健康服务工作者队伍，创新开发打造"校园心理驿站""青少年安心手册"等专业服务项目，为青少年持续提供心理健康志愿服务。心理疏导领域的志愿服务已成为深圳专业化志愿服务的一张名片，并广泛应用于基层社会治理工作中。

3. "生态环保+"领域：跨界合作

进入 21 世纪以来，以跨界协作、手段创新和战略公益等为特征的专业化志愿服务得到了长足发展。水污染曾是深圳最突出的环境问题，深圳有 310 条河流，一度有 159 个黑臭水体，水污染治理曾作为深圳市最大、最重要的民生工程。但同时，水污染防治是一项系统工程，是一项专业性极强的工作，从国内外的实践经验来看，水污染防治单纯依靠环保部门执法、水务工程治理是远远不够的。倾心环保事业的志愿者因使命感、兴趣爱好等能迅速集结，但是专业薄弱的问题极大地限制了其参与的长效性。因此，全社会共同参与、实现多方专业力量和社会力量的跨界合作成为解决该问题的重要途径。

深圳是内地志愿服务社会化动员模式的诞生之地。在水污染治理上，一方面，率先形成了志愿者河长队伍，以公开招募的形式形成"五个一"的社会参与力量，实现"志愿者河长""河小二""护水骑兵""大学生治水联盟""红领巾河小二"等多方力量的融合，推动党政河长和志愿者河长有效衔接。另一方面，率先探索"地方政府+专家学者+社会组织"的专业化志愿服务参与水污染防治的模式。首先，建立专业机构——中国志愿者河长学院（深圳），集聚中国水利水电科学研究院、中国环境科学研究院等权威机构专业力量，以及各高校、中国河长智库研究院、全球水伙伴等研究机构专家力量，为志愿者参与水污染治理提供智力支持。其次，实行专业化运作，在全国率先成立地方性法人志愿者河长组织——深圳市志愿者河长联合会，通过组建专家委员会、筹建法人社工机构、编辑培训课程体系、实施专业培训、开展课题研究等，将一支普通的社会力量打造为一群专业的志愿者队伍。

另外，2019年3月，深圳市志愿者河长联合会与深圳市人民检察院举行了"关于在环境公益诉讼中加强协作的工作机制"的战略合作签约仪式。由此，构建了"司法途径+志愿者河长"新模式，建立了课题研究、联合培训、定期座谈、支持起诉、案件线索移送、案件宣传、案件回访等七大工作机制。在水环境治理领域，深圳市志愿者河长联合会不断探索"环保+"跨界合作，已与80余家企事业单位、社会组织、高校、媒体单位等达成教育培训合作，开展了水污染治理方面的课题研究，在模式升级、技术创新、公益环保项目策划等方面达成战略合作，这进一步提升了保护河湖生态环境资源整体工作效能，推动深圳河湖领域环境得到有效治理。[①]

此外，在深圳专业化志愿服务领域的实践中涌现了更多维度、

---

① 深圳市志愿服务基金会、深圳国际公益学院主编《深圳志愿服务发展报告（2020）》，社会科学文献出版社，2021，第232~234页。

更宽领域的跨界合作志愿服务项目。比如，垃圾分类领域的"蒲公英计划"推动志愿服务和行政执法、"家校社"宣导等专业领域深度绑定；在海洋保护领域，深圳市蓝色海洋环境保护协会与海豚康复治疗研究机构跨界合作开辟脑瘫儿童康复治疗的小众化、专业化志愿服务路径，都充分展现了深圳志愿服务在专业化、精准化的基础上，善于在思路、标准、措施和路径上突破常规，开展更多元化、更深层次的"融合""杂交""嫁接"。

4. 安宁疗护：唤醒生命灵性的关爱服务

"临终关怀"，一般又称"安宁疗护"，所照顾的对象以罹患重病而濒临死亡的临终患者为主。临终关怀学是一门新兴学科，主要结合医学、宗教、法律、伦理、哲学、道德等各领域现代生死学知识，致力于借由良好的医疗照顾及信仰力量的引导，让临终患者能认识死亡并接受死亡，进而安然面对死亡。不论是在心理上还是生理上，临终关怀都是在减轻患者的不适，给予患者尊严和舒适感。2012 年，深圳义工联成立了关爱探访组，如今这支团队已由最初 7 人增至百余人，服务各类贫困病患和家属超过 6000人，其中晚期临终病人超过 300 人。经访谈，被称为"落日守候者"的关爱探访组创始人高正荣表示，"让临终患者有尊严地走完生命的最后一程，让生命享受最后一缕阳光，这才是我最看重的"。高正荣称，做临终关怀义工，虽然周围的人有时候也不理解，但也有收获。在做好临终关爱志愿服务的同时，他也实现了个人成长，"渡人"，也"渡己"，他变得更加懂得生命的意义和家人的重要性，"只要我还能动，我就会坚持做下去"。除了关爱探访组，深圳义工联下属快乐成长组、与你同行组、拥抱阳光精神健康组、松柏之爱组均是向残疾人、老年人以及患病儿童等提供关爱服务的专业志愿服务组。

（四）基层专业化志愿服务者的群体性研究

1. 数据来源

本部分研究以位于深圳中部的龙岗区吉华街道为样本，该街道自 2016 年成立以来志愿服务事业发展良好，现有志愿者 25467 人（数据截至 2023 年 6 月 27 日，来源于"志愿深圳"网站首页吉华街道分账号，数据随时浮动）。此外，该街道专业化志愿服务发展基础较好，现已培育出特殊儿童喘息服务志愿服务队、应急救援志愿服务队、树悦心理志愿服务队等专业化的志愿服务组织。吉华街道志愿服务者作为专业化志愿服务研究样本，具有一定的典型性和代表性。

该部分研究主要通过网上问卷调研的形式展开，问卷主要包括志愿服务者的基本信息、志愿服务专业技能、持续志愿服务潜能等三个部分，本次调查共获得 219 份有效样本，问卷有效率为100%。调查样本基本情况如表 1 所示。

表 1　调查样本基本情况

单位：人，%

指标	选项	人数	占比
性别	男	64	29.22
	女	155	70.78
年龄	18 岁以下	2	0.91
	18~30 岁	6	2.74
	31~40 岁	24	10.96
	41~50 岁	65	29.68
	51 岁及以上	122	55.71
学历	中学及以下	106	48.4
	高职高专	89	40.64
	本科	20	9.13
	硕士及以上	4	1.83
职业	公共部门人员	11	5.02
	企业工作人员	49	22.37
	学生	2	0.91
	自由职业者	73	33.33
	退休人员	84	38.36

2. 基层专业化志愿服务群体性研究

调查问卷的设计主要围绕志愿服务者的专业技能水平、专业志愿服务的组织和项目、专业化志愿服务组织的运作效果等展开，充分考量基层一线志愿者的综合素质及参与专业化志愿服务的具体表现、可持续发展潜能和存在问题。

一是基层专业化志愿服务者具备一定专业技能，且技能形态分布较广。问卷对受访的 219 名志愿者是否具有专业技能证书和主要的专业技能类别进行调查统计，受访志愿者中有接近一半（47.49%）并不具备专业化技能证书，有 32.88% 的受访志愿者具备 1 项专业化技能证书，13.24% 的志愿者具备 2 项专业化技能证书，说明基层志愿者专业化程度仍处于初步发展阶段，还有较大的专业化技能发展和培训空间。另外，调查发现部分志愿者对于专业技能认证的需求还不够迫切，认为具备专业技能证书不是做专业志愿者的必备条件。

从调研来看，受访志愿者专业技能主要分布在交通安全引导（56.62%）、关心关爱（55.25%）、应急救援（22.37%）、防毒禁毒（24.66%）等领域（见图 3）。其中，交通安全引导、应急救

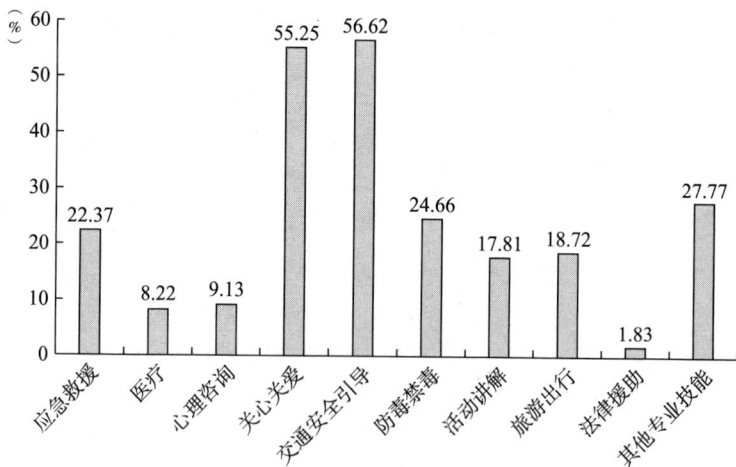

图 3 受访志愿者专业技能主要形态

援、防毒禁毒等领域具有典型的政府行政干预和引导色彩，而关心关爱等领域的专业化志愿服务则大多为居民自发的关爱奉献行为。总的来看，专业志愿服务者的技能分布覆盖面较广，形态多样化，呈现健康多元发展的态势。

二是基层专业化志愿服务组织成熟、活动项目丰富，但队伍分布不均衡。结合吉华街道辖区现有的涉及应急救援、心理服务、关心关爱、文明倡导等的专业化志愿服务项目，对专业化服务志愿者参加专业志愿服务队情况进行调查，得出图4。

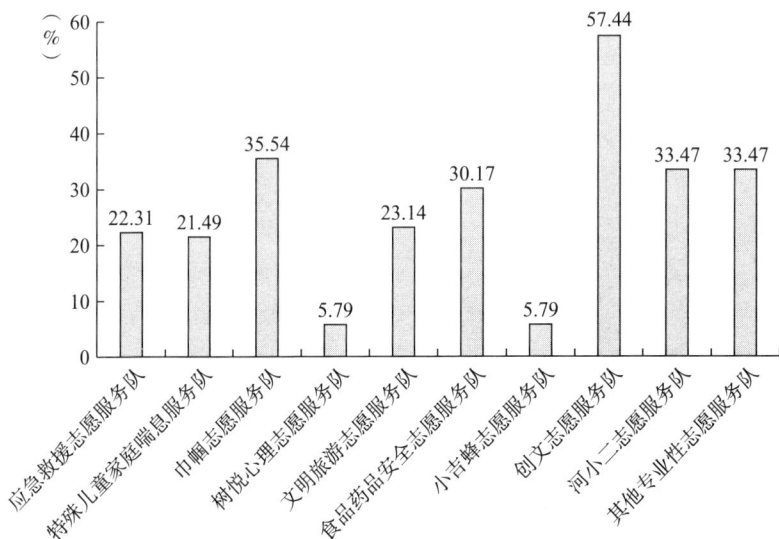

图4　受访志愿者参加专业志愿服务队分布

从图4来看，辖区志愿者参与的专业志愿服务队较多的分别是：食品药品安全志愿服务队（30.17%）、巾帼志愿服务队（35.54%）、文明旅游志愿服务队（23.14%）、应急救援志愿服务队（22.31%）、特殊儿童家庭喘息服务队（21.49%），这样来看，基层一线和深圳全市重点发展的专业志愿服务趋势是吻合的，主要集中在安全督导、应急救援和心理咨询等方面，这都是在普通志愿服务基础上延伸出的专业性的志愿服务组织，组织基础扎实、团结、有序，保持着一定的志愿服务活跃度。比如，食品药品安全志愿队将食品药品执法队伍、食品药品快检队伍融为一体，为食品药品的"你送我检"提供常态化志愿服务。巾帼志愿服务队是一支专业的"家文化"讲解志愿服务队，依托甘坑客家小镇家风家训馆开展规范化、机制化、常态化志愿服务，定期开展家风家训志愿讲解活动，向游客提供公益导览服务，讲好家风故事，传好家风精神。

如图 5 所示，在基层的专业化志愿服务实践中维持着较高活跃度的项目类别分别是交通治安（64.05%）、环境保护（61.57%）、文明实践（57.44%）、大型活动（35.95%），仍然可以看出基层专业化志愿服务受到基层街道、社区的引导。而群众自发性地开展帮困助弱、心理援助、老年关怀、青少年辅导等涉及居民日常生活需求的项目活跃度维持在中等水平，发展势头不够强劲。

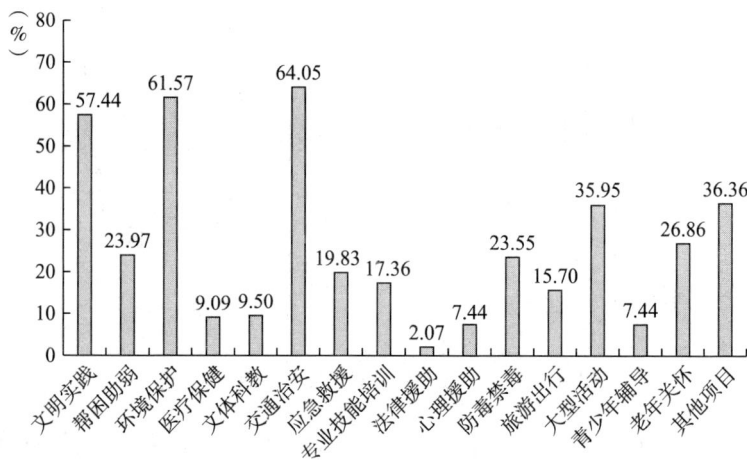

图 5　专业化志愿服务项目活跃度分布情况

三是志愿者对专业化志愿服务项目的评价较为积极。针对志愿者对专业化志愿服务组织和项目的认知情况，调查问卷设置了 4 个问题，分别是"在专业志愿服务过程中，您与其他专业志愿服务者的相处情况和信任情况如何""您感觉专业化志愿服务组织推动项目的效率如何""您对开展专业化志愿服务的满意度""在专业化志愿服务中，您的权益保障如何"，具体问卷情况如表 2 至表 5 所示。

表 2　在志愿服务项目中，您与其他专业志愿者的相处情况和信任情况如何

单位：人，%

相处及信任情况	人数	占比
默契配合，十分信任	143	65.30
配合流畅，比较信任	68	31.05
配合一般，存在一定差距	8	3.65
配合较差，有不够专业的志愿者存在	0	0

表 3　您感觉专业化志愿服务组织推动项目的效率如何

单位：人，%

组织推动项目效率	人数	占比
组织内部畅通，能完全听懂指令	131	60.27
组织内部沟通良好，能较好听懂指令	79	36.07
组织内部存在沟通障碍，指令不够顺畅	6	2.74
组织内部沟通不畅，指令下达不明确	2	0.91

表 4　您对开展专业化志愿服务的满意度

单位：人，%

对专业志愿服务的满意度	人数	占比
很满意，能实现自我价值	178	81.28
较满意，能提升自我技能	31	14.16
一般满意，离理想中的情况还有差距	10	4.57
不满意，开展专业志愿服务的成效不大	0	0

表 5　专业化志愿服务中，您的权益保障如何

单位：人，%

权益保障情况	人数	占比
提供了质疑和意见反馈的渠道	88	44.18
提供了必要的人身和财产安全	146	66.67
提供了一定的物质条件，包括餐饮交通	101	46.12
提供了一定的岗前培训	163	74.43
会向优秀志愿者提供荣誉证书等	121	55.25

从表2至表5中可知，志愿者在专业化志愿服务活动中，对志愿者同伴、活动组织情况、活动效果等，均持有积极态度，在专业化志愿服务活动组织中，大部分志愿者对组织和项目活动的认知度较高，积极支持专业化组织的建设和发展，且愿意主动参与到组织活动中，有力地支持了基层专业化志愿服务组织和活动的可持续发展。

四是基层专业志愿服务活动缺乏持续动力。从问卷调研来看，参与专业化志愿服务活动的主要群体为50岁以上的老年人，占比超过50%，而青少年、青年等群体忙于学业和工作，参与度较低，中老年群体成了基层一线参与专业化志愿服务活动的主力。这就导致专业化志愿服务项目缺乏高学历、稳定的专业志愿者队伍，进而可能会导致出现新老志愿者衔接不上、组织人力成本高等影响活动开展的潜在问题。

四 专业化志愿服务生活方式的影响与启示

（一）专业化志愿服务的重要特征

一是专业性。此特征是专业化志愿服务与传统志愿服务相区别的最大特征。其专业性特点主要体现在志愿者的专业性、志愿服务的专业性、运营管理的专业性三个方面。专业化志愿服务非所有人群能够开展。如专业应急救援队员参与公益应急救援，必须是经过专业救援培训才可参与，且该志愿队伍具有专业化的组织运营方式。

二是精准化。专业化志愿服务者聚焦某一领域、某一范围的需求提供具有行业或者职业标准的专业技术服务，同时，专业志愿服务者的人数远远少于传统志愿服务者的数量，专业化志愿服务强调精准解决问题，不能保证面面俱到。精准化突出了需要接受服务人群的客观需求，服务者与被服务者双方需要进行精确适配，如具有心理服务专业资质的心理咨询医生向目标受众提供专业的心理疏导服务。

三是跨界合作性。这主要表现为跨界、跨专业、跨领域的协作。面对更为复杂、多元的志愿服务实际情况，往往需要不同专业的志愿者合作给出综合性解决方案，比如"环保＋司法""环保＋医疗""心理疏导＋关爱"等多个专业领域的跨界合作，这样志愿服务不再是仅仅解决某一个或某一种问题，而是解决多个方面和领域的复杂问题。

（二）专业化志愿服务生活方式的内在逻辑

目前，深圳志愿者队伍及组织迅速发展，专业化志愿服务多点开花。我们需要透过现象、挖掘内核，厘清专业化志愿服务的内在逻辑，这关系到正确理解志愿者自身对自己行为意义、目标预期和效果评价等方面的立场观点，也关系到社会各界对志愿服务的定义、期望和评价，更关系到在新发展阶段专业化志愿服务发展在促进提升人民生活质量和生活水平方面作用的发挥。

普遍来看，志愿服务精神内涵的核心是服务、团结的理想和共同使这个世界变得更加美好的信念，其中专业化志愿服务的内在逻辑主要体现在以下三个方面。

一是社会性逻辑：公共性的生成。志愿服务的社会性逻辑在于促进公共性的生成，全面提升公共服务的社会效益。因此，专业化志愿服务始终是事业性和社会性的。公共精神的"责任""共建共享"内核与志愿精神的"奉献、友爱、互助、进步"特征在内涵上相统一。在提升志愿服务专业化水平的社会实践中，持续增进志愿服务的社会效益，在专业志愿服务的实践中进一步促进志愿服务社会公共性的生成，从而全面推动参与专业志愿服务的志愿者们参与和融入社会、扩展社会资源、实现自身价值，促进其公共意识萌发并不断增强，进而反过来推动社会理念的进步以及社会资源的有效整合，使专业化志愿服务在社会的正向回应中获得持续发展。

二是技术性逻辑：促进专业技能的获得和运用。志愿服务专业化的技术逻辑，是指运用相关专业技能和行业标准来提升志愿服务的针对性与规范性水平。一方面，对服务对象而言，专业化志愿服务能够促使其获得更加专业和更加有针对性的帮助，从而改善自身状况和困境。另一方面，通过全面提高专业志愿服务管理运营水平，不断优化专业志愿服务供给，从而进一步推动专业化志愿服务更加规范化、精准化、持久化。

三是精神性逻辑：境界崇高的自我疗愈。自愿、无偿是志愿者们志愿服务精神最基本的内在品质，是志愿服务的显著特征。专业化志愿服务主要是在非营利、利他性志愿服务活动中促进志愿者及接受服务的对象均能够实现自身精神层面的成长和发展。志愿服务精神强调奉献和发展的有机统一，在深圳的专业化志愿服务发展历程中，我们能够看到，很多优秀的专业志愿者愿意牺牲个人的正当利益，乃至生命来生动诠释"忘我""无我"的崇高精神，这就证明在社会生活的浪潮里，无私奉献、追求大我正像涓涓水滴汇聚成朵朵浪花，将志愿服务的崇高精神书写成传递爱心、传播文明、促进社会和谐的壮丽诗篇。

（三）专业化志愿服务的价值核心

如前所述目前，深圳的专业化志愿服务虽然处于发展的初步阶段，但与传统志愿服务相比，专业化志愿服务精神内涵的核心是服务、团结的理想和共同使这个世界变得更加美好的信念。专业化志愿服务的核心价值内容，既具有对社会发展的积极推动作用，也可以对志愿服务主体和客体产生积极的价值引导作用，主要具有以下三个方面价值内涵。

一是服务社会、关爱他人是专业化志愿服务的根本宗旨。志愿服务是事业性和社会性的。志愿服务致力于帮助有特殊困难的社会成员，推动社会精神文明建设，促进经济社会协调发展和进步。"越是工业化发达的国家和地区，人们对于复归人的总体性的渴求也就越大，这些地方往往也就越早出现志愿服务，其发展也越充分。"[①]

---

① 魏娜、刘子洋：《论志愿服务的本质》，《中国人民大学学报》2017 年第 6 期，第 79～88 页。

深圳的区位特点和资源禀赋为志愿服务的发展提供了客观环境，从人口社群上来看，外来人口超过七成，是典型的"移民社会"和"陌生人社会"，亟须构建社会互帮互助支持网络。经过30多年的发展，"送人玫瑰，手有余香"的志愿服务理念入选"深圳城市十大观念"，"互相帮助、助人自助、无私奉献、不求回报"贯穿了志愿服务的始终，志愿者们的奉献精神已经真正成为推动城市进步、实现生活质量飞跃的不竭动力。

二是共同发展、全面进步是专业化志愿服务的理想图景。从上述典型案例来看，专业志愿者们在专业维度和领域努力提高自身服务素质，全面提升志愿服务的规范化、精准化水平和服务的质量，让他人真正能够得到更高质量、更高水平的服务。这对专业志愿者而言，参与一系列更具专业性、更有意义、更具时代感的活动，能够促进内心正能量的流动和传递，带动实现自身成长、内心净化和自我发展。

三是独立自主、无私奉献是专业化志愿服务的恒久风貌。志愿者凭借自己的双手、头脑、知识、爱心等开展各种志愿服务活动，帮助那些需要帮助的人们。尊重志愿者的独立主体地位，尊重志愿者的自主性、自觉性，是推动专业化志愿服务持续发展的前提和重要保障。"毫不利己、专门利人"的大公无私，不是标出多高的道德准则，也不是一无所获，而是在以非营利、利他性在志愿服务中促进志愿者及接受服务的对象均能够实现自身的成长和发展。

五 专业化志愿服务存在的问题

(一) 志愿服务专业化研究力量仍显欠缺

推动志愿服务的专业化离不开专业研究力量的介入，近年来，志愿服务研究越发受到重视，但深圳在志愿服务领域的研究力量较为薄弱，本地高校和科研机构中研究专业化志愿服务的人员相对较少。另外，深圳专业化志愿服务理论研究仍滞后于实践发展，大量鲜活的专业志愿服务实践较难转化或升华成高质量、高水平的科学研究成果，未能进一步反哺指导专业领域的志愿服务实践。

（二）专业化志愿服务缺乏规范引导

以应急救援为例，深圳市公益救援队伍具有较高的专业水平，设置了山地救援、高空救援、城市搜救、水上搜救、医疗辅助、大鹏公益救援、应急通信救援等专项组别，虽然这些志愿队主要受应急管理单位的指导，但水上搜救、医疗辅助和通信救援等专业领域在行政框架内仍然缺乏相对应的监管和指导单位。此外，深圳专业化志愿服务因参与跨界合作，再加上服务对象和服务范围的界限不清晰、不明确，多方力量共同协调配合的难度较大，比如，深圳市蓝色海洋环境保护协会与海豚康复治疗研究机构合作的脑瘫儿童康复治疗项目跨度较大，涉及医学健康、生态保护、动物保护等多个领域，导致项目的可操作性和可实施性、可推广性存在不足。

（三）专业化志愿服务的经费和人力不足

首先，虽然深圳专门成立了志愿服务基金会，政府财政支持500万元作为启动资金，并公开面向社会募集资金累计超过6000万元，但是专业化志愿服务点多面广，专业性要求较强，与蓬勃发展的专业化志愿服务实践相比，用于开展志愿服务研究的财政资金和社会资金整体上还是略显不足的。其次，志愿服务本就具有自愿性，专业化志愿服务人员存在一定的流动性，且大部分专业化志愿服务人员并不是全职开展志愿服务的，所以在一定程度上，专业化志愿服务项目的发展也时常因专业人员的流动和力量不足而受到影响和制约。另外，部分专业化志愿服务队伍成立得较为仓促，没有对队伍成立之后的发展方向、服务理念、项目运作等进行很好的规划，以致部分专业化服务项目虎头蛇尾、发展停滞，这一问题在基层志愿服务队伍中尤为明显。

六　对策和建议

（一）全面加强专业志愿服务研究

建议在深圳组建粤港澳大湾区专业志愿服务研究中心，整合粤港澳大湾区志愿服务研究资源和力量，开展理论研究和调研监测，收集优秀的专业志愿服务经验及案例，大力培养专业志愿服务人才队伍，有效促进全国志愿服务研究机构的交流合作。同时，与高校合作，大力加强专业志愿服务岗位的开发，鼓励高层次人才、专业技术人才、高科技人才参与志愿服务，促进有志愿服务热情的人士找到适合自身特长的志愿服务岗位，不断推动志愿服务的专业化、精准化、规范化发展。

（二）加强对专业化志愿服务的规范引导

为进一步推动志愿服务专业化、法治化、精准化发展，维护专业志愿者的合法权益，相关部门要对专业化志愿服务的关键性问题做出明确法律规定，将专业化志愿服务纳入志愿服务统一立法之中，明文规定开展专业化志愿服务所要遵循的规范，或在现有志愿服务相关法中设置专业化志愿服务专章，建立专业化志愿服务法律体系，明确专业化志愿服务在志愿服务体系中的地位、活动原则、协调机构、队伍建设流程等。此外，行政机构要高度重视专业化志愿服务的发展建设，尤其在跨领域、跨学科合作项目中，要加强部门联动，推动各类职能部门合力规范引导专业化志愿服务项目的科学健康推进。

（三）强化专业化志愿服务资金和人力保障

政府、社会和民间组织要协同发力，设立专业化志愿服务专项基金，为推动专业化志愿服务实现长期的持续高质量发展提供坚实保障。同时，还要强化专业化志愿服务激励保障，全面推动志愿服务的岗位要求和专业志愿者自身的技能实现精准匹配，更加注重对专业志愿者的关爱和专业志愿服务文化氛围的营造，发挥专业化志愿服务项目对专业志愿者的"黏合"效应，尽力避免出现专业志愿服务人员流失的情况。

特别鸣谢

本文的选题、研究、撰写到完成等工作离不开众多热爱、关心和支持志愿服务的各界人士。首先，感谢深圳团市委、深圳义工联回顾、梳理总结深圳 30 多年志愿服务发展历程，其牵头编撰形成的《深圳义工改革发展实录》《深圳志愿服务发展报告（2020）》两本著作对本篇研究具有很强的指导意义。同时，也感谢深圳市志愿服务基金会的支持和帮助，为本研究提出意见参考。最后，感谢深圳市所有志愿者们，你们中的每一位在志愿服务领域的生动实践，都为本篇研究提供了参考范例和精神指引。愿志愿服务事业如灯塔永照，愿志愿服务精神温暖人心！

（撰写人：张冬冬，高级政工师，清华大学国家卓越工程师学院博士研究生；

孙雅洁，中国智慧工程研究会社会心理研究与教育专业委员会副理事长，教授；

刘相宇，深圳市龙岗区吉华街道办事处主任科员）

就业与生活满意

——基于特大城市青年流动人口的数据分析

人民对美好生活的向往，始终是我们党的奋斗目标。无论是新中国成立前党领导人们干革命，还是新中国成立初期党领导人们搞建设，还是今天党领导人们抓改革，都是为了让人民过上美好生活。"人民对美好生活的向往，就是我们的奋斗目标。"[①]

为了创造美好生活，为了实现中国梦，首先需要有一个行动路线和指导纲领。改革开放带给中国的是一场千百年未有之大变，带给世界的是历史坐标的翻转。经过 40 多年的改革开放，我国的现代化建设日益明确的一个发展目标就是"创造美好生活"。改善人们的生存状态，提升人们的生活质量和幸福感，不仅是新时代中国的目标，也是当代全球性普遍的价值追求。20 世纪 90 年代，美国学者罗纳德·英格尔哈特对 43 个国家和地区人们的价值观进行调查，[②] 得出结论即为：21 世纪人类的生存战略应该是"最大限度地保证生存和幸福"。

党的二十大报告已经为我国经济社会的发展绘制了路线图和时间表，于 2035 年基本实现社会主义现代化，于 2050 年把我国建成富强民主和谐美丽的社会主义现代化强国。"幸福都是奋斗出来的"，天上不会掉馅饼，幸福从来都是需要"撸起袖子加油干"出

---

① 《习近平谈治国理政》，外文出版社，2014，第 4 页。
② 该项研究成果的中文版《现代化与后现代化——43 个国家的文化、经济与政治变迁》已于 2013 年由社会科学文献出版社出版。

来的。习近平总书记 2018 的新年贺词犹言在耳，直抵人心，催人奋进，引发共鸣。为了幸福生活，为了美好生活，我们需要在平凡的生活中不断奋斗。

在对包括如何生活在内的各种社会现象进行解释的学说中，最具影响力、提供科学的世界观和方法论的还是马克思的历史唯物主义社会理论。马克思的理论对于我们今天在中华大地上开创人民幸福美好生活的现代化事业来说，仍然显现巨大的理论价值。马克思在《共产党宣言》中提出"人的自由而全面的发展"，但是其本人并没有具体描述自由而全面的生活是怎样的，新时代的中国马克思主义者接过马克思的接力棒，将其表述为人民对美好生活的向往。

"为人民创建美好生活"，流动人口自然也包括在"人民"中，大规模青年流动人口推动着我国的工业化、城市化、市场化及现代化进程，为流入地的经济发展与社会进步做出贡献。作为全国政治与文化中心的北京，更以其经济发展优势吸引了众多年轻人。在构建美好生活的新时期，在倡导幸福需要奋斗的新时代，流动到特大城市里的青年人的工作状况如何，他们凭借其努力在异地奋斗，是否实现了自己的梦想与目标？就业是最大的民生，是天大的事，对于流动青年人来说更是如此。为了探讨在京青年流动人口的就业状况，以及就业对其生活的影响，本文针对青年流动人口就业与生活的关系进行实证研究，从就业角度论证工作对于流动人口创建美好生活的影响，同时也为相关部门制定以美好生活为导向的就业政策提供学理支持。

一　文献回顾

我们的大部分生活是在日常活动中度过的。睡觉、洗澡、穿衣、吃饭、工作、购物、放松、打扫房间、洗衣服，我们从每一件小事中获得快乐。出生、长大、成熟、衰老、死亡；毕业、找工作、结婚、离婚、恋爱、分手、购房；交朋友，吵架；搬家、换工作、被解雇或升职、生病和康复。生活对我、对你、对几乎所有人来说都是如此，这些活动构成了日常生活。什么样的生活是美好的生活？什么样的生活是令人满意的生活？

（一）生活满意的构成维度

生活满意是个体生活质量的心理参数之一，是个体对生活做出的主观评价和综合判断。作为一种主观判断，国内外不同学者认为生活满意涉及不同的指标与维度。有学者将生活满意指标分为工作、婚姻、家庭、休闲等四个层面，世界卫生组织从生理、心理、独立性、环境、精神支柱、社会关系等六方面评价生活满意情况。[①] 有学者认为生活满意涉及家庭生活、工作生活、社会生活、个体健康、精神生活等方面。[②] 有学者基于新加坡的研究认为，生活满意涉及家庭、健康、工作状况、生活环境、自我发展、休闲等方面。[③] 林南等学者从工作、家庭、环境等方面构建生活满意指标，[④] 工作方面包括劳动形式、职业声望、工作单位地点远近、工资收入、福利待遇、晋升机会；家庭方面包括家庭经济状况、家庭生活、家庭成员间关系、住房情况、居住环境、业余生活；环境方面包括同事关系、朋友交往、邻里关系；等等。

国内学者邢占军等认为生活满意涉及物质生活、家庭生活、社会关系、自身状况及社会变革等五个方面。[⑤] 陈世平等在天津进行生活满意度调查时使用的量表涉及环境、政策、职业、经济、

---

① C. L. Hulin, "Sources of Variation in Job and Life Satisfaction: The Role of Community and Job Related Variables," *Journal of Applied Psychology* 53（1969）: 279-291.

② Ralph L. Day, "Relationships between Life Satisfaction and Consumer Satisfaction," in A. Coskun Samli, ed., *Marketing and the Quality of Life Interface* (New York: Quorum Books, 1987), pp. 289-311.

③ Kau Ah Keng, Wang Siew Hooi, "Assessing Quality of Life in Singapore: An Exploratory Study," *Social Indicators Research* 35（1995）: 380-392.

④ 林南、王玲、潘允康、袁国华：《生活质量的结构与指标——1985 年天津千户问卷调查资料分析》，《社会学研究》1987 年第 6 期，第 73~89 页。

⑤ 邢占军、张友谊、唐正风：《国有大中型企业职工满意感研究》，《心理科学》2001 年第 2 期，第 191~193 页。

健康、住房、休闲和人际关系等。[①]

综合可知，无论是国外学者还是国内学者大都认为满意的生活应该涉及工作、经济、健康、休闲、家庭生活满意等方面。

（二）就业与生活满意

工作或者劳动作为人的一种生存状态或存在方式，其对个体拥有怎样的生活感知及对生活做出怎样的评价具有不可低估的影响。对一些人来说，工作是达到目的的一种手段，是赚足够的钱去做那些真正有趣或重要的事情的一种方式。对另一些人来说，工作本身就是目的，是一种被认为具有内在乐趣或社会价值的活动，或者两者兼而有之。

有研究认为，对居民生活满意度影响最大的因素是工资收入，[②]高收入的人生活满意度更高，[③]但也有研究认为收入对生活满意度的影响不显著。[④]有研究以农民工作为研究对象，认为新生代农民工的劳动强度、工作环境、社会保障正向影响工作满意度。[⑤]还有研究以高校青年教师作为研究群体，[⑥]就职业满意状况与其生活满意的相关性进行探究。

从以上文献回顾可以看出，生活满意研究得到经济学、社会学、心理学等诸多学科的关注，而且积累大量的经验研究成果。但是针对就业与生活满意关系的研究尚付阙如。鉴于此，本文以青年流动

---

① 陈世平、乐国安：《城市居民生活满意度及其影响因素研究》，《心理科学》2001 年第 6 期，第 664~666 页。

② 陈耀辉、陈万琳：《江苏省城镇居民生活满意度评价分析》，《数理统计与管理》2013 年第 5 期，第 777~795 页。

③ 党云晓、余建辉、张文忠：《北京居民生活满意度的多层级定序因变量模型分析》，《地理科学》2016 年第 6 期，第 829~836 页。

④ 杨春江、李雯、逯野：《农民工收入与工作时间对生活满意度的影响——城市融入与社会安全感的作用》，《农业技术经济》2014 年第 2 期，第 36~40 页。

⑤ 姚植夫、张译文：《新生代农民工工作满意度影响因素分析》，《中国农村经济》2012 年第 8 期，第 46~55 页。

⑥ 陈银飞：《高校青年教育压力，职业满意度与生活满意感的实证研究》，《统计与信息论坛》2010 年第 8 期，第 107~112 页。

人口作为研究对象，分析其工作状况与满意生活之间的关系。

二 数据、变量与研究方法

（一）数据来源

本研究使用的数据源于中国社会科学院社会学研究所与共青团北京市委于 2015 年 12 月针对北京市青年人口发展状况进行的调查。本次调查在北京通州、朝阳、丰台、海淀、昌平、密云、东城、西城、延庆等地区进行抽样，调查内容涉及工作、家庭、教育、社会交往等方面内容与信息。

（二）样本描述

此次调查针对以下五类青年群体展开调查：京籍原住、京籍迁入、非京籍门槛①、非京籍流动以及流动人口二代，共发放问卷 11000 份，有效回收 10791 份。本研究选择其中的非京籍流动青年人口作为分析对象，这类群体是指本人在京无房，收入低于平均或者收入高于平均但在京居住 8 年以下的非京籍群体，该群体数量估计在 330 万人左右。针对这类群体的问卷共发放 3672 份，回收有效问卷 3526 份。其中性别分布为：男性受访者占 51.3%，女性受访者占 48.7%；农村户口受访者占 71.5%，非农户口受访者占 28.5%；在婚者占 64.7%，不在婚者占 35.3%；51.1%的受访者有孩子（一个或多个），48.9%的受访者没有孩子。

（二）变量描述

1. 因变量

生活满意状况是本研究中的因变量，用问卷中"对于在北京生活以下各方面的状况，您是否觉得满意"来测量。在京生活具体涉及以下 10 个方面：经济收入、社会地位、教育机会、工作稳定性、工作前景、社会福利、人居环境、工作环境、民主权利、

---

① 北京籍门槛是指户籍为非京籍，本人在北京有房或者无房但在北京居住八年以上且收入在平均线以上。

总体评价。问卷采用李克特 5 点计分法，从 1 分到 5 分，得分越高，表示受访者在该方面的生活满意程度越高。

2. 解释变量

与工作相关的特征是本文的解释变量，具体包括工作单位类型、工作收入、工作待遇、工作更换次数、工作充电行为等方面，对这些变量的描述性统计分析如表 1 所示。

表 1　解释变量的描述性统计分析

变量	N	均值	标准差
工作单位类型（以其他为参照类）	3470		
机关事业单位及国企（是＝1）		0.1438	0.3509
非公企业（是＝1）		0.2490	0.4324
个体经营（是＝1）		0.3476	0.4762
劳动收入（单位：万元）	3160	4.543	4.831
工作待遇（有＝1）	2982		
劳动合同		0.6227	0.4847
带薪休假		0.4869	0.4999
五险（养老、医疗等）		0.5402	0.4984
住房公积金		0.3075	0.4615
工作更换次数	1798	2.250	1.940
工作充电行为（有＝1）	3470		
自学新业务知识		0.513	0.500
参与短期培训		0.442	0.496
参与资格考试并获得资格证书		0.284	0.451
通过继续教育获得更高学位		0.176	0.376
上班单程通勤时间（以 1.5 小时以上为参照）	3378		
0.5 小时以内		0.504	0.5000
0.5~1 小时		0.2564	0.4366
1~1.5 小时		0.1693	0.3751
居住面积（单位：平方米）	3449	22.759	21.630
在京可信赖朋友数量	3332	4.483	6.172
受教育年限（单位：年）	3420	12.413	2.953

3. 控制变量

现有研究表明，受教育水平越高，个体的生活满意度也越高，住房条件较好者会有较高的生活满意度，青年流动人口的户籍会影响其生活满意度，流出地户籍为城市的青年流动群体生活满意度更高，[①] 子女数量对中老年人的生活满意度有显著影响，而且对女性的影响大于男性。[②] 为了得到就业状态对于满意生活状况的净效应，有必要将这些对生活满意状况有影响作用的其他因素控制住。结合本次调查数据，本文将受教育年限、居住面积、在京可信赖朋友数量、户籍状况、婚姻状况、孩子状况作为控制变量纳入模型中。

（三）统计方法

本研究用 SPSS 19.0 软件处理数据，首先对流动人口的生活满意进行因子分析，得出生活满意的两个因子：工作满意因子和个人发展满意因子。其次对因子进行描述分析，然后在控制其他变量情况下利用多元回归统计分析方法分析就业状态对工作满意和个人发展满意的影响。最后用 MPLUS 软件对就业状况对生活满意的预测力进行结构方程建模。由于生成的潜变量和一些自变量是类别型变量，而且数据中存在大量缺失值，因此本文采用 MPLUS 软件（7.4 版本）进行建模，MPLUS 是潜变量建模领域的主流分析软件，其 WLSMV 估计方法可以很好地处理分类变量的参数估计问题，[③] 在非正态数据、分类潜变量，尤其是缺失数据处理方面具有一定优势。[④]

---

① 和红、王硕：《不同流入地青年流动人口的社会支持与生活满意度》，《人口研究》2016 年第 3 期，第 45~57 页。

② 王雨濛、徐健贤、姚炜航：《子女数量对中老年人生活满意度的影响研究——基于城乡间和两性间的比较》，《农林经济管理学报》2016 年第 6 期，第 735~742 页。

③ B. Muthén, Latent Variable Modeling of Growth with Missing Data and Multilevel Data, Multivariate Analysis Future Directions, 1993, pp. 199-210.

④ Andre Beauducel, Philipp Yorck Herzberg, "On the Performance of Maximum Likelihood Versus Means and Variance Adjusted Weighted Least Squares Estimation in CFA," *Structural Equation Model* 13 (2): 186-203.

三　数据分析

(一) 生活满意的因子分析

本次调查涉及在京流动青年生活的 10 个方面，为了简化同时也为了最大限度提取出有效信息，笔者采用探索性因子分析进行维度缩减。首先对问卷题项进行 Bartlett 球形检验，结果显示，检验卡方值为 22309.642，自由度为 45，对应概率值为 0.000，说明这 10 个题项之间存在共享因素。其 KMO 值为 0.924，根据 Kaiser 的观点，说明这 10 个方面适合进行因子分析。

本研究采用主成分分析方法提取因子，旋转方法为 Kaiser 标准化的倾斜旋转法，根据特征根大于 1 的抽取原则，最终得到 2 个因子，这 2 个因子的累积方差贡献率为 73.862%，已经达到因子分析的要求。

从表 2 中可知各因子分布情况：第一个因子 F1 涉及总体评价、教育机会及民主权利，第二个因子 F2 涉及工作稳定性、工作前景、经济收入、工作环境及社会地位。根据各因子所含题项内容，将其分别命名为个人发展满意和工作满意，此即生活满意两因子。

表 2　生活满意因子分析结构矩阵

变量	成分	
	1	2
总体评价	0.887	
教育机会	0.868	
民主权利	0.861	
社会地位		0.882
经济收入		0.857
工作稳定性		0.751
工作前景		0.751
工作环境		0.734

　　在京流动青年生活满意两因子的描述性统计分析结果见表 3。该群体的工作满意平均得分为 3.0807，处于一般状态；而个人发展满意平均得分为 3.1968，处于中等偏上水平。总体而言，相较工作，在京青年流动群体对自己在北京的个人发展更加满意。

表 3　生活满意两因子的描述性统计分析

变量	N	极小值	极大值	均值	标准差
工作满意	3556	1.00	5.00	3.0807	0.70668
个人发展满意	3556	1.00	5.00	3.1968	0.75756

（二）工作状态对生活满意两因子的影响

1. 工作状态对工作满意与个人发展满意的影响

　　分别以工作满意和个人发展满意作为因变量，以工作状态变量为自变量，对其进行多元回归模型的估计，模型结果见表 4。以工作满意作为因变量的回归模型中，模型的 F 值为 9.634，对应概率为 0.000，以个人发展满意作为因变量的回归模型，其 F 值为 8.800，对应概率为 0.000，表明这两个模型是有效的。这两个模型可以分别解释工作满意及个人发展满意的总变异的 8.2% 和 7.6%。

表 4　生活满意度两因子的多元线性回归模型

变量	工作满意	个人发展满意
控制变量		
性别（男 = 1）	−0.020	−0.042
年龄	−0.008 *	−0.008 *
受教育年限	−0.019 **	−0.025 ***
孩子状况（有孩 = 1）	−0.002	−0.064
婚姻状况（在婚 = 1）	0.076 *	0.127 **
户籍状况（农村 = 1）	−0.039	−0.002
在京可信赖朋友数量	0.002	0.004
居住面积	0.003 ***	0.002 **

续表

变量	工作满意	个人发展满意
工作单位类型（其他=1）		
机关事业单位及国企	0.035	0.116[*]
非公企业	0.017	0.098[*]
个体经营	0.045	0.084[*]
工作待遇（有=1）		
劳动合同	−0.012	0.053
带薪休假	0.102[**]	0.128[**]
五险（养老、医疗等）	0.038	0.001
住房公积金	0.114[**]	0.098[*]
工作充电行为（有=1）		
自学新业务知识	0.063[*]	0.075[*]
参与短期培训	0.038	0.052
参加资格考试并获得资格证书	0.093[**]	0.031
通过继续教育获得更高学位	0.118[**]	0.106[*]
劳动收入	0.013[**]	0.014[**]
工作更换次数	−0.034[***]	−0.031[***]
上班单程通勤时间	−0.029[*]	−0.039[*]
_cons	3.203[***]	3.336[***]
R^2	0.082	0.076
F	9.634	8.800
Sig.	0.000	0.000

注：*** 表示 $p<0.001$，** 表示 $p<0.01$，* 表示 $p<0.05$。由于版面有限，此表没有呈现标准误。下同。

在控制人口学变量以及在京可信赖朋友数量、居住面积等会对生活满意产生影响的变量之后，我们来分析就业状态对生活满意两因子的影响。

（1）工作单位类型。在控制其他变量条件下，工作单位类型对于在京青年流动群体的工作满意没有显著影响，但是对其个人发展有显著影响。具体而言，同工作单位类型选择其他（包括自由职业、务农、无业等）的在京流动青年相比，工作单位类型选择机关事业单位及国企、非公企业及个体经营的在京流动青年个人发展满意度更高，其中，机关事业单位及国企中就业的人们工作发展满意度最高，其次是非公企业，再次是个体经营人员。

（2）工作待遇。本次调查涉及的四类工作待遇中，劳动合同和五险（养老、医疗等）这两种工作待遇对在京流动青年的工作满意和个人发展满意没有显著影响，而带薪休假和住房公积金对于生活满意两因子都有显著影响，有这两种工作待遇的青年比没有这些待遇的人更能够从工作和个人发展中找到满意的元素。

（3）工作充电行为。本次调查涉及的工作充电行为中，自学新业务知识、通过继续教育获得更高学位对于在京青年流动青年的工作满意和个人发展满意都有显著影响，那些在工作中有机会继续为自己充电的青年更能从工作中寻找到更多快乐。参加资格考试并获得资格证书只对青年的工作满意有显著影响，但对其个人发展满意没有显著影响。参与短期培训的经历并不能对在京青年流动群体的工作满意和个人发展满意产生显著影响。

（4）劳动收入。劳动收入对于在京青年流动群体的工作满意和个人发展满意都有显著正向影响，工作所得越多，其工作满足感及个人发展满足感越高。

（5）工作更换次数。工作更换次数对于在京青年流动群体的工作满意和个人发展满意都有显著负向影响，工作更换得越频繁，其工作满意度和个人发展满意度越低。

（6）上班单程通勤时间。上班单程通勤时间对于在京青年流动群体的工作满意和个人发展满意都有显著负向影响，从家到达工作岗位所需时间越长者，其工作满意度和个人发展满意度也越低。

2. 就业状态影响生活满意度的综合模型

前文是将工作单位类型、工作待遇、工作充电行为中的每一类别分别作为虚拟变量纳入模型中，考察其对工作满意与个人发展满意的影响。现在将工作满意与个人发展满意作为测量生活满意整体的测量指标，生成生活满意的潜变量；将劳动合同、带薪休假、五险（养老、医疗等）、住房公积金作为工作待遇整体的测量指标，生成工作待遇的潜变量；将自学新业务知识、参与短期培训、参与资格考试并获得资格证书、通过继续教育获得更高学位作为工作充电行为整体的测量指标，生成工作充电行为的潜变量，从整体上分析就业特征对生活满意度的影响作用。

由于需要对潜变量建构模型，而且其中的控制变量和解释变量是多分类变量或二分类变量，数据不满足正态分布，故本文采用 MPLUS 软件（7.4 版本）中的最大似然估计的方法对其构建潜变量的结构方程模型（见图 1）。

在京流动青年生活满意潜变量结构方程模型，拟合结果如下：检验卡方值为 2170.05，自由度为 149，CFI 为 0.821，TLI 为 0.819，RMSEA 为 0.073，置信度为 90% 时 RMSEA 的置信区间为 0.071~0.076<0.08。从拟合指标上看，拟合程度较好，故模型是可以接受的。

模型分为三部分，中间部分为结构模型，主要包括体现因果关系的工作充电行为和工作待遇等因变量和生活满意这一结果变量，模型左侧和右侧分别是潜变量的测量模型。本模型含有 3 个潜变量：工作待遇（treat）、工作充电行为（charge）和生活满意（lifesa）。其中，工作待遇和工作充电行为是外因潜变量，生活满意是内因潜变量。从图 1 可知，工作待遇的 4 个测量指标的因子载荷分别为 0.832、0.765、0.872 和 0.667，工作充电行为的 4 个测量指标的因子载荷分别为 0.624、0.611、0.707 和 0.636，生活满意 2 个测量指标的因子载荷分别为 0.864 和 0.828，表明这 3 个潜在变量的测量有较好的效度。该模型的路径回归系数及显著性水平如表 5 所示。

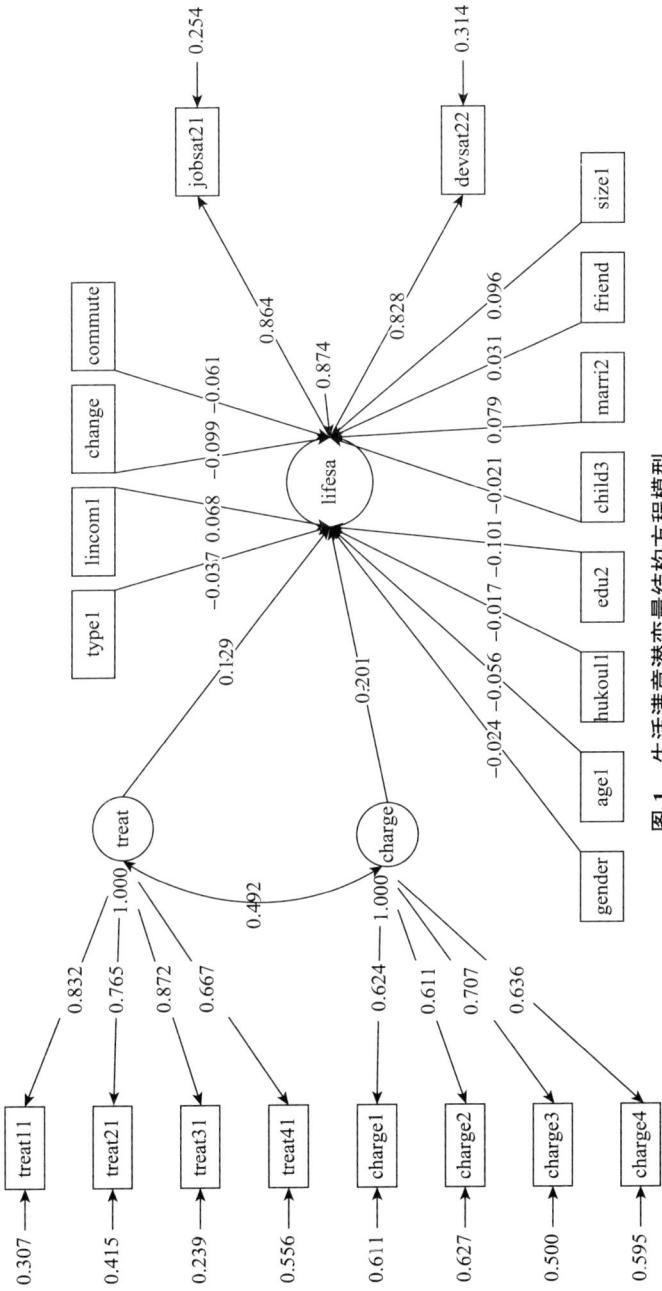

图 1　生活满意潜变量结构方程模型

表5　结构方程模型路径回归系数及显著性水平

变量			估计值	标准误	临界值	p
生活满意	ON	工作待遇	0.129	0.031	4.158	***
生活满意	ON	工作充电行为	0.201	0.030	6.809	***
生活满意	ON	工作单位类型	-0.037	0.024	-1.536	0.125
		劳动收入	0.068	0.021	3.175	***
		工作更换次数	-0.099	0.021	-4.727	***
		上班单程通勤时间	-0.061	0.022	-2.827	**
控制变量						
生活满意	ON	性别	-0.024	0.021	-1.112	0.266
		年龄	-0.056	0.024	-2.285	*
		户籍状况	-0.017	0.022	-0.797	0.425
		受教育年限	-0.101	0.026	-3.838	***
		孩子状况	-0.021	0.030	-0.679	0.497
		婚姻状况	0.079	0.030	2.663	**
		在京可信赖朋友数量	0.031	0.021	1.455	0.146
		居住面积	0.096	0.021	4.510	***

从表5可知，在控制人口学及其他对生活满意有影响的变量之后，工作待遇、工作充电行为、劳动收入、上班单程通勤时间、工作更换次数等就业特征变量对在京流动青年群体生活满意有显著影响。这些解释变量共解释掉生活满意总变差的13.6%，具体分析如下。

（1）工作待遇。工作待遇对在京流动青年群体生活满意影响的标准化回归系数为0.129，在0.001的水平上显著，说明工作待遇的正向影响作用显著，即在京流动青年群体从工作中所得到的待遇越多，其生活满意度越高。

带薪休假、住房公积金、五险（养老、医疗等）是一种"隐性"工作待遇，休假可以使劳动者得到充分的休息与调整，放松心情，可以全身心投入接下来的工作，提升工作效率。而养老保险、医疗保险、失业保险、工伤保险以及生育保险等工作待遇可以保障劳动者在退休后、失业后、罹患职业病时领取相应额度的资金，可以保障劳动者的基本生活。而住房公积金的缴纳，尤其对于面对高房价、有购房需求的青年流动人口来说无异于雪中送炭。因此，这些福利待遇可以使在京流动青年群体对工作更加热爱，对企业更加认同，进而更加愉悦、更加努力地工作，随之生活满意度也就提升了。

（2）工作充电行为。工作充电行为对于该群体生活满意度的影响作用为0.201，在0.001的水平上显著，说明工作充电行为正向影响该群体的生活满意度，即在京流动青年如果在工作后能够获得与工作相关的培训的话，其生活满意状况会显著改善。

对于在京流动青年群体来说，就业之后的充电行为多为就业单位为其提供继续深造和充电培训的机会，这是一种激励制度，该制度不仅能够大大提升其工作满意度，也能够提升其生活满意度。对于任何一个处于就业市场中的个体而言，其就业竞争力取决于其所拥有的知识、技能等所创造的价值。在知识经济时代，在瞬息万变的信息化社会，知识以惊人的速度不断翻新，各行业间的竞争日益激烈，就业单位对其员工的要求也越来越高。一个人，尤其是青年人要想使自己处于行业中的先锋位置，必须时时更新自己的技术，紧跟这个不断变化的行业与时代。要想做到这一点，只有不断地进行自我学习、自我充电，这也是抵御职场危机的最好方式。在工作遇到困难与瓶颈时，对自己进行再教育再投资，不仅能够快速提升自身的就业技能水平与个人素质，而且还可以使自身对未来职业做出更加准确的定位与规划，更好地发挥个人才能与潜力，使自己能够游刃有余地开展工作，这种不断充电的方式能够使劳动者享受到知识更新带来的新鲜感、愉悦感，自然会正向影响劳动者的生活态度与生活质量，生活满意度自然也会随之提升。

（3）劳动收入。对于在京流动青年群体来说，劳动收入对于其生活满意的影响作用大小为0.068，在0.001的水平上显著，说明劳动收入正向影响该群体的生活满意程度，即劳动收入或劳动回报越多，该群体的生活满意度越高。劳动收入是工作待遇、工作充电行为之后对生活满意有影响的第三大因素。

马克思说，"劳动是劳动者的直接的生活来源，但同时也是他的个人存在的积极实现。通过交换，他的劳动部分地成了收入的来源"。① 今天的大学毕业生更愿意选择到北京、上海、广州等大城市就业，主要是受其高速发展的经济、高收入水平以及现代化的生活方式的吸引。所以，工作付出能够为劳动者带来较高的工作回报，不仅在一定程度上实现其心理预期，而且在现实生活中，也使得劳动者在他乡能够获得较为体面的生活，对在京流动青年来说，收入是影响其生活满意度的重要因素之一。

（4）工作更换次数。从回归系数上看，工作更换次数显著负向影响在京流动青年群体的生活满意度，即工作更换越是频繁，其对生活的满意度就会越低。

个体决定更换目前的工作有多种原因。他要么觉得当前岗位不足以施展其才能，想要寻找更高的发展平台，从而主动辞去工作；要么是个人能力有限，他无法满足用人单位的用工要求，从而选择离开。无论是主动还是被动更换工作。在找到新的工作之前，由于没有稳定的收入，但是支出与消费依然存在，如果再加上每月固定的偿还房贷这种大额支出，那么这种生存压力无疑会使其深感焦虑。如果求职者在较长时间里找不到合适的工作的话，有些人甚至会对自己、对人生产生怀疑。当求职者找到新的工作岗位时，他需要面临新的工作环境，甚至要重新学习新的知识与技能，这需要他做好心理上的调适与适应，这些都是对个体心态的严峻考验。所以，频繁地更换工作势必会对劳动者的美好生活造成一定影响。

（5）上班单程通勤时间。上班单程通勤时间对于生活满意度

---

① 《马克思恩格斯全集》（第42卷），人民出版社，1979，第28页。

有显著的负向影响，在上班路上花费时间少的流动青年，其生活满意度更高。

上班单程通勤时间是劳动者完成工作的必要组成部分，在通勤路上所耗时间过长，会对劳动者的生活满意产生负向影响。在路上花费时间过多，必然会挤占原本可以用来休闲、娱乐、休息的时间。而且通常在通勤时间里，开车族要经常面对交通拥堵，公交族可能会无所事事，要么无聊地看着窗外，要么低头看手机，如果是在拥挤的地铁里，这些看似无聊的行为都几乎是一种奢望，因为不得不与某位陌生人"相拥"，甚至要被迫感受陌生人的呼吸直至下一站的到来，这样的尴尬境遇几乎是每一个乘坐公共交通的上班族都面对过的。假定单程通勤时间为 1.5 小时的话，那么每天就要有 3 小时的时间在路上，而且这种时间的付出是没有半点薪酬作为回报的，甚至经常要以体力付出作为代价，这对于上班族来说不仅是身体上的损耗，更是精神上的消磨，无论对有车族还是公交族来说，无不如此。在路上都已经如此疲惫的人，在到达单位或返回家时，怎么能热情投入工作、对生活感到满意呢？

除以上分析之外，该模型还表明，对于该群体来说，年龄和受教育年限对生活满意有显著负向影响，居住面积和婚姻状况对生活满意有显著正向影响作用。具体而言，受教育年限较少的在京流动青年群体的生活满意感更高；住房面积越大、处于在婚状态的在京流动青年群体的生活满意感更高。

四 结论与讨论

青年人是新事物的创造者，是中国科技自主创新的先锋，是中国现代化进程中的主力军，是他们使中国的未来充满希望。本文围绕该群体的工作状况对生活满意的影响进行分析。

结果表明，工作待遇、工作充电行为、劳动收入对在京流动青年的生活满意有显著正向影响，其中，工作充电行为的影响最大，其次是工作待遇，劳动收入的正向影响最小。工作更换次数、上班单程通勤时间对其生活满意有显著负向影响，其中，工作更换次数的影响大于上班单程通勤时间的影响，工作单位类型对其生活满意的影响不显著。

进一步的分析结果表明，工作单位类型对个人发展满意有显著影响，但对工作满意没有显著影响；工作待遇中的带薪休假和住房公积金对生活满意两因子有显著影响；工作充电行为中的自学新业务知识和通过继续教育获得更高学位对生活满意两因子有显著影响；劳动收入、工作更换次数以及上班单程通勤时间对生活满意两因子均有显著影响。

本文的数据分析结果表明，通过劳动付出，劳动者不仅可以使其基本生活得到保障，而且在劳动过程中，劳动者能够发挥自身的能动性与主体性实现自身价值，从劳动过程中感受到快乐与幸福。

崭新的时代属于你，属于我，属于有梦想有担当有干劲的这一代，更属于当今的青年一代。生活就是我们成长的过程，也是我们利用并充分发挥内在的所有潜力与才能的过程。如果我们每个人都找到生活的灿烂之光，我们的生活就会变得生动而丰富。生活自有它的迷人魅力，关键是我们如何去发现。为了让我们的生活更加美好，为了让我们所有才能得以发挥、所有梦想得以实现，我们可以从工作中寻找快乐，在各类个体性的、群体性的活动中寻找乐趣，快乐工作，积极参与各类活动，增强对美好生活的感知。为了让在京流动青年群体从劳动中感受到更加美好的生活，基于本文的分析结果，我们提出的建议是：企业和就业管理部门应该从提高劳动者的工作待遇水平、为其提供继续学习与培训的机会等方面入手，满足劳动者的不同需求。另外，公路交通管理部门加强城市道路规划建设，缓解交通拥堵问题，也会在一定程度上提升青年流动群体的生活满意度。

（撰写人：李艳春，哈尔滨工程大学副教授）

幸福的样子

——三代国企纺织女工的美好生活预期与追寻之路

一 引言

人类社会始终在追求美好生活的过程中向前发展。每一代人都有对自己时代美好生活的向往，也都肩负着追求美好生活的任务和使命。作为人存在于社会之基本形式的生活方式，是生活者个人在社会关系网络中为满足自身生活期望而采取的行动逻辑。生活方式研究在现实的社会网络关系和生活资源供给条件下，人们如何通过价值选择建构自己的生活需要，从而获得自己所珍爱的那种有意义的生活。其本质是在一定社会条件制约下和在一定价值观指导下所形成的满足人们自身生活需要的全部生活样式和行为特征。[①] 中国特色社会主义进入新时代，我国社会主要矛盾已经转化为人民日益增长的美好生活需要和不平衡不充分的发展之间的矛盾。本研究的目的是，平实反映普通人在心中勾画的"美好生活"图景，最接地气地描摹民众生活方式的实践层面和世俗层面意涵。在其中，我们不仅可以看到主体性的成长，而且也将感受到"新成长阶段"的发展动力正在形成。研究的主要内容是，"美好生活"理念的建构（美好生活的社会表征），以及人们追寻

---

① 王雅林：《生活方式研究 40 年：学术历程、学科价值与学科化发展》，《西北师大学报》（社会科学版）2019 年第 3 期，第 63 页。

美好生活的实际努力行为。

二 工业生产与美好生活

我们生活在一个工厂制造出来的世界里。在这个工业化的时代，"现代化"日益成为一种意义上的进步，一种渴望，一种可以实现的最好的东西。①工厂引领了一场改变人类生活和全球环境的革命，但很少有人去考察工厂给工人带来了什么。其实这种影响最直接体现在工厂工人生活方式的转变上。工人的生活方式在工业生产的社会情境中，因为工厂劳动发生了哪些变化？呈现什么特点？对幸福生活的追求有什么特点和独特的路径？本研究将以东北一家国营工厂兴衰变迁中不同时期职工生活实践为例，关注一个社会中人们的生活方式是如何在社会建构和个人建构的互动作用下形成与演变的。

东北地区是我国重要的重工业基地。新中国成立以来，尤其是经过国民经济恢复期及"一五"期间的大规模经济建设，东北地区基本形成了以钢铁、机械、石油、化工、煤炭、建材等工业为主体的基础设施比较完善的工业基地。H 亚麻纺织厂（H 厂）始建于 1950 年，是我国 156 项重点工程之一，是省市工业经济支柱的国家大型企业，为共和国做出了不可磨灭的贡献。2006 年转型与其他公司共同组建为中外合资企业。本研究以新中国成立之初成立的 H 亚麻纺织厂为例，依据年龄将工厂从初创到破产 58 年间（1950~2008 年）的女工概略性地分为三代，分别梳理她们的生涯经历与生活感受。美好生活的目标源自幼时的生活环境与体验；美好生活的追求方式源自所处时代社会核心价值的指引；美好生活的感受源自需求满足的种类和程度。三代人因时代特点而看重的基本需求不同，生活愿景各异；个人努力追寻实现目标的

---

① 乔舒亚·B. 弗里曼：《巨兽：工厂与现代世界的形成》，李珂译，社会科学文献出版社，2020，第 1 页。

方式不同；在既定社会现实中，结果和体验也不一样。但无论如何，人们的"生活力"在其中尽显无遗，而其构成的生活方式体现了人们的行动逻辑，包含了人们的生活样式。

研究分析将借鉴生命历程理论的思路。该理论擅长从时间维度考察个人的生命史。[1] 本研究将探究三代女工在不同生命阶段的美好生活憧憬是否不同，书写一部群体生命史。生命历程理论的突出特征还在于其将结构维度整合进来。[2] 从社会建构层面来看，重点关注美好生活的价值观如何，其中蕴含着自我与集体、社会、国家的关系。从个人建构层面来看，重点关注美好生活的评价如何从以下几个维度展开：充裕的物质、丰富的精神、尊严的自由和确定的幸福与安全感。女工的个体生命历程与重大社会历史事件的关联呈现于这一制度实践中。[3]

本研究将 H 厂的女工分为三代。受访者共有 12 人，其中一代 4 人，二代 3 人，三代 5 人，基本情况如表 1 所示。

表 1 受访者基本情况

受访者	年龄	工作车间	在厂工作时间	身份
XNN	82 岁	织布	1954~1990 年	国营
ZY	83 岁	细纱	1950~1988 年	国营
GNN	82 岁	细纱	1950~1988 年	国营
WNN	84 岁	前纺	1953~1988 年	国营
LDG	70 岁	前纺	1970~2002 年	集体
MDN	77 岁	细纱	1964~2002 年	国营
CY	65 岁	织布	1970~2002 年	集体
DY	60 岁	织布	1981~2006 年	国营

[1] 李强、邓建伟、晓筝：《社会变迁与个人发展：生命历程研究的范式与方法》，《社会学研究》1999 年第 2 期，第 15 页。

[2] 郑作彧、胡珊：《生命历程的制度化：欧陆生命历程研究的范式与方法》，《社会学研究》2018 年第 2 期，第 217 页。

[3] 郭于华、常爱书：《生命周期与社会保障——一项对下岗失业工人生命历程的社会学探索》，《中国社会科学》2005 年第 5 期，第 95 页。

受访者	年龄	工作车间	在厂工作时间	身份
WJ	60 岁	前纺	1980~2006 年	国营
PLG	50 岁	织布	1990~2002 年	国营
YL	50 岁	织布	1990~2006 年	集体
MH	50 岁	前纺	1990~1999 年	国营

三 初代建厂元老的翻身与荣誉

H 厂的第一批女工来自"各行各业""四面八方"。她们大多出生于 20 世纪 20~30 年代，从厂房建设、后勤保障，到开工生产并在苏联专家的指导下学习机器操作技术，都曾亲力亲为。除去 1960 年前后短暂经历项目下马、工厂停产，元老级的新中国第一代纺织女工任劳任怨地一直工作到 1970 年代末，爱厂如爱家、待同事同姐妹。

（一）坚强地"活下去"

建厂之初就进厂工作的第一代女工，大多是 20 岁左右、未婚的年轻女性。少部分男工家属或妇女干部出身的工人年纪稍大些。她们出生、长大在旧中国，生活悲苦，通常是小时候随着家人从"关外"逃难来到东北或从辽宁、吉林等地来到黑龙江讨生活。

> 7 岁之前，我家在山东。那时候山东不能活，都没有烧的，我们去捡树叶，回来烧火！不穷成那样，能上 H 市来？到这边反正能吃上了，就在 DW 住，小时候捡破烂，那时候破烂有啥拣的？捡马粪，回来烧火。拣点儿这、拣点儿那，完了就接线头。后来纺棉花，那时候棉花不是随便纺的，就接线头，框起来去卖。家里兄弟姐妹多啊！啥活我都干过：挑铺陈、捡破烂，还曾挎着篓卖烟卷，直到 14 岁。（GNN，20210829）

有些人家甚至曾遭到日军或者国民党士兵的滋扰，在担惊受怕中勉强存活。贫穷、恐惧、饥饿，是她们幼年时期面临的最直接威胁。

> 我是营口人，家乡远，妈妈去世早，我 13 岁时候吧。那个年代家里孩子多，各奔前程。14 岁就跟着我哥过来了，父母都没来。15 岁参加工作。小时候家乡那边打仗打得特别厉害。老百姓没有吃的，大地野菜都抢不到。打仗的时候可吓人了。敌军拿着枪半夜敲门，开门晚了都不行啊。家里大人告诉我们，不能说八路军去哪里了，打死你也不要说，小孩一句一句记着。那时候也不像现在小孩这么精。我现在见枪都害怕，很害怕，吓坏了，吓出毛病了。（XNN，20210902）

在这种境况下成长起来的第一代女工，对好日子的期盼十分简单且直接：能吃饱饭、能睡好觉、能过安稳日子。进厂劳动可以完美满足这些期待。在这里，只要肯干，就能有收获。这是一种确定的、自己可以把控的幸福。

（二）选择"光荣"

确定的收入、安稳的生活是美好的，而为了实现美好生活的目标，就必须努力劳动。劳动的过程无疑艰辛、劳动的环境肯定艰苦。然而，即便面临诸多困难，第一代女工仍以极大的热情投入工厂建设、工作任务中。这一方面当然是因为相比过去的挣扎求生，工厂里的身困体乏实在算不上什么；另一方面更因为劳作意义的强大感召和集体氛围的感染。对长远、宏大回报的承诺和期许，使得那代女工对当下辛苦的承受度更高。她们认为这种苦是必要的、有价值的。因为工厂（单位）以及其所代表的国家的目标，与个人的目标是一致的——大家都是为了实现美好生活的前景。为了社会主义事业，肯吃苦、勇献身成为一个时代的价值追求。另外，她们感到这种"苦"是大家共同承担的，并不是自己一个人辛苦，其他人同样努力，甚至更拼。再加上单位的关心和同伴的友爱带给女工们的强大的支持力量，使其工作积极性空前高涨且持久。

> 我们这一代人比较单纯，当时也没多想，就奉献，反正就是干活，……没有什么怨言，看厂子哪都好，那么累也不愿意走！……当纺织工人挺辛苦，三班倒，辛苦一辈子，但H厂培养咱们能吃苦耐劳！从来累啊、苦啊，都不抱怨、不叫苦！（GNN，20210829）

> 也不是差那几块钱，一样干活，人家都有，你没有，你心里就不得劲。（WNN，20210820）

> H厂待遇挺高，你家里有困难找领导，人家态度也特别好，回复你：孩子别哭，别着急好好上班，不管什么事都能解决好。……那时候人可好了，人情味可浓了！大家谁也不争抢、不算计。比如，我要给孩子织袜子，但还缺些线，购物证上没有了。一个伙伴马上说：我没织，等我明天拿来你买你用吧。都互相帮助，可热情了！（WNN，20210820）

在这种主流观念影响下，在劳动热情的相互感染中，承担更多的任务、付出更多的辛劳、拥有更突出的业绩，成为一种"荣耀"。当年每个车间、每个年度（甚至每个季度）都会评选"先进生产者"和"劳动模范"，其精神鼓舞和行为激励作用巨大。工人们非常重视这份荣誉，认为"劳模"是他人学习的榜样，是一种值得所有人追求的身份。评选的标准——工作好好干，别发生事故，按时出勤——也非常简明，使大家都觉得自己也有可能达到。于是，所有人都奋力投入，几乎没有例外。

（三）"翻身"的幸福

新中国成立后，不仅全国人民翻身做了国家的主人，女性在家庭中的地位也发生了巨大转变。以往，她们大多依附于男性、在家庭中劳作，如今也可以走出家门、依靠自己的双手为家庭挣得收入。付出获得回报，让人体会到自己劳动的价值，感到自己是有才能的，能够主宰自己的命运，这大大提高了女工们的自信心。有老工人说起自己曾当过劳模，曾是车间的带班师傅、质检员，能够帮助其他工友检查机器故障，避免生产事故、提升产品质量，神情和语气都非常自豪。此外，稳定的劳动报酬，使得未来可期。盘算着每个月的工资都怎么花，展望明年、后年越来越长远的日子该怎么过。人们开始畅想、规划美好的生活，并深深觉得，那就是最大的幸福。

经济收入的获得增强了女性的独立性、唤醒了她们的自主意识，使其作为生命主体的控制感随之提升。当第一代亚麻女工进入垂垂暮年，稳定收入所带来的安全感和幸福感越发明显。有老人提到自己有退休金、不用指靠儿女养活时，轻松和自豪之情溢于言表。

> 多亏我自己有退休金，不用伸手跟子女要钱。……我还有个自己的房子，真挺好！……身体好，每天愿意吃啥买啥；儿子孝顺，有时间的时候还陪我晚上出去散步。不用我做饭，也随便，也没有什么烦心事、害怕的事，多好！多平安！这就是老年的幸福生活。……今天的好生活都得感谢共产党。（XNN，20210902）

四　二代纺织女工的追求与信仰

20 世纪 60 年代开始，H 厂作为亚洲第一大印染纺织厂在职场里拥有响当当名号。H 厂成为本市，甚至周边城镇年轻人的理想单位。出生于 20 世纪 40~50 年代的第二代女工，大多是在 60~70 年代进厂，经历了 H 厂经济效益最好、各项业绩最辉煌的岁月。她们对工厂由衷热爱，对工人身份高度认同。

（一）奔赴理想

H 厂 1950 年建厂后，经历了一段如火如荼建设家园、劳动大干的日子。但正式开工没几年，H 厂作为苏联援建项目因双方关系变化下马了。直到 1964 年，因支援越战需要大量帆布，H 厂项目才重新上马。除了召回原来回到祖籍的老工人，也重新招进一大批新工人。很多第二代女工就是在这样的背景下进入 H 厂的。虽然车间的某些生产条件不尽如人意，但 H 厂的收入高且稳定，单位气派有面子，工厂环境美观。这些优点足以羡煞旁人。

> 当初招工的人说，H 厂可好了，挣钱，还不欠工资；说它是国家的二级企业、重点单位、亚洲第一大纺织厂。房顶上都跑汽车！我进来一看，那院儿是挺好的，真像大花园似的。厂房外面还有什么果树，可带劲！一进车间就完了，细沙臭烘烘的（是那麻，沤完了可臭了），梳麻车间的灰尘才大。（MDN，20210824）

二代女工中有很大一部分人是初代建厂老工人的子女。她们生在新中国、成长在红旗下，自幼跟随父母来到 H 市，见证 H 厂的建设。作为主人翁的使命感和责任感从小天然地扎根在心里。这批女工 10 多岁的时候恰逢知识青年"上山下乡"。当时大多数人去了 H 市市郊工厂子弟的固定下乡知青点。返城后，根据政策被直接分配到父母所在的单位。虽然通过这种方式回归家园的她们无法获得"国营"的身份，而以"大集体"的编制充实到 H 厂的各个车间和附属小厂。但她们沉浸在为国献身的热情中，仍为能继续参与实实在在的生产，轰轰烈烈地为社会主义事业添砖加瓦，而感到深深自豪。

> 那时候我们心情非常阳光，非常能干，非常热情，没有什么怨言，工资低、高都不在意。上下班非常有热情。"开冷

车"（没有交班的，你去了机台从头开始）可热闹，大家都干得热火朝天。7：30上班，老工人们5：30就在门前敲着大鼓，我们这些年轻工人背个小包就去了。（CY，20210819）

（二）坚守职责

纺织厂的工作并不轻松。首先，劳动强度非常大。不论哪道工序，看机台需要照顾全面，没地方坐，一干就8小时，直到下一班的人来接班。其次，生产过程还会产生很多粉尘和噪声，再加上麻线生产的高温和外界环境的低温，冷热交汇的气流长期作用使人很容易患上风湿等职业病。再者，人停机不停的倒班制度，对人的生理节律及其调整也带来很大挑战。然而，只要踏上工作岗位，女工们从来都是认真努力地完成生产任务，甚至要竭力做得更为出色。

> 夜班实在是难受，……但那时候还是可有干劲了！傻乎乎的，那干得才来劲呢！要求进步！一个月有5块、7块钱的奖励——就是你出满勤了才给——都不要！进步，思想进步！也不计较，还超额干。下班也不走，帮着下一班的摆纱。深更半夜，披着星星戴着月亮、风里来雨里走的，没有什么怨言。（CY，20210819）

对于女工来说，参加家庭外的生产意味着承担更多的责任。由于女主内观念的"天然"合法性，料理家务是责无旁贷的。因而她们更需全力平衡工作与家庭。白天奋力生产，下班后继续做饭、收拾卫生和其他家务。因为几乎每个家庭都是双职工，而且父辈也基本没有退休，所以家庭中没有其他成员可以帮忙分担各项家务。访谈中，大家忆起最多的趣事是关于幼年子女的照顾。虽然厂里配备了良好的后勤服务，幼儿园甚至设有专门的夜间照护班，在相当程度上分担了年轻妈妈们的育儿压力，但在半夜背着、抱着孩子一起上下班仍旧是十分辛苦的体验。

> 三班二班也有托儿所。那孩子还正睡着觉！上二班的话，3点就送到那儿去。那孩子哭的，也只能扔下就走了。……那你没办法——你到点了，该接班了。（MDN，20210824）
>
> 我家晶晶从生下来就送——我没有老婆婆帮忙——在那儿一直待到上学。那时候H厂的布有的是！拿来做大尿布，前面给塞到脖子，后边塞到后脑勺，她人长得也小，大尿布一骑都不用穿衣服了。幼儿园的孩子也得有好几十个，大部分是白天来，到晚上夜班了，家里有人看的就不来了。我家晶晶晚上也没人看。晚上就两三个孩子了，阿姨就搂着睡觉了。（LDG，20210812）

如今很多二代女工自己也觉得说不清自己年轻时候为何有那么大的干劲。无怨无悔甘愿付出，甚至在工作和家庭之间对工作有更大的倾斜，固然有颇具时代特点的国家建设豪情与艰苦奋斗价值观引领的作用，是人们真心实意为了自己支持的事业而努力奋斗的体现。或许同时也有岗位规训的结果。她们的父辈很多就是工人，所以从小就耳濡目染了现代工业生产的规则规范，对职责的领会更加深刻。

（三）"不悔青春"

回首当年激情燃烧的岁月，二代女工心中的自豪之情溢于言表。20世纪70年代末至整个80年代，H厂效益卓著、经营业绩突飞猛进。那段时期二代女工正处于年富力强的年纪，是工厂生产的中坚力量，因而在劳动过程中收获了满满的成就感。一方面，员工认识到自己可以通过勤奋努力获得实际的物质收益。工作业绩突出不再像之前那样，只有荣誉性的奖品，进行精神鼓励；而且有月度、季度、年度等现金奖励，甚至福利分房。这极大调动了工人的生产积极性，让她们真切体会到自己在挣钱养家、追求更美好生活方面的胜任力。另一方面，员工感到自己是被单位、被上级领导关怀关爱和保护的。各项福利保障都十分细致贴心。从逢年过节配发鸡、鱼、肉、豆油等生活必需品，到提供高质量卫生所、幼儿园、浴室、通勤车等后勤服务；从家属区、厂区门前的安保措施和治安维护，到生产过程中风险隐患的第一时间解决，都让工人们感到自己身处一个温暖的大集体，是被单位、被领导、被同事接纳与关怀的。

> 那时候效益好到什么程度？门前8辆蓝色的龙江大客车，都是接我们上下班的。一下班，厂子门前相当气派啦！市里8大区，8辆大卡，二班接、三班送。你要有啥事，也可以坐的。……条件非常的好！上下班都挺安全！
>
> 我们机台是苏联老式机台。有点安全隐患，飞梭子的时候挺危险容易打着人。完了工厂领导就研究安装这么一个网，在机台上罩一下，这样就能避免出事故。（CY，20210819）

得益于改革初期市场经济的迅速发展和国营大厂的经营优势，工人们直接感受到的自我效能，又在社会比较过程中被明显的地位优越性强化。不论是收入层级，还是声望地位，国营大厂工人的身份都无疑更具比较优势。这进一步增强了她们的地位自信。

> 我印象里，那时候刚刚兴起来改革，小企业都黄了，（其他工厂的职工）上我们厂门前摆小摊。……最起码我们必保工资。那时候我们有订单！（CY，20210819）

反观当下的退休生活，女工们总体上是知足满意的。她们知道自己如今的退休金相比干部、知识分子等群体并不算高，但承认这是能力和贡献标准下自己应得的数量。而且很多时候，她们会跟以往的艰苦岁月、跟没能享受到大厂待遇的同龄人比较，体验现今生活的来之不易。二代女工往往具有高度的工厂认同。她们选择到纺织厂工作，不仅是为了获得优厚的薪资待遇和优越的身份地位等外在回报，更是为了实现为国贡献青春和力量的内心理想。她们曾经有激扬梦想的青年、拼搏奋斗的中年，如今也非常满足于安适平静的晚年。

> 我这房子是福利分房，那个年代分房得够条件，得够分数。就说你的成绩、工龄都加在一起衡量，才给你这个房子。到现在我非常感谢 H 厂，最起码我有个住处，而且我有个房子，能卖上价钱。我家是个阳面，我收拾得非常干净。日子过得非常有朝气。我现在住在这儿就是为了孩子上学，为了孩子在这儿坚持。（CY，20210819）

五　三代子弟工人的挣扎与安适

第三代女工出生于 20 世纪 60～70 年代，绝大部分是本厂老工人的子女，或接班，或技校毕业，于 1980 年后进厂。她们是 H 厂破产前的最后一代工人，经历过工厂的蓬勃兴旺，也见证了它的衰落。她们亲身经历了下岗改制的全过程，对工厂、对工人身份，谈不上什么热爱或者认同。记忆中工厂劳动的场景似乎已经离自己很远很远，只因其与自己的青春年华缠绕在一起，才感觉格外美好与怀念。

（一）国营的传承

三代女工内部通常又依据年龄分化为两个亚群体。1960 年代出生的人，1980 年代初进厂，走上工作岗位。彼时改革开放，全国以经济建设为中心，各项事业稳定，H 厂的招工也已非常正规。招录的年轻工人，大多出自 H 厂技校。1970 年代出生的人，1990年代初进厂。那时 H 厂已经显现颓势，只是大型国企的余威尚存，老百姓追求国营身份的执念没变。

　　国营岗位是"铁饭碗"，意味着有能干一辈子的固定工作、能获得稳定可期的收入保障。对于经历过颠沛流离的战乱年代、食不果腹的贫困日子的父辈们来说，它足以提供一份安全感，使他们放心将自己及后代的未来生活托付于此。对于成长在和平年代、基本温饱需求得到满足的普通人家子女们来说，进工厂虽然没有什么致命吸引力，但毕竟社会职业选择的机会十分有限，绝大部分人在按部就班的生活，其他的人生路径已经超出她们的想象。因为懂得国营工作的相对优越性与来之不易，所以她们踏实工作、努力完成既定任务。

　　　　干活特别累，干完了活回家就睡大觉，完了第二天接着又去干。我那时候出了校门我就进 H 厂了，因为没接触别的地方，就进厂。一直干着，直到完事（退休）拉倒。反正让干就干，看机台来回的那么走，没觉得没意思，那时候也不想那么多。国营嘛！是不是？以后咋也能有个劳保，就这么想的。虽然挣得也不多，但大家都这样，是不是？（WJ，20210815）

　　三代女工中有相当一部分是原厂老职工的子女。当时企业办社会正流行，像 H 厂这样的大型国企在后勤服务方面做得尤其完备和高质，使得众多外单位人十分艳羡。职工的衣食住行几乎全部可以在工厂社区内解决。厂子弟们在家属大院的环境中接受教育、结交朋友、慢慢长大。周围的邻居、伙伴都是本厂职工，她们似乎从未，也不必见识厂外的世界。彼时虽然工厂衰落使得"铁饭碗"失去原本耀眼的优越光辉，但继续在父辈曾经奋斗的岗位上从事跟他们相同的工作，似乎是社会流动不太剧烈的社会中最顺理成章的选择。

　　　　父母那时候可能觉得在 H 厂上班挺光荣、荣耀的，生活也都挺好的。那时候有家属幼儿园、家属小学、家属医院，你孩子上学、上幼儿园、上学、看病全给你解决了，还给你房子。你说他们那年代的人是不是挺好？不需要花钱就单位给你分房子。他们那个年代是真的很好！人家还不用自己交保险，到退休给开退休金。（PLG，20210903）

（二）找寻"出路"

三代女工均遭遇了下岗的命运。但1960年代生人和1970年代生人的年龄差决定了她们下岗时所处的生命阶段不同，对于企业破产的认识和体验不同，因而对自己前途的规划和选择也不同。

1960年代生人的女工大多是在1980年代初进厂工作的。那段时期，一大批建厂老工人到了退休年纪，H厂需要快速补充新鲜血液，大量招工。经过两年技校学习的她们获得了令人艳羡的国营工厂工作，分外珍惜。1990年代开始，工人们明显察觉到工厂效益的滑坡，以往能分到的福利奖金都逐渐减少，直到没有，但也无计可施。更关键的，很多人始终觉得"这大国营，扔了白瞎了，一寻思还得靠国营单位"。所以虽然企业效益滑坡，拿到手的工资越来越少，甚至最后停产在家，只能领到一些补助，她们也始终在等待和期盼。2008年H厂正式宣布破产。很多满足最低退休年龄的人，直接办理了退休手续，进入社保体系。还有一部分人选择"买断"。按照每年工龄200元的标准获得补偿，通常2万~6万元。正式退休之前，需要自行缴纳养老保险。

正处壮年的她们突然"失业"，一方面失去了单位照护，像没人依靠的孩子一样茫然无依；另一方面身为母亲与女儿，仍需像勇士一样承担起家庭的重担。然而，受限于年龄和能力技术，她们难以找到可以获得稳定收入的工作，大多只能在服务性岗位打些零工。

2008年以后，自己又找工作干，就打工去。就干卫生员，今天这干两天，明儿那干两天。……我做过的（工作）一个

（是）卫生员，还有一个（是）咱们社区这一块的（楼长）。也干了很多年了，（家里）条件好你就不用干了；条件不好，干点挣点，是不是？（DY，20210815）

　　我一开始出去也是上那酒店，就在咱旁边新成立的那个酒店。他们给我找的，收拾卫生，整理房间，里边整整被子什么的，去试试。可能是干了能有不到一年，也就将近一年就不干了。累得我都不行了，实在坚持不下来。那房间挺多的。干不了那活！（WJ，20210815）

1970年代生人的女工于1990年代进厂。此时，H厂的业绩已经每况愈下。这批女工在能正常开工的几年里，跟前辈们一样体会着工厂劳作的辛苦。但相较之前的女工而言，少了很多隐忍和坚守，多了不少逃离反抗的念头和勇气。

　　我那时候是看织布机。织布机一天24小时都需要转。他是人歇、机器不歇的那种。你总得去看这个机器。没有休息的时候。贼累。你要是说出去偷摸睡一会觉，你都得被班长（每个班有班长、工长管你），就会被人家警告，或者是，最起码得说你一顿。（PLG，20210903）

　　没出这个政策之前，我就不想再在H厂里干了。特别辛苦的那种工作。真的！你们现在年轻人要去让你们去干，我估计，你一年都熬不下来！但我熬了10年。那时候年轻，熬也能熬得住，也靠得住！有人，你干的工种就轻快，一天没啥事，溜溜达达的，挣着钱；没人，给你累死都没人管你。（YL，20210903）

从工厂开始劝退工人，直到最后破产的几年间，这批30岁出头女工中有很多人甚至主动放弃国营身份，通过各种途径争取自己理想的生活。有的人想方设法进入工作相对轻松的其他工厂或公司上班，比如电子装配、服装制造、保险；有的人选择自主创业，比如开档口、卖盒饭、摆地摊；也有很多人进一步开发和提升自身的就业竞争力，比如进修成为育婴师、月嫂、药剂师。总体来看，她们再就业虽然也遇到技能缺乏的障碍，但毕竟年轻，敢闯敢拼的劲头和精力都还充沛。她们敢于探索，虽磕磕绊绊，也终究闯出自己的一片天地。

> 我干是没少干，2002 年开始干档口，然后就左一个档口、右一个饭店地那么干着，也没挣着啥钱。随挣随花了！反正最起码生活是坚持下来了。但现在回想起来，一点儿不后悔。在那开档口虽然可能比 H 厂累，也挺辛苦，但你要挣钱，自己的事不一样！那累法也不一样。（PLG，20210903）

（三）幸福体验

在 20 世纪末到 21 世纪初的国企改制转型历程中，这些以为自己可以终身端"铁饭碗"的纺织女工不得不褪去"国营工人"的光环，在失业的困境中肩负起生活的重担，在依然年富力强的年纪面临"无一技之长"的尴尬境遇。但人们对美好生活的追求热情，从来不会因为生活艰难困苦的打击而消退。

对于 H 厂，曾经养育她们、见证她们青春的地方，女工们青春易逝的感慨溢于言表。跟随父辈经历过 H 厂的辉煌与亚麻社区的繁荣，也曾在车间里挥洒汗水，无论如何工厂生活都在她们生命中留下浓墨重彩的一笔，但似乎这一笔又仅存在于女工们对自身生命历程的反思和体验中，整体上，她们对工厂的热爱很淡。

> 有时候能想起来。然后怀旧！对，只是怀旧不怀念。（PLG，20210903）
> H 厂在 80 年代中期的时候就挺出名的，老工人对 H 厂可能有一些情怀。但我们在那儿干一辈子啥也没捞着，我没啥

情怀。我生气，钱也没挣着，啥也没捞着，退休开支还少。（DY，20210815）

国营单位当然也不算亏，退休还月月给你开工资，最起码能吃上饭。到了50岁就能开退休工资了。没开退休金之前，他一个月给200多块钱生活费，上班的时候大概是开几百块钱。那时候有别的单位也下岗。其实细想起来，H厂没亏待工人。一家一套房子，算是白给的房子，就我们这岁数没有房子，一般比我们大的都有。H厂比别的单位有优势（的地方）在于，它把大集体和国营是一律看待的。有的单位国营是一个待遇，集体是一个待遇，挣得不一样。比如电机厂，他们国营都挣1000多，集体就挣二三百。H厂就没有。我感觉这一点挺人性化的。（WJ，20210815）

相比初代和二代女工，三代女工跟同事之间友情疏远很多。她们通常认为只看好自己的几个机台就行。相熟要好的几个同事，更多的是跟技校同学或者发小等其他关系交杂在一起。因而，基于人际亲和的工厂认同也很难建立起来。

自个儿干自个儿的。因为都有那个号码，机台上都有号，布上也有号，这是你的，那是他的，跟别人没啥关系。反正你到点就可以走，交接的时候就卡一个戳。这部分就是你的（产品），再下面是人家的了。上班的时候跟什么同事也没时间唠嗑，有事当然也可以说两句，但随后就赶紧忙去了，还得接着干。（DY，20210815）

对于现阶段生活，部分生活拮据的人自然是无法十分满意的，总感觉自己一直为了当下的生活和未来的养老而不得不继续干活；但大部分人已能坦然面对，感觉家人平安、健康就十分知足。

毕竟比上不足、比下有余。到咱们这个年纪，真就是，现在都想明白了，要那么多钱没啥用，真就是家人平安健康是最好的。挣钱买点吃的、喝的。我想吃啥，就可以随便买点。父母身体好，自己身体好，孩子身体好，就行了！（MH，20210903）

对于未来，大家真切地体会到自己和家人的生活与发展轨迹是可预期的。孩子长大成人，没有后顾之忧的她们终于可以过上自由闲适的生活，甚至在一定程度上追求自己理想。有些人想开自己的熟食店，有些人想带着健在的父母去旅行，还有些人想去看望在国外的子女。确定性的增加不仅给曾经的女工们的生活带来不少安全感，还为她们对未来生活的想象开辟了更大空间。

六　生活方式的时代变迁

新中国成立之初，国家高度重视纺织工业的发展。女性心灵手巧，能很好胜任相关工作。大批女性响应国家号召，投身纺织工厂，成为新中国第一代纺织女工。建设年代的纺织女工们，用青春和奋斗撑起新中国的纺织半边天。她们获得广泛的赞美与歌颂，对自己的女工身份怀有深深的自豪感，忆往昔美好、念当年奋进。改革转型时代的女工们，用朴实、坚韧守护家庭。她们被迫终结国营职工身份、目睹佑大工厂的衰败，却仍勇敢直面生活的种种不确定性，执着追求美好的未来。

（一）时代洪流中的美好生活预期

研究发现，不同时代女工在职业目标、工作态度以及工厂认同和幸福感方面都存在巨大差异。

第一代女工进厂工作是为了摆脱饥饿，争取女性的独立生活。新中国成立后，妇女的政治地位明显提高，同时获得经济独立，婚姻家庭地位也明显提高。女性不再依附父兄夫子而生存，无论客观限制的突破，还是主观动力的激发都使得女性具有空前的热情参与社会主义建设。她们能真切感受到，这些劳动和付出都是实实在在有利于自身生存状况改善的。第一代女工工作时特别吃苦耐劳，似乎可以"卖命地"劳作。因为，相比解放前食不果腹、胆战心惊的日子，在工厂能够凭借自己的双手养活自己，就已经是无比幸福的事儿了，哪怕当时的生产条件在后来的工人看来十分艰苦。吃饱穿暖、扬眉吐气就是她们心目中美好生活的样子。她们将自己的命运与工厂紧紧联系在一起，以传统家国观念理解自己和单位、同事的关系，对工厂是极为感激和依赖的，对同事也是十分亲近和友爱的。

第二代女工进厂工作是为了养活自己，投身富强国家的建设。这批女工从小就成长在新中国建设的文化氛围中，对于党和国家的号召从来都是无比热情地响应。尤其经历了"上山下乡"的大批知识青年们，艰苦困难的生活条件使他们体验到了想象与现实之间的差距，但也锻炼了她们勇敢无畏、坚忍不拔、执着奋进的品质。有人从"上山下乡"经历中总结出人生格言：老实做人，扎实做事；不事张扬，只求实绩；勿忘人民，甘做奉献者；鞠躬尽瘁，奋发有为。这些知青返城后也将这份建设国家的热情带到了日常的劳动中。第二代女工追求崇高理想，也甘做伟大目标实现过程中的螺丝钉。任劳任怨完成自己的任务、经营好自己的日子，就是她们心目中美好生活的样子。她们会抱怨工作辛苦、生活不易，但职责范围内的任务肯定义无反顾去完成。她们对工厂、对自己的工人身份具有高度认同感，对待工作认真负责，与同事间团结互助。

第三代女工进厂工作是为了国营身份，端好"铁饭碗"。工厂良好的福利待遇和光明的发展前景，使得无论长辈，还是年轻女工都认定这是一份安全有保障的好工作。彼时城市里的工业经济已经蓬勃发展起来。三代女工们从小耳濡目染父辈劳作的精神与规范，更天然地形成了现代生活习惯和观念。在同龄人中占据相对优势，并且后半辈子生活无忧，就是她们心目中美好生活的样子。因而，她们会权衡工作投入与所得，在心里掂量这份工作是否值得自己的全心付出。但她们在职的时候，传统国企已经开始受种种弊端所累而难以为继，所以她们的预期并未得到充分满足。原国有企业工人身份认同的重要动因是社会制度变迁，而女工对自身工人群体的认同则是基于工厂的规制和纪律。[①] 她们赋予工作的意义减少而期待却在增加，因此对工厂归属感没有前辈们强烈，对工作少了份执着，跟同事关系也没有那么紧密，就也不奇怪了。

（二）美好生活追求代际差异的社会文化基础

不同社会条件下，个体流动的机会与途径存在巨大差异，因而追寻理想生活的方法与体验也不一样。三代女工的事例所展现的正是不同时代工人群体生活方式的变迁。这种变迁具体体现在行动逻辑、价值观念和生活样式三个方面。

1. 行动逻辑——需求不同

主导人行为动机的更深层心理因素是生命主体的内在需求。人在社会中生存发展，有三种基本心理需求：可预期（predictability）、被接纳（acceptance）、有能力（competence）。三者两两组合进一步形成三个次级需求：可预期与被接纳组合形成了信任需求（trust），被接纳与有能力组合形成了尊严和地位需求（self esteem and status），可预期与有能力组合形成了控制需求（control）。最终，所有需求共同组合升华为自我一体性需求（self-coherence）。[②] 不管是什么时期的纺织女工，大家追求的自我一体性需求都是确定的幸福和安全感，但背后其他需求的特点和满足方式又有不同。

对于第一代女工而言，缘起于生命早期艰苦生活环境的生存焦虑在身体上留下的记忆最为强烈。因而她们内心的控制需求最为强烈，即强烈渴望获得对于自己生命和生活的掌控权。在社会

---

① 李潇晓、闫国疆：《共同的主题和相异的际遇——〈工厂制度重建中的工人〉和〈中国女工〉中工人阶级的身份认同》，《社会科学论坛》2016 年第 4 期，第 229 页。

② Carol S. Dweck, "From Needs to Goals and Representations: Foundations for a Unified Theory of Motivation, Personality, and Development," *Psychological Review* 124 (2017): 700.

主义制度下国有工厂定期发放的工资充分满足了人们的"可预期"需求，能够通过自己的劳动养活自己和家人，则满足了人们的"有能力"需求，二者结合提高了女工们的安全感，使其认识到自己可以获得确定的幸福生活。

对于第二代女工而言，她们对于被接纳的渴望，在亲密的同事关系和友爱的家属社区中得到最大限度的满足；她们对于彰显自身能力的愿望，也在与工友的团结协作中得到充分满足。更关键的是，她们获得了令人尊敬的工人身份，尊严地位需求也获得了巨大满足。

第三代女工不仅要通过劳动养活自己，还要通过工作彰显自身价值。她们希望被接纳，但与同事之间的友情已经无法像从前那样给新一代工人带来团体归属感。她们希望未来生活可预期，但中年遭遇失业使得她们不得不重新振作，想尽一切办法赚取收入。在原本的单位保护和国有保障消失的情况下，如何在新的条件下谋求更稳、更好的发展，是她们持续的探索。直到晚年她们终于明白能依靠和信任的只有自己。

2. 价值观念——关系不同

三代女工价值观念显然差异巨大。作为工人的她们、作为单位的工厂、工人投身的工业与国家之间存在三对关系。在不同历史时期，占据核心地位的关系是不同的。

第一代女工时期，工人与单位、与工厂的关系居于核心地位。工人亲手建造工厂，在工厂里挥洒汗水、浇灌生活的希望。工厂与代表着工厂的工会反过来也管理，同时亦保护着工人。个人在单位中获得资源的多少影响和制约人们对单位的依赖性行为和对单位的满意度；同时，人们对获取资源的满意度也会影响和制约人们的依赖性行为。[①] 一代女工对工厂无疑是依赖的，她们把单位当家一样

---

① 李汉林、李路路：《资源与交换——中国单位组织中的依赖性结构》，《社会学研究》1999年第4期，第59页。

对待，退休后十分怀念工厂，并对工厂的衰败感到痛心疾首。

第二代女工时期，工人与工业、国家的关系占据核心地位。工人投身工业，为国家做贡献。此时单位更多的是代表国家激励工人奋斗，并给工人以关心关爱。由于被国家政策与意识形态赋予了独特的、优越的"身份"：在政治上，她们是领导阶级；在经济上，她们是国家和集体所有的生产资料的共同主人。所以，既有对工人阶级的领导阶级地位以及作为企业主人翁的身份认同，又有对企业单位的认同。① 工人把单位看作青春的见证，当看到工厂败落，她们更多是惋惜失落。

以往研究认为，改革开放前国营企业缺乏内部物质激励，造成工人在生产过程中普遍懒散和劳动效率低下。但后来有学者指出，当时影响工人日常生产行为的，不仅有政治压力、规章制度和同伴监督等约束手段，同时更为重要的还有源自国营企业职工特殊地位的集体意识、对本单位的认同以及由精神刺激所带来的晋升机制。工人在工厂劳动中的具体表现，随着这些约束和激励机制的变化，因时因地而异，但总的来说，除了"文革"初期因动乱导致生产秩序受到严重冲击之外，在绝大多数国营企业，物质激励的缺失并未导致严重的消极怠工现象。②

第三代女工时期，工业与工厂的关系更占主导，个人与国家联系从外在表现形式上看没那么紧密了。工业的发展状况决定了工厂的兴衰，工厂的赢利状况也体现了工业转型的迫切性。工人的身份地位源自工业生产，工厂则是证明职业身份的机构。市场化改革的后果不仅是政治利益机遇获得上的差距，更主要是经济收益的拉开、心理预期的落空，从而制造了集体情感疏离。③ 这使

① 刘建洲：《传统产业工人阶级的"消解"与"再形成"——一个历史社会学的考察》，《人文杂志》2009年第6期，第182页。

② 李怀印、黄英伟、狄金华：《回首"主人翁"时代——改革前三十年国营企业内部的身份认同、制度约束与劳动效率》，《开放时代》2015年第3期，第13页。

③ 张晓溪：《单位制变迁中工人与国企情感疏离研究》，《学海》2016年第4期，第86页。

得工厂内部无论是上下级关系，还是同事关系都无法像原来一样亲密无间。工厂衰败后，工人或主动或被动离开工厂，转而投身于服务业。虽有留恋，却也义无反顾。

3. 生活样式——行为表现不同

创造、奉献、追求人生价值，是人类独有的生活需要。[①] 正是在各自相异的需求驱动和价值指导下，三代女工用自己的行动践行着不同的主体追求。虽然每个人都拥有多重身份，她可以是工人、组员，也可以是妻子、女儿、母亲。但从精神气质来看，第一代女工的形象是"单位人"，她们跟工厂一同成长，一同繁荣，共同经历生涯起伏；第二代女工的形象是"国家人"，她们用踏实的行动为国家富强而奋斗；第三代女工的形象是"职业人"，她们秉持职业精神参与工厂劳动，追求自己的幸福生活。伴随着社会主义国家市场转型，原来的国企工人成了失业者，变成了劳动力市场中的被雇佣者。这体现了社会结构力量对个体生命的雕琢。"单位共同体"迈向"原子化"个人的动向深深烙印于单位人的生活史之中，引发第三代单位人重置身份的集体焦虑。[②] 三代女工没有一代女工的拼搏感恩，也没有二代女工的生产豪情，但她们面对突如其来的下岗遭遇，虽不甘，但也未坐以待毙，而是勇敢迎接挑战。

七　在新时代奔赴幸福

一介国有大厂的沉浮，三代国企纺织女工的人生，从生活方式视角生动诠释了生活者与生活本身的关系。生活方式是价值选择与指导的结果。它是主客体互动生成的复杂系统，包括消费、休闲等很多内容。当代生活方式研究的落脚点是人的个性发展和

[①]　王雅林：《论"生活方式战疫"的中国经验》，《哈尔滨工业大学学报》（社会科学版）2020 年第 6 期，第 8 页。

[②]　张霁雪、陶宇：《单位人的集体记忆与身份生产——基于 H 厂三代工人口述历史的研究》，《学习与探索》2014 年第 6 期，第 32 页。

"每个人"美好生活的生成。美好生活是生活主体的价值选择、评价和自我建构的自为过程，其主导性指标是生活满意度。[①] 从这个角度看，三代女工都追求到了她们心目中的美好生活。

社会实质是以生活为内核，以生活需要为内驱力，在整体关系结构中组织和个人通过互动生成的动态复合体。[②] 生活者追求的美好生活应当是集富足、愉悦与尊严于一体的。经历了从"国家人"到"自由人"、"单位人"到"个体人"身份转变的下岗女工，在失业的日子里也寻找各种方法奋力拼搏和追寻自己的幸福人生。她们在人生观、事业观、家庭观、婚恋观、国家观和幸福观等方面的转变，也体现着国家和时代价值观的转型。美好社会是社会建构和生活者建构的统一。在新时期，追求有意义的生活，实现人自身自由度的提升，应成为所有生活者共同努力的目标。

（撰写人：赵德雷，哈尔滨工程大学副教授；
王冰，中国人民解放军空军航空大学副教授）

---

① 王雅林：《论"生活方式战疫"的中国经验》，《哈尔滨工业大学学报》（社会科学版）2020 年第 6 期，第 8 页。
② 王雅林：《"生活论"研究范式的构建——日本社会学研究的启示》，《社会学评论》2015 年第 4 期，第 25 页。

享受幸福与见证伟大：老年旅游的意义研究

　　20 世纪中后期以来，旅游成为"体验经济"的一部分，备受推崇。据全国老龄委的一项调查，我国每年老年人旅游人数已占到全国旅游总人数 20% 以上，2017 年上半年，老年游客出游人次同比增长 2.4 倍，60~70 岁是老年游的主要人群，其中 70 岁以上的游客占整个老年游群体的 20%。中国社会科学院财经战略研究院、中国社会科学院旅游研究中心发布的数据也显示，在中国 2 亿多老年人中，有出游愿望的老年人占比 87%；约有 49.1% 的老年人每年出游 2~3 次，出游 4 次以上的占 12.5%；老年人出游时间大多在 10 天及以下，11 天以上的占比 38.4%。[①] 72.5% 参与调查的老年人对生态风景类老年旅游项目感兴趣，49.17% 倾向于温泉养生类，45.83% 倾向于历史文化类老年旅游项目。[②] 银发游成为旅游市场中最具潜力的板块之一。旅行出游，对老年人有什么意义呢？

一　老年旅游的意义

　　国际组织（如联合国）、老年学和心理学文献中通常将老年人

---

① 韩毅：《重庆老年人出游力全国第四》，《重庆日报》2018 年 10 月 25 日，第 1 版。

② 《多地老年游客量攀高 银发消费潜力释放》，《北京商报》2018 年 12 月 18 日，第 5 版。

的年龄限定为 60 岁或 65 岁以上的人，但多数老年旅游研究者则将 55 岁作为最低年龄界限。国外学术界对于老年旅游的研究主要集中于旅游动机、旅游决策、旅游消费行为、旅游功能等方面。这些研究发现，旅游满足了老年人寻求知识、娱乐休闲和社会交往的需求，扩大了老年人的活动范围，丰富了老年人休闲方式，老年人通过旅游结交新的朋友并形成新的社会关系，良好的旅游体验有助于其增加主观幸福感和提高生活质量，对老年人的社会参与水平具有积极影响。

国内学者的研究聚焦于老年旅游市场、老年旅游产品、养老旅游和老年旅游影响因素等方面。国内学者对老年旅游的研究表明，老年人旅游出行目的包括游览观光、健身疗养和探亲访友，[①]旅游对于老年人具有脱离日常无聊、孤独状态，寻求交流安慰，怀旧等作用。[②] 老年人借助旅游获得娱乐、教育、审美和移情等体验。[③] 同时，中国老年人的旅游还是寻找"乡愁味"和表达爱国情感的方式。

在关于旅游意义的研究中，老龄化的相关理论将旅游视为脱离社会或者积极参与社会的一种活动。对于在职就业者而言，旅游是辛苦工作后的补偿或者奖赏，是用于放松缓解压力、恢复精神体力的疗养方式。对于老年人而言，旅游则是将在职与退休分

---

① 唐俊雅：《探寻银发市场，开拓老年旅游——对福州市老年旅游市场的分析》，《旅游科学》2001 年第 1 期，第 37~40 页；侯国林、尹贻梅、陈娆：《上海老年人旅游行为特征及市场开发策略探讨》，《人口与经济》2005 年第 5 期，第 48~52 页；余颖、张捷、任黎秀：《老年旅游者的出行行为决策研究——以江西省老年旅游市场为例》，《旅游学刊》2003 年第 3 期，第 25~28 页；张蓉洁、陈庆、符继红：《昆明市老年旅游行为调查研究》，《宜宾学院学报》2009 年第 3 期，第 81~84 页；李静、黄远水：《老年旅游行为研究》，《现代商贸工业》2010 年第 7 期，第 88~89 页。
② 徐栖玲、陈宏巨：《中国老年旅游市场营销策略浅析》，《桂林旅游高等专科学校学报》2001 年第 4 期，第 11~13 页；孙艳敏、郑银峰：《以人为本，开发老年旅游市场》，《保山师专学报》2007 年第 1 期，第 52~54 页。
③ 邹统钎、吴丽云：《旅游体验的本质、类型与塑造原则》，《旅游科学》2003 年第 4 期，第 8~9 页。

割开来的标志。从"脱离理论"来看，旅游是退休生活的标志，用以区分于工作生活。旅游是随意的、非组织化的、消磨时间的活动，而工作是精密组织的、结构化的、高效利用时间的高收益活动。与之相反，"活跃理论"强调老年人自身对老年生活的态度、认知和期待要更重要，老年人会寻找替代性角色或活动来进行社会参与。旅游可以视为老年人无法真正参与社会而选择的替代性活动，休闲成为肯定其身份和赋予其生活意义的手段。"脱离理论"和"活跃理论"都解释了老人生活的特点，但因缺乏对老人自身如何看待退休生活的观照而招致质疑，也难以解释老年人通过旅游重构生活意义的过程。

这些研究从一般意义上揭示了旅游对于提升老年生活质量的功能。但是，旅游行程中的风光、景观、见闻、体验到底如何与老年人的自我认知、情感、意向发生连接和交互作用的？这对老年人对"平常日子"的评价和赋意产生何种具体影响？解答这些问题，需要进行关于老年旅游的情境性和过程性的研究，从亲历者的视角来解释意义生成的细节与方式。

二 研究方法与研究思路

老年人自己是如何看待旅游的，在旅游过程中的哪些方面改变或者唤起了他们对于自身以及生活的积极评价，他们对于自己与生活的认知、评价与其生命历程中的大事件、非常规事件有什么关系，这些事件如何形塑了个体的生活意义和感知。本文认为应该将老年人作为生活的建构者和追求者，旅游的意义是与"生命—活动（行动）—社会性"[1] 相关联的。老年旅游的意义应该由该活动的主体行动者来表达和阐释。

传记研究法较为适合用于分析老年人的自我讲述。传记是老

---

[1] 王雅林：《回家的路：重回生活的社会》，社会科学文献出版社，2017，第152页。

年人自己对其活动、经历、思想和感情的记述表达。① 通过传记，可以深入了解老年人先前的旅游经验、生活经历、社会事件对其现在的旅游产生的影响，揭示个体对生活事件的不同反应，深度的个人传记研究可以提供一个理解老年旅游行为变化的情境。② 如何在自然情境中来获得老年人的旅游传记呢? 国外学者选择网上的老年旅游论坛，搜集老年旅游者的网络叙述文本。③ 网络和智能手机的普及为老年人在网上社区发布旅游记述提供了条件。他们在网上社区中讲述旅游过程、旅游景点情况和自己的感想、心情和体验。社区中的成员会参看、回复、评分和点评，发帖者也会对点评进行回复。老年人的旅游记述和网友的回帖点评，都是在"网上社区"这样一个自然情境中的自发行为，传记主要用于群内交流和分享，基本不会受到来自研究者的干扰。

本研究的旅游传记选自"全国老年网"④ 的"旅游天地"板块。游记发布时间为 2011 年 4 月 3 日至 2019 年 2 月 26 日，共计 756 个原创发帖。这些旅游发帖，包括了各种类型的旅游景点。总体而言，老年人更喜欢自然风光和历史文化类景点。⑤ 老年人在描述泰山、九寨沟、西湖等景观时，多用"久负盛名"等来形容; 对与抗日战争、解放战争等有关的历史景点，如嘉兴南湖等，大多称其为"革命圣地"。据此将自然景观分为"山河风

---

① Diane Sedgley et al. , "Tourism and Ageing: A Transformative Research Agenda," *Annals of Tourism Research* 38 (2011): 422–436.

② Dominik Huberetal. , "Biographical Research Methods and Their Use in the Study of Senior Tourism," *International Journal of Tourism Research* 19 (2017): 27–37.

③ Azadeh Kazeminia et al. , "Seniors' Travel Constraints and Their Coping Strategies," *Journal of Travel Research* 1 (2015): 80–93.

④ 全国老年网 (社区) 建立于 2009 年 10 月 1 日，是一个公益性质的网站。网站 (社区) 的宗旨是: 快乐、健康、共勉、互帮。网站设置了"交流问答"、"七嘴八舌"、"那年那月"、"心情港湾"、"学习电脑"、"自我保健"、"老年交友"、"晚霞风采"、"小说散文"、"诗词歌赋"、"摄影交流"、"旅游天地"、"文史博览"、"金石书画"和"开心笑言"等 20 多个版面。

⑤ 魏立华、丛艳国:《老龄人口旅游空间行为特征及其对旅游业发展的启示》，《人文地理》2001 年第 1 期，第 20~23 页。

景"和"红色风景"。在人文景观方面，那些与中国悠久文明历史有关的景观大多会引发老年人对于传统文明的感慨，改革开放以来的崭新的城乡风貌则会带来老年人对于国家强盛的感叹，与新中国成立以来的国家主要领导人的生平经历有关的地点景观，尤其受到老年人的喜爱。据此，人文景观分为古国景观、强国景观和伟人行迹景观。若以时间线来看，古代景点中，老人们主要选择自古以来闻名遐迩的名川大河、文明古国遗迹；近代景点中，与解放战争、抗日战争等相关的红色景点非常受老人喜欢；现代景点中的发达大城市景观、新工程、新技术、新农村等备受青睐。

本文认为老年旅游是一个生活意义再生产的过程。意义的再生主要在两个层面展开：第一个层面是个体生命时间，"老年之我"与"过去之我"在旅途中不断相遇，并得到同辈群体内的其他成员的共鸣与呼应；第二个层面是国家发展时间，老人们参与了历史、见证着现在、期待着未来。个体生命时间与国家发展时间是并行的，老人们在其人生的不同时段参与了国家发展的不同活动，以各自的行动融入其中。个体生命通过"活动、行动"与国家发展勾连在一起。中国老年人的旅游超越了休闲的一般意义，旅游本身变成了回忆个体生命与追溯国家发展的共同历程。旅游为日常生活方式的建构和生活意义的重构提供了精神资源。

三 生活意义的重构：个体生命与国家发展的交融

旅游可被视作一种特殊的记忆实践或一系列的记忆实践。[1] 旅游景点形成的年代是不同的，与之相关的人物与事物是属于不同时间的。旅游行程使得不同时间序列中的地点与景物并置于老年人的眼前和心中，过去的记忆与当前的生活产生交错、共鸣和互构。

---

[1] 麦夏兰：《记忆、物质性与旅游》，兰婕、田蕾译，《西南民族大学学报》（人文社会科学版）2014 年第 9 期，第 1 页。

（一）走近历史：荣耀与传承

老年人具有历史情结，较为偏好文史类景点，[①] 参观名胜古迹和遗址是老年旅游者主要的旅游动机之一。在游记中，他们提到了名山、名水、古城等很多胜景，名胜有西岳华山、北岳恒山、南岳衡山、武夷山的九曲青溪、长白山、九寨沟、虎跳峡、西湖，古迹有炭河古镇、故宫、长城、凤凰古城、西安的华清池和秦始皇兵马俑、芙蓉镇、赤壁古战场……在描述介绍这些名胜古迹时，老人们会经常使用"早就听说"、"小时候听……"、"报纸上写……"和"电影中的地方是……"这类句子。

历史古迹、天下闻名之地，是老人们自年幼时起通过广播、报纸、杂志、小说、诗歌、电视、口传等各种方式"听说过"的地方。他们非常渴望能够到"听说过"的地方看看。他们走入诗歌中、书画中，走入历史中，这种身临其境的体验在游记中有极为丰富的体现。

> 我这次去了南京旅游，等于身临其境，穿越两千多年，去上了非常生动的历史课。（Zx-20191011）[②]
>
> 唐代诗圣杜甫流寓长沙时，曾留下"玉泉之南麓山殊，道林林壑争盘纡"的千古名句。（Fqyd-20200519）
>
> 天下第一险，憧憬已久，曾常梦中神游徜徉其中。今日在现实中游历，惊叹造物主之鬼斧神工，感受大自然之无限魅力与神奇。（XY-20180913）
>
> 行走在湖南这座千年古城，读柳子传诵千古的诗篇，感怀悠远沧桑的岁月！（Xy-20181020）
>
> 游炭河古镇，仿佛从今天穿越回了三千年前的西周。（Gc-20181101-R1）

---

① 吴必虎：《区域旅游规划原理》，中国旅游出版社，2001，第 102~103 页。
② 编码格式为作者网名缩写-发帖日期，后同。

来到秦始皇兵马俑的一号展坑里，当你看到一个个栩栩如生地士兵，……充分地展现中国古老悠久的历史文化，你不难看出，秦国工匠们的技艺手法十分高超巧妙。（Xy-20180910）

我跟许多人一样，最初是因为沈从文而来到这里，寻觅梦中的凤凰；到了凤凰又开始不自觉地在古城里寻找沈从文。（Sy-20120902-R1）

都江堰这个名字还是小学时候历史卷的试题让我牢牢记住的。（SYLF-20170825）

心愿成真的满足感，自然风光的雄奇瑰丽，以及身临诗书画卷中的兴奋与震惊，最终在老人们的内心中叠合为一种民族自豪情绪。

祖国大好河山之无比壮丽、雄浑、俊美，令人如痴如醉，沉浸其中，回味无穷，直至此时内心仍汹涌澎湃。（XY-20180913）

祖国山河处处有美景！（WC-20181013）

回首一路走来的风光，心里想都江堰不愧世人所说的是世界水利工程的鼻祖。（SYLF-20170825）

到历史遗迹之地去，到诗词书画中的地方去看看，借由具有特殊历史记忆的地点，老人们体会到了跨越时空的沧桑巨变，与祖先亲近，他们感受到了中国历史文明的辉煌，自豪感油然而生。游记表明了历史记忆对于中国老人而言具有特别的价值，老人们将自己定位为中华民族的血脉传承者，从而在朝拜祖先开创的历史文明的过程中将自己也融入了华夏历史中。

（二）重回青春现场：朝圣与致敬

老人们喜欢名胜古迹和自然风光，那些与革命战争、社会主义建设和他们自身经历有关的地点和景色也是他们十分偏爱的。

这是一种怀旧情怀，怀旧是老年人出游的重要动机。[①] "个人怀旧是个体对过去真实经历的怀念，以个人自传体记忆为基础，具有直接性、真实性；其怀旧的内容主要是个人过去经历的事件，同自己有关系的人和物，个人经历过的场景以及生命中过去的时光；主要由个人经历的场景和熟悉的物品所引发。"[②] 怀旧的动机在老年旅游者身上得到了体现。他们渴望寻求青春的印记，那些曾经到过、生活过、工作过的地方也就成了连接过去的重要地点。

老人们念念不忘的是革命年代的经历与记忆，对伟人领袖行迹之地和革命先烈战斗生活之地心向往之。在旅游中，他们"尊重逝去的生命，慎终而追远"。[③] 他们感慨历史，缅怀先烈和伟人：

> 大家一致认为，延安就是神奇的地方，触摸每一寸厚重沉实的黄土，穿越革命先驱们的旧居和窑洞，然后沉思，你会感悟到一种别处无法得到的东西。（XY-20180901）
>
> 这次我们一行七人的红色之旅确实带来了心灵震撼！国家伟人在那样的艰苦环境下书写着革命传奇实属不易！（YQ-20180901）
>
> 南街村是在毛泽东思想的指引下，走集体化的典范！（Ffzhj-20181126）
>
> 看大树，想总理，如果他（周总理）老人家还健在的话，看看今日繁荣发展的中国，看看海南的巨大变化，他该多高兴啊！（Lg-20181202）
>
> 深圳人感谢邓小平，从他们对小平同志铜塑像的精心爱护（中）可以看得出来，不少老年人围在铜像前恭恭敬敬地

---

① 刘睿、李星明：《四川旅游震后响应的实证研究》，《旅游学刊》2009年第11期，第25~29页。

② 薛婧：《旅游怀旧及其影响因素研究》，博士学位论文，西南大学，2012，第78页。

③ 张勃：《感恩情怀、生命意识与应时精神——清明节的文化内涵》，《中国文化报》2012年4月2日，第8版。

献上鲜花，并抬头深情地望着领袖的尊容，他们是发自内心的尊敬，我能够感受到这样的心情，犹如扑面而来的春风，带着鸟语花香，带着晴朗喜悦的表情和敬仰，每一个真真实实为老百姓办好事的领袖，得到人们的尊敬是理所当然的。（Xy-2018-12-10）

"看到真实事物""身处事件发生之地"，对于老人来说很重要。那些与过去经历记忆有关的现场，山野村庄、房屋草木、老少乡亲，那是老人们的青春驻留的地方，是为了理想而艰苦奋斗的地方，是梦里、心里萦绕不忘的第二故乡，是"温暖记忆"①。

> 《江口知青第二故乡行（1）》一晃，四十八年过去了，"记得少年骑竹马，转身已是白头翁"，生活留给我们太多甜酸苦辣的珍贵记忆。（Fqyd-20200919）

研究表明知青的怀旧情感与行为意向之间存在极强的相关关系，知青怀旧旅游表现出重游率高、组团特征明显、怀旧动机强烈等特征。② 回到那里，"亲自到场"，意味着与过去对话，与过去之我相逢。老人们回忆自己的人生历程，详细讲述景点本身与社会历史的关系，自己在当时的一些经历，以及重返故地或者得以亲到现场的种种心路历程。

他们是"一代甘愿为革命理想而奋斗的青年"，"普遍具有神圣的使命感和强烈的政治参与意识"，"新中国成立后重新开启的中华民族伟大复兴进程、1956 年开始的全面建设社会主义遭遇了很多风险挑战，经历了一个又一个磨难，主要包括：美国等西方

---

① 刘亚秋：《作为社会记忆结构的关系型记忆与义务型记忆——知青集体记忆的文化维度》，《社会学研究》2020 年第 2 期，第 170～194 页。

② 高璟、李梦姣、吴必虎：《知青怀旧旅游情感与行为的关系研究》，《地域研究与开发》2017 年第 2 期，第 61～67 页。

国家的全面封锁、抗美援朝战争、'大跃进'、三年困难时期、中苏决裂和边境冲突、抗美援越战争、'文化大革命'，等等"。① 这些历史性阶段和历史性事件，是老人们真实经历过的，从历史走到今天，他们记得：抗日战争、抗美援朝等革命战争，第一部电影《梁山伯与祝英台》，第一条铁路干线（成渝铁路），第一个五年计划，第一辆国产轿车，第一座煤矿……很多突破性的建设成就，老人们亲身经历、参与其中，或者曾经见证。

选择红色旅游的老年游客，主要意在追忆革命历史、感受红色文化及缅怀革命先烈。② 老人们的童年、少年和青年时期经历了中国革命、建设和改革的重要阶段。他们曾经与国家一起共渡难关。"上山下乡"、援藏、援建等特殊经历，对老人们的一生都产生了巨大的影响。"老人们认为曾经经历的困难是一种财富，让他们更了解社会，了解中国，增强了自己对现实的认识能力；历练出务实、不怕苦的品性；认识到人性的善——同伴之间、知青与老乡之间的情谊。"③

（三）走向未来：盛世见证中的荣光与自勉

除了回忆过去，融合自我曾经走过的生命历史，老年人还希望通过旅游去探索未知世界和开启新的人生篇章。④ 在对历史文明、革命先辈致敬的同时，他们强烈感受到了作为后人的使命感。使命感敦促他们"不服老""不落后"，还要好好学习，跟上时代的步伐。他们努力去了解这个世界的变化。老人们选择上海、深圳等城市是"想去最发达的城市看看""看看中国最发达的地方"。

---

① 龚云：《1948—1978 多难兴邦：中国共产党化苦难为财富的政治智慧》，《人民论坛》2020 年第 19 期，第 23～24 页。

② 吴晓山：《中老年红色旅游的市场特征及其发展策略——基于对广西四大红色旅游景区的调查》，《开发研究》2011 年第 5 期，第 63 页。

③ 刘亚秋：《"青春无悔"：一个社会记忆的建构过程》，《社会学研究》2003 年第 2 期，第 66～67 页。

④ Stowe Shoemaker, "Segmentation the Mature Market: 10 Years Later," *Journal of Travel Research* 39 (2000): 11-26.

他们到各地旅游，还会特别关注各种博物馆、展览馆，目的是增长知识和开阔见闻。

> 生逢盛世，我们何其有幸！（Zhs-20191002）
> 与共和国一起经历坎坷、共同成长。（Xy-20191002）
> 我在黄山逛博物馆，参观了茶文化博物馆、丝绸博物馆、徽州文化博物馆。（Jnx-20191123）
> 黄山的博物馆真好！这么多的古董，真是长知识了！（Qp-20191123）

与当前生活有关的游记，主要涉及两内容部分。一部分是关于自己家乡的风光、民俗、新俗，主要介绍家乡的新变化，如广州公园里的秋菊展，哈尔滨松花江边的超级大雪人，等等。另一部分是与国内知名城市或地区有关的工程、建筑。幸福来自一种历史比较（过去穷困，现在富裕）、横向比较（仍然存在贫困地区、穷困人），这种比较让老人对于自己当前的生活状态有一种"得之我幸"的满足感。在参观龙井梯田的时候，Lx 想起了自己知青下乡时的劳动经历，感受到梯田景色的美好，但也更深知美景背后的辛苦劳动，从而感叹当地人生活之不易，明显体会到生活水平的差异。

> 如果说大片梯田给人印象壮美，那么小梯田让我有就是山区苦啊的感叹。想起有人形容这种小梯田的写照："蚂拐一跳三块田，一张蓑衣盖半边。"我续上："山高路远盼天雨，收得几斤笑开颜。"（Lx-20181025）

在这些游记中，老人们除了表达极为强烈的国家主义情怀，还表达了与亲人、友人相伴的幸福。与亲人相伴的幸福主要体现为与子女孙辈在一起。友人既包括老朋友——同事、邻居、战友、知青、趣友，还包括新朋友——旅游结识异地的朋友、网上结交的朋友。

相别60年的同学旅行聚游，无论是发帖人还是回帖人的感情都十分真挚：

六十年后我们又重逢！我们六个女生很团结，从小同学们喊我们是"六不烂"，个个精神抖擞。60年真心不改！真情不变！珍惜啊！（Zx-20180920）

六十年的同学情谊不容易。（Zx-20180920-R-wc）

60年真心不改！真情不变！珍惜啊！同学！保重！（Zx-20180920-R-qp）

我最喜欢你发的第一张照片太有趣了，前六十年和后六十年的对比依然是这六个人还是按着前六年的顺序站队拍照。太有纪念意义了。你的晚年生活每天就像在阳光的温暖下处处是彩虹。看到你每天快乐的生活，还有脸上荡漾着灿烂的微笑，真为你高兴。你的学生多，朋友多。你的晚年过得既丰富又精彩。祝福你，真为你高兴。（Zx-20180920-R-cy）

真的不简单！这份同学情太珍贵了！（Zx-20180920-R-sy）

一则发帖讲述的是两位远在长沙的网友，驱车600多公里到桂林看望生病的网友，网站的其他网友纷纷发帖表达感动之情。旅行途中的风景是美的，而最美的则是人心和人性，给人温暖与幸福。

一位是70多岁的老人，亲自开车600多公里，深夜前来看望患病的网友。一位是今年70岁正在医院进行手术的病人，深夜从医院偷摸着出来为我们安排住宿。（Xy-20180917）

长沙桂林，地北天南，是网站的温暖，是友人的关爱温馨，一次不辞劳苦来自远方的慰问，这真诚，这真情，会让

菩提永远铭记。感恩网站，感恩朋友。（Xy-20180917-R-hy）

太感人了！……重情重义！（Xy-20180917-R-jm）

就老年人个体以及这个群体而言，重返下乡之地、回到故乡旧居、再临任职故地以及置身于"久仰大名"之地的在地体验，是一次"老年之我"与"青年之我"对话，是老人群体以地点为媒介与过去时代的连接。相逢凸显了过去与现在的不同，过去辛苦劳作而追求的工作和生活，如今已变为现实。

老人的骄傲之情来自两个方面：一是自己曾经与国家共患难，并为国家建设发展"奉献青春与血汗"，今日之成就的奖章中有他们的份额；二是作为大国国民的骄傲，中国逐渐回到国际社会中心舞台，发挥更大的国际影响力。老人们的幸福在于"赶上了好日子"，得以"领略中华五千年历史风云，畅游大江南北锦绣河山"。

伟大的祖国，亲爱的母亲，我爱您，我爱您九百六十万平方公里的土地，我爱您五千年辉煌灿烂的历史文化，我爱您五十六个民族亲如一家，我爱您十四亿儿女情同手足，您用您甘甜的乳汁哺育了每一个华夏儿女，您用您知识的琼浆喂养了每一个炎黄子孙，您用您智慧的雨露滋润了每一个龙的传人，您用您文明的火把照亮了每一个中国人的前行之路。（N.734-xy-20181207）

祖国的锦绣山河，遍地的美景风光，悠久的历史文化，说不尽的神话传说故事，丰富多彩的民情风俗，品不尽的地方风味小吃，吸不尽的新鲜空气，为老年人的生活增添新的乐趣。（N.739-XY-20190101）

正如有的学者指出的："在现阶段中国的国家认同中，既包含情感层面的对于（以）人口、土地为基础的文化—心理的认同，此即归属感认同；又包含理性的对国家权系统，即对主权、制度的支持，此即赞同性认同。"①

四 祖国巡游与幸福生活的确认

旅游对于老年人来说，不仅仅是休闲娱乐，还是一个重新评估生活与生命价值的过程。旅游是以感觉为中心的，视觉、嗅觉、味觉、触觉等都被调动起来。英国社会学家约翰·厄里认为旅游凝视具有"反向的生活性"，是一种"令人愉悦的体验"。老年人的旅游更偏向于"集体主义的"，会出现集体狂欢。② 旅游实现了与日常生活的脱离，通过旅游地景点的体验唤起不同生命阶段的记忆，并将之放在一生的时间序列中进行重新思考，历经苦难和贫穷的岁月成为自我肯定的优势资源重新整合进老年期的生活中。

人生整合后的积极自我认同和国家认同，使得老年人更看重当前的生活，想要过一个"有意义的老年"。有一篇游记在回答"走遍全国走遍天下，是为了个啥"的问题时，讲述了旅游与生活意义的关系：

> 人这一辈子，生是偶然，死是必然，我们无法决定生命的长度，却能够拓展它的宽度。趁此刻还有时光，尽自我最大的努力，努力去完成最想做的那件事，成为最想成为的那种人，过上最想过得那种生活。也许我们始终都只是个小人物，但这并不妨碍我们选取用什么样的方式生活，这个世界永远比你想的更精彩。站得更高，才能看得更远。（XY-20180913）

热衷于旅游的老年人主要为"年轻老年人"，他们走出家门去旅游与他们的生活条件改善有很大的关系。根据相关分析，在过

① 张倩：《从家国情怀解读国家认同的中国特色》，《江淮论坛》2017 年第 3 期，第 46 页。
② 刘丹萍：《旅游凝视：从福柯到厄里》，《旅游学刊》2007 年第 6 期，第 92~93 页。

去 5～10 年中，老年人的公共福利得到了改善，享受公共经济来源（包括离退休金、养老金、劳动收入）的比例从 2000 年的 31.8%提升到 2010 年的 57.1%。[①] 如南通城市老年人收入来源中最主要的是离退休金，占比 61.21%。[②] 南京市的调查表明老年人的离退休金在每月 4000 元及以上的属于高收入群体。[③] 经济发展带来的社会普遍受益和社会福利保障制度的完善，给了老人们经济安全感。按照年龄来算，这部分人也就是一般所说的"5060"代。"5060"代与共和国一同成长，他们经历了新中国成立以来的社会变迁与重大事件。学者们的研究发现这些老人的时代特点，即当中国的人们谈及已经过去的 20 世纪时，他们中的许多人会不约而同地把个体经历同解放、反右、"文化大革命"、改革开放和市场转型等一系列历史事件联系起来。大规模的社会变迁不可避免地会形塑和改变个体的生命历程，并对他们后来的观念和行为产生持续的影响。这些与共和国共同成长的老人，是国家建设的参与者和推动者，也是国家与社会变迁的亲历者。这一代人具有极强的国家主义情怀，个体认同是与国家认同勾连在一起的。

老年人通过对大好山河自然风光、人文古国历史文明的身临，获得了"入诗入画"的体验，与古人古国遗迹的亲近、接触是一种致敬，也是对古国后继者身份的一种确认——有责任传承与发展繁盛的文明。踏足红色圣地与伟人英雄行走过的地方，由心而发地去感谢曾经为了祖国做出牺牲和伟大贡献的领袖、英雄与先锋楷模。红色景观承载的故事、符号唤起了老年人的生命记忆。贫苦艰难的童年时光、火红燃烧的红色青春、"大干四化"的激情

---

① 杨菊华、谢永飞：《累计劣势与老年人经济安全的性别差异：一个生命历程视角的分析》，《妇女研究论丛》2013 年第 4 期，第 19 页。

② 钱雪飞：《城乡老年人收入来源的差异及其经济性影响》，《华南农业大学学报》（社会科学版）2011 年第 1 期，第 105 页。

③ 闻雯、沈赟、朱扬扬：《不同经济收入层次的老年人就业空间研究——南京主城区为例》，载中国城市规划学会编《共享与品质——2018 中国城市规划年会论文集》，中国建筑工业出版社，2018，第 323 页。

岁月与国家的发展历程交互映现。"为大家""为集体""为祖国"而竭尽全力，使国家建设、发展得越来越好。这种与国家命运与共的一体感使得老年人对于过去的经历充满了怀念与自豪感。他们参与了国家"站起来"的伟大历程并做出了贡献。"看看最发达的大城市"蕴含了老年人对于前沿、新知的好奇，渴望见证国家新面貌，通过城市设施、景观、行业产业成就，再一次确证自己一生的付出和工作已经融入了民族国家"富起来""强起来"的宏伟历程中，之前的艰难困苦都具有了超越日常和贯穿历史的非凡价值。

与共同遵守的规范和共同认可的价值紧密相连、对共同拥有的过去的回忆，这两点支撑着共同的知识和自我认知，基于这种知识和认知而形成的凝聚性结构，方才将单个个体和一个相应的"我们"连接到一起。而这个"我们"既包括了老年人的同期群体——战友、知青、同事、老乡等，还包括一直占据中心区位的"国家"，个体、群体是与国家一起完成了历史的传承和现代演变。可以说，老年人对于自然风光、古国人文、红色景观和盛世景观等空间场景的选择和关注，使其完成了个体与国家历史的连接，完成了个体与中国特色社会主义国家"站起来""富起来""强起来"的连接。借由旅游体验，老年人个体的生命历程与国家的发展历程交融在一起，通过旅游中的体验、记忆唤起和建构，老年人个体的自我价值嵌入了民族国家发展强盛的伟大事业中，形成了呼吸与共、紧密相连的一体感。老年人对其生活始终持有"来之不易"的庆幸，对给予其现在生活的政党国家抱有感恩之情，亲见发展成就并能够分享其成果，这一切构成了强烈的幸福感，"我想再活500年"。

老人们走进古国文明的现场、红色遗迹的所在地和发达景观中，这是一场从过去到现代的巡游，是对文明传承的荣耀、现世奉献的光荣与当世幸福的体认。国家主义情怀在老人们的旅游生活中，发挥着强大的引导功能，也是老人们评价和界定自身生活意义的重要框架。老年人在旅游中齐唱红歌、朗读毛主席语录等行为，是借助仪式关联到过去。通过游记描述旅游体验和思考时，老年人再次通过文本强化旅游回忆和体验。从"仪式性关联"到"文本性关联"，老年人通过旅游活动和旅游记述，重新阐释生命历程和老年生活，实现了意义获得和价值重估。老年人群体通过旅游实现了记忆激发与生命重估，社会记忆被加工和升华，体现了"一个社会的凝聚性结构所经历的关键性变迁"。旅游重构了老人们的生活及其价值，强化了积极有为的方面。青春时光恰逢中国特色社会主义国家建设的初期阶段，他们与刚刚独立的国家一起，为社会主义国家的富强梦而艰苦奋斗。退休后，他们在家庭中帮助子女照顾孩子，为年轻人在社会上努力免除后顾之忧。他们努力实现"积极的老龄化"，老而弥坚，追求新知，努力建构快乐的、有价值的、有意义的生活。他们知足而感恩，因经历艰苦磨难而倍加珍惜"如今好不容易得来的日子"。

　　总之，中国老年人的旅游超越了一般休闲的意义，个体生命与国家发展的共同历程，促生了老年旅游的独特意义。旅游既是个体通过"重回现场""进入情境""入诗入画"唤起生命记忆，与过去重相遇、再比较，而对老年生活进行幸福界定并强化幸福体验的过程；也是通过对"大好河山""古国荣耀""红色史迹""强国风光"等自然与人文景观的亲身经历、在场感受，见证国家繁荣富强的"骄傲体验"过程。生命生活的"贫苦""富裕""幸福"的微观个体经历与国家"站起来""富起来""强起来"的伟大进程，是一体的、共生的和互享的。老年人对祖国的巡游以及对自身幸福生活的体认是一个不可分割的过程，个体与国家"在一起"，完成了老年生活的意义建构。

（撰写人：那瑛，哈尔滨工程大学副教授）

代际公正视域下数字民生科技应用的社会治理探赜

数字化与老龄化的双重转型是当今世界发展的时代背景。依托数字民生科技构建智能社会已经成为世界主要国家应对人口老龄化的必然方向。数字民生科技指与民生问题最直接相关的数字科学技术。作为社会转型的有机组成部分，数字民生科技以其特有的维度彰显了中国式现代化的科技内蕴。

中国式现代化的人口规模巨大，老年人群所占比例日益增加。截至第七次全国人口普查：我国 60~65 岁人口 2.6 亿人，占总人口 18.7%；65 岁及以上 1.9 亿人，占总人口 13.5%。据《中国发展报告 2020》，2050 年，我国 60 岁及以上老年人将达到 5 亿人，将会成为社会中人数占比最大的群体。

当前科学、技术与社会（STS）研究领域中，随着对当代人与后代人权利与义务关系、生态意识、人类命运共同体观念的探讨，"代际公正"正成为一个有效的分析框架愈发引起学者的关注。互联网科技的普及应用所带来的"数字鸿沟"研究，先后经历了从技术鸿沟（technology gap）、技能鸿沟（skill gap）、知识获取和利用能力鸿沟（knowledge and capacity gap）的学术研究转向。第四代研究学者将社会分层的概念引入，将数字鸿沟理解为社会分层、社会分化、社会排斥等传统两极化问题在数字智能时代的延续。① 由

---

① 闫慧、张钰浩、韩蕾倩：《移动数字鸿沟研究进展》，《图书情报工作》2021年第 22 期，第 143 页。

于性别、年龄、收入和受教育水平等因素形成的数字不平等，并不仅仅是技术、信息和能力上的差距，更是一种社会排斥现象。曼纽尔·卡斯特认为："许多地区和相当多的人群被新兴网络技术体系所抛弃，接触新技术力量的时间差异，构成了当代社会不平等的重要来源。"[①] 疫情防控期间实施的社会封闭和群体隔离，迅猛增强了民众在日常食物、教育和办公等全领域的数字依赖。[②] 在影响数字科技日常应用的相关变量中，年龄是最重要的影响因素，老年群体是数字技术日常应用出现问题的主要主体。代际群体的准入程度和参与程度差异，已经成为科学技术现代化应用进程中的矛盾焦点。然而当前数字鸿沟研究中主要关注广义的数字技术，并未对技术类型进行细分。数字民生科技是与老年群体最直接相关的技术类型，聚焦老年群体的数字民生科技伦理是深化数字鸿沟理论研究的必然，也是构建老年数字社会建设的应有之义。至此，本文尝试探讨以下问题：中国式现代化进程中，聚焦老年群体，我国数字民生科技应用凸显出了哪些代际公正问题？这些问题涌现的社会原因为何？能否提出针对该问题的具体治理策略？

一 数字民生科技现代际公正问题的现实表征

民生科技具有普惠性、基础性和发展性的基本特征，但在目前数字民生科技研发及应用的过程中与老年群体之间产生了较为突出的矛盾。

（一）民生科技的普惠性目标与老年群体的应用障碍

民生科技的特殊属性规定了其所属领域内的科技活动必须具有普惠性的目标。中国式现代化进程中，社会福利制度改革从"补缺型"向适度"普惠型"的模式转变。这就要求做好如下工作。

---

① 杨斌、金栋昌：《老年数字鸿沟：表现形式、动因探寻及弥合路径》，《中州学刊》2021 年第 12 期，第 75 页。

② 胡泳：《为"数字弃民"创造更多包容性干预措施》，《光明日报》2021 年 2 月 3 日，第 2 版。

第一，提供基础服务的民生科技，其服务对象是全体人民。普遍主义福利观强调社会公正和权利平等，要求全体社会成员具备平等地获得福利的资格。当风险来临时，所有人都被一张保障网所覆盖，任何个人都不应被抛弃。可见，"普惠性"的民生建设具有两方面的具体指向：一是民生服务需要惠及全体民众，二是需要关注特殊群体，不让其在风险中掉队，可以共享社会发展成果。

第二，科技服务过程中需要注重促进机会均等。马克思主义民生思想强调"现实的人"对于社会公正的追求。社会个体由于生理状况、所处环境、受教育经历等不同，在市场竞争中的表现必然存在差别。由此国家负有确保机会平等的职责，需要通过制度性安排，将福利差异控制在可接受范围内。而当前数字民生科技的应用的普惠性水平亟须提升。不同人群使用数字民生科技的机会和能力的客观差异越来越明显，这种技术性的社会分化，正在造成新的社会分化。借由智能设备才能完成的人脸识别、线上注册、业务办理等服务，导致大批不会使用或没想过要使用智能手机的老年群体无法享受到应有的服务，甚至因此被剥夺了社会参与的权利，这无疑与民生科技的普惠性目标背道而驰。

（二）民生科技的基础性特征与老年群体的弱势困境

罗塞尔·斯密曾指出，信息技术超越了以往任何技术，作为物质、能源之后的第三类资源在社会运行和发展中发挥主导作用，基本社会活动无一不受到数字信息技术的影响。[①] 数字民生科技不同于以往的民生技术形态，其本身已经超越单纯的信息—符号转码工具，发展为生活所必需的感知—交流器官。在当代的社会生活中，数字智能技术是维持和延续生产与生活的必需品。这意味着，被数字技术所排斥的老年群体不再是传统学术研究中的"信息缺乏者"，不再是不能"先进地"生活的人，而是不能"正常

---

① 龙静云、吴涛：《新责任伦理：技术时代美好生活的重要保障》，《华中师范大学学报》（人文社会科学版）2021 年第 5 期，第 100 页。

地"参与社会生活的人，是"社会性死亡"的人，被剥离了生活可能性的人。数字智能技术的快速迭代，包括社会计算的扩张与渗透，技术生态的闭环，以及智慧社会建构的不可逆性加剧了传统数字鸿沟的马太效应：技术强者愈强，技术弱者愈弱；智能人群愈智能，非智能人群愈非智能。与此同时，基于依赖和自适应系统的社会认知和社会行动系统，引发智能社会对"非智能"群体的歧视——这一歧视不是简单地对其进行标签化或污名化，而是对其进行彻彻底底的技术忽略和社会排斥。套用斯蒂格勒的"一般器官学"的叙事：之前的技术时代，资本通过技术分离人的身体知觉，实现剥削的可能；而在智能数字时代，不掌握智能技术的人群，甚至丧失了被资本剥削的权利；既往的数字鸿沟所展现的是人类有无技术意义上的延伸"义肢"，而智能数字时代的数字排斥所体现的是人群是否具有社会意义的身份证明，因其无法使用技术而生活濒危和社会化消亡。

（三）民生科技的发展性宗旨与老年群体的发展危机

民生科技中的"生"的内涵为全体人民的"现实生活"。改善生存环境、提升生活质量进而实现美好生活是民生科技发展的问题来源、技术路径和价值取向。"现实的人"的需要是民生问题的基点。现代化进程中，这种现实需要不仅包含了物质生存需要，也包括精神享受和主体发展的需要。民生科技覆盖领域要从基本生存保障扩展到使人民享有体面的、有尊严的美好生活。然而实然层面，以手机支付、网络缴费、人脸识别 App 等智能服务为代表的数字民生科技，并没有为老年人带来预想中的"体面"和"尊严"。更深远处，大数据、云计算和智慧城市系统等人工智能技术，正在重新定义人类生活。大数据和机器智能的使用在解决社会治理难题的同时，部分老年群体因其话语权弱势被排除于基础服务之外。机器识别、数据积累、软件操作、平台认知与利用等一系列壁垒的存在与强化，正蔓延至老年群体的一切工作、生活、休闲甚至情感环境中，并最终呈现出一种典型的哲学隐喻：

智能时代的民生技术正在社会主流与老年人群之间划出一道鲜明的科技体验鸿沟，并且这一阻隔充满了先验性与不可逆性。在海德格尔看来，技术既是一种通向目的的手段，也是一种属人的活动，乃至在本质上，技术已经成为"座架"。[①] 数字民生技术已经成为日常生活的一种构成要素，数字世界与生活世界的相互交织，营造了当下的社会性"真实"生活。数字时代智能技术的更新迭代，加速了社会系统和科学技术系统之间的失调，产生了贝尔纳·斯蒂格勒所提出的传统的"象征性贫困"。[②]

二 数字民生科技代际公正问题的社会成因探究

对于科技伦理而言，科技与伦理在逻辑上具有主次关系。[③] 其研究进路包括：道德方面的研究主体及其道德规范；科技自身的价值；社会层面的科技对社会发展的相关影响。引入"代际公正"的分析框架，数字民生科技应用代际公正问题的主要社会原因可以归纳如下。

（一）科学知识生产模式的变革

与人类早期对自然世界的探索相比，自然科学研究的目的已经发生了重大转变。近代工业的出现促使科学研究的目的开始从探索宇宙万物的奥秘转向了为满足人类生存之需要提供更多便利的条件。[④] 这种转向，直接带来了科学知识生产模式的变化。三螺旋理论表明，科学研究的主体日益多元，以大学、政府和企业为代表的科研主体相互结合，共同作用。科学研究的支持资金由原本主要依靠政府供给逐渐转变为依赖企业的项目支持。这种资金

---

① 王小伟：《有关海德格尔技术哲学的三种意见》，《自然辩证法研究》2021年第11期，第60页。
② 杜骏飞：《定义"智能鸿沟"》，《当代传播》2020年第5期，第1页。
③ 李正风、刘诗谣：《建构科技伦理治理共同体的信任关系》，《科学与社会》2021年第4期，第30页。
④ 江怡：《对当代科学的哲学反思与未来哲学的期望》，《社会科学战线》2021年第7期，第10页。

上的紧密连接使得科学活动和企业利益形成"强关系"。科学活动的驱动及其研究方向的选择与调整日益受制于企业经济利益的支配,科学界内外的经济利益状况更趋复杂化。作为科研主体的科技研发者们有机会依靠自身的科研成果、开办企业,成为经济主体,其社会角色日益多元,甚至会出现角色冲突。在这些情况的共同作用之下,他们可能更倾向于将企业利益、经济利益或商业利益放在首位,会在一定程度上忽视研发过程和研发成果的社会伦理,更遑论"代际公正"。

(二)人与科学价值关系的社会转变

科学自其萌芽时期,就具有超越现实的非功利性。人类通过运用自然科学理解、认识并运用自然规律,满足自身生活需要。科学是人的认知与实践对象。在对象性活动中人有意识、有目的地使用自然科学知识,将自然存在转化为人的对象,使自然"为人而存在"。据此,自然科学具备为人所服务的现实工具价值。然而19世纪中叶以来,自然科学与技术紧密结合产生的实用价值带来了巨大的物质与精神财富,使得科学与人的价值关系发生了根本性逆转。科学成为衡量一切的价值标准,科学技术在社会运行中具有优先性。那些无法跟上"科技步伐"的群体被冠以愚蠢的、落后的、没有价值的标签。面对科技的迅猛发展,整个社会倡导"跟上科技的步伐",而非反思科技研发和应用中存在的问题。这种价值评判的标准虽然具有明显的霸权主义色彩,但在实际的社会生活中已经深远地影响了人类的价值判断体系。科技思维贯穿于全部社会文化领域,整个社会臣服、拜倒于科技的权威之下。如拉图尔所述,"现代社会,大部分新兴权力来自科学,而非经典的政治过程"。① 这种转变,无疑客观上滋生了数字民生科技应用中的代际不公正现象。

---

① 高剑平、牛伟伟:《技术资本化的路径探析——基于马克思资本逻辑的视角》,《自然辩证法研究》2020年第6期,第42页。

（三）技术资本化的社会进程

技术对生活的全方位嵌入和支配是现代社会的基本特点。不置可否，我们生活在海德格尔所言的"座架"中。在现代市场经济体制中，行为者的逐利本性更加自然地现实化为"经济人思维"。科学技术与资本的迅速结合激活了新的经济样态——知识经济，对人们生产、日常言行、消费全方位进行潜在框定、引导和形塑。技术与资本在表面上仿佛是两个无任何勾连的平行元素，实际运行中却实现了"完美对接"。在知识经济背后隐喻着鲜明的同构性：技术成为"资本的要素"。资本与技术合谋的后果是技术霸权主义登上历史舞台并试图掌握社会发展的主要话语权。内化为资本要素的技术在社会公正的道路上越走越远，唯有利润才足以成为高悬其上的"达摩克利斯之剑"。结构主义对数字民生科技应用代际公正问题的分析逻辑强调社会主体在利用数字智能等科技的素养、能力或机会方面存在的数字差距，形成所谓的"数字接受者"和"数字排斥者"，这种差别与社会阶层，尤其是社会经济地位紧密相关。老年群体的数字消费能力和数字消费意愿使其成为技术资本利益最大化过程中被选择性"排斥"的群体。借鉴"文化滞后"（culture lag）的解释框架，民生科技领域内代际不公正的本质在于现代化进程中社会制度和社会文化观念的更新步伐远远落后于科学技术的发展速度。这种"软能力"的迟滞导致了代际数字化应用能力的差距。[①] 在代际内部，老年群体自身的生理障碍、知识障碍、社会障碍和心理障碍均为导致数字民生技术使用效度低的显著性因素，即在被数字技术的技术门槛排斥的同时，老年人对于"数字风险"的担忧和焦虑心理等也使得他们在主动排斥数字民生技术。以老年人为代表的这些无法在主流社会科技浪潮中完成身心与资本控制下的技术深度融合的群体，所面对的命运便是"被社会所遗弃"。

---

① 杨一帆、潘君豪：《老年数字鸿沟治理的一个分析框架》，《老龄科学研究》2019 年第 10 期，第 58 页。

正如德尼·古莱所言，对于技术的使用者来说，现代技术带来了新自由的同时，也带来了对它的使用者的新的命定论。[①]

三 数字民生科技现代化进程中代际公正问题的社会治理

现代科技发展与社会系统的复杂关系，要求突破小科学时代的科学共同体观念，构建民生科技现代化的"大共同体"。"大共同体"组成成员理应涵盖与科技活动利益相关的各类社会群体，使其共享自身所具备的专业知识和重要信息，形成超越于共同体本身的"扩展的事实"。

（一）求真：创新适老型数字民生技术

《中老年人互联网生活研究报告》显示老年人参与数字化生活的热情和主动性很强，但其在使用智能设备中也在不少方面遇到阻碍因素，包括应用程序使用和功能操作方面、手机系统维护方面、应用软件下载方面等。这无疑反映了适老型民生科技产品研发和普及的重要意义。适老型科技（gerontechnology）概念要求"现代科学技术手段综合老年学，进而形塑能够支撑老年群体健康、舒适、安全地独立生活的科技与社会环境"，"通过研究老龄化进程与科技发展的互动作用，更多地关注技术对于老年人日常生活的改善"。[②]适老型科技创新不仅涉及科技产品、服务与适老环境的营造，更强调老年人的主体地位，以提高老年人生活质量为目的。联合国开发计划署2030年可持续发展议程（SDGs）核心理念为"不让任何一个人掉队"，坚持数字包容、赋权、平等的原则。应对即将到来的全球老龄社会，需要科技活动提供物质、技术手段、环境等层面的多元支撑，包括消除老年数字贫困（SDG1）、推广老年

[①] 龙静云、吴涛：《新责任伦理：技术时代美好生活的重要保障》，《华中师范大学学报》（人文社会科学版）2021年第5期，第90页。

[②] 唐魁玉、梁宏姣：《智慧养老能力的现代化及其提升路径》，《社会科学战线》2022年第2期，第236页。

智能穿戴设备、智慧照护科技（SDG3）、加强老年数字素质教育（SDG4）、提升老年群体数字应用能力（SDG5）、建设智慧养老社区（SDG11）、构建老年数字包容型社会治理格局（SDG17）等。每一项具体目标的实现，都需要以老年群体能用、会用、善用的数字科技创新作为支撑。

（二）求善：形塑数字民生科技发展的代际伦理责任

数字民生科技在老年社会时代背景下的实践活动促使科技活动层面的伦理意识不断发展变化。数字民生科技研发行为主体是具体的、现实的人，其必然具有历史的价值观和利益观。科学的建制化将科研人员团体责任推送至伦理的主体中心。但数字科技飞速发展所裹挟的强大力量，正不断超越认知主体和实践主体的预见与评判能力。这就要求，从信念伦理转向责任伦理，对于民生相关的科技发展，需要强调尤纳斯所言的"责任和谦逊"，强化一种"责任的绝对命令"，用责任意识去权衡相关从业人员的具体行为。从自律伦理转向结构伦理，引入负面反馈机制，迫使主体在道德冲突中调整自身行为，权衡利弊得失。作为一个动态开放的系统，结构伦理的本质是"大共同体"的自我调控，是群体的责任和选择，体现了民生科技活动中科学家群体所肩负的促进科技与人—自然—社会系统协调发展的道德使命。从个人伦理转向集团伦理，当今数字民生科技研发已然形成一种与产业化密切相连的集团行为。身处于集团之中的个体研发人员的行为，很难简单地运用原有个体行为伦理进行行动选择，急需集团伦理作为价值基础，约束科技活动中分属于不同利益集体的行为，突出社会责任。代际责任伦理是数字民生科技大发展时代的必然诉求，其为民生科技进步提供源源不断的精神动力，有效引导科技行为的道德驱善选择，坚定科技主体"科技向善"的价值理念，使其自觉肩负起基本义务和监管责任。

（三）求美：明确数字民生科技发展的美好生活本质

老年学领域提出了"成功老龄化"和"积极老龄化"的概念，

并逐渐发展为主导范式。这一范式强调"老年人从生活中获得最大限度的满足和幸福"的能力和权利。老年人在数字智能现代化进程中理应具备"自由而全面发展"的可能。科技发展为美好生活提供物质基础和便利条件。然而，需要注意的是"美好生活"是一个综合性概念，不仅要求生活质量的好，更要求生活价值的美。现代化进程中数字民生技术研发及应用具有生活质量与生活价值的双重意义，不能忽视弱势群体的需求与期待。历史维度上，科学技术的发展是对人的发展方式的不断优化，是对美好生活不断建构的过程。科技作为美好生活的核心物质基础，是在人类生活中生成的，是为了实现美好生活的工具和手段。它从来不能只服务于特定的阶层，不能只从属于特定的社会群体，而是需要实现"价值理性"与"工具理性"的统一，重视作为整体的人的生活、价值和需要，以整体的人为尺度，注重伦理文化和社会价值的传承。也只有确立以"美好生活"为导向的数字民生科技角色和定位，才能真正地以数字民生技术为手段和工具，实现包括老年群体在内的全社会美好生活。

（四）求责：夯实民生科技发展的多元主体责任

数字民生科技的代际伦理形塑，需要依靠和动员全社会的力量。首先，国家作为数字民生科技责任主体，在制定产业政策、规范企业行为及调控数字民生科技发展方向、规模、速度等方面都负有十分重要的责任。数字民生科技不同于其他科技类型，政府的责任地位和信息地位使其在民生科技的发展中具有主导性。它不仅仅应承担管理、资助和鼓励的责任，更应在科技研发和应用的过程中按具体情况，参与或主持。作为一个系统的社会议题，政府必须建立起基于责任的科技伦理代际公正秩序，通过一系列适老化政策，如对常用 App 进行适老化改造等，解决老年人在数字智能民生技术面前遇到的现实困难。其次，互联网数字民生企业需积极响应。科技和互联网企业主动进行科技研发，如在地图应用、新闻应用等常见应用中新增老年人无障碍阅读功能，推动科技创新成果惠及全民。数字民生企业科研人员不能只顾及经济利益而忽略了社会公正。企业研发人员和管理人员，要规范企业科研伦理底线，端正服务社会、造福人类的科研伦理观，主动思考科技创新的代际合理性和预判可能导致的后果。最后，社会组织、新闻媒体、行业协会、社会舆论等要充分发挥各自的管理、监督和规范职能，根据互联网数字民生企业的未来发展方向，评判科技伦理责任，督促政府管理者和企业研发人员，养成自觉遵守社会公德的习惯，切实履行所承担的社会责任和科技伦理责任。同时，重视培育全社会成员代际公正的科技伦理实践德性，在全社会形塑"科技人化"的内省与反思意识，以审慎的态度和高瞻远瞩的姿态观照数字民生科技的现实应用。米切姆曾强调"善的本质既有个人表达也有公众表达"。公众理应被视为团体责任的主体。公众舆论具有传播速度快和影响范围广等特征，舆论的监督和宣传可以引导全社会积极关注数字民生可以应用的代际公正问题，调动社会公众的积极性来规范政府、企业和科研人员的科技伦理行为。

综上，本文构建了数字民生科技代际公正"四维统一"模型（见图1），以为构建老年友好型数字社会提供有效指引：从数字民生科技的生产来看，"大共同体"通过科学技术研发实践，能够实现主客观的统一，满足现实生活需求，即"求真"；从其应用来看，"大共同体"根据社会系统的道德感知和风险判断，形成科技应用的代际公正理念，并对"大共同体"成员的处境、观念和行为进行反馈与调试，以实现数字民生科技与职业伦理道德的统一，即"求善"；从其发展来看，"大共同体"通过科技产品创造更适合人全面发展的美好生活的物质环境，实现数字民生科技与人的美好生活诉求的统一，即"求美"；从其环境来看，"大共同体"通过社会合作、依靠政策手段，实现科技、自然、社会和人的统一，即"求责"。

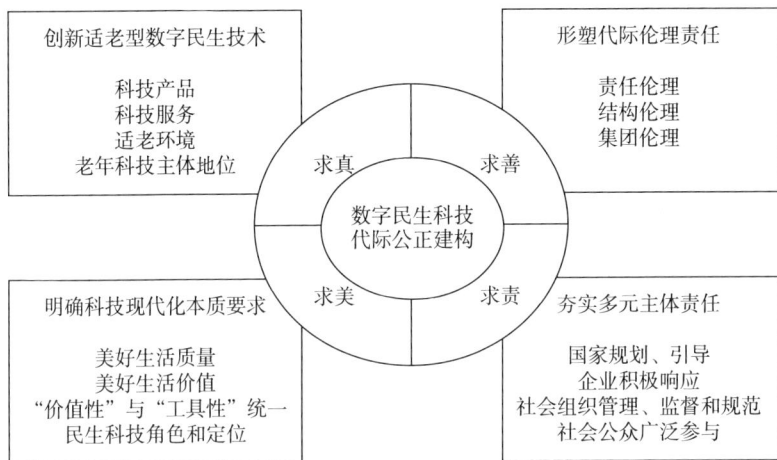

图 1　数字民生科技代际公正"四维统一"模型

数字民生科技的迅猛发展为中国式现代化实践提供了必要的物质支持。如何处理好数字民生科技应用中的社会公正问题，使其真正成为覆盖全体民众的实现美好生活的工具和途径，不让任何一个群体在发展中掉队，需要在科技伦理层面的审慎思考，也需要社会治理"四维统一"的科技创新途径探索。唯有如此，才能真正在现代化进程中实现发展美与生活美的"美美与共"。

（撰写人：刘冬，哈尔滨工业大学马克思主义学院讲师）

风险情境中的家庭代际关系
与生活方式研究

一 家庭中的代际关系与生活方式

家庭是社会生产和生活的基础组织和单位，本质上是生活方式的一种关系承载。在国内外的诸多研究中，家庭始终是作为社会学研究的基础角色而存在的，这反映出了家庭这一形式对于个体和社会发展的重要性。如恩格斯曾在马克思手稿的基础上就家庭的起源和类别进行过讨论，这一系列观点论述在《家庭、私有制和国家的起源》中有着集中体现，该著作专门讨论了早期的四种家庭形式，分别是血缘家庭、普那路亚家庭、对偶家庭、一夫一妻制家庭。论及家庭的本质，马克思和恩格斯认为，家庭不应该被看作一种孤立的社会现象，而应该将其放置在社会发展过程中加以考察，并在《德意志意识形态》中提出要将家庭视为人类自身生产的社会组织形式，"每日都在重新生产自己生命的人们开始生产另外一些人，即繁殖。这就是夫妻之间的关系，父母和子女之间的关系，也就是家庭"。① 家庭是关系的产物，"生命的生产，无论是通过劳动而达到的自己生命的生产，或是通过生育而达到的他人生命的生产，就立即表现为双重关系：一方面是自然

---

① 《马克思恩格斯选集》（第 1 卷），人民出版社，2012，第 159 页。

关系，另一方面是社会关系"。① 二者共同构成了马克思和恩格斯所认为的家庭的本质是一种特殊的社会关系的基本观点。这种社会关系不仅仅是生产功能层面上的，同时也是生活层面上的。也是在《德意志意识形态》中，马克思从总体上提出了生产方式和生活方式两大核心概念，"人们用以生产自己的生活资料的方式，首先取决于他们已有的和需要再生产的生活资料本身的特性。这种生产方式不应当只从它是个人肉体存在的再生产这方面加以考察。更确切地说，它是这些个人的一定的活动方式，是他们表现自己生命的一定方式、他们的一定的生活方式。个人怎样表现自己的生命，他们自己就是怎样。因此，他们是什么样的，这同他们的生产是一致的——既和他们生产什么一致，又和他们怎样生产一致。因而，个人是什么样的，这取决于他们进行生产的物质条件"。② 这一段话初看起来似乎是马克思在强调生产的重要性，论述了生产对个人成长和发展的基础性作用，但实则是把生产纳入了满足个人作为人类存在的普遍需要的有目的的活动之中，生产也就成了"为了生活"的现实性标志，即纳入了生活体系之中。③

具体到家庭而言，可在不同阶段的家庭生活模式中得到体现，如传统农耕社会中家庭就作为一种劳动力的聚合单位参与到农业社会的分工和生产之中，这是一种生产方式的实在体现，"男耕女织"式的家庭分工奠定着整个农业社会稳定发展的基础，但同时它也是生活层面的，以节气为参照的农业生产构成了人整个生存实践活动的主要内容，也建构出了家庭之中人们日常生活的主要社会关系形式——人与土地、男与女、父与子等。随着城市化进程的不断推进，生产方式的外显形式和技术内涵发生改变，农业生产仅从市场量度上而言远逊于工业生产。在这一整体劣势下，

---

① 《马克思恩格斯选集》（第 1 卷），人民出版社，2012，第 80 页。
② 《马克思恩格斯选集》（第 1 卷），人民出版社，2012，第 147 页。
③ 王雅林：《马克思生活方式范畴的"一元本体观"——对〈德意志意识形态〉的建构性诠解》，《学习与探索》2020 年第 1 期，第 3 页。

家庭的组织意蕴逐步被追逐自由的个体打破，但囿于生命繁衍的周期性进程，在成长为法定的经济和社会关系共担者之前以及丧失具有竞争力的劳动能力之后，人仍旧是生活在家庭的"保护"之中的，即当下备受关注的老幼两类群体，这种生育与赡养的结合在某种程度上仍旧保证着家庭这一形式存在的必然性。此时与前者有所不同的是，家庭作为生产单位的意涵被弱化，以往一户劳动力数量的多少往往对应着生产资料占有上的竞争力强弱，而今已非如此，家庭更多地成为提供教育和关怀的基础单位，尤其凸显在社会主义精神文明建设当中的"细胞"作用。在政府现有的各类工作文件中可见一斑，如党的十九届六中全会通过的《中共中央关于党的百年奋斗重大成就和历史经验的决议》就指出，要注重家庭家教家风建设。家庭日常生活中习惯、行为规范的养成逐渐被视为达成人自由而全面发展目标的重要内容。[①]

家庭这一组织形式在功能上由注重生产向强调教育关怀转变，本质上是生活方式时代变迁的一种外在显露，也是家庭这一关系产物在新的生产条件下的调适，其中仍旧延续的一点是，家庭内成员交往关系的重新结构透露出生活方式研究的意蕴，尤其是其间存在的代际关系的嬗变，成了社会发展转型在关系交往中的显性表征，城乡之间不同的代际关系样态，存在的疏离、紧张和冲突等问题备受人们关注。在春节等带有家庭团圆意味的特殊日子，代际关系问题也常常成为媒体平台话题热搜位的"常客"。这一问题同时也是我国社会学研究的重点关注对象，在理论与实践结合中，基本形成了三种代际关系研究的不同理论取向。一是费孝通先生曾于20世纪80年代初提出的反馈模式论，认为西方人的代际关系属于"接力模式"，即每一代都抚育下一代，而下一代成年后不赡养年老的上一代；中国人的代际关系属于"反馈模式"，即每

---

① 《中共中央关于党的百年奋斗重大成就和历史经验的决议》，http://www.news.cn/2021-11/16/c_1128069706.htm。

一代都抚育下一代，而下一代成年后再赡养年老的上一代。这种反馈模式从抚育和赡养这一生存基础出发，更多地把代际关系看作代际经济和物质性的交换，但却忽略了彼此之间在心理和情感上的相互支持。① 如郭于华就曾提出，深植于传统农村当中的亲缘网络不仅与自给自足的经济结构和物质生产水平相适应，更以一套完整的文化符号体系或象征体系为内在的精神架构，包含了仪式、习俗等世代传承的行为，也包含了以祖先崇拜为核心的信仰、孝道在内的观念和规范等。②

二是着眼于社会发展转型的宏大背景进而研判代际关系嬗变趋势的"亲情淡薄论"。学者蒙培元曾提出，亲情关系的寡淡正在促使一部分年轻人丧失精神家园，强调中国家庭亲情关系受到包含"劣质文化"在内的大冲击，当前一部分年轻人在没有正确价值观指导的情况下正在失去自尊，对此他所提出的方案是要提倡儒家伦理，在家庭内部恢复亲情关系，提升德性。③ 阎云翔等则把亲情关系的寡淡归咎于社会变革进程中的个人自我中心取向，认为个人自我中心取向的兴起是集体化时代国家对本土道德世界予以社会主义改造及非集体化之后商品生产与消费主义的冲击所共同作用的结果，其基本特征是个人只强调自己的权利，无视对公众或他人的义务与责任，从而变成无公德的个人。④

三是发掘了代际关系中存在的不对称现象从而探讨责任作用的"亲代责任论"，即人们常言的为人父母者总是远比子女更关爱对方，对子女的关爱又总是远胜于对父母的关爱。杨善华等曾于2004年提出责任伦理说，认为中国的为人父母者能自觉承担一种

---

① 陈午晴：《代际关系理论探寻》，《中国社会科学报》2020 年 1 月 8 日，第 5 版。
② 郭于华：《农村现代化过程中的传统亲缘关系》，《社会学研究》1994 年第 6 期，第 55 页。
③ 蒙培元：《漫谈儒学与家庭伦理——从亲情关系说起》，《文史哲》2002 年第 4 期，第 109 页。
④ 阎云翔、杨雯琦：《社会自我主义：中国式亲密关系——中国北方农村的代际亲密关系与下行式家庭主义》，《探索与争鸣》2017 年第 7 期，第 13 页。

对子女的责任伦理，其特征是只强调自己对后代的责任和义务，从而在各方面对子女（包括孙子女）不计回报地付出，当子女在养老方面尽"孝"不到位时则给以宽容（或者说对"孝"的含义和标准做出自己的、与传统标准不一样的解释），同时在赡养的三个方面——经济支持、生活照料和精神慰藉，尽量自立和自己解决（即强调老年人自养和老夫妻互养），以减轻子代的赡养负担。① 而后，学者杨善华还将责任伦理与家本位相联系，提出家本位文化决定的代际关系的特点是强调家庭资源分配的向下倾斜，年轻群体承载着家族绵延和光宗耀祖的责任，因而在资源分配上更占据先在优势。② 贺雪峰进而提出父母为子女的投入之所以远远超出子女的回报，主要出于四种考虑，即"天伦之乐"、"社会面子"、"养儿防老"以及"传宗接代"。③ 其中，"养儿防老"和"传宗接代"远比"天伦之乐"和"社会面子"重要；而"传宗接代"作为一种"宗教性"力量，又比"养儿防老"更加根本。

纵观上述关于代际关系的系列讨论，可以发现以下两点。一是在研究路径上，系列讨论基本沿循了发掘结果化的经验现象从而反溯其形成原因的道路，如亲代责任伦理说就关注了为人父母更关爱子女的现象从而追问背后所蕴含的责任伦理自觉承担机制，但对于代际关系建构过程的中间机制以及对生活本身作为目的的分析较少，尤其是对代际关系建构的具体载体和方式的分析较为欠缺，溯及家庭本身的生活意蕴反而被掩藏起来了。人们依旧在关注家庭作为一种生产交换单位的效用，而忽视了家庭关系的本质以及处于这种关系网络当中的鲜活的"人"。一定程度上来说，它是站立在生活方式立场上探讨家庭关系变迁路径中的一种"失

---

① 杨善华、贺常梅：《责任伦理与城市居民的家庭养老——以"北京市老年人需求调查"为例》，《北京大学学报》（哲学社会科学版）2004 年第 1 期，第 83 页。

② 杨善华：《以"责任伦理"为核心的中国养老文化——基于文化与功能视角的一种解读》，《晋阳学刊》2015 年第 5 期，第 92 页。

③ 贺雪峰：《被打破的传统通婚圈——农村性别失衡下的代际关系新象》，《同舟共进》2018 年第 8 期，第 26~29 页。

焦"。二是在研究条件上，更多地关注常态化的自然式情境，家庭处于社会生活当中可能面临的外在风险等均被暂时地忽略不计。事实上，代际关系的考量在风险情境中与常态化情境大有不同，如在常态化情境中，依循责任伦理等理论学说，年轻人群在资源分配上更占据先在优势，但在风险情境中，老年人群因年迈等原因抗风险能力低，反而在伦理原则上需要更多的资源分配，这与我们常态化情境中的结果大有不同。尤其是置于当下不确定性常存的社会生活中，从这一情境出发探讨代际关系本身更为必要，风险情境构成了传统研究中的"反视观之"的视角。

在风险情境中，应对风险时必不可少的信息传递决定着传播学视角下对代际关系的重新考量极为必要。生活本身是一个有物质载体、有形式依托的历史性展开过程，这一内涵落实在家庭日常中表现为信息的沟通传递，代际关系正是在一来一往的信息沟通传递中建立而成的。在这一点上传播学研究对于传播过程的注重偏向能够对社会学研究范式进行一定的补充。如詹姆斯·W. 凯瑞（James W. Carey）在将传播研究的汲取源泉溯及韦伯、涂尔干等一众社会学家后提出，传播是一种现实得以生产、维系、修正和转变的符号过程，强调传播研究是为了考察各种有意义的符号形态被创造、理解和使用这一实实在在的社会过程。[①] 在家庭生活过程中，它既作用于家庭成员个体的认知与情感，也层层作用于关系的建构过程。在詹姆斯·W. 凯瑞那里，传播的仪式观把人的行动看作一种文本，重在以文本的隐喻来谈论人自身的行动，分析这类行动文本如何建构起了现实，要关注意义探寻的重要性，考察人们所处现实的文化价值，而最终目标则是要寻求对人类行为的理解，通过共享与沟通建构起关注共通的文化世界。对应于家庭日常，无论是生产性的还是生活源流性的行动，都是家庭成

[①]　詹姆斯·W. 凯瑞：《作为文化的传播——媒介与社会论文集》，丁未译，华夏出版社，2005，第 28 页。

员确认自身的"家中所属"，他们分享着共通的生活经验、价值判断和意义理解，进而在这之上达成强烈的意义归属和价值认同，从而构成紧密的代际关系的基础，成员们获得心理上的安全感。西格蒙德·弗洛伊德（Sigmund Freud）在精神分析中曾将这种安全感假定为：当个体接受的刺激超过了本身控制和释放、能量界限时，个体就会产生一种创伤感、危险感，伴随这种创伤感、危险感出现的体验就是焦虑（anxiety）。[①] 这一论断实则透射出了家庭——作为风险分担共同体的另一层面意味。在现有社会风险承受体系中，家庭成了个体直面风险的主要支柱，不仅仅限定于风险应对和救援时的物资资料的供给和共享，还包括心理上对安全需求、爱和归属的需要的满足。人本主义心理学家马斯洛（Maslow）在需要层次理论中就概括人的需要层次依次为：生理的需要、安全的需要、爱和归属的需要、尊重的需要和自我实现的需要。常言道的"家是港湾"更加体现在风险情境中，在此过程中家庭得以发挥出风险共担、信息共享、信心共定的共同体作用。为此在风险情境中去透视家庭代际关系，并由此深入研讨其内蕴的生活方式将为我们理解当代情境中的家庭有着重要意义。

二　风险情境中的代际沟通实证分析

虽说家庭作为风险共同体的作用在风险情境中会得到更为明显的体现，但传统的代际关系所面临的则是"双刃剑"的处境。一方面，作为家庭生活重要组成的代际关系受到了外在风险的促逼，出于应对风险的需要，家庭本身较以往会将更多的交流信息内容置放在关于风险的沟通上，对于风险的规避与情感判别成为家庭内部沟通的主要议题；另一方面，传统的代际关系所面临的跨年龄、跨价值观式的沟通难题都聚焦在了风险信息获取的鸿沟之上，对于不同信息媒介的使用和信赖制造着新的信息差和冲突。

[①] 　叶浩生：《西方心理学理论与流派》，广东高等教育出版社，2004，第 294 页。

媒介议题业已成为健康传播和风险传播的焦点，也直接和家庭沟通、代际研究中的文化反哺，以及数字化代际冲突和数字鸿沟相关。数字鸿沟这一概念缘于 20 世纪 90 年代对信息技术富有者和信息技术贫穷者之间存在的不平等的关注，具体到家庭层面，其也被归为代际鸿沟，指亲代和子代之间在新媒体采纳、使用以及与之相关的知识方面的差距，成了传统代际鸿沟在数字时代的延伸。现有的关于社会大众的数据调查已经反复证明，不同年龄层的群体之间存在显著的数字鸿沟，年轻群体拥有新媒体的比例、使用新媒体的程度、借助新媒体获取的知识显著多（高）于年长群体。① 尤其是新冠疫情期间，不同媒介渠道的使用构筑起细密而复杂的资讯之网，不同世代会基于自己的既有媒介偏好与媒介使用习惯，选择性挑选符合自己期待的资讯，并用这些资讯构筑自己在家庭疫情风险沟通中的一套论点体系，以此强化自己在家庭中的既有话语权地位。学者唐乐水通过访谈研究发现，新冠疫情事件中，代际的媒介偏好的确会影响代际关于疫情的风险感知和风险沟通，且家庭内部的文化反哺和健康风险传播效果呈现正相关。②

在现有研究基础上，着眼于风险情境中的家庭信息沟通，本研究在新冠疫情期间发起了一项生活状况调查，重在探究风险情境中的代际信息沟通，侧重探讨了三方面的问题：线上、线下的不同沟通模式在新冠疫情这一风险情境之中是否存在表征差异，线下的强连接关系与线上的信息沟通依赖之间是否存在必然联系？在风险情境当中，父代和子代之间的关系是增强了还是弱化了？风险情境中代际信息沟通是否会有乡村和城市的地域分布差别？

围绕这三大问题，课题组共发出了 700 份问卷，最终回收有效问卷 607 份，回收问卷率达 86.71%。调查对象中，男性 215 人，女

---

① William E. Loges, Joo-Young Jung, "Exploring the Digital Divide: Internet Connectedness and Age," *Communication Research* 28 (2001): 536-537.

② 唐乐水：《新冠疫情资讯在家庭中的风险传播研究》，《传媒观察》2021 年第 3 期，第 91~92 页。

性 392 人；年龄从 14 岁到 88 岁不等；职业身份上有学生、专业技术
人员、教师、管理人员、企业生产员工、农民等不同类别；填写地
域上涵盖江苏、上海、黑龙江、河南等地，覆盖范围较广。本次调
查中，被调查对象的主要家庭结构以"核心家庭－独生子女家庭"
（夫妻＋未婚子女）为主要类型，占调查样本总量的 57.33%，其中
88.21% 的被调查对象有父代和子代共同居住的情况。其次是"核
心家庭－非独生子女家庭"占调查样本总量的 19.77%。在全部调
查对象中父代与子代关系良好的占调查样本总量的 95.72%，仍有
26 名被调查对象表示代际关系有矛盾甚至是已破裂。

关于问题一和问题二，主要是通过线上沟通模式和线下沟通模
式分开设问的形式进行，在线上沟通模式分析中主要问询了私聊频
繁的对象、交流主题内容、互动频次、与过往交流的对比情况等内
容；在线下沟通模式分析中主要问询了与家人的交流互动形式和内
容、时长以及交流互动后的感受。具体情况可见表 1、表 2。

表 1　疫情以来私聊频繁的对象主要情况

单位：人，%

互动频次	朋友	家人/亲戚	恋人
一天三次及以上	151（54.12）	59（46.83）	115（89.84）
一天两次	53（19.0）	23（18.25）	9（7.03）
一天一次	75（26.88）	44（34.92）	4（3.13）
总计	279	126	128

表 2　疫情以来和私聊频繁的对象的主要沟通话题

交流主题内容	频次（次）	占比（%）
与疫情有关的社会事务	437	71.99
个人生活与心情感受	503	82.87
与疫情无关的社会事务	285	46.95
学业、工作	435	71.66
娱乐八卦	280	46.13

从表1、表2中可以看出，在风险情境中人们偏向于进行信息沟通对象的仍然是朋友，即同代之间进行交流分享，家人成了次于朋友和恋人的交流对象选择，而且代际的交流呈现两极走向，或是交流比较密切或是交流仅仅呈现一般性状态。相比之下，恋人的交流密切集中程度较高，将近90%的被调查人群互动频次在一天三次及以上。这也反映出，具备共同成长生活经验和交流语境的对象人群仍旧是人们在风险情境中的惯习选择对象。在具体交流的话题上，个人生活与心情感受成了首选项，这也意味着人在风险情境中首要注重的并非理性的科学信息分享，而是希望在关系交往中获得心理和情感上的支持，其次是与疫情有关的社会事务，紧接着是学业、工作和娱乐八卦等非直接相关内容。

对比以往的交流情况，51.73%的被调查对象认为与过去没有疫情的对应时间段相比，交流频次上基本一致，42.5%的被调查对象认为与过去没有疫情的对应时间段相比，交流频次上更高了。但将对象聚焦在"家人/亲戚"身上，55.86%的被调查对象认为自己和家人/亲戚之间较过去没有疫情的对应时间段交流频次有所提高，这一情况在"朋友"这一同代群体之间并不明显，仅有38.34%的人认为自己和朋友之间的交流频次较以前有所提升。据此可以总结出，与同代群体交流是人们共享共通的惯习选择，这一群体优势在风险情境中得以保持。同时数字化沟通方式的便捷性，促使同代群体的交流整体趋向频繁，受风险情境自身的影响较小。但聚焦在家庭当中，当风险来临之时，人们对于家庭作为风险共同体的认识实际上有所增强，代际交流频次有所增加，且更多地侧重于获取心理和情感上的支持，这也意味着代际情感在风险情境中有所增进。

在与家人的交流互动形式中，选择"聊天谈心"的人数为491人，占比达80.89%；选择"看电视"的人数为402人，占比达66.23%；选择其他娱乐活动的人数为218人，占比达35.91%。在沟通内容上，与疫情相关的社会话题成了家庭内部信息分享的主要内容，大家共享着对于疫情信息的价值判断。对比而言在无疫情发生的期间，人们与家人交谈的内容更多地偏向"个人生活与心情感受"这一主题。在交流沟通时长上，平均每天 2~4 小时的交流互动成为被调查对象的主流选择（见表3），大家普遍认为这比过去无疫情期间交流时长更长，占比超 60% 的人达成了这一共识。

表 3　疫情期间和家人平均每天沟通时长情况

单位：%

	2 小时以下	2~4 小时	5~8 小时	8 小时及以上
人数占比	32.13	48.76	12.03	7.08

仅从被调查对象的主观感受而言，有 284 名被调查者在"疫情期间和子代/亲代的关系更亲密了"这一问题上选择了"有一点符合"，选择"完全不符合"的仅有 19 人。具体情况如图 1 所示。

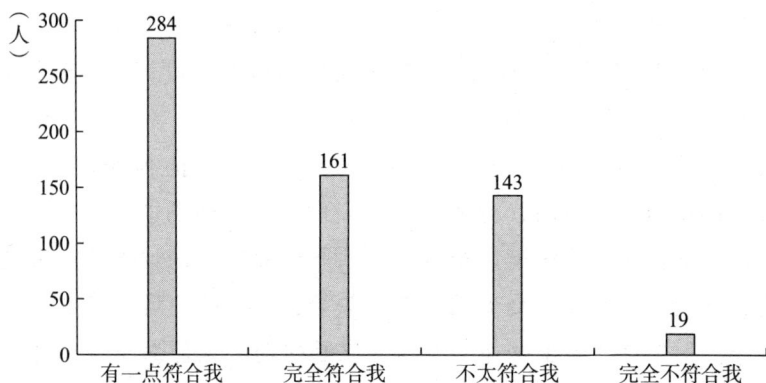

图 1　"疫情期间与子代/亲代之间的关系更亲密了"题项选择情况

另一关键性问题体现在乡村和城市家庭的区隔之上。在本项研究中，主要根据被调查对象的居住场所和环境来划分城市和乡村。其中"城市"人群居住环境涵盖多层公寓房、高层公寓房等，"乡村"人群居住环境涵盖宅基地自建房、农村房屋等。通过拟合被调查对象居住环境和其在疫情期间对代际关系的认知可以发现，居住在农村环境的被调查者基本上和家人保持平均每日 2~4 小时的沟通，且偏向认为疫情期间和子代/亲代关系更加密切了；而居住在城市环境中的被调查者中，更多的人与家人之间进行沟通的时长在 2 小时以下。由此可以看出，城市和乡村居民对"疫情期间和子代/亲代关系更亲密了"这一问题的认知差异化趋势比较明显，有所分化。相对而言，城市居住环境中原子性的家庭生活状态更为明显。溯及背后的原因，一方面，乡村居住环境中家庭生活传统仍在延续，即使是在风险情境中人们彼此之间的密切沟通依旧存在；另一方面，乡村相较于城市在公共防疫上无论是在基础设施方面还是在其他匹配条件方面均处于劣势，在这一情况下人们之间借由沟通形成的风险互助更为紧要，城市反而更为充分地提供了个人得以独立性抗击风险的成熟条件。

三 讨论与结论

经由对新冠疫情期间生活状况的调查分析，可以发现：同代群体之间有着更加畅通且互信的交流语境，无论是在风险情境中还是在非风险情境中与同代群体沟通均是人们分享交流的惯习选择；风险情境当中人们分享的主题内容更为感性，希冀于在分享与沟通中拾获心理和情感上的支持；在风险情境的促逼之下，代际沟通频次有所增加，家庭作为风险共同体的作用得到显著发挥，家庭成员之间的关系整体上趋向更为亲密，且原本因血缘处于强连接的线下互动会因线上的内容分享而得到进一步增强；乡村和城市不同地域情境下的代际关系表征有所区别，乡村仍延续较为紧密的代际关系，而城市的原子化状态表征在代际关系上则体现为缺乏沟通和家庭样态的分化。

通过这一系列研究，再度反观现有我们从生活方式出发对家庭的认知，上述这一系列结论带来的启迪意义更在于，人们对于生活日常的注重早已从生存资料获取转变为心理和情感的支持，占据生活场主流的正在由身体的寻视操劳转变为心灵的关系体验，这一过程中人们确立自身的归属与认同不是借助于外物，而是以人为媒、中介于关系之中的，人们确立的具体路径也由外部转向了内部。为此生活方式研究迈入新阶段要着重在过程与关系论的发掘上做文章，着重从人的情感生活入手去探讨一种与时代相调适的生活方式。与此同时面临风险情境，以代际关系为纽结的家庭生活能够发挥出风险共同体的作用，这也为在更长久的风险社会中，以生活方式抵御任一不确定性风险奠定了可行性基础，如何维系生活方式的动态平衡也将成为未来社会发展中的重要议题。

（撰写人：王冬冬，同济大学艺术与传媒学院教授、博士生导师；
甘露顺，同济大学设计创意学院博士研究生）

后　记

　　即将付梓的这本书，是我在哈尔滨工程大学人文社会科学学院工作期间完成的第二项国家社科基金重点项目"新成长阶段生活方式的社会建构功能研究"的成果。这个项目同之前承担的第一个项目之间有内在的接续性，都是从中国式现代化发展实践对自主创新的理论需要出发，在生活方式这一特定学术领域，侧重学理层面所做的探索性研究，本书还增加了反映我国新时代社会生活方式变迁的经验性研究篇章。

　　本书的撰写分工如下。理论的探求与构建部分的第一章至第五章由我撰写，第六章由那瑛副教授撰写。经验性研究部分"走进现实的生活世界"的撰写人包括哈尔滨工程大学的那瑛、唐国建、赵德雷、李艳春老师和我，同时为了凸显生活方式经验研究的地域特色和丰富性，本课题组还邀请了同济大学王冬冬教授、中国人民大学王琪延教授和深圳大学城孙雅洁教授及其学术团队，我的学生江苏科技大学赵丽娜副教授和哈尔滨工业大学的刘冬老师也参与了课题研究和撰写。在成书过程中，那瑛老师主持了经验性研究部分的编辑工作，在此我作为课题主持人一并表示谢意。我还要特别感谢郑莉院长以及杨国庆、侯博文副院长在课题申报、课题推进等各个环节给予的指导和所创造的条件，使课题研究虽经三年疫情的困扰仍得以顺利进行，并构成我的一段重要学术经历。感谢李雪老师对课题日常管理及出版等事宜所做的细致工作。在哈尔滨工程大学工作期间还有幸同社会学界老朋友苏国勋、陈婴婴、杨宜音教授共事，使我受益良多。如今与我同龄的苏国勋教授已仙逝，借此笔端再表深切悼念之情。感谢哈尔滨工业大学人文与社会科学学院和《哈尔滨工业大学学报》编辑部在此期间给予我生活和工作的关照，感谢黑龙江省社会科学院王爱丽、黄红、董鸿扬教授给予的鼓励和帮助。我还要感谢在我承担国家项目期间从资料收集到撰写成书的整个过程中，我的夫人王美君在信息获取、文稿处理等方面付出的很多辛劳。最后我还要特别感谢本书的责任编辑庄士龙先生所做的精心的专业的编辑工作，使该书得以顺利出版。

在我的学术生涯中，十分有幸在哈尔滨工业大学和哈尔滨工程大学这两所著名高校都有从事科研教学工作的经历，每当我走在校园里，看到积极向上、充满朝气的莘莘学子时，心中便油然涌起绵绵的激情。"日月忽其不淹兮"，我还应继续赶路，做自己还没有做完的事情。生命，在于"生生"和创生。

王雅林

于园丁富情时斋

2023 年 9 月 10 日教师节

图书在版编目(CIP)数据

新时代社会生活方式：理论构建与现实发展 / 王雅
林等著 . --北京：社会科学文献出版社，2024.12.
(哈尔滨工程大学社会学丛书). --ISBN 978-7-5228
-4038-3

Ⅰ.C913.3

中国国家版本馆 CIP 数据核字第 202476XN71 号

哈尔滨工程大学社会学丛书

新时代社会生活方式：理论构建与现实发展

著　　者 / 王雅林 等

出 版 人 / 冀祥德
责任编辑 / 庄士龙
文稿编辑 / 尚莉丽
责任印制 / 王京美

出　　　版 / 社会科学文献出版社·群学分社（010）59367002
　　　　　　地址：北京市北三环中路甲 29 号院华龙大厦　邮编：100029
　　　　　　网址：www.ssap.com.cn
发　　　行 / 社会科学文献出版社（010）59367028
印　　　装 / 三河市龙林印务有限公司

规　　　格 / 开　本：787mm×1092mm　1/16
　　　　　　印　张：36　字　数：480 千字
版　　　次 / 2024 年 12 月第 1 版　2024 年 12 月第 1 次印刷
书　　　号 / ISBN 978-7-5228-4038-3
定　　　价 / 198.00 元

读者服务电话：4008918866